WORLD WAR I
WORLD WAR II

图说
一战 战史
二战 战史

★ 一本能带给你巨大震撼和启示的彩色战争图鉴 ★

姚妤　蔡新苗 编著

北京联合出版公司
Beijing United Publishing Co.,Ltd.

图书在版编目（CIP）数据

图说一战战史二战战史 / 姚妤, 蔡新苗编著. –– 北京：北京联合出版公司, 2015.12（2020.7 重印）

ISBN 978-7-5502-6882-1

Ⅰ . ①图… Ⅱ . ①姚… ②蔡… Ⅲ . ①第一次世界大战—战争史②第二次世界大战—战争史 Ⅳ . ① K143 ② K152

中国版本图书馆 CIP 数据核字 (2015) 第 313059 号

图说一战战史二战战史

编　著：姚　妤　蔡新苗

责任编辑：高霁月　王　巍

封面设计：彼　岸

责任校对：陈凤玲

北京联合出版公司出版

（北京市西城区德外大街83号楼9层　100088）

唐山富达印务有限公司印刷　新华书店经销

字数620千字　720mm×1020mm　1/16　31印张

2016年1月第1版　2020年7月第8次印刷

ISBN 978-7-5502-6882-1

定价：75.00元

前 言
PREFACE

20世纪先后爆发了两次世界大战，不仅造成了难以统计的人力、物力消耗，也给全世界人民带来了深重的灾难，甚至战争的伤痛至今还在延续。但大战的影响绝不止于此，它们对人类历史发展的进程，对世界的政治经济格局，对人们的思想观念等，都产生了极其深远的影响。回顾两次空前浩劫，重温那段血与火的历史，不仅可以丰富知识，更可以吸取历史教训，更深入地反思人类的生存与发展、战争与和平等问题。

第一次世界大战，是1914~1918年帝国主义国家两大集团——同盟国与协约国之间进行的首次世界规模的战争。战争先在德国、奥匈帝国及其敌对国英国、法国、俄国等之间展开，后来逐渐有38个国家15亿人卷入战争。这场战争爆发的根源，首先是老牌殖民帝国英、法、俄和德、日、美等新兴帝国主义国家在争夺资源和殖民地上的矛盾。其次，资本主义国家周期性的经济危机和国内阶级矛盾的尖锐化也使各国统治不稳，于是纷纷扩军备战、寻找同盟，企图通过对外发动侵略战争来缓和国内阶级矛盾。

1914年6月28日的萨拉热窝事件引爆了欧洲的火药桶，随着奥匈帝国向塞尔维亚宣战，欧洲列强纷纷全面动员，倾其全国之力，投入这场前所未见的残酷血战。绵延千里的铁丝网和壕沟阵地，成为列强厮杀拼搏的角力场。数以百万计的军人在弹片四溅、血流成河的泥泞战场，试图打出一个世界新秩序。主要战役包括东普鲁士战役、马恩河战役、索姆河战役、凡尔登战役、日德兰海战、俄军1916年夏季进攻战役等。战祸蔓延至亚欧非三洲和大西洋、地中海、太平洋等海域，炮火硝烟中，旧帝国纷纷解体，欧洲的权力格局亦随之改变。1918年11月11日，德国投降，历时4年零3个月的第一次世界大战以协约国的胜利告终。

第一次世界大战是首次真正意义上的全球性军事冲突，人类在这次浩劫中蒙受的损失之大，令人瞠目结舌：军人、平民伤亡人数达到数千万，参战国物资总损失达4万亿美元。这次大战使帝国主义各国的力量对比发生了变化。德国战败，割地赔款；奥匈帝国彻底瓦解；英法虽取得了胜利，但在战争中元气大伤，受到削弱；美国在战争中牟取暴利，一跃成为经济强国。战后帝国主义奴役掠夺战败国和宰割弱小国家的《凡尔赛和约》等分赃条约，虽暂时调整了帝国主义战胜国之间的关系，但没有消除它们之间的根本矛盾，这场号称将结束一切战争的战争，造成的结果，竟是下一场更大规模的世界大战。

第二次世界大战是德国、日本、意大利法西斯由局部战争扩大为世界大战的。第一次世界大战结束后，各国之间所固有的各种基本矛盾一个也未解决，而又增加了战胜国与战败国的矛盾以及战胜国之间的矛盾。意大利、德国和日本相继建立了法西斯政权，他们利用第一次世界大战战胜国一手炮制的《凡尔赛和约》煽动民族情绪，对内实行暴力专政，对外实行侵略扩张，成为世界大战的策源地。而英国、法国和美国的绥靖政策则助长了法西斯的侵略气焰。再加上 1929 年爆发的史上最严重的一次全球性经济危机的冲击，战争开始变得一触即发。

1937 年 7 月，日本发动全面侵华战争，中国人民奋起抗日，拉开了世界大规模反法西斯战争的序幕。在欧洲，1939 年 9 月 1 日，纳粹德国向波兰发动突袭，9 月 3 日，英、法被迫对德宣战，第二次世界大战全面爆发。这次大战的战火燃及欧、亚、非和大洋洲四大洲及广阔的海域，主要战场包括中国战场、欧洲西线战场、欧洲东线战场、太平洋战场、东南亚战场、北非战场等，著名战争包括敦刻尔克大撤退、不列颠空战、珍珠港之战、中途岛海战、诺曼底登陆、斯大林格勒保卫战、阿拉曼战役等。法西斯的侵略和暴行激起了全世界人民的反抗，美国、英国、苏联、中国等几十个国家结成了强大的同盟，彻底打败了侵略者，赢得了反法西斯战争的伟大胜利。

第二次世界大战是历史上死伤人数最多的战争，据不完全统计，战争中军民合计伤亡过亿，其他损失则难以用钱财去衡量。第二次世界大战也改变了世界的政治版图和社会结构，战败的轴心国集团被迫接受同盟国的安排。1945 年 10 月 24 日联合国亦宣告成立，美国、苏联、中国、英国和法国 5 个国家成为联合国安理会的常任理事国。然而第二次世界大战的结束也促使美国和苏联成为彼此对立的超级大国，开启了长达 46 年的"冷战"时代。

这是一部全真插图战争史书，是对人类历史上两次最致命冲突的权威记录，对两次世界大战中的大小战役均有翔实的叙述，详细解读前因后果，客观点评政治经济，还原历史真相，破解重重谜团，为读者呈现不一样的战争全史。其中既有对不同军事策略之成败的分析，也会论及战争的关键转折点以及新技术所带来的影响力等。视角客观公正，故能与众不同；论述精警，足以让人击节。内容既适合普通读者对"一战""二战"进行大致了解，也可供军事迷和专业人士学习参考。

目 录
CONTENTS

下篇
二战战史

上篇
一战战史

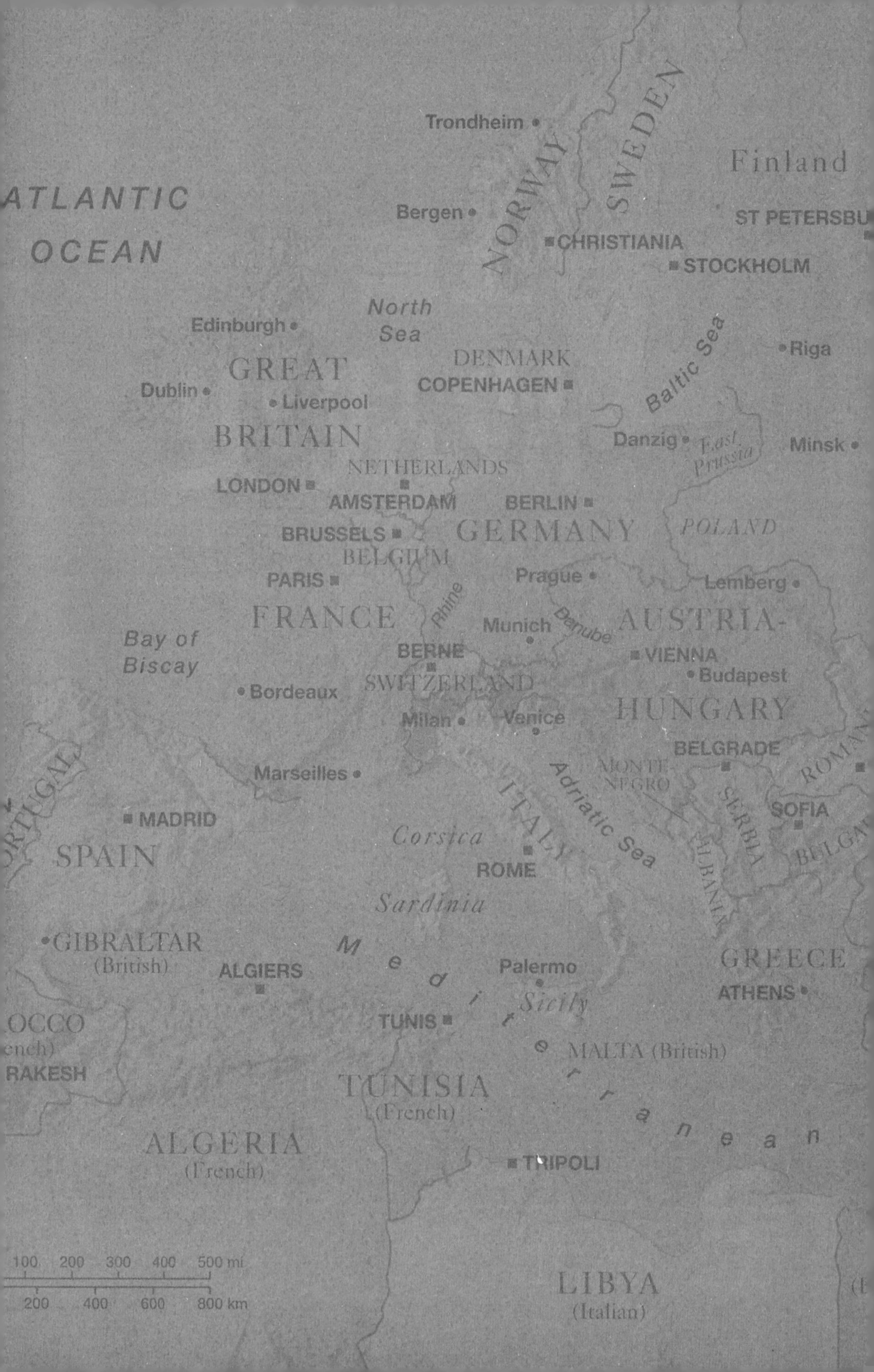

Trondheim
NORWAY
SWEDEN
Finland
ATLANTIC
OCEAN
Bergen
ST PETERSBU
CHRISTIANIA
STOCKHOLM
North
Sea
Edinburgh
Baltic Sea
Riga
GREAT
DENMARK
Dublin
COPENHAGEN
Liverpool
BRITAIN
Danzig
East
Prussia
Minsk
NETHERLANDS
LONDON
AMSTERDAM
BERLIN
BRUSSELS
GERMANY
POLAND
BELGIUM
PARIS
Prague
Lemberg
Rhine
FRANCE
Munich
Danube
AUSTRIA-
Bay of
Biscay
BERNE
VIENNA
Budapest
Bordeaux
SWITZERLAND
Milan
Venice
HUNGARY
BELGRADE
Marseilles
MONTE
NEGRO
Adriatic Sea
SERBIA
MADRID
ITALY
SOFIA
SPAIN
Corsica
ROME
ALBANIA
Sardinia
GIBRALTAR
(British)
ALGIERS
M e d i t e r r a n e a n
Palermo
GREECE
ATHENS
Sicily
TUNIS
MALTA (British)
RAKESH
TUNISIA
(French)
ALGERIA
(French)
TRIPOLI
100 200 300 400 500 mi
200 400 600 800 km
LIBYA
(Italian)

矛盾激化

1914年6月28日，波斯尼亚·塞尔维亚民族主义者暗杀了奥匈帝国皇储弗朗茨·斐迪南大公。那时，巴尔干地区的地方势力正斗得没完没了，所以大部分的欧洲人在刚刚知道这个消息时都没怎么在意，觉得这充其量也不过是又一个比以往更不同凡响的斗争新产物罢了。尽管这起暗杀并没有在其发生的当日就直接导致第一次世界大战的爆发，但就在那个夏日的礼拜天后不到一个月的时间里，它就演变成了一根导火索，把欧洲的主要势力都吸引到了瓜分世界的战火之中。

第一次世界大战前，欧洲各国之间在经济、政治和领土等方面积累了很多的矛盾，而各种秘密条约的签署将相关势力分化为对立的同盟国和协约国两大阵营，也使得矛盾进一步被激化。1914年7月，各国首脑决心要用战场上的胜败来理清混乱的局面，因此有意无意地都放弃了遏制冲突的努力，决策者的这种态度在其他诸多因素的作用下最终导致了武装冲突的爆发。但当时却几乎没有人意识到，这场战争后来将会演变成一次旷日持久、蔓延到世界各个角落的旷世浩劫。

萨拉热窝事件

　　在第一次世界大战之前，巴尔干地区就早已因为国家间的对立和局部战争而四分五裂了，而 1914 年 6 月刺杀那个寂寂无名的奥匈帝国皇储的行动，不过是这次世界大战的导火索而已。

在 第一次世界大战之前的若干年里，欧洲列强就已经分化成了两大对立的政治集团，这在很大程度上是因为每个国家都有理由相信其邻国可能会对自己产生威

该图显示了一战前夕欧洲各国间的矛盾日益激化，大有一触即发的态势。

胁。当时，地处巴尔干的塞尔维亚与沙皇俄国关系十分密切，却又被奥匈帝国视为眼中钉，这使得沙皇俄国和奥匈帝国在巴尔干的冲突问题上很难达成一致，双方都因为这个隐患而充满了忧虑。由于担心法国会在局势发展到某个阶段时夺回他们在普法战争（1870~1871）中割让给自己的阿尔萨斯和洛林两省，德国曾试图维持与英国的友好邦交，但两国的交情在德皇威廉二世于 1888 年即位之后却变得糟糕起来——威廉二世开始建造大型的军舰，其举动无疑是在挑战英国一直以来所拥有的海上霸权地位，而英国对于德国的快速工业化和其对海外殖民地的搜寻也渐渐警觉起来。

☆ 联盟竞赛 ☆

　　1879 年，德国与奥匈帝国结成同盟；三年之后，意大利加入，三国同盟形成。在这个同盟体系中，如果意大利遭受法国的袭击，德国和奥匈帝国将给予支援；而意大利则表示自己将在俄国攻打奥匈帝国时保持中立。另一方面，法国与俄国于 1894 年结成联盟，英法两国则于 1904 年签署了《英法协约》。此外，由于俄国对德皇威廉二世在巴尔干问题上支持奥匈帝国的态度相当恼火，故决定结束与英国在中亚问题上的长期纷争，并进而与之结盟。1907 年，英法俄之间的三国协约达成。

　　在那个民族主义蔓延的年代，欧洲列强之间的相互

⊙ 1914 年 6 月 28 日，弗朗茨·斐迪南大公和他的妻子在萨拉热窝向欢迎的人群致意。

◎照片中的场景据称是加尔利诺·普林西普在实施暗杀后被捕。

猜忌很容易为军国主义所利用，这一点在德国表现得最为明显。基于"先下手为强，后下手遭殃"的共同认知，在竞争中处于对立状态的各个国家纷纷摩拳擦掌，意图夺取战争先机。德国意识到即将面临的是两面作战的考验，所以自己必须抢在数量远胜于己的法俄大军开入战场之前率先发动进攻。在大战来临前的几年时间里，上至将军下至百姓，人人都觉得这场战争应该是无可避免的了；但绝对没人会想到，这一切竟是由1914年6月28日那一对寂寂无名的奥匈帝国皇储夫妇被刺身亡来拉开序幕的。

☆ 塞尔维亚和波斯尼亚 ☆

其时正在波斯尼亚首府萨拉热窝进行官方访问的斐迪南大公是奥匈帝国的皇位继承人。1906年时，这个曾经被土耳其控制的地区就已经被纳入了奥匈帝国的版图，但这次吞并却并没有得到居住在波斯尼亚的塞族人和本土国民的承认。这次暗杀是由加尔利诺·普林西普领导的一小队塞尔维亚民族主义者实施的。如果这支小队是独立作案的话，那么在他们被捕之后，事情就该降下帷幕了，但是很明显地，他们既然是在塞尔维亚境内策划这次行动的，那么塞国的秘密组织就肯定为他们提供了协助，也就是说，塞尔维亚在斐迪南大公遇害一事上扮演着共犯的角色。奥匈帝国立刻将此视为塞尔维亚与自己为敌的证据，甚至坚信这是塞尔维亚有计划地通过获得波斯尼亚来拓展其领土的表现。他们认为，扩张后的塞尔维亚将变得更加强大，而这势必进一步动摇奥匈帝国在巴尔干地区本就日渐衰退的地位；同时，塞尔维亚还很有可能为了地理政治的目的煽动奥匈帝国内的斯拉夫人制造更为动荡的局面。

黑手党

作为一个于1911年成立的塞尔维亚秘密组织，黑手党的官方称谓是"团结或死亡"。该组织的任务就是从政治上为塞尔维亚将处于奥匈帝国及土耳其统治下的各国斯拉夫人团结起来。这个组织中有很多成员都是在职的塞尔维亚官员，其中包括陆军上校德拉古丁·迪米特里维科，他协助了1914年6月暗杀弗朗茨·斐迪南大公的刺客。黑手党于1915~1916年间被塞尔维亚流亡政府取消，迪米特里维科也遭到流放。

◎图为审判萨拉热窝事件刺客的场景。所有刺客都被判有罪，很多人被判死刑，而包括普林西普在内较为年轻的同谋者则被判监禁。

走上战争之路

　　萨拉热窝刺杀事件一开始看起来只不过是奥匈帝国和塞尔维亚之间的区域斗争罢了，但在那之后，危机却迅速蔓延开来——不到 4 个星期的时间里，所有欧洲列强都被卷入其中。

奥匈帝国弗朗茨·斐迪南大公夫妇被刺身亡的消息当时并没有引起欧洲新闻界的兴趣，但却使奥匈帝国政府作出了一个极端的反应。奥国政府中，以外交部长利奥波德·冯·贝希托尔德和陆军元帅弗兰兹·康拉德·冯·霍兹多夫为代表的高级官员们，将萨拉热窝刺杀事件视为给塞尔维亚以当头棒喝的黄金契机；但在那之前，他们必须保证德国愿意为了他们的行动而出面阻止俄国支援塞尔维亚。7月5日，德皇威廉二世请奥匈帝国大使转告奥国总理：德国愿意帮忙。之后他便巡游去了。

特奥巴登·冯·贝特曼－霍尔维格在 1909~1917 年间担任德国总理。他认为可以用一场成功的闪电战来解决国内深刻的政治分歧。

☆ 奥地利与塞尔维亚开战 ☆

　　23 日晚，奥国就刺杀事件要求赔偿的最后通牒送达塞尔维亚政府，但他们其实根本就没指望对方会答应这些异常苛刻的条款。不想，俄国却在此时介入其中，一方面要求塞尔维亚接受通牒中大部分的内容，另一方面则警告奥匈帝国不准再得寸进尺地对塞国不利。这下贝希托尔德和康拉德不乐意了：25 日，塞方回复送抵时，他们拒不接受塞尔维亚作出的巨大让步，并在同一天开始动员军队。26 日，贝希托尔德说服当时在位的奥匈帝国皇帝法

德国军队期待速战速决地获得胜利。从那些涂鸦可以看出他们的攻击目标是巴黎。

兰兹·约瑟夫签署了对塞尔维亚宣战的声明。

于同一天结束了假期的德皇威廉二世，直到 28 日才得知奥匈帝国向塞尔维亚发出最后通牒的事情——当天，贝希托尔德知会塞国驻维也纳大使，两国进入交战状态。两天后，俄国军队开始局部动员；威廉二世和他的亲信们将渐露端倪的危机视作增强本国实力及影响力的大好时机，因而也开始对德国部队进行全体动员。31 日，德国向已升级为全面动员的俄国发出通牒，要求其停止动作；在俄国拒绝了他们的要求之后，德国当天下午即对俄宣战。

☆ 宣战 ☆

现在，各方盟军都已各就各位。法国总理表示：法国的"一切行动都以国家利益为出发点"。在德国看来，这套说辞是在强调法国力挺俄国的态度，遂于 8 月 3 日对法宣战。同时，他们还按照早就制定好的作战计划，立刻入侵了比利时和卢森堡。奥匈帝国大臣利奥波德·冯·贝希托尔德

1914 年 8 月，大批群众涌入柏林市中心，庆祝战争的爆发

原想说服英国外交部长爱德华·格雷，让英国退出三国联盟，但最终却无功而返。而英国则于 8 月 4 日早上为了保证比利时的中立而向德国发出严厉警告，又于当日午夜进一步对德宣战。在这期间，意大利一直袖手旁观，理由是"奥匈帝国对塞尔维亚采取的军事行动超出了三国协约中防御协议的内容"。

8 月的头几天里，各个参战国的首都都有大批人群涌上街头，他们心中既有保家卫国的战斗热情，也有由于积蓄的敌意终于得以释放而产生的近乎野蛮的狂热。将军和政客之类的人则大多都希望能在圣诞节前以胜利者的身份班师回国。

德皇威廉二世

德皇威廉二世总是身着军装，还特别喜欢佩戴各种绶带和勋章。

作为一名独裁政治的坚定信仰者，于 1888 年登上德国皇位的威廉二世（1859~1941）希望把德国发展为一个无论在经济上还是军事上都非常强大的殖民国家。在壮大经济和巩固军事方面，他确实非常成功，但无论他怎么努力，德国始终都只能算是个二流的殖民者。威廉二世不是一个很有外交手腕的人，将战争视为统一全国、解决国内政治分歧良方的他，得到的评价多半都是"傲慢的军国主义者"。人们一般认为他性格中的种种缺陷正是促使战争爆发的重要因素之一。

协约国战略计划

　　法国和俄国的大军为了打击他们最强大的对手德国，分别从西面和东面同时踏上了征程，而英国强大的海军则被用来对德国实行经济封锁。

法国的战略源于他们在普法战争中被迫割让阿尔萨斯和洛林两省的耻辱。1911~1914年间，法国总司令约瑟夫·霞飞元帅制定了"第17号计划"。在这个计划中，若干支法国军队一接到命令就将立刻集结到比利时与瑞士之间的阿洛两省沿线上，从而集中全部火力挺进阿洛两省。霞飞当然知道，这么做会使得法国与比利时之间的地带处于无兵设防的状态，但他认为，德国到时会顾忌战线过分拉长的危险，不可能跨到默兹河西岸来。

☆ 俄国的计划 ☆

　　根据德国是先入侵俄国还是法国的两种可能性，俄国制定了两个计划：如果德国先进犯俄国，那么在法国出兵

1914年8月，沙皇尼古拉二世在俄军出征前检阅军队。

阿、洛两省的同时，俄国将以抗击侵略的姿态投入战争；但鉴于大多数人倾向于认为法国才是德国的首要目标，故俄国更可能实行"第19号计划"——立刻侵入俄德交界处的东普鲁士省。这个计划是尤里·达尼洛夫将军在后来的战争部长弗拉基米尔·苏科利诺夫将军的支持下制定的，最初成型于1910年。而达尼洛夫对于那些认为奥匈帝国的威胁性不比德国小，俄军应该穿过西里西亚直取德国中心，以及那些反对弃守俄国边境的堡垒、反对俄军到别国开战的声音通通充耳不闻。

　　达尼洛夫和苏科利诺夫的劲敌有很多，军队领导人尼古拉斯大公爵就是其中最有代表性的一个，而这些反对者的声势在战前愈发强大起来。由于进攻奥匈帝国加利西亚省的构想此时看上去更可靠些，因此在1912年，"第19号计划"被进行了修改。修改后

1914年夏末，英国被战争的狂热笼罩，志愿者们纷纷入伍，成为"新军"的一员。

以预备役军人驻进营地为标志，俄国首都圣彼得堡开始了军事动员。

的计划中，仍然保留了进攻东普鲁士的方案，但参与行动的军队由之前的四路降到了两路；俄国边境的堡垒再度得到了重视，更有三路大军沿奥匈帝国边境驻扎；余下的军队则可根据需要被派至东普鲁士或是加利西亚。

☆ 比利时和塞尔维亚的计划 ☆

比利时和塞尔维亚的战争计划都是根据实际的地理环境及地小兵少的情况制定的。两国都想尽可能地将敌人拒于国门之外，等到实在撑不住时，要么就退回到加强了防御的城池之中，要么就退到地形复杂的内陆地区去。两国都希望，比他们更为强大的敌军能够在这种时刻移师他处，或是法俄盟友能来助自己一臂之力。

☆ 英国的目的 ☆

相比于那些地处大陆的国家而言，英国的陆军规模很小，但其海军规模却比德国大得多。这也是英国的战争计划制定的基础。小小的英国远征军在第一时间里就被送到海对岸，与法军左翼在法国北部会合，以保护远征军在英吉利海峡登陆的港口；而英国的王者之师——皇家海军，则负责对德国实行海上封锁。由于英军舰队中的大部分船

英国远征军在开战第一周开赴法国时的情景。

只7月18~20日间正好停泊在母港检修，之前下达的分散作战指令才得以及时撤回，保证了28日时有足够的战舰开赴战场，这对英国来说实在是大大的运气。

德奥两国的战略计划

　　1914 年以前，德国和奥匈帝国都制定了非常繁杂的战争计划，而这些计划的执行依赖于利用铁道系统进行的快速动员。因此，他们会尽可能地避免两面同时开战的局面。

　　1894 年，法俄两国曾签署了一份可以有效钳制德国的合约。德国陆军总参谋长康特·阿尔弗雷德·冯·施里芬则因此意识到：将来有一天，德国可能要面临一场毫无胜算的双线战争。为了阻止这一情况的发生，他制定了一套战略，试图在俄国调动起规模巨大的军队之前就击败法国，这就是所谓的"施里芬计划"。

☆ 施里芬计划 ☆

　　施里芬知道，取道阿、洛两省进攻法国的做法不仅起效慢，而且要付出很大的代价：这在很大程度上是由于法国人自从在普法战争中失去阿、洛两省后就在共有国界附近修筑了很多复合堡垒的关系。但如果

康特·阿尔弗雷德·冯·施里芬是德国战争策略框架的制定者。

从瑞士阿尔卑斯山推进，那么多山的地形又会让军队太过吃力。考虑再三，施里芬决定派一支奇兵，穿过边境防御较为薄弱的荷兰南部和比利时。

　　施里芬的计划是：在梅斯和瑞士国境之间的阿洛两省布置一支军队，再联合各路大军，利用崎岖的地形和德国的边境要塞来拖延法军的进攻。他在梅斯北面布置的主要军力可以在西线和南线间摆动作战，这样就能限制法军朝阿、洛两省的推进；而一旦法国战败，德国大军就将通过铁路迅速转向东线，与留守东普鲁士的小股军队会合，并进而举全德之兵力进攻俄国。

　　1906 年，施里芬退休，赫尔姆斯·冯·毛奇将军接任了他的位置。由于俄国采取军事行动的速度比施里芬预计的要快，同样不肯舍弃半寸领土的毛奇在审时度势之后，觉得原计划应该进行修改。他将在梅斯和瑞士之间的德军从总体数量的 5% 加至 25%，又将驻扎在东普鲁士的守军从总数的 10% 加到了 15%。这样一来，原先由 90% 的德国陆军驻扎的梅斯北部现在就只有 60% 的军队了。由于毛奇误以为英国会在比利时的中立地位受到侵犯时按兵不动，因此放弃了原本借道荷兰的作战计划。一系列的变动，将德军的前进之路限制得十分狭窄，而他们面前，还要面对比利时要塞列日的复合堡垒。

德国高效运转的铁道系统是先挫法国再攻俄国之大计的基础。图为一支德军铜管乐队在为一列即将开动的军用列车演奏小夜曲，这情景仿佛是恋人依依惜别一样。

☆ 战争时刻表 ☆

施里芬计划的关键即在于"时机"二字。毫无疑问，德国高效运行的铁道系统和灵活机动的军队调度都是其在边境迅速集结大军的有力保障，但德军千里急行的最高目的竟然就只是为了遵循总参谋部那份严格的时间表。这个计划也使得人们对于法俄两国在战争爆发时会作何反应产生了许多猜想。

☆ 奥匈帝国 ☆

奥匈帝国的应对之策有两种思路：其一，只考虑自己在巴尔干地区与塞尔维亚之间的局部战争的话，怎么办？其二，假定塞尔维亚及其强大的俄国盟友让奥匈帝国腹背受敌的话，又怎么办？在当时的环境之下，后者出现的可能性明显更高一些。奥匈帝国也因此决定：一旦两线同时开战，那么奥匈帝国就遵守承诺挺进波兰，缓解德军在东普鲁士的压力，真正与德国盟友同进同退。

接任施里芬职位的是陆军元帅赫尔姆斯·冯·毛奇，但他也是让施里芬计划惨淡收场的人。

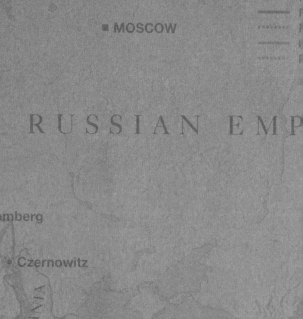

NORWAY

SWEDEN

DENMARK

Baltic Sea

■ MOSCOW

GERMANY

lamur

erdun

RUSSIAN EMP

■ WARSAW

● Łódź

● Lemberg

AUSTRIA-

VITZER-
LAND

BUDAPEST ■

● Czernowitz

HUNGARY

ROMANIA

ITALY

BOSNIA

■ BELGRADE

SERBIA

SOFIA

Black Sea

orsica

Cattaro ●

● SOFIA

BULGARIA

dinia

MONTE-
NEGRO

ALBANIA

OTTOMAN EMP

GREECE

d

Sicily

i
t
e
r
r
a
n
e
a
n   S e a

● Damascus

PALESTINE

CAIRO ■

LIBYA

EGYPT

战端开启

　　同盟国和协约国两大阵营内部都曾经签署过很多秘密条约，其中的一些条款是盟国之间用以承诺在需要时彼此提供军事支援的，而此时各国互相宣战，这些条款就正好开始生效。经过多年的筹备，每个国家的作战计划都已十分详尽，因此无论是军队的调度，还是部队的行军，都进展得非常顺利。在1914年7月底到8月初的短短时间里，德国和奥匈帝国调集了一支650万人的大军，而协约国则出动了总共约900万的兵力。无论是将军、政客，还是一般的普通大众，人们都希望能让对手在重拳之下被一击致命；但实际上，参战双方谁都不能在短时间内打倒对手。

　　1914年，以德国对比利时和法国东北部的数次扫荡为标志，第一次世界大战正式拉开帷幕。德军原本打算在巴黎附近速战速决，但这个计划却于当年9月初即不幸流产，随后的两个月里，西线战场上堑壕战的格局渐渐形成。实际上，西线正是开战第一年的主战场，这里的战火才烧了5个月就已经葬送了协约国120万的兵力，吞噬掉德国68万士兵的生命。而东线战场在同一时间里出现的却多半是小打小闹，规模较大的战役只有两起。"一锤定音"的期望是落空了，但人们对战争的狂热却依然高温不退。

德国入侵比利时

要实行施里芬计划，就需要大约 94 万士兵和 2900 门大炮，兵分四路，迅速穿越只有不到 12 万军队和 320 门大炮守卫的小国比利时。

1914年 8 月，德国在阿尔萨斯和洛林两省与法国接壤处布置了两支部队，另有两支指向卢森堡，再有三支驻扎在与比利时接壤的狭窄地带。除了与法国接壤处的两支驻军外，其余的五支部队作为施里芬计划的重要组成部分，将在穿过比利时、绕行攻击法国东北部之后，取道向南；其中，最北面的两支部队——共计拥有 58 万人及 1700 门炮的亚历山大·冯·克卢克将军麾下第一集团军和卡尔·冯·布罗将军领导的第二集团军——则将负责对敌人施行主要打击。

☆ 列日沦陷 ☆

施里芬计划的制胜法宝在于"迅速"，因此德军必须尽快解决比利时边境的堡垒。8 月 3 日，一支受过特别训练的 3000 人特遣队奉布罗之命，在奥托·冯·伊曼里奇将军的指挥下，穿过比国边境，抵达要塞城市列日。8 月 5 日晚至 6 日凌晨，伊曼里奇的奇兵在夜幕的掩护之下对列日发动袭击。他们原想从城外 12 道钢筋混凝土堡垒之间的缝隙里渗透进去，但却遭到了比利时第三师指挥官杰拉德·勒曼将军的坚决打击。几天后，德国的艾瑞克·鲁道夫将军率军攻入该城，但城外的比军堡垒却依然坚守不屈。布罗无奈，只好安排重型攻城炮上阵——这其中包括了两门口径分别为 305 毫米和 420 毫米的榴弹炮，在 8 月 12～16 日间对列日展开了狂轰滥炸。即便是固若金汤的堡垒也难以抵挡如此猛烈的火力攻击，列日不久即告失陷。

克卢克和布罗的军队终于可以继续穿越比利时了。8 月 18 日到 19 日，克卢克的部队在蒂勒蒙附近击退了一小股抗击的比军。小胜次日，当布罗率军沿东西向的默兹河和桑布尔河行军时，克卢克又占领了比利时首都布鲁塞尔。比利时国

战争开始的头几周，德国骑兵行进在比利时冷冷清清的弃城街头。

德国第一军总司令亚历山大·冯·克卢克将军（左起第五），与其部下一同"拍照"。

王阿尔伯特此刻终于深切地认识到：他那缺粮少弹的军队根本就不可能阻挡德国那光是数量就已四倍于己的钢铁雄师。斟酌之后，他决定派一个师去布罗大军必经的纳慕尔要塞，余下部队则随他留守安特卫普（这两个城市都有环形堡垒防线）。另一方面，克卢克却只派了一个团去封锁安特卫普，以保证没有一点比利时的火力能够袭击到自己的右翼，而他自己的第一集团军大部及布罗的第二集团军则继续向西进发。

☆ 征服比利时 ☆

8月20日，纳慕尔遭到德军攻击，次日即陷入包围，战斗模式与不久前列日之战中的一模一样；22日，布罗率军穿过桑布尔河；25日，列日彻底失守，但所幸大批守军得以逃脱。到8月的第三个周末时，德军已经控制了比利时的大部分地区；而重型榴弹炮的加盟则使得一度成为施里芬计划绊脚石的比利时堡垒自此无足轻重。不过，克卢克和布罗还有很长的路要赶，而夏末的炎热天气已经让频繁作战又长途跋涉的德军渐显疲态了。

1914年8月20日，当德国大军从布鲁塞尔的街头穿过，惊恐的比利时平民只能呆呆观望。

边境要塞

为了抵御外敌入侵，欧洲有很多国家都在本国脆弱的边境地带设置了精巧的堡垒工事。但在重型榴弹炮的面前，这些堡垒却不堪一击，而且还成为了防御的累赘。

尽管 19 世纪时的许多欧洲国家对修建、翻新防御工事乐此不疲，但在边境上的敏感地带建造御敌要塞实在不算是什么新潮的事。不过，虽然大家都在修，但最为集中的要塞群则非法德交界处莫属。

☆ 要塞的设计 ☆

虽然边境要塞的设计并没有一套既定模式，但各国的堡垒实际上仍有很多共通之处。譬如，堡垒多半选址于战略上较为重要的城镇周围，一般都是沿河而建，在距城镇中心数公里之外形成一个包含了若干等距排开的堡垒的防御圈，将城镇团团护住。大堡垒之间，既可以再建小堡垒，也可以根据需要在两个堡垒之间挖掘战壕。

图为纳慕尔城外的九层堡垒防线中，被德军炮火重创的一层。此图清楚地展示出该城为何在被包围不到一周的时间里就被攻克了。

一般布置在这种要塞里的守军都很少，千人部队的规模就算很大了；在需要支援时，则可由中央预备队来增强要塞守军的火力。

德军只用一发榴弹炮就解决了比利时列日市的隆桑堡垒。

在当时的要塞堡垒建造业中，最重要的人物当属比利时人亨利·布里欧蒙特。安特卫普、列日和纳慕尔最现代化的防御工事都是布里欧蒙特的作品；同时，他在要塞建造中的一些基本理念还为他国所借鉴。布式堡垒可根据地形分别呈现为三角或五角形，其核心部分是一个处于地上武装炮台掩护之下的加固型混凝土地下中心——这里的混凝土厚达2.5米，掩埋在3米深的地下。地下中心的上部环绕着一圈齐胸高的矮墙，地上炮台里的步兵可以躲在墙后指挥堡垒内部的运作，也可以从墙体上方向袭击者开火；地下中心外围还

图为1916年2月被德军攻占的凡尔登杜奥蒙要塞内的军需储藏室。当年10月，法军即夺回了这个要塞。

有一条两面都是斜坡的无水深堑，而深堑与矮墙之间有许多可以架设大炮和机关枪的炮台，堑底则是乱麻一般的铁丝网；整个堡垒外沿还围有一圈难以爬越的铁栅栏。

但是，在布里欧蒙特的设计图里，人们只能看到地下中心露出地表以上的部分以及炮台的单体设计。一些军事评论员认为，这种炮台在敌方的炮火攻击下根本就不堪一击，并相信伸缩炮台才是更优秀的设计。"伸缩"二字表示的是这种新型炮台在炮兵给大炮填充弹药或是不攻击时都可以收起来。法国的圣查蒙德和德国的格鲁森两大工程公司都参与了这种炮台的开发，而他们的设计随后即被不计其数的欧洲要塞所采用，其中甚至包括了法国的凡尔登、贝尔福和俄国的布雷斯特－立托夫斯克。

☆ 战斗中的要塞 ☆

第一次世界大战中，有许多堡垒盛名在外，却让对之充满信心的人大失所望。它们当中，有像列日和纳慕尔的堡垒一样在重炮轰击之下被迅速瓦解的，有形同虚设、进攻者可以直接绕道去别处发动进攻的，还有一些空有堡垒之名，竟将大炮移到露天空地之中进行战斗的。根据史料记载，第一次世界大战中唯一有效地拖延了敌军围攻进程的，只有奥匈帝国加利西亚的普热梅希尔要塞，而这项"纪录"的诞生竟主要是因为围攻该要塞的俄军缺乏重炮支援。1916年，在整个大战历时最长的凡尔登战役中，双方交战的首要任务竟不是占领城外的堡垒，而是消耗对方的兵力。

1916年，在法国凡尔登的沃克斯要塞里，德法之间曾有一场持续了5天的地道战，当时战况十分惨烈。同年6月7日，该要塞落入德军之手。

重 炮

大战之初，对任何地方而言大炮都是稀缺物资。但随着各国为了适应堑壕战而纷纷构建防御工事，大炮就成了各个兵工厂里制造的最主要的武器。

1914

年，大炮的稀缺可以部分反映参战各国最近的作战经历。法国人还是热衷于 19 世纪初那种拿破仑式的快速机动作战；英国人在那段时间则较常采用 1899~1902 年第二次英布战争中使用过的那种隐蔽的骑兵突击战。鉴于这两种战术对速度的要求都是越快越好，所以这两个国家都不需要那种由马匹拖曳、与步兵及骑兵齐头并进的机动野战炮。

☆ 大炮与要塞 ☆

德国和奥匈帝国的指挥官们从 1904~1905 年的日俄战争中了解了日军所使用的重型榴弹炮。1914 年，考虑到要对付敌军的要塞必须使用重炮，两国的军事高层都为自己的军队装备了野战炮，使得他们的军队开赴战场时在装备上就占据了优势。普鲁士的军队早在普法战争中被包围时就已经意识到自己缺乏充足的火力。法军应对德国施里芬计划的取胜手段是建造并改良一系列的要塞堡垒，以拖延德军的快速移动。而德军要穿过的比利时则跟着法国走。奥匈帝国有可能要面对两个敌人——俄国和意大利，无论和谁开战，战场都会有一部分在喀尔巴阡山脉和阿尔卑斯山脉之中，而要在山区内作战，就需要有高射程的炮弹。

奥匈帝国的军队率先使用了斯柯达制造的 305 毫米

1917 年，英国在西线战场设置的一门 152 毫米大炮。这个武器可以打出 45 千克的炮弹，射程达 12500 米。

60 磅的大炮弹

这种武器于 1905 年被引入英国，炮弹重达 60 磅（27.2 千克），在大战之初作为基本重炮配置给了英国所有的师级部队。其后虽然一直沿用到战争结束，但在后期被重新定义为重型炮，需以重炮作为补充。

口径：127 毫米

炮重：4.3 吨

炮长：4.29 米

弹重：27.2 千克

初速：634 米/秒

射程：11250 米

奥匈帝国一门使用中的斯柯达造 305 毫米榴弹炮 "苗条的艾玛"。

口径榴弹炮 "苗条的艾玛"，德军的克虏伯则发展出一种 420 毫米口径的武器并亲昵地称之为 "丰满的贝莎"。1914年 8 月 12 日，两者在号称拥有世界最坚固复合要塞的列日首次展开了角逐。让德军无比欣慰又让比利时军惊愕不已的是，12 台 "艾玛" 和 "贝莎" 在短短 4 天时间里就把所谓坚不可摧的钢筋混凝土防线撕成了碎片。

1914 年末，沿西部前线修筑的战壕，所有的战斗都是为了让重炮撕裂带刺的铁丝网，破坏并填平所有为了包围战而准备的战壕，更有大批的重炮被造出来对付余下的要塞。例如，1914 年时，法军只有 8% 多一点的大炮属于重型炮，但 4 年后，这一比例就升至接近 50% 了。

☆ 火力加强 ☆

经由各种部件改良过的重炮，有的本身就有轮子，可以作为一个整体在战斗中移动；也有的被分拆成各种零部件，运到战场之后再在加强过的底座上进行组装。像法军使用的 220 毫米口径的施奈特型那样的重炮可以把重达 90.7 千克的炮弹发射到 22400 米以外的地方，但大多数重型榴弹炮的射程都要比这个短。简单来说，就是射程和炮弹重量之间呈反比关系。为了提高杀伤力，当时各方势力都把炮弹越做越重。1914 年时，德军野战炮的标准炮弹只有 6.8 千克重；而到了 1916 年时，口径 210 毫米的战壕臼炮使用的就是 113 千克的炮弹了。

克虏伯 210 毫米迫击炮 / 榴弹炮

通常是指 210 毫米口径的迫击炮，这种重型榴弹炮于 1916 年投入使用。最早一版的炮身外还覆盖了一层盾牌，但这种设计在后来的改良中没有被沿用。

口径：210 毫米
炮重：6.57 吨
炮长：2.3 米
弹重：113 千克
初速：393 米 / 秒
射程：11100 米

克虏伯 150 毫米野战榴弹炮

这种炮于 1913 年首次登上战场，但第一次世界大战期间克虏伯还制作了该炮的升级版——FH17。除了由于缺乏某种原材料而造成的炮身较轻外，这种炮和之前的炮没什么区别。德军直到第二次世界大战都还在使用这种炮。

口径：150 毫米
炮重：2.17 吨
炮长：2.1 米
弹重：42 千克
初速：365 米 / 秒
射程：8500 米

国境之战

这个标题所指内容包括了 1914 年 8 月间蔓延在德法边境上英法军队与德军之间的一系列战斗。

根据法国的战争策略——第十七号计划，一旦德法产生军事冲突，将会有 6 个法国集团军到法国夹在比利时与瑞士之间从贝尔福到色当的边境地带集合。加上法国同意英国远征军占据前线最左侧的位置，国境之战在所难免。

☆ 法国出击 ☆

8 月 8 日，包柏将军率领他的阿尔萨斯法国集团军向牟罗兹挺进。奥古斯特·杜贝尔将军的第一军和诺埃尔·德·卡斯塔尔瑙的第二军则向洛林进发。14 日，在法国大军的挺进中，德国巴伐利亚王储鲁普雷西特率领的第六集团军和乔西亚·冯·黑林根将军率领的第七集团军佯装退却，20 日，两军折返并发动了猛烈的进攻。一天后，法军后撤时，第一军还算保持了队形，但第二军的右翼却已彻底被毁。当这场战斗于 22 日结束时，毛奇同意鲁普雷西特和冯·黑林根继续追击，但施里芬计划里却并没有安排这样的行动。

法国军队的卫生员和自己的救护犬一起列队。每个卫生员都背了两袋必需的药品。

☆ 法国再三受挫 ☆

第十七号计划中，有三个集团军被安置在梅斯北面以伺机东进。但第五军的指挥官夏尔·朗雷扎克意识到比利时境内的德军实在太过强大，于是在 15 日获得批准后即带领自己的军队向西转向比利时南面的默兹河，与英国远征军的右翼部队一起行动。

图中显示的是成排待葬的尸体，但对死伤无数的国境之战来说，这不过是九牛一毛。

其余的两个集团军，即费迪南德·德朗格尔·德卡里将军的第四军和皮埃尔·鲁弗里将军的第三军，则从 20 日起开始向东北方向移动，进入到草木丛生的阿登高地。

伍腾堡的阿尔布雷希特公爵率领的德国第四集团军联合威廉王子的第五集团军，于 22 日将这两个法国集团军击败。25 日，法军被迫撤退。第三军穿过色当附近的默兹河向南退守马恩河时，第四军则退到了凡尔登。同时，朗雷扎克于 20 日把第五军带到了桑布尔河与马恩河之间，但两天之后却遭到了冯·布罗将军的第二集团军及马克思·冯·豪森将军的第三集团军两支德国部队的攻击。22 日，德军包围朗雷扎克的部队，但第二日即被突围。

国境之战由第十七号计划的部署而起，但却完全没有按照计划进行。8 月底，法军退守从巴黎沿马恩河至地处瑞士北面的凡尔登的防线。此时的法兰西已在过去的 4 周中伤亡 21 万余人，究其原因，一部分是因为法国将领死板地遵循了那个攻击至上、全无防御的作战计划。但战争还在继续：23 日，冯·克卢克将军率领 32 万人的德国第一集团军遭遇了规模小得多的英国远征军，国境线上战火又起。

法兰西与进攻精神

法军于 1914 年 8 月参战的时候所穿的制服还和拿破仑时代一样，而排兵布阵的方法也是遵循古法。全体将士都抱持着一种"进攻精神"，似乎士兵的锐气（或者说勇敢）和已经上好的刺刀就可以控制战局。所以在开战的头几个月——特别是在国境之战中——法军一直都采取一种不计后果的进攻策略，这导致他们伤亡惨重。

为了配合军队的精神而设计的各种花色的军服。

空中侦察机

第一次世界大战爆发时，飞行技术才刚刚诞生，但大多数的参战国都购置了一些空中侦察机。当静音技术发展起来之后，这种侦查方式就变得越来越重要了。

在第一次世界大战中，大概每 20 次飞机起飞中就有 19 次是为了执行侦查任务。毫无疑问，飞行器在战争中扮演的角色越来越重要。而在开展之初，这种新技术的引入却遇到了相当大的阻力——1914 年时，军用飞行器的发展还很不成熟，很多将领都在怀疑这东西能有多少用处。

☆ 新型机动部队 ☆

1914 年时能用的飞行器其实少得可怜，许多国家都是刚刚建立空军，高级将领对于如何指挥其战斗一无所知。传统战术中，骑兵被视为"军队之眼"，但飞行器很快就证明了自己的侦查价值。德国的一种双座鸠型单翼机在 1914 年 8 月东线战场的坦嫩贝格战役中是负责侦查的重要角色，而当西线战场上的堑壕战取代了骑兵作战之后，这种飞行器就更加不可或缺了。

空中侦察机的重要性促成了战斗机的产生——战斗机的任务要么是击落侦察机，要么就是保护其不被击落。侦察机技术也越来越复杂。手写的报告被无线电信息所取代，需要舱内人员手持拍摄的照相机让位给了置于机身之内的小摄像头。为了飞得更高更快，后来的侦察机摈弃了一切多余的东西，包括武器。它们飞翔在每一寸战场的上空。王牌战斗机飞行员曼弗雷德·冯·里希特霍芬男爵击落的 80 架飞机中，超过半数都是空中侦察机。

法曼 MF-11

这种法国产的推进式飞机是由莫里斯·法曼设计并于 1914 年投入使用的。在 1915 年被撤出战场之前，这类侦察机参与了前线所有的英法军事行动。

类型：侦察机/轰炸机
引擎：80 马力雷诺发动机
乘员：两人
升限：3000 米
时速：最高 96 千米
武装：一挺 7.7 毫米口径机枪

一架空中侦察机拍摄的部分西线战场。将军们在制定作战计划时开始越来越依赖于由若干航拍照片拼出的影像。

由于最开始并没有战斗机对其造成威胁，第一版侦察机不需要追求速度和灵活性，所以只有一个稳固的平台供侦察者使用。早期的推进式飞机，如法国的法曼–MF系列和英国的 FE-2a，每小时只能飞行 88 千米，而牵引式的飞机最快每小时也只能飞出 104 千米。大多数的侦察机都不携带武器，但从 1914 年末开始，一些侦察机开始配备机关枪和炸弹。

☆ 后续的发展 ☆

接下来几年出现的新机型就先进得多了。例如，奥巴特罗公司制造了各种愈发高级的武装侦察机，包括 1915 ~ 1916 年的 C-Ⅰ 到 C-Ⅲ 系列，以及 1916 ~ 1918 年的 C-Ⅴ 至 C-Ⅻ 型。C-Ⅹ 型是一款非常成功的侦察机，可以在既装备机关枪又配备炸弹的情况下依然保持 196 千米/小时的飞行速度。德国的飞机制造商当然不止一家，除此之外还有于 1915 ~ 1917 年间制造 C-Ⅰ 至 C-Ⅲ 系列的阿维阿特克公司，以及于 1917~1918 年间制造的 C 系列的哈伯斯特公司等。他们的 C-Ⅴ 型和朗普勒的 C-Ⅶ 型侦察机是自带无线电和照相机的，可以为炮弹攻击提供敌军位置和目标锁定等服务，真正体现了现代的空中照相侦察技术。

协约国的设计者当然也不甘落后。1915 ~ 1916 年间，他们制造出了如法国纽波特 10 和纽波特 11 型这样最高时速可分别达到 140 千米和 155 千米的产品。除了单纯的侦察机外，有些设计者则改变策略，研究可以提供多种功能的复合型飞机。英国皇家飞机制造厂在 1916 ~ 1918 年间大规模地制造了 RE-8 型双翼飞机，这种飞机可以执行投弹和地面攻击等各种任务。

纽波特 12

第一次世界大战期间，纽波特为法军制造了很多种飞机，其中包括 1915 年登场的纽波特 10 型复翼侦察机。但该机型迅速被更快、更巨型并在机身前后都配置了机关枪的纽波特 12 型取代。纽波特 12 型一直服役到 1916 年初。

类型：侦察机/战斗机
引擎：110 马力克勒盖特发动机
乘员：两人
升限：3400 米
时速：最高 160 千米
武装：1~2 挺 7.7 毫米口径机枪

朗普勒 C-Ⅳ

从 1914 年 8 月开始使用的非武装型 B-1 飞机开始，德国的朗普勒公司制造了许多种侦察机。B 系列侦察机于 1915 年初逐渐被 C 系列取代。C 系列机型产量颇丰，终极版名为 C-Ⅶ R。

类型：侦察机/轰炸机
引擎：260 马力梅赛德斯发动机
乘员：两人
升限：6350 米
时速：最高 170 千米
武装：两挺 7.92 毫米口径的机枪；一枚 100 千克的炸弹

蒙斯与莱卡托之战

1914 年 8 月，穿过法比边界向前挺进的英国远征军在经历了德军的频繁袭击后，意识到面前是数倍于己的敌军，于是开始向着法国东南部实行战略性撤退。

英国对德宣战三天之后，即 8 月 7 日，陆军元帅约翰·弗伦奇的英国远征军第一分队抵达法国东北部，而 12.5 万人的大军则直到 16 日才全数渡过英吉利海峡。英国远征军集结在法国东北的莱卡托，并于 8 月 21 日向比利时南部移动。

事件重点
时间：1914 年 8 月 23 日在蒙斯；1914 年 8 月 26 日在莱卡托
地点：比利时西南部及法国东北部
结果：英国远征军逃过灭顶之灾后，参加了马恩河战役。

从蒙斯撤退的途中，英国第十一路轻骑兵在稍作休整。

远征军的第一场战斗不过是次日双方骑兵侦察员之间发生的一次小冲突。但 48 小时后，施里芬计划中负责统领左翼的亚历山大·冯·克卢克将军率领德国第一集团军，在蒙斯附近对英军发动了全力进攻。以克卢克那种呆板的思考方式，虽然他吃惊于英军出现在法国，却也没有向上级汇报这一情况。

☆ 蒙斯保卫战 ☆

23 日，英军在蒙斯战役中用高速来福枪让德军损失惨重；第二天，备受鼓舞的弗伦奇打算坚守阵地。但他却收到命令，夏尔·朗雷扎克将军率领的法国第五集团军正从比利时桑布尔河战场撤退，他必须连夜撤军与这支部队会合。于是，大约在几天之内，英军就沿着不久前他们去比利时南部时才走过的路又回到了法国东北。弗伦奇真的很想把军队直接撤到英吉利海峡边的港口去，但他的上司菲尔德·马修·霍雷肖·基齐纳却坚持要让远征军退到马恩河去，和朗雷扎克保持联系。

1914 年 8 月于英军撤退途中拍摄的一队精疲力竭的骑兵。

内里之战

这场战役发生于1914年8月英国远征军穿过法国东北部的撤军途中，它是整个第一次世界大战期间最卓尔不凡的小范围战役之一。9月1日，英军第一骑兵旅的后卫部队和第十二炮兵连的皇家骡马炮兵部队开始面对整个德国第四骑兵师的猛烈攻击。英军拼死抵抗，尽管伤亡无数，但幸存者却坚持战斗直至弹尽粮绝。第十二炮兵连中有三人因此获得了维多利亚十字勋章。

出生于伦敦的炮兵连军士梅杰·乔治·多勒尔由于在内里之战中作为第十二炮兵连一员的英勇表现获得了维多利亚十字勋章。

1914年8月，蒙斯市中心被英军甩掉的德国军队。直到1918年11月10日，协约国的加拿大军队才收回了这个地区。

蒙斯战役后，克卢克的部队就一直紧紧地跟在撤退的英国远征军后面，时不时地打一下英军的屁股。27日，筋疲力尽的远征军第二军在霍勒斯·史密斯·多利恩将军的率领下坚守莱卡托阵地，开始了一场一百年来英国军队所面临过的空前大战。

德国第一集团军试图从两翼包抄英军，于是只有7万人的英军只得和16万敌人血战了整整一天。战斗由于夜幕的降临而结束，已死伤7800余人的英军继续撤退。途中，他们得到了在英军右翼平行撤退的朗雷扎克法国第五集团军的支援。这时，法国总司令约瑟夫·霞飞元帅却命令朗雷扎克掉转90度，向西进攻克卢克毫无防备的德军右翼。

☆ 克卢克的错误 ☆

协约国在29日发动了自认为胜券在握的吉斯战役，却并没有成功地减慢德国第一集团军的步伐；与之相反，作为该战役的补充，一次袭击德国第二集团军左翼的次级行动却给其统帅卡尔·冯·布罗将军带来了相当大的麻烦。布罗向克卢克求援，而后者竟在没有获得上级批准的情况下就同意了。同时，克卢克还作出了一个致命的决定：带领军队掉头向东南进发——这条线路直通巴黎，却违背了施里芬计划的安排。9月2日，德军第一集团军大踏步地行进到了塞利城堡和尚蒂伊之间的马恩河畔。克卢克误以为自己右翼的巴黎附近并没有集结大规模的敌军，而这一错误的判断深刻地影响了整场战争后来的进程。

野战炮

　　战争伊始，由骡马牵引的轻型速射野战炮是最重要且数量最多的大炮类型。但由于使用大型炮弹的重炮更有利于克敌制胜，这种野战炮的地位逐渐降低了。

为了能赶上步兵和骑兵的速度，野战炮一般都是由骡马牵引的轻型炮。轻型野战炮一般按师分配，而较沉较慢的重炮则是为高级将领的部队预留的。野战炮主要有两种类型：普通大炮的炮弹速度快，但弹道较平，多用以攻击平原开放地带炮手可以瞄准的敌人；榴弹炮的炮弹速度较慢，但弹道呈抛物线形，可以攻击有掩护的敌人。两种炮都可以通过炮管的孔径或炮弹的重量来加以区别，前者属于欧洲大陆的常用分类系统，后者则基本只在英国使用。1914 年，法军装备得最多的是 1897 年版的 75 毫米口径大炮，支援英国步兵团的炮兵连使用的则是 MarkI 型 8.2 千克 84 毫米口径大炮，骑兵的支援则是依靠较轻型的 5.9 千克 75 毫米口径大炮。

☆ 开火速度 ☆

　　大部分大炮都属于可以在一分钟之内连续发射若干枚炮弹的速射型。其中最厉害的莫过于法国大名鼎鼎的 75 炮。正是这种大炮开创了反后坐系统的先河，即发射时只有炮筒向后运动，而炮架不受影响。75 炮的操作由一队训练有素的炮兵联合完成，一分钟之内可以进行 25 次发射，是名副其实的速射炮。类似的炮兵小队如果使用英军的 8.2 千克大炮的话，一分钟只能完成 8 次射击。

　　参战的其他国家也配置了类似的大炮。例如，德国惯用一种从他们的盟友那里进口的 77 毫米口径野战炮，而俄国则购置了 76.2 毫米口径的 M1902 型大炮。无论属于哪种类型，野战炮的重量一般都在 900~1350 千克之间。各种普通大炮和榴弹炮的最远

1914 年末，比利时伊普尔附近的一门英国 8.2 千克野战炮及其旁边的拖车和弹药箱。

射程通常在 6500~8000 米之间，但实际作战时由于受到地形的影响，大炮跟目标之间的实际距离都没那么长，一般要比最大射程短三分之一以上。尽管各国炮兵连配备的大炮数量各不相同，但大多数国家都是给每个连配备四台

战争伊始，东线战场上一台作战中的俄国 M1902 型 76.2 毫米口径野战炮。

法国的 75 野战炮

1897 年，这种武器的诞生就是一次革命。这是一种重量轻、移动便捷的大炮，最重要的是它的反冲系统意味着开炮时只有炮筒而不是整个炮身需要向后运动。因此，这种炮不需要在每次发射后重新校准目标，这也使得一队训练有素的炮兵可以在一分钟之内完成 20 余次弹药填充。75 炮是为快速移动的进攻而设计的一种武器，因此在堑壕战中并没有扮演主要的角色。

口径：75 毫米
炮重：1160 千克
炮长：2.7 米
弹重：7.24 千克
初速：530 米 / 秒
射程：8500 米

野战炮，英国骑兵和步兵师是唯一给每个炮兵连配备六台野战炮的部队。

☆ 炮弹类型 ☆

野战炮在作战中使用的炮弹也有两种：一种是对人伤害极大的子母弹——这种炮弹内部填充了很多的金属球，炸药由保险丝引爆，引爆时间被设定在炮弹飞到敌人上空时；另一种是高爆弹——这种炸弹的保险丝只会在受到撞击时引爆炸药，因此必须落到敌军阵地上或是撞到什么坚硬的物体才会爆炸。高爆弹爆炸时的冲击力将摧毁一切无生命的物体，这种冲击和炮弹爆炸时产生的碎片对人来说也是致命的，但如果这种炮弹落到柔软或泥泞的地面上，则有可能不会爆炸。

野战炮是运动战中的一种基本武器，但其重要性却随着堑壕战的发展而逐渐降低：子母弹对于掩体内的目标杀伤力有限；高爆弹只能进行浅层打击，对于深埋在地下的防空洞等坚固的军事目标则无能为力。尽管火力有限，但整场战争中西线战场上的野战炮数量却一直都非常大。不久，炮弹的保险丝被改良，野战炮因此可以有效地破坏由带刺的铁丝网围成的防线。1916 年的索姆河会战中，在开战前就展开炮击的英军出动了 1600 门大炮，其中 1200 门要么是野战炮，要么就是稍大一些的中型重炮。1918 年，德国展开其最大的攻势——"米歇尔行动"时，可用的大炮有 6473 门，其中有 3965 门是 77 毫米口径或 100 毫米口径的野战炮。

马恩河战役

1914 年 9 月初，法国元帅约瑟夫·霞飞策划的一系列激烈突击为协约国换回了一场至关重要的胜利，这场胜利不仅挽救了巴黎，而且还挫败了德国的施里芬计划。

按照施里芬计划，冯·克卢克将军应该率队前往巴黎以西，但他却决定让军队转向南行，跑到了巴黎的东面。这一系列动作自然也引起了协约国的注意。通过空中侦察机侦测到的敌军移动方向，约瑟夫·霞飞元帅决定好好把握这个天赐良机。克卢克认为自己的右翼并不存在英法军队，没料到

霞飞已经为他毫无防备的右翼准备了一份"礼物"：他在巴黎附近组织了一支新队伍，即由迈克尔·莫努里将军领导的第六集团军。那时已是 9 月上旬，大部分德军已经渡过了马恩河，向南推进到了巴黎以东 48 千米沿线。9 月 5 日，霞飞开始了反击。

☆ 协约国的进攻 ☆

马恩河战役是由若干场战斗构成的。英法军队在这场战役中派出了约 100 万人，而德国则投入了 90 万兵力。9 月 5 ~ 9 日的乌尔克河会战中，莫努里将军首先对克卢克的右翼发起了进攻。这场战斗昏天黑地地打了两天之后，克卢克终于迫于危险带领第一集团军向后撤过了马恩河；但他随即又对莫努里展开了还击。战况非常激烈，巴黎市的出租车载来的法国援军还阻止了一次德军的突围。

克卢克的撤退在他的第一集团军和布罗的第二集团军之间留下了一个非常大的防御空档。英国远征军抓住机会慢慢地钻进了这个防线漏洞，悄悄地给克卢克的左翼和布罗的右翼同时造成了威胁。而此时由路易斯·弗朗谢·德斯佩雷将军领导的法国第五集团军则沿着小莫林开始了和布罗的第二集团军的对抗。接着，费迪南德·福煦将军率领的法国第九集团军在圣贡沼泽附近袭击了布罗的军队，但他们随即发

用来掩埋马恩河战役中 8000 名死亡士兵的大型合葬墓。

约瑟夫·霞飞

约瑟夫·霞飞（1852~1931）于1911年接任法军总参谋长并负责制定国家战争策略——第17号计划。他是一个在极大的压力下也能保持沉着冷静的人，而这样的性格特点正是大战之初特别需要的。他指挥了1914年9月协约国取得重大胜利的马恩河战役，把法国从战败的边缘拉了回来。但他的顽固也曾让他执意发动了许多得不偿失的进攻；正因如此，1916年末，作为民族英雄的他被撤销了总参谋长的职务。

约瑟夫·霞飞元帅（左起第二）与英军高级官员交换意见。

现：自己面对的还有马克思·冯·豪森将军的德国第三集团军。

而第三集团军余部和阿尔布雷希特公爵率领的德国第四集团军，在维特里–勒–弗朗索瓦受到了来自兰勒·迪·卡里将军领导的法国第四集团军的攻击。接着，在阿登高地的里维基尼，莫里斯·萨莱尔将军带领法国第三集团军成功地阻止了威廉皇

乌尔克河会战期间，庆祝巴黎出租车队运送法国军队抵达战场的出版物画面。

储的德国第五集团军的挺进。最后，杜贝尔将军的法国第一军团和德·卡斯塔尔瑙将军的第二集团军布兵在南锡的阿尔萨斯沿线，挡住了加强过火力的德国第六和第七集团军的野蛮进攻——这两个集团军是由巴伐利亚王储利奥波德和乔西亚·冯·黑里根将军分别领导的。

☆ 德军撤退 ☆

到了这时，德军总参谋长、陆军元帅赫尔姆斯·冯·毛奇收到的报告要么是支离破碎的，要么就是在跟他抗议。于是他派了一个他很信任的军官——陆军中校理查德·亨奇——到前线去。亨奇收到的指令只是要如实汇报战况，但从9月9日开始，他却一再地越权：先是认可了克卢克未经允许的撤退，接着又同意左翼形势越来越紧迫的布罗军队也向后撤离。其他的集团军则受命配合第一、第二集团军的撤离行动，并于5天后撤到埃纳河流域去。10日，马恩河战役结束。不可否认，这次战役是协约国战略上的一次大胜利，但同时，参战双方都为此付出了各自损失25%兵力的惨重代价。

德国开始渡过马恩河时，法国军队就在河对岸严阵以待。

步枪和刺刀

步兵的步枪和刺刀是第一次世界大战中最独特的武器，但并不是最具杀伤力的武器，这一"殊荣"当归于机关枪，当然还有大炮。

步枪是第一次世界大战中最常见的武器。尽管当时欧洲有数不清的工厂都在制造步枪，但投入使用的型号之间无论是原理还是细节大多非常相似。所有的步枪都是闩锁式的（多半还是直推式），配有可以填装若干枚子弹的弹匣以保证不用频繁地填充弹药。有一些步枪的弹匣可以拆卸，但更多的则与枪身连为一体，使用者在填充弹药时只是把子弹塞进去而已。

步枪的口径差异很小。例如，德国的 1898 版毛瑟枪口径为 7.92 毫米，而俄国莫辛纳甘型步枪的口径则为 7.62 毫米，罗马尼亚的 1893 版曼里切尔型口径为 6.5 毫米。英国使用的所有步枪都是 7.7 毫米口径的，而美国使用的枪型如 1903 版斯普林菲尔德步枪则是 7.62 毫米口径的。大多数步枪的枪身长度都在 1.25 米左右，重量约为 4 千克。

☆ 弹匣 ☆

大多数步枪的弹匣都能装 5 发子弹，英国和法国使用的枪型还可以多装一点。例如，法国 1916 年型勒贝尔步枪配备的弹匣可装 8 发子弹，而英国的第 1 型李 – 恩菲尔德步枪和第 3 型李 – 恩菲尔德弹匣式短步枪配备的则是可拆卸的 10 发装弹匣。

这两种设计都是为了满足英军对于快速设计的需求——英军相信，射击频率越快，对敌人的克制效果就越好，而其常规步兵每分钟最快的速度是射击 15~20 个目标（一般军队的射击频率是每分钟 8~12 发）。李 – 恩菲尔德步枪还配备了更大的备用弹匣，并把步枪的枪栓设计成朝下

一个典型的英军士兵形象。他所持的武器是 1907 年引进的李 – 恩菲尔德弹匣式短步枪。

英军新兵参加刺刀训练。虽然这是新兵训练的一个重要部分，但实战中很少有人真的靠刺刀杀敌。

德国步枪

德国步兵使用的步枪主要有两种——88版毛瑟手动步枪和98版毛瑟手动步枪，两者分别产生于1888年和1898年。98版手动步枪由于其卓越的精确性而被德军一直沿用到第二次世界大战。

口径：7.92毫米（指98版毛瑟手动步枪）
弹量：5发
系统：前端瞄准转栓式
长度：125厘米
重量：4.3千克
初速：870米/秒

的形式，这些改进都大大地促进了射击频率的提高。但由于战前准备较为仓促，士兵们虽有好枪在握，但却因为没有掌握基本的速射原理而无法成为神射手。

☆ 有效距离 ☆

步枪的射程一般在2560米左右，但一般每个确定瞄准的射击目标都不会超过550米远，属于近距离射击。更远一些的地方，根据英军的定义而言，550~1280米为有效射程，1280~1830米以内的属于长距离射击，而1830~2560米则属于远距离射击范围。在有效射程以内，步枪可以对非瞄准对象造成伤害，而长距离射击和远距离射击则完全没有意义。

☆ 刺刀 ☆

刺刀主要分成三类。最常见的一类形如刀刃，另有一类形如薄薄的针头，易于折断。德军最常使用的则是一类刀刃呈锯齿状的刺刀。协约国的宣传说这种锯齿型刺刀是为了造成更可怕的伤口而设计的，但实际上，这种刺刀一般是先头部队在执行任务时使用的。

战前训练手册中特别强调了装备刺刀的重要性，战士们被不断地灌输一种英国人所谓的"刺刀主义"。但实战和理论是不一样的。1914年以后，几乎没有人在战场上使用刺刀，而被刺刀刺伤刺死的人数也微乎其微。虽然堑壕战中士兵们还是会用一下这个武器，但当士兵们只身面对敌人时多半会选择逃跑或者投降，而不是举起刺刀和敌人拼命。战争中被刺刀所伤的详细数字已不可知，但和大型杀人武器大炮造成的人员伤亡比起来，这一数字毫无疑问是很小的。根据英国医疗队的战时记录，在整场战争里，英军由于各种原因而负伤的人员中，只有1%略多一点的情况是由刺刀造成的。

狙击枪

狙击枪在第一次世界大战中体现出了前所未有的价值，特别是在堑壕战发展起来以后。狙击手一般两人为一组进行作战，此外还有一个人利用双筒望远镜或战壕潜望镜负责目标的锁定——为了避免成为敌军狙击手的目标，一般的观察员都选择后者。狙击手通常都躲在掩体或是金属板的后面，为了不暴露自己，他们会在金属板上撕开一个刚好可以让步枪穿过的孔进行射击。

摆好架势的德军狙击手。但通常他们会选择一个更隐蔽的位置。

奔向海岸

　　从 9 月下旬到 10 月底，英法大军与德军一路周旋北上，双方都想绕到对方防御较弱的一侧去展开攻击，但双方的各种进攻最后都失败了。终于，北海到了，再想绕圈子也无处可绕了。

　　9 月初马恩河战役的溃败让毛奇作出了一个最终彻底毁掉施里芬计划的决定：德国军队整体向北部的埃纳河方向撤离。这个错误的决定使得德军陷入了其一直以来竭力避免的两线开战且战时延长的窘境，而毛奇也因为这个失误而被迫辞职，德军总参谋长一职由艾力克·冯·法金汉将军于 14 日接任。与

这是一支行进中的法国军队。1914 年末，战场在法国以内向南迁移。

毛奇的处境相反，法国的霞飞元帅受到这次胜利的鼓舞，信心满满地想要趁机干掉这批德军，于是他安排英法大军乘胜追击。霞飞本想绕到德军防御薄弱的右翼去，但德军却利用埃纳河战役（9 月 15 日 ~18 日）挫败了他的计划。

　　埃纳河战役是在一系列史称"奔向海岸"的兜圈子运动战中展开的。协约国部队想要绕到德军的右翼，德军则想要绕到协约国部队的左翼，双方你来我往，就这么一

一支运输途中的比利时机关枪队。

直绕到了北海边上。9 月 22~26 日，双方在皮卡迪地区爆发了激烈的冲突；9 月 27~10 月 10 日，阿图瓦又战火纷飞。接下来的时间里，双方的主力部队继续一边北上一边纠缠；进入佛兰德斯地区后，双方更是大战没有、小战不断，但这样的斗争并没有给任何一方带来实质性的进展，战事进入僵持阶段。

☆ 包围安特卫普 ☆

"奔向海岸"尚在进行中，而此刻的比利时却还在为了生存而战。在8月20日于布鲁塞尔战败之后，大部分的比利时军队退守安特卫普；8月下旬到9月中旬间，他们在这里曾两次试图突破德军的右翼。28日，为了避免通信线路再受威胁，德军搬来了重型榴弹炮，开始包围安特卫普。

英国海军前来支援安特卫普的守军，但这里的港口却得到了与列日和纳慕尔同样悲惨的下场。10月10日，比利时当局投降，而大部分的守军却撤到了佛兰德斯海岸，好歹算是保住了自己脚下的领土。这支由英国海军和比利时军组成的部队驻扎在纽波特和伯伊辛赫之间的伊瑟运河沿岸。在他们南面驻扎的就是"奔向海岸"运动战中的英法大军。

☆ 德国的最后一次攻击 ☆

尽管防线已经加固，为了夺取胜利，德军又进行了两次尝试。第一次是10月16~31日的"伊瑟战役"，德军在该战中由于比利时开闸放水的大胆决策而失利——那个水闸属于伊瑟运河的灌溉系统，原本是为了保证下游地区的安全而建来抵挡洪水的。到10月底时，从纽波特向北一直延伸到迪克斯迈德之间的大片区域都被淹没了。渡过这片水乡泽国继续作战的可能性几乎为零，甚至到了1918年在该区以内都没有任何有记载的行动。因此，德军的注意力转向了迪克斯迈德以北，并决定尽最后一次努力，在伊普尔切开协约国部队的防线。那时，是1914年。

1914年，最后一个野战阶段中的德国军队。

第一次伊普尔会战

这是德军于 1914 年在西线战场发动的最后一波有力攻势。他们本想突破敌方的防线，攻占运河港口，但这一行动却在英国远征军付出了惨重的代价之后以微弱的差距失败了。

埃纳河战役于 9 月下旬结束后，菲尔德·马沙·弗伦奇领导的英国远征军转到英法大军的最左翼，参与了"奔向海岸"运动战。他们的主要任务是保护布伦、加莱和敦刻尔克，保证对英军的补给和支援十分重要的运河港口不被敌方占领，如果可能的话，还应向佛兰德迈进，与比利时军队取得联系。秋末，"奔向海岸"运动战达到顶峰，人数有所扩增的英国远征军于 10 月中旬到 11 月上旬在法国东北的拉巴西和阿尔芒蒂耶与敌军发生了两次冲突。一小部分军队进入比利时南部，在德军占领伊普尔 10 天之后将其赶了出去。在这个老式的佛兰德小镇上，英国远征军迎来了德军在 1914 年的最后一次进攻。

事件重点

时　间：1914 年 10 月 19 日~11 月 22 日

地点：比利时西南部

结果：英军在付出了惨重的代价之后，以微弱的优势取得了胜利。从此，堑壕战拉开了帷幕。

☆ 德军的目标 ☆

德军总参谋长冯·法金汉将军深知运河港口对于英军的重要性。面对协约国的军队，德国已经失败了太多次，而时间却就快不够了。但如果此时德军能够向伊普尔推进并最终占领这块地方，那么英国在这场战争中的未来就不好说了。伍腾堡的阿尔布雷希特公爵领导的德国第四集团军于 15 日发动了这次进攻。英军使用步枪还击，成功地把敌阵切成了若干小块，但同时也伤亡惨重，其中，伊普尔以北和以南地区的英军被迫收缩队形，形成了一个明显的绕城防线。

到了月底，新一波的攻势形成，伊普尔东西两侧遭受的火力最猛。31 日，第四集团军占领了赫鲁维，穿过了梅尼大道。不过不久赫鲁维又被英法占领。莫西尼斯山脊是一块重要

准备出发的英国部队。

的高地，这块区域和维西查伊斯外的村庄于 11 月 1 日被占领，使得绕城防线的区域大大缩小。伊普尔的沦陷看来是不可避免的了，德皇威廉二世甚至迫不及待地亲临前线，只为了看到德军占领伊普尔的那一刻。但英军的抵抗却在继续，因为赶来的法国援军对此帮了大忙。

在第一次伊普尔会战之后，一支德国军队在异常整洁的战壕里。

为了占领伊普尔，德军又发动了两次进攻。讽刺的是，英军经过深思熟虑之后竟想于 9 日放弃伊普尔及其附近的整片地区。这一计划最终被驳回，而德军的攻势却愈发猛烈起来。次日，圣埃洛伊失守，但德军第二次试图占领赫鲁维仍旧失败了。德军的最后一击在 15 日开始后总共持续了一周，最终因双方都精疲力竭和越来越糟糕的天气而结束。

☆ 伤亡数字 ☆

第一次伊普尔会战中，协约国总共损兵折将 7.5 万余人，英国远征军元气大伤，基本需要彻底重建；德国军队则折损 13.5 万余人。会战只不过进行了 5 个月，总体的人员伤亡数字已经上升到触目惊心的地步：比利时有名有姓的伤亡及失踪人员达到了 5 万人，法国为 99.5 万人，德国为 67.7 万人，英国为 7.5 万人。

这一年结束时，法国还在继续进攻，直到 12 月 20 日的第一次香巴尼会战。

每一个参战国都相信自己可以取得一次决定性的胜利，但所有人也都明白：想按照开战之初设想的那样在圣诞节结束战争是不可能的了。战争的前景完全无法激起英军和德军士兵的斗志，有一些士兵甚至在圣诞节时爬出了各自新挖的战壕，向同样爬出战壕的敌军士兵表示友好——这将双方的将军们气坏了。

在比利时伊普尔城外被俘虏的法国军队。

入侵塞尔维亚

奥匈帝国本想让塞尔维亚为参与了弗朗茨·斐迪南大公的刺杀行动而付出代价，却没料到即便联合了德国和保加利亚一起进攻，自己还是吃了败仗。

奥匈帝国认为塞尔维亚对于弗朗茨·斐迪南大公之死负有直接的责任，并以此为理由于7月28日对之宣战。次日，塞尔维亚首都贝尔格莱德就遭到了多瑙河上奥军炮艇的攻击；等到8月14日，陆军元帅奥斯卡·波提柯雷克率领20余万士兵穿过萨瓦河及德林纳河，抵达贝尔格莱德以西及以北，塞军部队这才开始行动。奥军的这次行动也是亚达尔河战役的开端。16日，塞尔维亚的拉多米尔·普特尼克元帅率兵19万进行反抗时，发现了波提柯雷克的军队。尽管塞军无论在人数上还是在装备上都比不过奥军，但仍于21日打退了奥军的进攻。

陆军元帅奥斯卡·波提柯雷克因错误地指挥了1914年奥军入侵塞尔维亚的行动而被撤职。

略微修整之后，塞军于9月6日挺进奥匈帝国境内的波斯尼亚。但由于波提柯雷克的军队在接下来的48小时内再次渡过德林纳河，在塞尔维亚侧面建立了据点，普特尼克不得不率部回撤以抗敌军。鏖战十日之后，塞军正面抵抗奥军的这场德林纳河战役因塞军认输而结束。自此，塞军开始退守防御较强的贝尔格莱德西南部。

☆ 奥匈帝国失利 ☆

1915~1916年，在穿越塞尔维亚和黑山的大撤军途中，筋疲力尽的塞军士兵抓紧时间小憩。

补充火力之后，奥军于11月5日再度发起进攻。而普特尼克那缺粮少弹的部队只好慢慢地再次后退，想等到奥军的供给消耗得差不多时再发起反攻。12月2日，奥军攻占贝尔格莱德，但普特尼克由于获得了法国的支持也已作好了回击的准备。3日，塞军发动进攻，而此时奥军背后就是泛滥的科卢巴拉河，真正是"背水一战"，塞军没多久就把对方变成了一头困兽。科卢巴拉河战役于 9 日结束，残存的奥军全数撤过多瑙河及萨瓦河。贝尔格莱德于 15 日获得解放，但普特尼克由于在此战中折损了 22.7 万名士兵而遭撤职，取代他的是尤金大公。

☆ 塞尔维亚最终失守 ☆

1915 年末，塞尔维亚已经不太可能再抵挡住进一步的入侵了。由于罗马尼亚在 6 月份时封闭了其境内通往土耳其的铁道线，急于向土耳其输送给养的德国瞄上了塞尔维亚，想把塞国变成它的第二个物流中心。而塞尔维亚的夙敌——位于塞国东面的保加利亚，也于 1915 年 9 月 6 日加入了同盟国的阵线。很快，德国总参谋长冯·法金汉将军就策划了一次针对塞尔维亚的联合进攻，负责这次行动的就是德国久经沙场的元帅奥古斯特·冯·麦肯森。

10 月 6 日，陆军元帅赫尔曼·科维斯·冯·科维沙扎率领的奥匈帝国第三集团军和马克思·冯·高维茨带领的德国第十一集团军，穿过萨瓦河和多瑙河进入了塞尔维亚境内。5 天后，尼古拉·哲科夫率领的两支保加利亚军队向西攻入塞尔维亚，直取尼什和

斯科普里。普特尼克不得不带领队伍在深冬时节艰难地撤到黑山地区。为了这次撤退，他又折损了差不多 50 万兵力。最终，塞军的幸存者们搭乘协约国的战舰于 1916 年 1 月抵达科孚岛，打算不久后在协约国占领的萨洛尼卡继续战斗。自此，塞尔维亚和黑山及其邻国阿尔巴尼亚落入同盟国之手，直到 1918 年才被解放。

塞尔维亚的部队虽然缺少先进的装备，但却比奥军要坚韧得多。

奥匈帝国的暴行

奥匈帝国于 1912 年通过了《战时服务法》，规定国家危难之时军队可以向公民强行征收财物作为军需。该法最早于 1914 年 7 月 25 日在波斯尼亚和黑塞哥维那地区开始实行，接着就轮到了塞尔维亚。那时，所有的塞族人无论是否曾是前波斯尼亚的公民都变成了疑犯。1914 年侵入塞尔维亚后，奥军开始了有组织的烧杀抢掠，约有 4000 名平民在此期间丧生。其后，加利西亚境内也发生了类似的惨剧。

奥匈帝国军队屠杀塞族平民。

俄军突袭东普鲁士

俄国利用急行军出其不意地突袭了德国驻东普鲁士的守军。俄军的到来让奉命镇守德国敏感地区的将军顿时胆战心寒。

施里芬计划从制定之初就经常改来改去，究其目的不过是为了防止德国陷入东御俄国、西敌法国这种"蜡烛两头烧"的局面。但这个计划所依据的基本假设却根本就是错误的，在这个假设中，俄军的速度会很慢，慢到德国可以先集中大部分兵力对付法国，只需分一点点心思来照料自己的东线。1914 年，在对该计划进行最后一版修订时，德国人终于认识到

俄军的速度可能会比之前预计的快，这也是后来他们在东线多布置了一些兵力的原因。这样一来，东线的德国守军就由原来总数的 10% 上升到了 15%。

☆ 俄国的计划 ☆

尽管德国已经对俄军的速度重新进行了评估，但事实证明这个估算结果还是错了：1914 年 8 月上半个月，俄军已经聚集在了德国东普鲁士和奥匈帝国的加利西亚国境线一带，速度之快实在让同盟国的指挥官震惊不已。具体来说，沙皇尼古拉二世 7 月 30 日签署部队动员令，俄国大军 8 月 4 日起程，8 月 15 日时已基本各就各位。

俄国在东普鲁士的战略是：尽快发动进攻，以免德国在打败法国之后有时间掉头东袭。因此，他们迅速地布置了两个集团军发动入侵攻势。虽然东普鲁士在地理位置上是突入俄国版图的一块"半岛"，但实际可行的进攻路线却只有两条：该地区以北和西南部是分别环绕着加里宁格勒和土伦的两处非常坚固的防御工事，俄军既没法绕道通过

第一次世界大战中德俄两军的首次交锋——斯塔伦普鲁战役的场面图。

这是在东普鲁士东面与俄国接壤的边境线上某处，藏身于战壕之中的德国军队。

也没办法在短时间内就把它们给攻克了；而任何侵入者一旦进入到该地区中部，则必然要面对根本无法穿越的马祖里湖——何况德军还在这一带新修了很多防御工事来加强守势。别无选择的俄军只好兵分两路，分别从东面和东南面开始袭击东普鲁士。但是，由于两路军队各有领导，加上相互之间距离遥远，要协同作战的难度其实非常大。

拥兵 15 万人的俄国第一集团军由保罗·冯·连涅卡姆普夫指挥，从东面进攻；而亚历山大·萨桑诺夫则利用马祖里湖作掩护，把他的第二集团军布置在了东北面的进攻点上。这两个集团军总共有 29 个师，德国马克西米连·冯·普利特维茨带来抵抗他们的德国第八集团军却只有 13 个师。连涅卡姆普夫率领第一集团军负责引诱普利特维茨的部队朝他们的方向前进，这样，萨桑诺夫就可以在两天后带兵绕到德军身后，从而把德军部队"钳"在俄军的控制之中。这个计划看起来很周详，但就俄军落后的装备和毫无章法的补给运作来看，显然连涅卡姆普夫和萨桑诺夫是过于乐观了。

☆ 俄国的早期胜利 ☆

尽管如此，俄国第一军团的士气却很快就得到了鼓舞：在进入东普鲁士不久，俄军就于 17 日在斯塔鲁普伦挫败了一次德军的突袭；三天后，又在贡比涅打退了敌人一次更大的进攻。普利特维茨痛心疾首，在没有得到批准的情况下命令军队撤至维斯瓦河，这个举动无疑代表着他已经放弃了东普鲁士的大部分地区。不过普利特维茨的上司很快就撤销了他的这一指令，并安排保罗·冯·兴登堡将军和埃里克·鲁登道夫将军取代了他的职位。

陆军上校，后来的马克西米连·霍夫曼将军，他是德国驻东普鲁士第八集团军的高级将领。

骑 兵

战争刚爆发时，每一支军队都拥有相当多的骑兵。虽然骑兵的地位在西线战场上仅位列第二，但在其他地区他们却表现优异，特别是在巴勒斯坦的战场上。

这是一个作好准备迎接毒气战的骑兵，但他的坐骑却没有防毒面具。

战争之初，每一支军队都有骑兵，有的甚至为数甚众。俄国的骑兵有 29 个师，多得令人咋舌；同等的编制在德国有 11 个，而法国和英国则分别只有 10 个和 1 个骑兵师。但这些骑兵在 1918 年时已经几乎和所有的战斗都没关系了。将军们原本指望还能看到一些传统的作战场景，譬如说两队骑兵互冲，一方骑兵骑着战马追击溃不成军的敌人之类。实际上，绝大部分骑兵确实是带着他们的宝剑或者长矛在马背上走向战场的，但也有很多人已经开始学着翻下马背，使用现代化的武器作战了。

☆ 西线战场 ☆

从 1914 年末战争的主要形式从运动战转为堑壕战开始，西线战场上的骑兵就基本上只能当"板凳队员"了。不过回首开战之初，骑兵倒也是在战场上亮过相的：9 月 6 日，英国第九枪骑兵兵团就曾负责进攻蒙赛尔的德国第一龙骑兵护卫队，不过这一仗却没给骑兵作战带个好头。几天之后大约 70 名德国骑兵在法耶斯负责应付第十八轻骑兵师的一支徒步的骑兵中队，结果吃了不少步枪枪子儿——实际上，进攻方所有人非死即伤，没一个不挂彩的。受此战影响，接下来三年左右的时间里，骑兵就只好一直龟缩在后方，等待机会一雪前耻，但这个机会却永远不会来临了。泥泞的战场，突突作响的机关枪，挂满倒刺的铁丝网……所有这一切对于骑兵来说没有一样不是束缚他们手脚、妨碍他们战斗的桎梏。

1914 年底，西线战场上的一支印度骑兵。他们后来在巴勒斯坦声名大噪。

1918 年，野外作战再次走上舞台，但骑兵却遭到了大规模的削减。许多骑兵部队被解散，士兵们则被分散到了其他编制的部队之中继续服役；剩下的骑兵也很少再跨上战马驰骋疆场，反而经常步行作战。英国还曾经设想让

1914 年 8 月，比利时枪骑兵出发抵御德国对其家乡的入侵。

骑兵和轻型坦克联合作战，结果却失败了。坦克跟不上骑兵的速度，而冲到前面去的骑兵没有坦克的防弹功能，根本就扛不住敌军机关枪的扫射。

☆ 其他战场 ☆

但在西线战场之外，骑兵部队却长时间地频繁露脸。奥匈帝国、德国和俄国在东线战场上都布置了很多骑兵，毕竟这里的战场实在太开阔了，从波罗的海修一条战壕直达罗马尼亚边境也太天方夜谭了点。所以，这里的战斗要比西线战场"动感"得多。

最大规模的骑兵作战发生在巴勒斯坦。英国皇家部队在这里布置的大量骑兵中也包括来自澳大利亚和新西兰的队伍。这些骑兵惯于骑马冲入敌阵后下马砍杀，最有代表性的就是 1917 年末比尔谢巴之战中的澳大利亚第二和第三轻骑兵旅。与此战役同一天，另两支骑兵部队——澳大利亚第四及第十二轻骑兵旅冲击了他们阵营前方两条长约 2750 米的土耳其战壕。这些澳大利亚骑兵没有配备宝剑，所以他们是拔出刺刀向敌军冲去的。看到这一幕的土耳其守军几乎全部拔腿就跑，实在是被吓得够呛。

到 1918 年为止，协约国在巴勒斯坦的骑兵兵团包括了来自澳大利亚、新西兰、英国本土、印度和法国的若干骑兵部队。作为英国盟友的阿拉伯的军队，在对抗阿拉伯半岛的土耳其军队，以及进入巴勒斯坦时，几乎全部是骑着战马或者骆驼的。

一支比利时骑兵特遣队穿越巴尔干某处的一个小镇。

坦能堡战役

1914 年 8 月下旬，德军在坦能堡取得的胜利可以用兵贵神速来解释：他们利用铁路迅速地穿过了东普鲁士。这样，看似强大却相互无法呼应的两支俄国部队才会被一一击破。

1914 年，一名俄国童军和他的同志们在东普鲁士的某个地方。

俄国于 1914 年 8 月开始入侵东普鲁士。但自从在 20 日经历了连涅卡姆普夫的第一集团军在贡比涅的小胜之后，他们的军事行动却渐渐误入歧途。

事件重点
时间：1914 年 8 月 26~30 日
地点：东普鲁士东南
结果：德国军队在短短几天内就摧毁了俄国第二集团军，取得了压倒性的胜利。

连涅卡姆普夫本想继续威胁他前方的德国第八集团军，而萨桑诺夫的第二集团军此时却从东普鲁士东南开始进军。连涅卡姆普夫的迟疑引起了德国第八集团军行动指挥官马克思·霍夫曼的注意，于是霍夫曼制定了一个大胆的计划：先破敌一，再破敌二。第八集团军行动总指挥冯·兴登堡及其副手鲁登道夫，在 23 日抵达前线时采纳了这个计划。

☆ 德军挺进 ☆

既然连涅卡姆普夫根本不动弹，德国第八集团军干脆只留下一些骑兵打掩护，将 1/4 的部队用火车急速送往东南方向以突袭萨桑诺夫军团毫无防备的左翼，又派出两股各占集团军总数 1/4 的部队从贡比涅向南进发以控制该军团的右翼，剩下的兵力则留守坦能堡附近的一个小镇——这里是萨桑诺夫进军途中的必经之地。俄国第二集团军于 22 日越过了坦能堡地界，并在接下来的 6 天里继续挺进，但此时他们已经因为过于深入而给养不足了。

26~27 日，德军开始进攻萨桑诺夫的两翼，不到三天就摧毁了这支孤军

坦能堡战役中，德军士兵穿过一个失火的小镇继续向前进发。

奋战的部队——萨桑诺夫麾下的23万名士兵中，有超过一半或死或伤或被俘，战败的萨桑诺夫则躲进了森林，并于当月的最后一天自尽。因兴登堡在坦能堡战役中只损失了不到两万名士兵，德国国内将这场胜利称为"坦能堡大捷"，"兴登堡"和"鲁登道夫"这两个名字一时间家喻户晓。对英法而言，这场战役无疑是一场灾难，但俄国却仍然拥有募集大批军队和粮草的实力。

☆ 新一轮进攻 ☆

如果说与萨桑诺夫的对阵还是处于自卫的话，那么德军接下来就要发动一场真正的进攻，来铲除连涅卡姆普夫的部队——这个东普鲁士的最后威胁。为此，9月初，大批德军士兵被及时地从西线战场拉了过来，也正是这次调兵最终毁了施里芬计划的一番努力。第一次马祖里湖会战于9月7日

德军士兵在马祖里湖附近一个伪装得很好的阵地中各就各位。

打响，后知后觉终于开始深入东普鲁士的连涅卡姆普夫遭遇了德国第八集团军。德军对其右翼猛烈攻击，并成功地在马祖里湖南部切开了俄军的防线。就在德军的包围圈就要合拢之际，连涅卡姆普夫却从缺口处率军撤退了。

这场战役只让兴登堡尝到了一点点甜头，离打垮俄军还差得很远。到13日时，德军不仅人困马乏，而且供给也已经严重不足。此时的连涅卡姆普夫却已经安全地退回到尼曼河彼岸，与俄国第十集团军会合，战斗力大大加强。9月25日，俄军主动出击，尼曼河战役打响。三天之后，兴登堡在激战之中决定放弃进军。此时，俄军伤亡12.5万余人，而德国也不相上下，自8月起在东普鲁士伤亡或失踪的人差不多达到了10万。但是，东线战场北部战区的基本情况却并没有因为血流成河而有什么大的改变。

陆军元帅——保罗·冯·兴登堡

兴登堡（1847~1934）曾是原普鲁士的高级官员，既是贵族又有军权。他曾于1911年退休，时隔三年之后又复出执政。他的态度总是很冷静，但也有人说他其实是虚张声势，是表现自己的一种手段。他的政绩中有许多都应该归功于他人，其中包括那位从1916年8月下旬开始一直帮他指挥德军作战的艾力克·鲁登道夫将军。兴登堡于1919年6月第二次退休，但在1925~1934年期间又出任了德国总统。

陆军元帅兴登堡在制定作战计划。

波兰和加利西亚境内的军事行动

开战之初，奥匈帝国对俄国发起了一次并不成功的打击，这次失败导致他们必须向德国求助才能逃过东线溃败的命运。

奥匈帝国总指挥——陆军元帅弗兰兹·康拉德·冯·洪森多夫在战争刚开始时就组织了三个集团军集结到加利西亚，妄图对俄属波兰的南部发动一次猛烈的攻击。当时，负责镇守波兰的是尼古拉·伊万诺夫的西南集团军群。8月23日，康拉德命令部队向320千米远的前线进发。头两天里，奥军的维克多·丹克尔将军率领第一集团军在北面

也许图片里的人只是在做个样子，但这张照片却展示了在加利西亚的战斗中俄军是怎样包围普里奇米斯尔的。

的卡拉斯尼克战役中挫败了俄国第四集团军。而在8月26日至9月1日期间的扎莫希奇–科马罗战役中，文策尔·冯·普里赫夫将军的俄国第五集团军则被奥军的陆军元帅莫里茨·奥芬博格率领的第四集团军逼退。

☆ 俄国的胜利 ☆

南面的战局就很不一样了。两支俄国部队狠狠地给了奥匈帝国第三集团军一些教训，而这支奥国部队才刚由从塞尔维亚退下来的第二集团军增援过。第三集团军在8月26~30日的尼拉尼帕战役之后，被迫朝着利沃夫要塞的方向退却，却又在9月3~11日的拉瓦·卢斯卡亚战役中被俄军再次重挫。最终，利沃夫失守，奥匈帝国大军后撤160千米，退守喀尔巴阡山脉。随着越来越多的俄军抵达北部战区，奥国第二、第三两支集团军只好再次撤退，以致加利西亚大部落入俄国之手，唯有普里奇斯米尔要塞幸免于难。

眼看着俄国就要借道俄属波兰直插德国重要的矿产工业区西里西亚，德国终于坐不住了。保罗·冯·兴登堡将军的第九集团军依靠便捷的铁道系统于9月末集结到了克拉科附近。28

图为经历了俄军炮火攻击后，一座普里奇斯米尔堡垒的残垣断壁。这个小镇于1915年3月被俄军占领，但不久德军又光复此地。

日，兴登堡在波兰西南发动了一场掠夺战，但却于10月12日反而在伊万戈罗德被更为强大的俄军克制。奥军很快就撤退了，但他们的行动却拖延了俄军入侵西里西亚的准备工作。11月1日，兴登堡的行动奖赏来了：他被提升为陆军元帅、东线战场的总参谋长，并由鲁登道夫担任他的副手。

加利西亚某个小镇的毁灭向人们展示了战争的残酷。

德军由于缺乏后援而无法继续进攻，此时鲁登道夫想出了一个以快速调兵为中心的大胆计划。他用火车把即将归由奥古斯特·冯·麦肯森将军领导的第九集团军悄悄地运到了跟波兰接壤的西北边界，因为这里的防守相对薄弱。11月11日，麦肯森率军向东南方的罗兹发动进攻，在连涅卡姆普夫的第一集团军与施奇德曼的第二集团军之间来回奔波作战。连涅卡姆普夫的左翼由于延伸得太广而受到了攻击，他们的将军也很快就被这次袭击给弄晕了。但就在第二集团军即将陷入包围圈时，普里赫夫的第五集团军却及时赶到，解除了威胁。11月25日，战斗在胶着僵持之中结束。

☆ 德国挑大梁 ☆

罗兹战役以俄国小胜而结束，但胜利的果实却被德国窃得。由于180万人的伤亡实在太过惨重，加上此时各种物资都短缺得厉害，俄国的总司令尼古拉大公于1914年底放弃了对西里西亚的进攻。在此之后，俄国也没有再对德国发出过任何入侵威胁。德军最高指挥官在损失了27.5万名士兵之后，看着伤亡上百万人的奥匈帝国，终于认识到：这个盟友根本就靠不住。无奈之中，德军只好肩负起领导东线战场的重责大任。

弗兰兹·康拉德·冯·洪森多夫

康拉德（1852~1925）从1906年开始任奥匈帝国军队总指挥，由于极力主张向邻国进攻，成为了该国有名的极端军国主义者。1914年战争刚爆发时，他制定了一套大胆、乐观却远非他手下兵力所能及的战争计划。康拉德在朝中越来越受人排挤，特别是在1916年那场针对意大利的特伦蒂诺攻势最终变成了一场奥国的灾难之后，而他本人则于1917年3月被解职。之后，他在意大利供职了一段时间，1918年7月15日又被解除了职务。

宏图在胸的康拉德是心有余而力不足。

中国和太平洋地区的军事行动

德国在太平洋和远东地区的那些殖民地离德国本土实在太远了，而依靠其自身的火力根本就无法在这个乱世之中躲开战火的侵袭。开战的头几个月里，这些殖民地就纷纷被协约国派出的军队占领了。

在征服海外殖民地时，德国就从来不曾与英法搭伙过。1914 年时，德国不仅在非洲占有一席之地，控制了新几内亚的一部分，还将太平洋的许多小岛改造成了煤炭供给地和无线电站台。但德国最重要的属地却是中国山东半岛的青岛。这个地方是 1898 年作为路德教传教士谋杀案的赔偿物落到德国手中的。第一次世界大战爆发前，这里是强大的德国海军在欧洲以外的第二个"家"。该港口有一支 4000 人的守军，但最主要的防守力量却是由两艘铁甲舰和五艘轻巡洋舰组成的太平洋舰队。战争爆发时，该舰队的任务是袭击英国船只，破坏海底通信电缆。

日本高级官员与一位同级的英国官员在青岛包围战中合影。他们背后是一门重型野战炮。

☆ 青岛被围 ☆

德国在太平洋地区选择的战略位置其实很糟糕。这里离德国太远，根本无法获得任何火力支援，而对其虎视眈眈的敌人倒是不少。法国在中南半岛有一个军事基地；英国在这里则拥有包括香港在内的许多港口基地，数不清的战舰随时候命；太平洋西南部的澳大利亚和新西兰也跟德国举戈相向；最大的威胁则来自于妄图建立大东亚帝国的英国盟友——日本。日本政府知道德国根本无力保护青岛，于是要求德军在 8 月 15 日那天撤离该港。德方拒绝了这个要求。8 天后，日本对德宣战。

8 月下旬，大批日本舰队封锁青岛。9 月 2 日，第一支日本军队登陆山东半岛，开始包围行动。此

青岛油库是德军在中国大陆的唯一一立足点，却在 1914 年 11 月 7 日英日联军占领青岛时被付诸一炬。

时，攻守双方的军力悬殊，日军和英军分别派出了2.4万人和1300人的队伍对约4000人的德军进行包围。协约国的战舰和野战炮向守军开火，但由于天气很糟糕，加上守军很顽强，所以整个战斗进展缓慢。11月初，英日联军终于打到了德军的最后防线。11月7日，青岛沦陷。

日本军队于1914年9月2日登陆山东半岛，约有2.4万名日军参加了包围青岛的战斗。

　　德国在太平洋的其他据点，比如加罗林群岛、马里亚纳群岛、马绍尔群岛、帕劳群岛、萨摩亚群岛、所罗门群岛中的部分岛屿及新几内亚，很快也都落入了协约国的手里。澳大利亚和新西兰的军队不费一枪一弹就占领了萨摩亚群岛，英军在解决了一小股反抗势力之后则占领了所罗门群岛的那部分德军地盘。日本于11月占领了马绍尔群岛。1914年12月，德军实际上已经失去了其在太平洋地区的所有殖民地，而德军的东亚中队在一开始获得了一些胜利之后，在福克兰群岛之战中严重受挫。

☆ "埃姆登"号在行动 ☆

　　9月8日，德国的一艘轻巡洋舰"埃姆登"号离开大部队，在印度洋进行了一次短暂却轰动一时的商船袭击行动，随后在该区域内击沉了总重约70000吨的战舰或商船。22日，"埃姆登"号袭击马德拉斯；之后，击沉俄国旧式巡洋舰"珍珠"号；10月28日，又击沉了法国驱逐舰"莫斯奎"号。但"埃姆登"号的表演就到此为止了。协约国先后派出了约14艘战舰对其穷追不舍，"埃姆登"号的补给船在战火中一艘接一艘地沉入了海底。11月9日，比"埃姆登"号更强大的澳大利亚巡洋舰"悉尼"号截住了它。在印度洋南面的迪莱克逊岛附近，双方短暂交火，"埃姆登"号被一艘首次参战的澳大利亚战舰用远程炮击沉。"埃姆登"号的大部分船员被俘，但其中有50人因为在开战时已经上岸，所以不久就打道回府了。

战火中的中国

　　1917年8月14日，中国曾向奥匈帝国和德国宣战，并派出了30万大军跨海参战。但由于当时的中国被党争搅得乌烟瘴气，并不是认真地想要派军作战，所以这支被送往欧洲的军队在协约国的作战中没有发挥多大的作用。中国这时最大的贡献，就是为协约国的战争机器顺利运作提供了23万余人的劳动力。这些人里有熟练工也有不懂技术的普通劳力，他们在法国及其他国家的大后方为了部队的给养而辛苦地工作。

被派往欧洲的无数中国人里，有一部分在西线战场上辛勤地为协约国修建轻便铁道。

海上袭击者

德国皇家海军企图利用海面舰船来破坏英国遍布全球的海上贸易线路，没想到，他们派出的船只在开战的头几个月里大多却不是被击沉就是被敌军扣留，再不然就直接失踪了。

1914 年，各国海军都打好了如意算盘，要通过破坏敌人的海上贸易，控制其商船来搅乱对方的行动。当时，潜水艇还不算是正式的作战工具，偶有一两艘投入使用的也没有环球作战的能力。所以，各家都选择了其他航海工具来完成这项任务——有的是专门建造的战舰，也有的是从民用船只改造而来。最有名的三类分别是商业袭击舰、武装商船巡洋舰和辅助性商业袭击舰。大多数战舰的作战地点都远离本土，主要依靠殖民地，特别是指定的货船和中立国的港口来获取补给。

☆ 商业袭击舰 ☆

德国的 8 艘商业袭击舰中，有 7 艘属于太平洋舰队，常年在太平洋海域执行任务，另有一艘"卡尔斯鲁厄"号负责西印度群岛。1914年 12 月，太平洋舰队在福克兰群岛之战中损失了 4 艘战舰。随后，1915 年 3 月，第五艘战舰"德雷斯顿"号被击沉。舰队剩下的两艘战舰也没撑多长时间。"埃姆登"号于1914 年 8~11 月间在西南太平洋和印度洋海域转了一圈，收获颇丰，最后栽在澳大利亚巡洋舰"悉尼"号的手上。

另一艘幸存的战舰"哥尼斯堡"号则驶往西印度洋，企图利用苏伊士运河来弄沉协约国的船只。但它刚击沉两艘船，英军就发现了其在德属东非鲁菲吉河三角洲（现属坦桑尼亚）的藏身之处。为了防止有人脱逃，英军凿烂了一艘旧船堵住河口，然后又用火攻战术重创了"哥尼斯堡"号。1915 年 7 月11 日，德军太平洋舰队最后一艘战舰沉没了。

而被布置在西印度群岛的"卡尔斯鲁厄"号于开战后不久就在大西洋中部击沉了三艘敌船。之后，在 1914 年 8 月 31 日~10 月 14 日，它航向大西洋南部，那里有它的 14 艘补给船。接着，"卡尔斯鲁厄"号驶入加勒比海，想穿过巴哈马实施袭击，结果却于 11 月 4 日在停泊期间由于内部发生不明原因的爆炸而报销。

"海鹰"号是德军的袭击舰之一，专门负责袭击商船。从 1916 年 12 月开始，"海鹰"号在大西洋和太平洋中航行了 225 天，其间俘虏协约国商船共计 15 艘。

德国战舰"海鹰"号

类型：改装过的远洋轮

下水：1888 年

排水量：1571 吨

舰员：未知

时速：不定

武装：两门 105 毫米口径大炮

☆ 武装商船巡洋舰 ☆

武装商船巡洋舰（AMCs）通常都是为了作战需要，由高速渡轮附加武器改造而来。英法德三国都有这类舰船，其中英国的数量最多，英军负责保卫英国与冰岛之间海域的第10舰队直到1917年都还有20艘武装商船巡洋舰。但由于协约国的这种巡洋舰在水雷和鱼雷面前都很不经打，所以每逢遇上攻击，总是损失惨重——最终，英国和法国分别损失了12艘和13艘武装商船巡洋舰。从1916年开始，剩余的同类舰船纷纷被改造为运兵或是救护之用。

但德国对这种舰船的运用却别树一帜，他们以之来攻击敌国商船，不过效果并不理想。不少武装商船巡洋舰都"命短名长"。比如曾击沉过若干船只的高速渡轮"恺撒级威廉大帝"号，它最后是被自己的船员凿沉的，因为之前英国的"翱翔者"号在西班牙的摩洛哥海域重挫了该舰，使之失去了战斗能力，当时是1914年8月26日；又比如"特拉法尔加角"号，击沉它的也是一艘武装商船巡洋舰——英国的"卡玛尼亚"号。而"弗里德里希太子"号和"威廉皇储"号则是被美国在1915年3月和4月分别击沉的。

☆ **武装商船袭击舰** ☆

辅助型的商业袭击舰是以原民用轮船为基础，添置隐藏武器改造而成的。德国经常把辅助布雷舰改造成斯堪的纳维亚货船的样子，挂着中立国的国旗招摇过市。第一次世界大战中经过这种改造的船只大概有10艘为德国服役，而且大部分的战绩都还不错。

"莫威"号是这种舰船中最负盛名的一艘。该舰在两次突围行动中共击沉了34艘商船，而在1916年1月，英国前无畏舰"爱德华七世"号也是被它的水雷击中沉没的。

德国战舰"埃姆登"号

"埃姆登"号的经历虽然短，却很传奇。1914年8~11月期间，该舰击沉了18艘英国商船，俘虏5艘另击沉1艘俄国巡洋舰，击沉1艘法国驱逐舰。下图所示为"埃姆登"号在迪莱克逊岛被协约国船队围困后击沉的样子。

类型：轻型巡洋舰
下水：1908 年
排水量：3650 吨
舰员：321 人
时速：24.5 节
武装：10 门 105 毫米口径大炮

德国战舰"哥尼斯堡"号

"哥尼斯堡"号在东非海面上行动时，击沉了包括英国旧式巡洋舰"佩加索斯"号在内的两艘敌舰。1915年，"哥尼斯堡"号在东非一个河口三角洲避敌，却被敌人用"瓮中捉鳖"的战术给击沉了。

类型：轻型巡洋舰
下水：1907 年
排水量：3400 吨
舰员：350 人
时速：23.5 节
武装：10 门 105 毫米口径大炮

德国的西非殖民地

德国在西非三个殖民地的布防都很薄弱，而德军能够给他们提供的支援也几乎为零，加上这三个地方周围全是协约国的地盘，很自然的，没多久这些殖民地就沦陷了。

德国建立殖民帝国的野心在 19 世纪算是来得晚的，等其撸起袖子准备大干一场的时候，世界早就已经被以英法两国为代表的欧洲列强瓜分得差不多了。所以在大战爆发时，德国占领的地盘不过是太平洋西南部的一些小岛，中国出让的青岛港还有在非洲的四块殖民地——其中有西非的多哥

1915 年，一列南非的火车在向德属西南非洲运送士兵的同时，还承担运水工作。

兰（即多哥）和喀麦隆，德属西南非（即纳米比亚）和德属东非（包括布隆迪、卢旺达和坦噶尼喀大部）。德军占领这些殖民地是在 1884~1885 年间，但到 1914 年为止，尽管德军在当地布置了很多有用的港口设施和重要的无线电站，以便拦截协约国的通信信息并反馈给柏林，但这些地方的防御仍然非常薄弱。

英国在多哥兰和喀麦隆的战斗中任命殖民地部队为先锋。

☆ 协约国的优势 ☆

德国的西非殖民地不仅离德国本土非常遥远，而且还被协约国的殖民地团团包围，对于协约国来说，实在是非常理想的进攻对象。战斗打响了，第一批受害者包括多哥兰、西南非和喀麦隆。法国控制的达荷美（即贝宁）和英国控制的黄金海岸（即加纳）基本上把多哥兰给围了个结结实实，协约国只派出了300人的正规军和1200人的民兵部队就攻下了这个地方。作为当地人出身的守军将领放弃了易攻难守的海岸线，向内陆撤退，抵达卡米亚的无线电站。在这里，他们于1914年8月22日打退了英法联军的一次进攻，但无线电站最终还是被赶来的协约国大军给摧毁了。4天后，残余的德国守军全部投降。

德属西南非的处境也好不了多少。亲英派南非联邦和英属贝专那保护国（即博茨瓦纳）分别横在其南面和东面，而其北面则是安哥拉——该地属于战时中立但明显亲英的葡萄牙。尽管斯瓦科普蒙德和路德利兹两个港口有战略上非常重要的无线电站，但9000名守军还是很快就放弃了它们，并集结到内陆首都温得和克。

1914年间，协约国军队于9月19日和12月25日先后登上了瓦科普蒙德和路德利兹两个港口。南非的军队于9月26日在桑德方丹被彻底击溃，但实际的全面进攻却到1915年才开始。进攻延迟的原因是南非爆发了亲德反英的布尔人叛乱，而这场叛乱直到1915年2月才被镇压。4月26日，协约国的简·克里斯蒂安·斯穆茨将军领导一个纵队向路德利兹以东突进，并转而北上在吉比恩击败了德军。而路易斯·博萨将军的第二纵队从瓦科普蒙德出发，于5月17日攻下了温得和克。德国殖民地的最后一支守军于7月9日在楚梅布投降。

☆ 喀麦隆 ☆

喀麦隆的卫戍部队是在协约国的包围之下坚持得最久的。1914年8月，协约国军队从很多地方同时进攻喀麦隆；9月，联军占领了杜阿拉港及其无线电站。德军指挥官在战役中逃回了内陆。1915年，为了追捕他，协约国派出了三支纵队。当年的军事行动基本都进展得很慢，直到1916年1月，圆德镇的沦陷终于宣告了战斗的结束。约有800名德国士兵和7000名民兵逃进了西班牙殖民地里约穆尼。作为德军最后阵地的北部小镇莫拉，最终还是于1916年2月18日有条件地向协约国军队投降了。

1914年8月，多哥兰失守后，守卫的德军被押送去关押地。

北海海战

　　1914 年，虽然英德海军之间并没有爆发大规模的武装冲突，但双方却都曾在大战之初的海战中赢得过一些值得骄傲的胜利。

一艘德军潜艇在北海上巡逻，船员们一直在观察协约国船只的情况。

　　作为皇家海军主力的英国大舰队，在开战之初即于英格兰东南部、苏格兰和奥克尼郡东部的重点海防地段各就各位。与此同时，他们的劲敌——德国大洋舰队——则集结到了基尔和威廉港。且不管当时的舆论导向如何，两军其实都是不想产生正面冲突的。英军不希望自己在军备数量上的优势因为受到鱼雷或水雷的攻击而有丝毫折损，而德军则不想让这种差距因为冲突的爆发而进一步拉大。不过话又说回来，如果能保证出兵的结果对自己有利，那他们双方又当然都是愿意发动进攻的了。

　　第一次正式的海上冲突爆发于 1914 年 8 月 28 日。当天，英军巡洋舰突袭了德军所辖的海域，试图吸引德国皇家海军战列舰的注意，进而将之引诱到英国海军副司令大卫·比蒂麾下战列舰的射程之内。但英国没有料到的是，德国的战列舰要比英国的那艘出任"诱饵"的巡洋舰要强得多，黑尔戈蓝湾海战的进程也因此并没有按照英军的计划发展下去。不过万幸的是，比蒂在关键时刻指挥战列舰匆匆赶到，挽救了危局。最终，德军的轻型巡洋舰"阿里亚德尼"号、"科隆"号和"美茵兹"号以及一艘驱逐舰被击沉，而英军的"阿里苏萨"号（或称"水神"号）也被重创。

☆ 潜艇作战 ☆

　　为了避免损失过大，德皇威廉二世下令限制海上舰艇的行动——潜水艇除外。实

英国皇家海军战列舰"新西兰"号曾先后在黑尔戈蓝湾、多格浅滩和日德兰半岛参加过三次战斗，并一直坚持到战争结束。

1914 年 8 月下旬的黑尔戈蓝湾海战期间，英国水手正在看德军的"美茵兹"号轻型巡洋舰沉没。

英军驱逐舰"猎犬"号（图中左舰）靠近德军的"美茵兹"号救援生还者。倒霉的"美茵兹"号才登场一个小时就被鱼雷给击沉了。

际上，威廉二世在8月6日就曾给过潜艇部队一道特许令，允许他们有节制地利用鱼雷发动一些进攻。可惜，潜艇部队的战绩并不理想。在获准对商业船只采取行动后的第三天，德军的U-15号潜艇就在北海海面遭到了英国战列舰"伯明翰"号的撞击，并被敌方俘虏。在那之后，直到8月中旬英国远征军横渡英吉利海峡期间，德国潜水艇也没能再击沉任何一艘运兵船。

9月，德国潜艇部队的表现终于有了小小的进步。9月5日，英国皇家海军巡洋舰"探索者"号被德军U-21号潜艇发射的鱼雷击中，在福斯河湾沉没。

但德军并没有从这次胜利里捞到更多的好处。为了保证英军安全地横渡海峡，主要由驱逐舰和巡洋舰组成的英国战列舰队开始在北海海面巡逻。后来，恶劣的天气迫使舰队中的驱逐舰退回港口，但巡洋舰却一直坚守岗位。

☆ 韦迪根的胜利 ☆

22日，"阿布基尔"号、"克莱西"号和"霍格"号等三艘服役时间较长的巡洋舰在沿着荷兰海岸线低速北上时，被德军奥托·韦迪根舰长指挥的U-9号潜艇击中。首先中弹的"阿布基尔"号在30分钟之内就沉没了，而另外两艘军舰却傻傻地不懂闪避也不去反击，只顾着守在那里搭救沉船上的生还者。为了"表彰"这种团结友爱的精神，德军分别给了他们一记鱼雷作为"奖励"。这三艘旧船其实不值几个钱，本来沉了也没啥大不了的，但问题是一艘德国潜艇一下子就干掉了三艘英军战船，而且有1400名水手在这次事件中丧生，这对于英国公众来说实在是接受不了。英国皇家海军舰队司令们因此受了不少的连累，于是恼羞成怒地立即制定了若干反潜艇作战的计划。

德国海军中曾有不少人对潜艇一直抱持着怀疑的态度，而U-9潜水艇的成功正好为他们证明了这种武器的作战能力。不过，这能说明的问题也是很有限的。在这一年里，共有100艘协约国或中立国的货船被击沉，其中只有4艘是被潜艇干掉的，另有5艘潜艇在战斗中失踪。虽然此时的潜艇还不过是战争大棋盘上的小卒一枚，但在之后的战争中，它们将会变成非常优秀的商船狙击者。

防潜栅

　　开战之初，英国曾为如何对付德军的潜艇而焦头烂额。后来，英国在海床上设置了很多钢丝网以求困住德国潜艇，而水雷和高速战舰则会趁着潜艇被困的当口把它们炸上西天。

战争在 1914 年 8 月刚爆发时，世界上还没有任何舰载武器可以对沉入水下的潜艇造成任何伤害。英国人特别害怕这种水下战舰，因此早早地就开始修筑他们的海底防线，就是在海底修些栅栏，打造所谓的"防潜栅"。栅栏困住的潜艇一般还剩两种选择：或者浮上水面来，接受敌军海上炮火的轰击或对方战舰的冲击；或者小心翼翼地在栅栏上拴着的水雷之间穿行，能不能躲过一劫完全看造化。当时德军有两个潜艇基地，一个在德国本土，一个在被他们占领了的比利时。无论其潜艇是从哪一个基地出来巡逻，或是要回哪一个基地去，要么就得穿过英吉利海峡，要么就得穿过北海，绝对没有第三条路可走。而防潜栅最成功之处即在于把这两条道都给堵了，让德军没有办法在东大西洋的海域之内肆意妄为。

协约国部队在 1918 年的北海防线中使用过的一种水雷。

☆ 堵住通道 ☆

　　1914 年 8 月，为了保护开往法国的船队不受攻击，英军把他们的第一道栅栏修在了多佛和比利时的海岸线之间。由于第一阶段的工事看起来不是很结实，英军又于次年 2 月在多佛和奥斯坦德之间加修了 25 千米长的栅栏。在这条防线里，有一道足有 100 米长的"指示网"，在其范围之内的海床上，还根据深度的不同固定了许多的浮标。潜艇撞进这个区域之后，有可能就会被网子缠住而不得不浮上海面；而如果该潜艇试图从水下悄悄撤退，那也一定会扯掉网子表面的一些浮标——这时，高速战船的雷达将对这些浮标作出反应，进而以之作为定位器，然后要么瞄准敌军潜艇向其开炮，要么直接撞过去逼它浮上海面来。

　　渐渐地，这种防御系统开始得到了大面积的使用，而水雷的加盟则让之

海上的一艘德军潜艇。德军 U-9 号潜艇，于 1914 年 9 月 22 日在荷兰沿海击沉了三艘旧式英军巡洋舰。

彻底脱离了简单防御的水准。早期的触发性水雷可靠性比较低，潜艇的舰长们可以趁着夜色指挥潜艇从栅栏上面偷偷地翻过去。但多佛防线还是颇为成功的。在 1915 年 4 月后的 12 个月里，德国潜艇被这些栅栏烦得要死。他们用尽了优质水雷、频繁的夜间巡航和功率全开的探照灯等各种手段，但却没有有

英军在追击一艘潜艇时引发的深海爆炸。主动进攻的策略终究要比防潜栅的被动防守有效得多。

效的解决办法。在多佛的海下防线至少让 12 艘潜艇报了销之后，1918 年 8 月，心灰意懒的德国海军终于彻底放弃了走这条通道的打算。

但经由北海进入北大西洋的水下海路却直到 1917 年 7 月才被堵住。美国海军高级将领、舰队司令亨利·梅奥建议在奥克尼郡和挪威的海岸线之间修建一条巨型防线，并宣称美国的新型磁性水雷可以直接炸掉所有闯入其磁场范围的潜艇——这可比触发性水雷强多了。1918 年 7~10 月间，约有 69000 枚这种水雷被埋到了海底（其中有 80% 的工作是由美国海军承担的），从此情况来看，梅奥实在是一个了不起的推销员。只不过，这些水雷有据可查的贡献也不过是炸沉了区区三艘潜艇而已。

☆ 奥特朗托防线 ☆

鉴于奥匈帝国和德国在亚得里亚海北部及东部都有海军基地，协约国把第三道防潜栅的工地选在了地中海，想以之阻止上述两国的海面舰队及潜艇部队进入这片海域。

这条防线从 1915 年底开始动工，由意大利靴状领土"鞋跟"处的位置开始，横跨整个奥特朗托海峡，一直延伸到了阿尔巴尼亚的法罗拉。但是这条 100 千米长的防线却一直没能发挥其真正的防御功能，无数船只在它上方来往穿梭，从头到尾就只有一艘潜艇毁在这里。

奥克尼郡斯卡伯湾内的防潜栅空中俯瞰图。这里既是英国皇家海军最重要的基地，也是英国大舰队的大本营。

科罗内尔和福克兰群岛之战

1914 年，英德两国在南大西洋和东南太平洋上行动着的海军舰队各自迎来了其命运的转折点：福克兰群岛一役后，英国舰队取得了最终的胜利。

除了一小批在海外的战舰外，德国皇家海军的大部分舰船在战争爆发时都停泊在母港内，这其中包括了各种巡洋舰、武装商船、负责袭击协约国船只的辅助型商业袭击舰，以及停泊在普拉的一支小型地中海舰队，等等。而海军上将麦斯米兰·冯·斯佩指挥的东亚舰队无疑是这些武装力量中最为强大的一支。这支舰队以中国的青岛为根据地，包括了"格奈森瑙"号和"沙恩霍斯特"号两艘装甲巡洋舰，"德雷斯顿"号、"埃姆登"号、"哥尼斯堡"号、"莱比锡"号和"纽伦堡"号等 5 艘轻型巡洋舰，以及其他若干的补给船只。按照斯佩的指令，舰队在太平洋上巡游，以期在返回德国前尽可能多地袭击一些英国船只。

☆ 商业袭击 ☆

开战之后的头两个月里，斯佩舰队的轻型巡洋舰一直采取独立作战的方式，利用德国在太平洋地区占领的岛屿获取补给、发送无线电情报。传递的情报内容包括了可发动袭击的目标，袭击他们的英舰数量之类的信息。在 1914 年 11 月和 1915 年 7 月"埃姆登"号和"哥尼斯堡"号先后沉没之前，它们一直都在进行袭击商船的活动。舰队剩余的船只于 1914 年 10 月 12~18 日间在复活岛重新组队后，开始向南美洲的西海岸进军。英军利用无线电解码技术破译了德军在东南太平洋的大概位置，而摧毁斯佩舰队的重任，就落在了以福克兰群岛为根据地、受海军少将克里斯多夫·克拉多克领导的南美舰队肩上。

☆ 科罗内尔之战

克拉多克一共带了 4 艘军舰出战，包括装甲巡洋舰"好望"号和"蒙斯莫"号，轻型巡洋舰"格拉斯哥"号，以及武装油轮"奥特朗托"号。不过，除了"格拉斯哥"号之外，克拉多克麾下的战舰全是经年老舰，不仅行动迟缓，而且装备也远不及对方。

福克兰群岛战役中，德国轻型巡洋舰"莱比锡"号在英国装甲巡洋舰"康沃尔"号的炮火之下屈服了。

两支舰队最终于 11 月 1 日在智利港口科罗内尔狭路相逢。"奥特朗托"号受命即刻撤离，虽然其他三艘军舰的射程也比不上德军，但克拉多克还是让它们全部投入了战斗。结果，"好望"号和"蒙斯莫"号还没挺够 40 分钟就已经变成了一堆烧红的废铁，不久即告沉没，两舰船员无一生还。"格拉斯哥"号也 5 次受袭，所幸最终得以逃生。但斯佩舰队在这场战斗中却毫发无伤。

克拉多克的惨败很快就在英国国内引起了轩然大波，愤怒的人们叫嚣着要让负责此战的人统统卷铺盖滚蛋。英国海军部长、海军上将温斯顿·丘吉尔和皇家海军的政治领袖、海军上将路易斯王子此时都成了众矢之的。其中，路易斯王子出生于德国巴腾堡，所以他又由于自己的背景而遭到了特别尖锐的攻击。最终，丘吉尔在极大的舆论压力之下挺了过来，路易斯王子则受背景的连累而遭撤职，取代他的，是海军上将约翰·费舍尔。

1914 年 11 月 1 日的科罗内尔海战，证明了英国舰队远远不是德国东亚舰队的对手。

麦斯米兰·冯·斯佩

海军上将麦斯米兰·冯·斯佩的官方肖像。

斯佩（1861~1914）是一名供职于德国皇家海军的职业军人，在战争爆发时任东亚舰队司令，负责指挥这支强大的舰队进行海上作战。他麾下的舰船在战前曾赢得过不少的重炮射击比赛，而他指挥的海战也都颇受好评，这也是为什么大多数人将他视为德国最优秀的海军上将之一的原因。斯佩的根据地在中国，离德国本土非常遥远，科罗内尔海战后不久即为英军攻占。1914 年 12 月，斯佩和他的两个儿子在福克兰群岛战役中先后殉国，其舰队中的绝大部分船只也在遭遇重创之后沉入大海。

☆ 对斯佩的复仇 ☆

英国为了报仇，特别派出了一支战斗力极强的舰队前往福克兰群岛。这支舰队中，不仅有包括"格拉斯哥"号在内的三艘轻型巡洋舰、两艘装甲巡洋舰和一艘武装商船，还有战列舰"不屈"号和"无敌"号。但斯佩对此却一无所知，更于 12 月 8 日向福克兰群岛的斯坦利港靠近，试图摧毁该港的战略设施，而此时德军的战船速度及武器装备都已不及英军。在英国海军中将斯特迪所率舰队的围困之下，斯佩只能伺机突围以求脱困。怎奈英军火力实在太过猛烈，没多久斯佩的"沙恩霍斯特"号和"格奈森瑙"号即被击沉，"纽伦堡"号和"莱比锡"号随后也沉入大海。"德雷斯顿"号虽然当时得以逃脱，但三个月后也终究难逃一劫——德国东亚舰队就此终结。

战列巡洋舰

在海军上将费舍尔的提议之下，英国皇家海军开发了一种新级别的战船——战列巡洋舰。这种战舰有着可以媲美无畏舰的武器装备和比巡洋舰更快的前进速度。但后来的实战证实了这一尝试是有缺陷的。

在战争爆发时，巡洋舰就已经是海上常规装备了，而比巡洋舰重量更大的战列巡洋舰在当时却还只是一种新颖的构想，尚未有人付诸实践过。最先考虑打造这种新型战舰的英国海军上将约翰·费舍尔是一个思维活跃的人，无畏级战舰也是出自于他的构想。费舍尔一直想要用一种可以独立作战的战船来组成一支舰队，要不就用这种战船来做一支可以分散作战的舰队的旗舰也成，又或者至少在联合作战中能用无畏级战舰担任主力——果然如此，则战列舰主要用来留守阵地、侦查敌军主要战舰的位置并将之反馈给指挥官。战列舰上配备的重型武器跟无畏舰是同一个重量级的，所以战列舰也可以主动出击，攻打体型较小的战船，而其速度之快则是体积比它庞大的敌舰所无法企及的。早期的战列舰被称为"高速装甲巡洋舰"，直到1912年才换成"战列巡洋舰"这个常用名。

英国皇家海军"猛虎"号	
级别：	该级别唯一的一艘战舰
下水：	1912 年
排水量：	28500 吨
舰员：	1185 人
时速：	30 节
武装：	8 门 343 毫米口径大炮

☆ 第一艘战列舰 ☆

英军最早的三艘战列舰，即皇家海军的"无敌"号、"不挠"号和"不屈"号，从1909年开始投入使用。这些战列舰与战舰三等分级制中的第二等战舰一样，都可以配备8门305毫米口径的大炮（一般无畏舰配备的是10门），排水量达17250吨。后来的战列舰可以配备的大炮则口径更大、攻击力更强，比如1916年投入使用的"名望"号和"反击"号就各有6门380毫米口径的大炮。英国皇家海军的大部分战列舰都制造于1909~1917年间，而德国和日本直到1914年才照着英国战列舰的样子做出了自己的产品。

战列舰给英国带来了很多好处，如在1914年末的福克兰群岛战役中，远离大

英国战列舰"猛虎"号的炮塔特写。该舰属于附加了空中侦测功能的火力加强型战船的早期测试版。

部队的"无敌"号和"不屈"号独立击沉了两艘战力稍弱的德国装甲巡洋舰。这种战列舰的独立作战能力也让德国尝到了不少甜头——自其炮轰英国东海岸的诸多小镇之后,英国民众对本国皇家海军的信任程度就一落千丈。

但若抛开这些成绩不说,仅论技术和设计的话,战列舰(特别是英国的战列舰)也有不少的缺点和瑕疵,而这些不足在大规模的舰队作战之中暴露得更加彻底。

这些问题出现的部分原因在于有的官员曲解了战列舰的名字,误以为这种战

"德弗林格"号

1914 年中期建成的"德弗林格"号曾参与过沿英格兰东海岸的军事袭击和 1915 年初的多戈湾海战。该舰于 1916 年在日德兰海战中被重创。

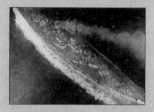

同型舰:"兴登堡"号、"吕佐夫"号

下水:1912 年

排水量:28000 吨

舰员:1112 人

时速:28 节

武装:8 门 305 毫米口径大炮

"戈本"号

一直任用德国海员的"戈本"号于 1914 年 8 月被交予土耳其海军使用。一开始,该舰被用来在黑海地区对付俄国,后来被转移到地中海海域。自1918 年 1 月被水雷袭击之后,"戈本"号就一直停在干船坞里直到废弃。

同型舰:"毛奇"号

下水:1909 年

排水量:22640 吨

舰员:1053 人

时速:29 节

武装:10 门 280 毫米口径大炮

船可以在主要作战舰队中担任顶梁柱。实际上,虽然这种战船的设计允许其配备与无畏级战舰类似的武器装备,但为了提高船速却不得不削减了船体的装甲。简单来说,这种战船不仅经不起敌方的炮火攻击,而且在自己开火的时候,船体也有可能会受到伤害。

☆ 交战中出现的问题 ☆

1916 年 5 月的日德兰海战终于揭开了这层隐痛。英国的"无敌"号、"不倦"号和"玛丽皇后"号在战斗打响后不久就分别被敌舰的一发炮弹打中。炮弹穿过了薄薄的装甲层之后发生爆炸,点燃的火花又引爆了战舰上保存不当的弹药——三艘战列巡洋舰的船体被炸得开了花,很快就沉没了。不过,德国战列舰队也没能全身而退,所有战船都受到了持续的轰击,其中尤以"赛德利茨"号被创最甚;但除了"吕佐夫"号被击沉之外,其他的战船最终都逃回了船籍港。要说这些战列巡洋舰得以生还的原因,运气好固然是一个方面,而德军卓越的航海技术,以及为了防止交战过程中由于船体过热导致二次爆炸而采取的预防措施则更为关键。然而,在第一次世界大战中,战列巡洋舰的损失到此也就告一段落了:一来,这种战舰不堪一击的缺点已经人所共知;二来,战列舰在主要作战舰队中负责的工作也随着海军航空技术的发展而渐渐由进攻转为了防守——所以,在日德兰海战之后,英德双方都没有再折损过这类战舰。

1915——堑壕战

　　参战双方在这一年到来时都依然坚信胜利必将属于自己。考虑到奥匈帝国实在不是一个能干的盟友，德军最高指挥部决定在西线继续布防的同时向东进犯俄国。此外，为了加大对英法两国海军的攻击力度，德军还添置了许多潜艇。5月，意大利加入协约国的阵营，但此时的协约国却没有一个明确的作战计划。急于将德军赶出本国领土的法国决意在西线战场展开一系列的进攻，但对这一计划，英国却表示爱莫能助——英国远征军的规模本来就小得可怜，更别说这支小型军队已经在1914年时被德军打得所剩无几了。

　　对资源匮乏的英军而言，布防计划的泄露无疑是一个更大的悲剧。大多数英国武将都把西线战场看做与敌人一决雌雄的擂台，但1914年间那尸横遍野的惨象却让政治家们胆战心惊，更坚定了他们对同盟国中的其他国家采取直截了当的战略态度的决心。他们认为，只要能够战胜奥匈帝国、土耳其或保加利亚，德国必定溃不成军。最后，协约国决定：以加利波利半岛、巴勒斯坦和美索不达米亚地区为主，在西线战场之外开辟若干的次级战场；同时，向巴尔干南部的萨洛尼卡派驻军队，以抵抗同盟国的各股势力。

第二次伊普尔会战

为了摧毁比利时小镇伊普尔外一块协约国的突出阵线，同时也为了试试新型武器的威力，1915 年春天，德军首次大面积地投放了毒气弹。

德军的领导班子决意要在 1915 年彻底击垮俄国，所以他们很乐意继续在西线战场保持守势以使东线兵力得到最大的满足。而英国此时刚结束了其在新沙佩勒的进攻（3 月 10~13 日），法国也才从瓦伏尔平原的战斗（4 月 6~15 日）中走出来。但英法两国却似乎不以为意，交手方毕便又开始计划新一轮的进攻了。德军最高指挥部总参谋长冯·法金汉将军在得知这一消息后，在仲春时节特许其西线部队有节制地采取主动进攻。德军的目标是伊普尔，英军在 1914 年那场大仗之后占领了该镇东面一块本属于德军的阵地。德军想要扫清这块阵地上的敌人，占领那里极具地形优势的一片高地，然后再在这里试用一下他们新发明的氯气弹。

事件重点

时间：1915 年 4 月 22 日~5 月 25 日

地点：比利时西南部的伊普尔

结果：该战是德军于 1915 年在西线战场上发动的唯一一次进攻，削减了伊普尔外约 2/3 的突出阵线。

☆ 毒气攻击 ☆

参与这次战斗的是来自伍腾堡的阿尔布雷希特公爵麾下的德国第四集团军。4 月 22 日，战斗在一阵炮击声中拉开了帷幕。短暂的弹幕攻击之后，德军向协约国阵地投放了氯气弹。氯气嘶嘶地从罐子里跑出来，很快就弥漫在了法国和阿尔及利亚两国军队所在的战壕里，无数协约国士兵由于窒息而痛苦地死去。对此毫无准备的守军惶恐不已，为了保命四散奔逃，协约国防线因此很快就被扯开了一个大大的口子。次日，德军戴着最原始的防毒面具挺进了 3.2 千米，但由于遭遇了史密斯 – 多利恩领导下的英国第二集团军的反击，他们的推进速度大大受阻。

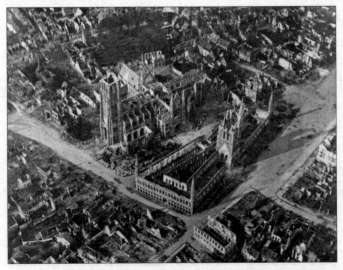

经历连续数月的轰炸之后，伊普尔的市镇中心伤痕累累（摄于 1915 年初）。

☆ 新的攻势 ☆

第二军团的抗争不过给了协约国部队一个喘气

的机会。24 日，德军以伊
普尔东北面的加拿大军队
为目标再次发动进攻，使
得战火迅速向该镇东面及
东南面蔓延开去，一直烧
到 60 号高地的协约国阵地
之上。在史密斯－多利恩
看来，妄图在这个时刻收
复失地绝对是得不偿失的
事情。因此，他申请率领
部队向伊普尔附近防御力
更强的地带撤离。但英国
远征军总司令、陆军元帅
弗伦奇却驳回了这一申请，

卫生员在照顾伤兵。在该战损失的 6 万名士兵中，只有很少一部分属于英国的军队。

并让赫伯特·普鲁莫去接替了史密斯－多利恩的工作。尽管到任后的赫伯特将军也认为撤退是最好的选择，撤军计划却直到 4 月 29 日法军抵抗失败时方被批准。5 月初，协约国重整军队，而毒气战则一直持续到当月 25 日才宣告结束。

　　在此次会战的最后几周里，夺回了一些阵地的阿尔布雷希特公爵集团军渐渐不支，到 5 月 8~14 日，其耐受力终于撑到了极限。此时，伊普尔外 3.2 千米长的一块高地防线已被德军攻占，从这里可以俯瞰支离破碎的伊普尔城——而这种惨烈的景象将一直持续到 1917 年的帕斯尚尔之战。

　　在持续了约一个月的会战中，德军占领了约 2/3 的突出阵线，给协约国造成了约 6 万人的伤亡。这场会战因为德军人力和物力均彻底透支，无法继续进攻而宣告结束。但德军在战斗结束之后仍继续炮击伊普尔，几乎将残存的城镇夷为平地，镇守残余阵地的英法部队也因此而被折磨得生不如死。

在伊普尔会战中战火最为集中的 60 号高地（全景）。

毒气战

绝大多数的参战国都在第一次世界大战中使用了毒气弹。然而尽管毒气弹威力骇人，却一直都不是决定胜负的关键。

毒气在第一次世界大战以前其实就已被归于武器之列，但人们一直认为这是一种很不人道的作战工具。然而，在堑壕战出现之后，为了打破战场上令人恼火的僵持局面，很多人都放弃了基本的道义，转而追寻最有效的武器装备。在这种情况下，毒气弹不仅开始为大多数人所接受，其种类也从最初单纯的短期药物刺激

英国炮兵在准备毒气弹的弹壳。

型转变成后来的迅速致死型。当然，毒气在阵地上蔓延停留的时间一般都不会很久，不过也有一些属于经过很长时间都消弭不掉的类型。

☆ 初次使用 ☆

1914 年 10 月，德军在西线的新沙佩勒战场上率先使用了毒气弹；之后，在 1915 年 1 月东线的波利莫夫战场上，德军又故技重施。在这两次战斗中，由于毒气的使用量并不大，故而结果也并不明显。新沙佩勒的法国军队根本就没觉察到德军施放的刺激性气体，而波利莫夫的情况更是让人失望——当时正值数九寒冬，德军施放的二甲苯基溴化物催泪弹还来不及扩散就已经被冻住了。德军不肯死心，于是便继续开发更具杀伤力的毒气弹，其后来的发明也确实取得了明显的进步。1915 年 4 月的第二次伊普尔会战中，德军使用的氯气弹就以烧伤呼吸道、使人窒息的方式狠狠地吓了协约国一跳。

整个第一次世界大战过程中，德国总共制造了约 68000 吨毒气弹，是使用这种武器最多的国家，而法国和英国制造的同类武器也分别达到了 37000 吨和 25000 吨。

☆ 毒气类型 ☆

德国突击队员正穿过一片毒雾弥漫的区域进行实战演习。

毒气战中最常用的除了前面提到的氯气之外，还有几乎没有气味的芥子气。这种气体起效很慢，但却能同时引起生物体的内出血和外出血，并伴有催吐的效果，一旦中毒，

被毒气灼瞎双眼的英国士兵在等待救援、准备撤退。

早期的三种防毒面具，其中包括了德国的框架型面具及其收纳罐（图中最左侧）。

基本就意味着被判了死刑。一些支持发动毒气战的人认为，毒气弹没有必要置人于死地，而且最好是没有致死性——这样，那些在毒气战中中毒而不死的人不仅会大量地消耗医药资源，更重要的是，这些伤员的存在将会给被打击方的士气带来长期的打压作用。

施放毒气弹通常有两种方式。一种是把毒气储存在特定的容器内，再把这种毒气罐埋在火线上或者火线附近，等毒气罐爆炸时毒气就会自然地变为蒸汽状，随风飘散。如果采用这种方法，则风向的作用就非常关键，只有吹向敌方的风才能把毒气送过去，否则就会对施放者自己造成致命的打击。这种方式还有一个缺点，就是毒气的作用距离比较短。另一种施放法即为炮兵较为常用的"混合式"毒气弹，也就是把毒气以液态形式贮存到炮弹里，当炮弹落到敌军阵地时，爆破产生的热量将液态毒气气化，再利用同时产生的爆破力将毒气送到更远的地方——这种方法相较于前一种来说大大拓宽了毒气弹的起效范围，可谓进步了不少，但其仍有许多问题尚待解决。

毒气发威需要风向、气温等多方面的因素相互配合，对环境条件的高要求也大大地限制了它的作用效果。"万事俱备，只欠东风"都还算好的，如果遇上气温不合适，而且风向又不对的话，那可就真是得不偿失了。

随着毒气战的普遍化，各国纷纷开始研制防毒面具，而面具的精密和复杂程度也随着时间的推移而越来越高。早期的面具只不过是在口鼻处垫了一些浸过苏打水或是重碳酸盐的棉花，最多为了保护双眼再加一副独立的风镜罢了。到后来，装有过滤器的复合型面具全面占领市场，其过滤器里的木炭或其他化学药品可以中和毒气的有毒成分。

在毒气战中，无论人畜都需要采取防毒措施。英军从1916年开始给战马也配备了防毒面具。

阿图瓦会战

为了把德国人赶出法国，法军总司令霞飞元帅在阿图瓦地区发动了一次大规模的进攻。但这次进军却在开局的小胜之后陷入了僵局，更糟的是，双方被困在这个僵局里怎么也出不去。

协约国在伊普尔二次战役中的伤疤还没结痂，法军总司令霞飞元帅就着手发动了另一次攻势以求打破僵局。这次，他选择的战场是阿图瓦。

☆ 英军的进攻 ☆

道格拉斯·海格领导的英国第一集团军是最先接到作战命令的一支部队。他们的任务是占领新沙佩尔的任意一侧以牵制敌人的兵力，并把王储利奥波德王子的德国第六集团军挤到奥柏山脊和里尔之间去。5月9日，奥柏山脊之战打响，但作为战斗序曲的弹幕袭击却因为缺少弹药只持续了短短的40分钟。这可不是个好兆头。随后，英国步兵走上战场，却发现他们面前的德军战壕毫发无损，而所有德军士兵正严阵以待。第二天，损失了1.15万名士兵的海格将军下令停止进攻，战斗就此结束。

15日夜，按照霞飞元帅"深入打击"的命令，英军再次发动攻击。海格决定在这次名为"费斯提贝尔之战"的战斗中攻击新沙佩尔的另一侧防线。但此地的德军早在4天前就已经筑好了防线，所以英军在取得了一点点进展之后又一次陷入了困境。25日，以5800人为代价歼敌1.65万人的德军后撤730米，战斗再次结束。

5月9日，在1000余门大炮持续轰炸德军战壕数日、消耗的炮弹已达69万枚之后，气急败坏的霞飞增派奥古斯特·杜贝尔将军的第十集团军前往阿图瓦。在阿拉斯和棱斯之

事件重点

时间：1915年5月9日～6月30日

地点：法国东北部，阿拉斯和里尔之间的阿图瓦地区

结果：法军进攻失败，伤亡惨重

法国重型迫击炮炮兵在炮兵掩体内的合影。

1915年3月，由于炮击的火力升级，给费斯提贝尔附近造成了巨大毁坏。

为了应付堑壕战中常见的洪水，士兵们采用了一种看上去有些怪异的方法：划船。

间靠近维米山脊的地方，有一段约 10 千米长的高地，这片高地以其重要的战略意义成为了这次交锋的火力中心。菲利普·裴坦率领的一小股精兵在开战 90 分钟以内即冲破防线向前推进了 5 千米；然而，由于缺乏补给，加上德国援军迅速赶到，裴坦无法攻占更多的地区，所以自此之后便再无进展。猛烈的炮火攻击一直持续到 15 日。虽然在 6 月 15~19 日期间偶尔也有打破僵局的机会闪现，但双方却都没有把握住。战斗最终于 30 日结束，此时，法军伤亡已达 10 万人。

☆ 炮弹丑闻 ☆

相较而言，海格的炮兵缺少弹药一事在政治上的影响要远甚于其军事效应。英国首相赫伯特·阿斯奎斯领导的自由党内阁对于军需的估计严重不足，他们一方面拼命地扩大军队规模，另一方面却没有采取有效措施促进国家经济发展以适应大规模军队的需要。5 月 14 日，决定战果的关键时刻终于到来了。《泰晤士报》后来评论说，协约国在此战中的败迹从其缺乏高性能炸药的那一刻起就已经显露无疑。

这篇文章的出现本身也是一个阴谋，其始作俑者包括了颇有权势的《泰晤士报》老板诺斯克利夫男爵、若干高级政客，以及一线战场上的将军们。这股"反阿斯奎斯"势力的目的就是通过这篇文章打击他们所反对的现任内阁。"炮弹丑闻"果然对首相的地位产生了很大冲击，阿斯奎斯在压力之下甚至不得不成立了一个以自由党和保守党为主、附加一名社会党成员的联合内阁。而弹药的补给至此交由军需部全权接管——这个部门的负责人大卫·劳埃德·乔治除了是一名精干的自由党内阁成员之外，也是反阿斯奎斯团体的领导人之一。

在阿图瓦会战的间隙，法国步兵们向前线运送生活及战斗用水。

地下的抵抗

堑壕战这种战法最早由德国人创造，后来渐渐为英国人所利用，而法国人对此则没什么兴趣。火线上的士兵在敌军进攻的阶段退到事先预备好的掩体之后，等到对方由于过于深入而无法继续利用炮火作为掩护、机动性大大降低时，再跳出来进行反攻。1916~1917 年间，这种作战方式在抵抗协约国的进攻时效果奇佳，但却始终无法彻底解决守军伤亡甚于进攻者的问题。

堑壕体系

1914 年末，西线战场的主要战斗形式转变为堑壕战。尽管各家的战壕挖得各有特色，但说到底也都是因形就势。随着战斗的深入，战壕开始越挖越深、越挖越宽，其结构也越来越复杂。

建造一个出色的堑壕体系是需要合适的地形作为基础的，否则就算防线筑得再连贯，工事搭得再结实，也扛不住敌军的几次攻击。以法国的孚日山脉为例，这里的防线就不是一条完整的战壕，而是若干遥相呼应的山头据点；而诸如意大利战场沟壑纵横的地方也是一样。此外，战壕也不是非要往地下挖的，如果浅表土层太薄而地下岩层又太过坚硬不便开凿，或是防线位置离地下水的水位太近，那么为了方便操作、减少渗水的可能性，就可以反其道而行之，把战壕筑在地面之上。第一次世界大战中被水淹得最厉害的战壕位于比利时境内西线战场的北部，这里的地下水水位本来就很高，而比利时在 1914 年"奔向海岸"时故意开闸泄水则使得当地战壕的涝灾更为严重。

第一次世界大战初期的战壕只不过是在战场上临时"抠"出来的一些小"沟"而已；虽然这些沟之间有一定的联通性，却并不是为了长期作战的需要而准备的。随着 1914 年战争进入僵持阶段，堑壕战才渐渐地崭露头角，并朝着更深、更复杂的方向发展。作为堑壕战的发明者，德国特别擅长建造战壕，他们在 1915 年末时开挖了自己的第二条大规模堑壕防线，后来没多久又挖了第三条。

☆ 堑壕的设计 ☆

最典型的堑壕系统可以分为三段，每一段大概长 730 米，相互之间由交通壕连接。最接近敌军的一段被称为"前线战壕"，是防守的重点地段；接下来的第二段被称为"支援战壕"，第三段是"预备战壕"。所有的战壕的平面都建成锯齿状，或是至少在壕内有许多的拐角——这种设计可最大限度地减少炮弹爆炸时产生的冲击对战壕造成的影响，同时也可以避免冲上战壕的敌军直接对战壕里的士兵进行扫射。为了让防护作用更完善，也为了让士兵在战壕里稍微

不管是谁家的战壕，都无可避免地要面对田鼠这个大问题，而抓田鼠则是士兵们在战壕内每天必做的功课之一。

待得舒服一点，不少战壕内还挖筑了防空洞或是专门辟出一截战壕作休憩整理之用。战壕边上堆着的沙包也是防弹的装备；而为了防止战壕垮塌，关键地段还有木桩支撑；除了这些之外，战壕里还有遮雨、排水用的挡泥板。但几乎所有战壕的防空壕都必须不断地维修才能保证正常使用。

☆ 愈发深入的防线 ☆

上述的战壕设计直到第一次世界大战结束都不曾过时。但自从 1916 年德国决定实施"深度防线"计划以后，战壕的结构就变得越来越复杂了。最接近敌军的一段防线上适度地加入了很多的防御哨点，这些哨点一般建在大型的炮弹坑上，或是混凝土的碉堡里。建造这些哨点的目的也不是阻止敌人的进攻，而是拖延敌军的步伐，或是将之逼入己方火力更为集中的"死亡区域"。在哨点以内约 1.5 千米的地方即为交战火线。这一区域的防御工事也不用绝对连贯，只需要火力点之间可以互相照应并且可以攻击越过火线的敌军士兵即可。最后就是所谓的"终极战区"了。这块区域的宽度可达 2 千米，其间战壕布置尤为曲折，而且到处都是可以全方位开火的火力点。过了这一区域就是后备区了。这一区域的战壕设计可能更为复杂，但同时对于进攻方来说也更有进攻的价值，因为这里就是为守军炮兵准备的掩体。

深度防线最杰出的代表就是从西线战场中心一直延伸到战线北部的"兴登堡防线"。这项工程于 1916 年 9 月开工，直到 1918 年末才建成。防线里包括了许多大规模的加强版协防据点，最深处达地下 16 千米。

> ### 挖掘
>
> 这是一种技术，即在不被敌方火力攻击的同时接近敌军阵地。士兵们先在无人区各自挖一些窄窄的小战壕或地道，然后在某个点上调整挖掘的方向，相向而动，一旦两条战壕相交，则新的堑壕体系形成。独立的地道也可以作为"监听哨"起到侦查敌情的作用——这是喜欢控制无人区的英国人最爱用的一招。虽然这种技术的效果很好，但终究太费时间，而且还常常会出现后路被切断的情况。

德国兴登堡防线上带刺铁丝网构成的一排排防护线。

香巴尼和阿图瓦的会战

英国远征军的此次行动是 1915 年末英法联合作战中的一部分。但由于缺乏弹药，加上德军不停地反攻，所以这次进攻在取得了小小的成果之后即陷入困境。

1915 年秋，为了在西线战场的僵局中取得突破，法军总司令约瑟夫·霞飞元帅安排了一次联合进军，由陆军元帅弗伦奇率领扩增后的英国远征军和法国加强军共同执行。这次任务包括了不同地点同时进行的两条支线进攻。其一即为第二次香巴尼会战，在此次会战中，约有 50 万名法国士兵对法国东部阿尔贡地区长达 16 千米的敌军防线发起了攻击。在经过了 4 天的炮击战热身后，霞飞以 3：1 的人数优势于 9 月 25 日正式发动进攻。此时的德军占领着一块战略高地，并早已得知了法军的进攻行动，所以虽然法军人数占优，却仍未能在战斗之初的关键时期拿到什么好处。不仅如此，在接下来的几周里，法军几次想要抢得先机却都以失败告终。最后，战斗在僵持之中于 11 月 6 日宣告结束。法军在此战中伤亡 14.4 万余人，而德军也损失了 8.5 万名士兵。

霞飞的第二条支线进攻是与英军联合在法国东北部的阿图瓦地区进行的，亦即所谓的第三次阿图瓦会战。法军在该战中把主要精力都放在了维米山脊的争夺上——维米山脊是一块可以俯瞰低处阿拉斯周围平原地区的战略高地。杜贝尔将军的第十集团军于 9 月 25 日向前挺进，不料却闯入了山脊上火力特别猛烈的防御体系里，遭到了驻守该防线的利奥波德王储麾下德国第六集团军的攻击。杜贝尔的军团在此战中损失惨重，尽管有一个师在 29 日时设法占领了山顶，但其他部分的军队则尽皆失利。在糟糕的天气影响之下，战斗断断续续地一直打到了 11 月初才结束。

法军在第二次香巴尼会战中俘虏的德军士兵。

☆ 卢斯之战 ☆

英军在法国东北的两次战役加时赛中形成了一个钳状阵型直指卢斯。道格拉斯·海格将军指挥第一集团军中的 6 个师从 9

满目疮痍——1915 年间颇具代表性的阿图瓦战场一景。

第一次世界大战时期，一位画家笔下描绘苏格兰军队冲击卢斯德军防线的景象。

月25日开始挺进。由于敌军的数量实在少得可怜，这股部队在这一天里确实斩获颇丰，特别以右翼军队的战果最为显著。尽管连月来备受缺粮少弹的困扰，尽管前进中充满了艰难困苦，英军还是占领了卢斯。但令海格狂怒不已的是，在情势如此危急的关头，英国远征军那个糊涂司令竟然愈发优柔寡断，拒绝为先头部队提供大量必需的军需储备。第二天，英军在德国强有力的反抗面前只好退却，而这一退也意味着英军在10月初以前必定一无所获了。但此时的英军已为之前短暂的占领付出了沉重的代价，之后糟糕的天气也严重影响了战斗的进行。最终，这次进攻于10月8日结束。

☆ 1915年间的战斗 ☆

1915年末，尽管英法联军在阿图瓦等地区发动了多次攻势，西线战场的局势却是纹丝未动。此时此刻，交战双方的阵地上都早已尸积如山。阿图瓦和卢斯的战场上，法军伤亡4.8万余人，英军伤亡6000余人，德军的损失却不到协约国军队损失量的一半。通过这样的统计数据，不难看出此时战场的形势偏向于防守的一方。1915年，西线战场上的伤亡数字骇人听闻：法军96万、英军29.5万、德军65万。高昂的代价狠狠地冲击了英国的指挥结构，最终，海格于12月取代弗伦奇成为英国远征军总司令。而在法国方面，霞飞也因为这种冒进带来的巨大损失而备受责难。

这是卢斯战场全景，各条战壕可以通过挖掘时在壕边堆积的土石方形成的白线辨别出来。

早期战斗机

当侦察机在战场上出尽风头的时候，那些鼓吹空军无敌的人已经意识到了飞行器在现代战争中的重要性。在这种背景下，可以袭击敌方飞行器的武装飞机也就在第一次世界大战的头几个月里迅速问世了。

1914 年时，本来并没有专门制造战斗机，但随着堑壕战的战壕越挖越广，这种战斗武器就迅速发展起来了。由于步兵侦查在第一次世界大战中基本为侦察机所取代，所以战斗机最初的任务就是给战争舞台上戏份越来越重的侦察机当保镖。当然，顺便击落一两架敌方的侦察机也是必要的。

早期的战斗机以双翼飞机为主，偶尔也有一些是单翼设计。由于战斗机飞行员可以直接在驾驶室瞄准目标并操纵随机的机关枪进行攻击，这种飞机就不需要像普通的双座侦察机那样专门留出一个位子给机枪手，故机舱内大多都只能容纳一人而已。当时几乎所有飞机都采用的是类似拖拉机那样的前置牵引式引擎，也就是将螺旋推进器放在了整个机身的最前端；而飞行员要瞄准并射击的话，最方便的当然是攻击飞机前方的目标。于是这里就出现了一个很大的问题：怎么才能在螺旋桨高速旋转的过程中击中目标而不损伤桨叶本身呢？

☆ 推进式战斗机 ☆

引擎位于驾驶舱之后的推进式战斗机则不存在这种问题，但这种飞机的战斗表现却乏善可陈。英国的维克斯 5 型战斗轰炸机于 1915 年 7 月面世，这种推进式战斗机的最高时速只有 112 千米，在飞行器中实在算不得快。

福克 E 型战斗机

德国皇家飞行团所拥有的这种飞机是由荷兰人安东尼·福克设计的、全世界第一批真正意义上的战斗机。这批飞机在 1915 年年中至 1916 年春这段时间里参与了许多次行动，见证了无数协约国军事设施的毁灭。

类型：福克 E3 单翼战斗机
引擎：100 马力上乌瑟尔型发动机
乘员：1 人
升限：3650 米
时速：最高 140 千米
武装：1~2 挺 8 毫米口径机枪

"红男爵"福克 Dr.1 三翼飞机 为便于地面友军辨别自己，福克 Dr.1 三翼飞机被漆成红色。凭借其轻巧灵活的特点，福克 Dr.1 三翼飞机成为一战中的优秀机型，最适宜进行近距离格斗。

莫拉纳－索尼埃 N 型战斗机

这种法国战斗机于 1914 年末面世，是西线战场上首批正式战斗机机种之一。该型战斗机的早期版本都配有偏转片，但后来则改为配备断续齿轮了。英俄两国的空军也曾使用过这种战斗机。

引擎：80/110 马力列隆型发动机

乘员：1 人

升限：4000 米

时速：最高 160 千米

武装：一挺 8 毫米口径机枪

☆ 偏流板 ☆

面对这种困境，法国飞行员罗纳德·加洛斯在 1915 年 3 月终于找到了一个解决的办法。他在莫拉纳－索尼埃 L 型伞式双座单翼机上装了几片钢板，沿飞机轴向前发射的子弹打到钢板上后，由于侧面受力就会出现方向的偏转，从而保护螺旋桨不受伤害。加洛斯的发明诞生后不久，法国的第一架专业战斗机莫拉纳－索尼埃 N 型侦察机就出现了。"偏流板"的出现使得协约国战斗机的发展占据了很大的优势，但很快，这种优势就一去不复返了。

德军在 1915 年 4 月俘获的协约国飞机上拿到了偏流板的样本，之后便迅速开始制造改良版的同种零件。断续射击装置是为前置引擎式飞机设计的，有了它，机关枪就能在螺旋桨叶片挡住弹道时自动停止射击。1915 年末，在荷兰的福克公司将这种装置配备到了其制造的福克 E1 型单翼飞机上之后，空战的形势就发生了很大的改变。以时速高达 140 千米的单座福克 E3 型为代表，约 300 架的 E 型战斗机在空战中击落了上千架协约国飞机，其中以维克斯 5 型战斗轰炸机的损失最为惨重，史称"福克之灾"。E 型战斗机从此称霸战场，而这种局面直到 1916 年春天协约国终于制造出可与之媲美的战斗机时才宣告结束。

维克斯 5 型战斗轰炸机

这是英军使用的第一款推进式战斗机，1915 年年中亮相于西线战场上。但这一型号很快就被福克 E 型抢尽了风头，并在生产总数约达 100 架之后于 1916 年初停产。

引擎：100 马力格罗姆单阀型发动机

乘员：2 人

升限：2700 米

时速：最高 112 千米

武装：一挺 7.7 毫米口径机枪

空战技术

随着战斗机的出现，一流的飞行员们开始研究空中作战的策略。由于空中飞行不具备缠斗的条件，所以胜负的关键就在于飞行员怎样利用云层躲过敌人的攻击，又如何利用阳光扰乱敌人的视线，再抢到敌机身边进行攻击。飞行员们会把自己的战绩记录下来，凡是击落敌机 5 架以上的，就可以升为"王牌飞行员"。有赢就有输，在飞行对抗中也有不少人被击落。

对俄冬季攻势

1915 年初，德国在第二次马祖里湖会战中大胜俄国，但与此同时，奥匈帝国却搞砸了在喀尔巴阡山脉的一次战斗，并损失了大批兵马。

为了在 1915 年之内把俄国从战场上踢出去，德国把大量兵力集中到了东线，计划在东线北部和南部发动两场攻势。1 月 31 日，以一场佯攻为序幕，总计 10 万人的德国第八和第十集团军联手在东普鲁士发动了第一次攻势。德国第九集团军假意侵入华沙，发动了首次使用毒气的波利莫夫战役。2 月 7 日，东普鲁士最重要的一次战斗爆发：奥托·冯·布罗将军的德国第八集团军在一场遮天蔽日的暴风雪中袭击了独立作战的俄国第十集团军，第二次马祖里湖会战就此开始。

☆ 胜负不分的侵袭 ☆

布罗的进攻在一周内就将俄军逼退了 96 千米。9 日，才袭击过俄军右翼的赫尔曼·冯·艾科恩率第十集团军加入战斗。被击溃的俄国第十集团军开始向考纳斯撤退。在此期间，俄军有三个兵团被德军重重包围，但由于其中之一与围军展开殊死搏斗牵制了对方的行动，另外两个兵团最终得以突围。虽然取得了小小的成就，但面对普里赫夫麾下俄国第十二集团军的奋力抵抗，德军觉得没便宜好占，只得退回到东普鲁士境内。此次对阵，俄军总共损失了 20 万士兵，其中有 9 万人成为了德军的俘虏。

☆ 喀尔巴阡山战役 ☆

驻扎在喀尔巴阡山脉沿线的三支同盟国部队发动了第二次攻势。担任主力军的是亚历山大·冯·林辛根的南奥匈联军，他们的任务是穿过喀尔巴阡山进攻西北部的利沃夫，以解除普里奇斯米尔外俄军的包围。斯维托扎·波罗艾维克·冯·伯纳的奥国第三集团军和卡尔·冯·普弗兰泽－巴奥丁的奥国第十集团军则分别担任了南奥匈联军的左右两翼——他们的任务是在攻势中为主力军提供火力支持。

最早得胜的是由普弗兰泽－巴奥丁领导的部队。2 月 17 日，他们在成功占领了捷诺维兹之后，还俘虏了阿列克谢·布鲁斯洛夫麾下俄国第八集团军的 6 万名士兵。但这股部队的

俄国军队奔赴前线。

在俄国 1915 年的春季攻势中，用马车和速度缓慢的牛车为俄军输送给养的队伍正行进在喀尔巴阡山区。

推进却遭到了强烈反攻的阻滞。南联军被大雪困在了山里，可谓一无所获。而普里奇斯米尔要塞在被包围了 194 天后终于沦陷，所有守军都向俄国投降。接下来的几周里，俄国不断地发动局部反击，但由于军队补给不足，加上乔治·冯·德·马维兹率领德国援军赶到，俄军最后只好于 4 月 10 日放弃行动。对奥匈帝国来说，这次发生在喀尔巴阡山脉的战役是一场巨大的劫难。由于恶劣的天气作祟，他们在此战中损失了 80 万士兵。此时，奥军的士气低落到了极点，甚至还因为队伍内部存在种族差异而渐渐显现出了分裂的迹象。无奈的奥国总参谋长、陆军元帅康拉德·冯·霍兹多夫只好再次向德国求援。

包围普里奇斯米尔

普里奇斯米尔是奥匈帝国在加利西亚地区的一处战略要塞。1914 年 9 月，俄军用很短的时间就包围了该地区，并在 10 月份稍微放松了包围圈后又迅速地收拢了战线。拯救这个失守的要塞对于奥匈帝国来说刻不容缓，但幸运女神此时却并不垂青于普里奇斯米尔。1915 年初，救援行动宣告失败。虽然 12 万守军一直坚持到了 3 月 22 日，但这个要塞却怎样也没能逃出沦陷的命运。不过，俄军的胜利也没能持续多久——6 月 4 日，奥军联合德军夺回了该地，而且这个要塞从此以后再也没有受到过任何威胁。

1915 年 6 月，德军在普里奇斯米尔押送俄军俘虏。

迫击炮

战壕迫击炮是一种专门用以发射爆破弹的曲射炮，第一次世界大战前就已在欧洲战场上使用了几个世纪，所以并不算什么新鲜的发明。但随着西线战场进入僵持的堑壕战，它们却渐渐成为最重要的武器。

最早的迫击炮出现于 18 世纪，是一种弹道呈高弧线形的短射程慢射步兵炮。不管敌人是隐藏在山丘之类的自然掩体后，还是被要塞堡垒之类的人造掩体层层包裹，炮兵们都可以用迫击炮击中目标。随着堑壕战的出现，在第一次世界大战前曾一度显得有些过时的迫击炮让很多军队眼前一亮：这正是打击敌方战壕的最佳武器。德英法三国是迫击炮的主要制造者，除了自产自销外，他们还会把产品卖给自己的盟友。

☆ 德国的优势 ☆

迫击炮在日俄战争中所发挥的重大作用给了德国很大的启示，所以，在战争初期，早有准备的德国无论是在同种武器的质量还是供货量方面相对其他各国而言都占有很大的优势。开战时，德国已拥有了大批精良的投雷型迫击炮，其中有 150 门于 1914 年8 月被运上了战场。与后来出现的型号相比，这些迫击炮又大、又沉，很难搬动，但由于它们是用来轰击法国边塞那些混凝土堡垒的，所以移动性不高倒也没什么关系。这种大炮利用火药推动爆

英国装甲部队为早期的 51 毫米口径迫击炮准备了大量绰号为"苹果太妃糖"的炮弹。

250 毫米口径迫击炮

为了适应不断变化的战争，英军配置了各种各样的迫击炮——下图所示即为绰号"飞猪"的 250 毫米口径型。尽管重型迫击炮的制敌效果不错，但在战场上移动起来却很不方便。

类型：重型滑膛迫击炮
口径：250 毫米
重量：866 千克
射程：1600 米
炮班：9 人

斯托克斯迫击炮

炮兵们可以很轻松地移动英产斯托克斯迫击炮。除了最常见的 76.2 毫米口径型之外，这种迫击炮还有口径为 101 毫米和 152 毫米的两种型号。

类型：轻型迫击炮

口径：76.2 毫米

重量：49 千克

射程：730 米

射速：22 发 / 分钟

炮班：2 人

米奈迫击炮

该型迫击炮有三种口径类型，每一型都配有滚轮炮架，可在开炮前自由移动。图中所示为几个炮兵在拖动一门口径最小的迫击炮，德国在战争后期曾使用这种炮。

类型：轻型线膛迫击炮

口径：76.2 毫米

重量：100 千克

射程：1000 米

射速：20 发 / 分钟

炮班：6 人

破弹、燃烧弹或毒气弹的发射，射程可达 1000 米；利用膛线可以更精确地瞄准目标。后期的迫击炮由于加长了炮管，射程也相应增加。

根据所发射炮弹重量的不同，迫击炮可分为轻型、中型和重型三个等级，而它们所使用的炮弹重量则分别为 4.08 千克、49.44 千克和 95.26 千克。由于迫击炮不能被拆解为零件后分别运输，所以基本每门炮都配有一个两轮炮架以便于在需要时进行移动，特别重的那种甚至需要用马车才能拖动。但一般来说，因为绝大多数的迫击炮都很沉，所以一旦确定了发射位置，炮兵就会把它们固定在战壕里的钢板上而不太会再去移动它们了。为了提高迫击炮的移动性，德国研制出了一种比常规炮轻得多、以拔下了插销的手榴弹为弹药的小型迫击炮，其射程约为 230~275 米左右。

☆ 协约国设计的迫击炮 ☆

1914 年时，英法两国还没有新式的迫击炮。法国人从仓库里拖出了那些布满灰尘和蜘蛛网的老存货，而英国人则试图制造出一种带有中世纪风格的新型大炮——结果造出来的东西要么像缩水的迷你引擎，要么就是"英式过滤器"那种可以把小手榴弹弹起 180 米高的巨型弹弓。有一种 51 毫米口径的早期迫击炮，打出的炮弹看起来就像一颗硕大的苹果太妃糖。

1918 年 7 月，一个澳大利亚炮兵组正在一个占领的战壕里架设其 76.2 毫米口径的斯托克斯迫击炮。

真正意义上的迫击炮诞生于 1915 年。在法国的重型迫击炮巴蒂诺勒系列后，在当时相对来说质量最好而且外观最新颖的英国斯托克斯系列登场。该系列与大多数英法迫击炮一样采用滑膛设计，包括许多口径类型，使用形似火箭的榴弹，最早出现于 1916 年，是以其设计者威尔弗雷德·斯托克斯爵士的名字命名的。同时，该系列大炮全部可以被拆解为炮管、底座和可调节的双脚架三个部分，是真正意义上的可移动迫击炮。

德国的戈尔里采－塔诺攻势

1915 年中期，德国在东线战场上发动了一次大规模攻势。德军的这次攻势不仅一口气将俄军逼退了上百千米，而且在短短的 5 个月时间里使得俄军的伤亡人数超过了 200 万，可算是整个战争中最成功的攻势之一。

虽然德国下定了决心要对付俄国，可是 1915 年 2~3 月间的行动结果却不尽如人意。而奥匈帝国军队的无能则逼得德国在战争中必须肩负起更重的担子。4 月中旬，生性多疑的德国总参谋长冯·法金汉接受建议，从西线调兵往东发动第二次总攻，而他本人和最高指挥部的所有成员则前往东普鲁士的普勒斯地区督战。

4 月 26 日，驻扎在东普鲁士的德军分东、北两路首先对波罗的海沿岸的平原地区库兰发动佯攻。德国尼曼小型集团军向利耶帕亚推进，对俄军部队造成了持续几周的军事威胁。5~6 月间，德军在加利西亚屡屡获胜，其在东线的行动受到胜利的鼓舞也不断推进，并终于在 8 月 17~18 日攻下了俄国的考纳斯要塞。但作为这些行动的后续，维尔纽斯攻势在 9 月 26 日取得的成功却付出了极大的代价。

德国在戈尔里采－塔诺攻势中的总司令奥古斯特·冯·麦肯森将军的画像。

☆ 攻占波兰 ☆

德国进攻俄属波兰和被俄国占领的奥国加利西亚这两次战役都没在预计时间内

在 1915 年 6 月的战场上，一名德军士兵给一名受伤的俄军士兵喝了一口水。

结束。马克思·冯·加尔维茨的德国第十二集团军原本受命独立进攻东北面的华沙，但奥古斯特·冯·麦肯森率第十一集团军从西线赶来并驻扎到了戈尔里采和塔诺之间，所以实际的总攻是由这支 12 万人的部队负责的。

此次攻势于 5 月 2 日开始。麦肯森的军队撕开了俄国第三集团军北翼的

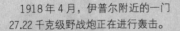

预先轰炸

在大规模进攻之前用密集的炮攻当做"开场白"是很普遍的。进攻方希望通过这样的炮击能对防守方产生心理震慑的作用。但炮击时间的延长以及火力的加大有时不仅不会让其如愿以偿,更糟糕的是,守军往往因此洞悉了攻方的行动,而被炸得乱七八糟的无人区也让他们的后续进攻难上加难。

1918 年 4 月,伊普尔附近的一门 27.22 千克级野战炮正在进行轰击。

一条 48 千米长的防线,而后者则由于受创已极,在 5 月 10 日全军覆没——当时的俄国第三集团军已损失了 20 万人(包括 14 万俘房),才刚获准全体撤退。而俄军最高指挥部在德国愈发猛烈的进攻之下才勉强向北部的加利西亚派出了援兵。

虽然俄军在 5 月 19~25 日间奋力抵抗,但德军却一路势如破竹,并于 6 月 4 日夺回了普里奇斯米尔;22 日,俄军开始退出加利西亚的大部分地区;两天后,德国又夺回了利沃夫。南路攻势于该月底结束时,成绩斐然的德军以 9 万人为代价换回了 25 万俘房。而北路的俄军也不好过,他们于 8 月初、8 月 25 日和 9 月 2 日分别将华沙、布列斯特 – 立托维斯克和格罗德诺输给了加尔维茨的第十二集团军。

☆ 新火线 ☆

德国发动的这次攻势从 5 月一直持续到 9 月,俄军在这期间被逼退了 480 千米。由此至少可以证明,运动战在东线还是有市场的。这场攻势还在普利皮亚特沼泽以南至波罗的海之间形成了一条即将延续到 1917 年的新火线,其中,南部火线到 1916 年 6 月都不会有什么变化。

1915 年的东线战场呈现出了并不平衡的发展态势:德国损失最少,伤亡仅 25 万人;而奥匈帝国和俄国则分别损失 71.5 万人和 250 万人,其中包括 100 万的俘房。

在戈尔里采 – 塔诺攻势中被俘的上百万俄军士兵中的一部分。

热气球

热气球在第一次世界大战中扮演过许多重要角色，譬如保护脆弱的据点免遭敌方飞机的攻击，等等。但在侦察机出现之前，其最重要的作用却是侦察敌情。

第一次世界大战里广泛使用的热气球是一种作战装备，这种装备向没有任何金属或木制骨架的气囊里充入空气或煤气，使之比重较空气轻，从而得以升空。当时的热气球有两种用途：其一是用来监测敌军地面或海上部队的行动；其二是将之固定在防空阵地上，用来对抗敌军的飞行器。

英国皇家海军的航空母舰"狂怒"号，在其后侧飞行甲板上停着的是海军Z型反潜热气球。"狂怒"号本来是一艘战列巡洋舰，后来才成功地升级为航空母舰。

在离火线较远的阵地里，炮兵部队使用的热气球都是用绳子系在专用绞盘上的，气球下方吊着的柳条篮子就是侦察兵的藏身之处。由于有绳索与地面相连，升空之后一般不太颠簸，所以观察效果比普通飞机更好，而侦察兵利用这种便宜的热气球就可以很清楚地确定打击目标的位置，或是在必要时校正己方炮弹的落点。在无线电诞生以前，篮子里的侦察兵就靠旗语和地面部队联系，或者也可以把写有信息的纸条绑在重物上丢下来。到1917年为止，这种空中侦察方式一直都很流行，但随着侦察机的出现和航拍技术的发展，热气球渐渐退出了舞台中心。

英国大舰队的母港中停泊的一艘战舰。图中上方的系留气球一直在观察敌方的潜艇行动。

☆ 攻击型热气球 ☆

由于地面火力和空中的战斗机都会对热气球造成实际的威胁，所以长时间悬空作业的气球侦察兵其实是在从事一项非常危险的

伦敦东北部，一排系在地面上的热气球在空中拉起了一道"绳索栅栏"。如果有哪一架不长眼的飞机冲进来，就会像冲进了碎纸机一样被切掉双翼。

观测气球

这种气球一般设置在离火线较远的地区，是炮兵部队用来观察敌军行动、校正炮弹发射方向的。但这种装置对天气的依赖性很大，要想观察效果好，就只能祈祷"天不下雨天不刮风天上有太阳"，不然就什么也别想看到了。

西线战场上，英军在一次行动结束后将热气球收回地面。

工作。而他们应对危险的工具却只有降落伞而已。但鉴于热气球的设置点比较特别，所以一般飞行员们也不乐意去执行这种"打气球"的任务。谁愿意为了几个气球而这样深入敌后，去面对敌军阵地上重重设防的防空排炮和空中无处不在的歼击机呢？

不过要打热气球也不是这么容易的。在燃烧弹和爆破弹出现之前，战斗机的机关枪打出的常规子弹往往贴着气球的气囊就滑开了，根本就没什么杀伤力。可是如果战斗机等贴得够近了再开火，也不是没有打中的机会；只不过，飞得太近的结果往往会冲入热气球下挂着的"钢索阵"，一旦机翼被这些钢索给绞住，飞行员还来不及歼敌自己就得殉国。由此观之，"打气球"实在是个技术活，因此也难怪各国军队会不约而同地把打中气球和击落敌机作为同等战功进行奖励了。

☆ 热气球防线 ☆

如果用绳索制成的"帘子"把在空中遥遥相隔的热气球连起来，就可以形成一道诱捕敌机的空中屏障。像城市或工业区之类易攻难守的地区，其上空的防御力量一般也很薄弱，这种设计就比较适用了。伦敦是一个长期面临飞艇和重型炮弹威胁的典型例子，所以英军在其城市以东和以北的地区布置了大量的"绳索栅栏"，以之与战斗机的巡逻、防空排炮和探照灯一起构成城外的防线。

热气球除了在陆军作战中得以应用之外，在反潜作战中也颇有建树。英国皇家海军航空部队曾在英吉利海峡和爱尔兰海地区长期布置了大量的热气球，作为给舰队护航的哨卡。虽然热气球有很多类型，但最常见的还是 1915 年 5 月登场的"海童军 Z 型"（SSZ）。这种热气球下方吊的不是柳条篮，而是 BE-2C 型双翼飞机。海岸级飞艇是海童军系列的最后一款，这是一款用特制平底船取代了 BE-2C 双翼飞机的飞艇，其悬停时间可长达 24 小时。

伊松佐之役

意大利东北部和奥匈帝国之间的伊松佐河是一条天然的国境线。自从 1915 年转投协约国阵营之后，意大利就以这条河为据点，向奥匈帝国发动了 4 次总攻，但最后却都以失败告终。

德奥之间于 1879 年签署了双边协议，在 1882 年时由于意大利的加入而变成了三边协议。原本就有不少矛盾的意奥两国本该按照协约和睦相处，没想到，在签署协议后的几十年里，两国关系却进一步恶化。到了 1912 年 12 月更新和约时，本应属于同盟国的意大利反倒和协约国走得更近了。意奥两国矛盾的核心其实就是领土问题：在奥匈帝国统治下的特伦蒂诺（即南蒂罗尔）和的里亚斯特地区，居住着大量以意大利语为母语的人。

热血的民族主义者们发动了一次轰轰烈烈的收复"失地"运动，而他们所倡导的民族统一主义，在意大利动荡的政坛上也可算是一股颇有权势的力量。

☆ 新联盟 ☆

自 1914 年 8 月英法对德宣战后，为了破坏三国联盟，早就把意奥矛盾看在眼里的英法外交官们开始孜孜不倦地拉拢意大利。为达目的，他们开出价码：只要协约国取得了最后的胜利，那么意大利就能得到其渴望许久的那片目前属于奥国的土地。这个条件实在是太诱人了，所以虽然在此期间德国也不停地向意大利献殷勤，最终意大利还是投向了协约国的怀抱。1915 年 4 月 26 日，意大利与协约国签署了《伦敦条约》；5 月 3 日，意大利宣布退出三国同盟；5 月 23 日，意大利对奥匈帝国宣战；随后，意

这是 1915 年的伊松佐战线上，戴着标志性头饰的意军贝尔萨格里精英轻步兵团的战士。

1914 年 7 月 ~1917 年 11 月间，意大利的总司令路易吉·卡多纳将军。

战斗间隙，奥军士兵在给自己的水壶灌水。

大利又于10月20日对保加利亚宣战。但对德的战书意大利却一直到1916年8月28日才发出。

为了突破敌军防线并向维也纳推进，意军总司令路易吉·加多那把大批兵力集中到了的里亚斯特附近，只留下小股部队防守南蒂罗尔。意军的第一个目标是奥匈帝国边境以内离伊松佐河有些远的戈里奇亚。这里的地形极其复杂，多山的高地被纵横的河谷切成了无数的碎片。此时，87.5万人的意大利部队虽然兵强马壮，但弹药、大炮和运输工具等现代化的装备却极为缺乏。

☆ 毫无进展 ☆

1915年，共有20万名士兵和200门大炮的皮埃特罗·弗鲁戈尼所率意大利第二集团军和奥斯塔公爵埃马鲁埃莱·菲力贝托麾下的意大利第三集团军发动了首次伊松佐战役。由于奥匈帝国的守军在两国宣布交战后已经开始加固防线，而伊松佐沿岸的防御工事在意军发动进攻前几个月就已升级完毕了，所以此次意军攻势在6月23日~7月7日间并没有取得什么显著的成果。7月18日~8月13日，加多那再次发动进攻（第二次伊松佐战役），但由于弹药短缺，所以意军搬上战场的大批野战炮还是没能为他们打下胜利的果实。这两次战役使得奥军损失了4.5万人，而意大利也赔上了6万人的性命。

第三次伊松佐战役于10月18日开始时，加多那已经往战场上又多送了若干门大炮，使得意军的大炮总数达到了1200门。但巧妇难为无米之炊，大炮虽多，却没有足够的弹药支撑。直到11月4日第三次战役结束，意军也还是无法染指一寸戈里奇亚的土地。11月10日~12月2日之间的第四次战役也还是由于同样的原因而没有丝毫的进展。战事僵持之中，意军和奥军又分别损失了11.5万人和7.2万人。面对这样的窘境，加多那却还不死心，试图发动更猛烈的攻击。

1915年，意军乘坐军用渡船穿过了伊松佐河。

进攻达达尼尔海峡

英军压进狭窄的达达尼尔海峡原本是为了逼迫土耳其退出第一次世界大战，并拿到一张往俄国输送给养的新通行证，但这次施压却遭遇惨败。不仅如此，英军的惨败还直接引发了血流成河的加利波利陆战。

俄国大军的给养不力让英法两国焦急万分，但当他们想要给这个盟友一些帮助时，却又发现面前障碍重重。从欧洲前往俄国的路线在当时有两条：北线是经过北海和北冰洋，通往摩尔曼斯克港和阿尔汉格尔斯克港，但是这条航线十分难走；南线则须绕道地中海和黑海，虽然好走，却必须穿过处于土耳其控制下的达达尼尔海峡——土耳其正好是同盟国阵营里的一员。

这是当时的一份法国杂志上刊登的关于达达尼尔海峡战役的插图，但实际上是不可能有那么多土耳其排炮的。

英国人在战前就对这一情况进行了研究，得出的结论是：只要能用战舰对达达尼尔海峡施压——虽然可能有些困难——这条海峡就可以成为一个安全的通道。当英军舰队于 1914 年 11 月重挫了该海峡以外装备落后、防御极差的沿岸堡垒后，这个结论似乎就更站得住脚了。没想到，得到了德军援助的土耳其军却以强势的防守回应了英军正式压入海峡的行动。

☆ 协约国的策略 ☆

1915 年 1 月，英国海军部部长温斯顿·丘吉尔提出了达达尼尔海峡问题。作为一

英法海军的战舰排成一列穿过达达尼尔海峡的入口。

个 "东线论者"，丘吉尔认为，战事僵持不下的西线战场是一个无底洞，牺牲再多的士兵也无济于事，但只要打垮了德国的盟友，德国就会变成一个光杆司令，一触即溃。所以，他相信只要能够扼住达达尼尔海峡这个土耳其的咽喉，就一定能进一步克制住德国。基于这样的思路，丘吉尔于 1915 年 1 月首先提出了达达尼尔海峡方案，并于月底获准将该方案作为英法联军的共同行动组织实施。英国皇家海军任命海军上将萨克维尔·卡登负责此次行动，并为了这次行动，出动了最新的无畏舰 "伊丽莎白皇后" 号打头阵，以及 12 艘前 "无畏" 舰、3 艘战列巡洋舰。法国方面的阵势相对较小，但也有 4 艘前 "无畏" 舰参与了行动。

☆ 英国海军的第一次进攻 ☆

1915 年 2 月 19 日，英军开始轰击达达尼尔海峡以外的沿岸堡垒，但收效甚微，英军战舰只好于 25 日改用近距离进攻的方式，靠近目标继续开炮。可是，英军根本就打不着土耳其军那些灵活的移动式榴弹炮；而土军在夜幕之下用探照灯照着继续开火的时候，英军却无法进行还击。战场的形势让英军头痛不已：照这样发展下去，根本就无法按计划清除海峡两边的火力威胁，更别提后续的加利波利陆战了。然而就在这时，却有线报传来：土军弹药已尽。于是，本已垂头丧气的英军又抖擞起精神，发动了新一轮的进攻。

丘吉尔要求卡登不惜一切代价穿过海峡，却不曾想这位海军上将竟已因为压力太大而崩溃病倒了。3 月 18 日，作为副司令的海军上将约翰·德·罗贝克只好肩负起接下来几周的指挥重任，但迎接他的只不过是又一轮灾难而已。英法联军的战舰没能打掉海岸上的几门大炮，倒是被剩下的敌军大炮轰得体无完肤；扫雷艇没扫掉几颗水雷，倒是接二连三地闯进雷区报了销；法国前 "无畏" 舰 "白晋" 号、"高卢" 号和英国的 "海洋" 号在战斗中沉没，法国的 "萨芬" 号损伤严重，而其他舰艇在土军炮火的夜袭之下也没有一艘能全身而退。最后，联军只好放弃了海上进攻。

按照原定的计划，海上进攻结束后就轮到地面部队集结进攻加利波利半岛，扫清通往君士坦丁堡的道路。而根据此时的形势，要完成这个任务实在是荆棘遍地、步履维艰。

1915 年 5 月 24 日，英国皇家海军的 "阿尔比恩" 号在躲避炮击时于达达尼尔海峡的戛巴土丘上搁浅。图为 "不可抗" 号的船员在给 "阿尔比恩" 号递纤绳。

前 "无畏" 级战列舰

在全方位的战斗中，前 "无畏" 舰无论是从速度还是火力方面来说都算不上是战舰里的佼佼者。但由于这种战舰的建造技术已经非常成熟，所以依然可以在海战中发挥重要作用，体现出海军的优势。

英国皇家海军从 1906 年开始使用 "无畏" 舰。这种战舰的出现，不仅使得其他所有的战船都黯然失色，而且也引起了一场世界范围内的海军军备竞赛。不过，"无畏" 舰的魅力还没有大到能让人狠心地抛弃前 "无畏" 舰的地步——毕竟当年造它们出来也是花了不少钱的。所以，1914 年战争爆发时，各国海军中都还有不少前 "无畏" 舰在服役。

☆ 服役舰艇数目 ☆

首先来看协约国方面的情况。就前 "无畏" 舰来说，英军实际使用的有 29 艘，此外还有 20 艘备用；法国有 17 艘长期在地中海地区执勤；意大利有 8 艘；俄国有 9 艘。后来加入协约国阵营的日本和美国则分别拥有 23 艘和 16 艘。同盟国的舰队里当然也有前 "无畏" 舰，其中有 20 余艘属于德国，另有 12 艘和 2 艘分别属于奥匈帝国和土耳其。

前 "无畏" 舰的设计很多元化，而且服役时间也各不相同。例如，英德两国的战舰大多造于 1892~1908 年间，这些战舰的设计细节有所差异，但也有不少相似的地方：例如虽然舰艇排水量随着时间的推移逐步加大，但基本都在 10000~14000 吨之间；一

法国的 "萨芬" 号造于 1899 年。1916 年该舰参与达达尼尔海战，之后在里斯本附近海域被德军 U-52 号潜艇发射的鱼雷击沉。

英国皇家海军"可畏"号

类型：前"无畏"级战列巡洋舰

下水：1898

排水量：15000 吨

舰员：780 人

时速：18.5 节

武装：4 门 305 毫米口径大炮和 12 门 152 毫米口径大炮

般都配备 4 门主炮和 10~14 门辅炮——其中德国选用的主炮多为 280 毫米口径，英国的则是 305 毫米口径——并且辅炮一般都比主炮的重量级要低。尽管前"无畏"舰的火力十分惊人，但跟"无畏"舰比起来仍不过是小巫见大巫。战略家们普遍认为，在双方都火力全开时，前"无畏"舰肯定挡不住"无畏"舰的攻击。

☆ 交战 ☆

为了在北海之上克制住英军的舰队，德国海军尽可能地为其大洋舰队搜罗大型战舰，前"无畏"舰自然也是他们的目标之一。后来的战况也证明了这个选择是多么明智。大洋舰队和英国海军唯一的一次交手即是 1916 年的日德兰海战，德军在此战中只损失了前"无畏"舰"波美"号而已。德军手中的其他前"无畏"舰则在波罗的海上大放异彩，有力地支援了德军的陆上作战。

英国皇家海军则采用了一种与德军略有不同的方案。开战后不久，原属英国大舰队的大部分前"无畏"舰就被解除了原有编制，去执行一些诸如对岸轰击之类的次级任务，或是奔赴一些舰艇火力普遍较弱的战场。在英国对土耳其采取的军事行动中，这些前"无畏"舰中的绝大部分都丧失了作战能力。

德军在 1916 年日德兰海战中出动的 6 艘前"无畏"舰之———"波美"号。该舰被英军驱逐舰"福克诺"号发射的鱼雷击沉，所有船员全部罹难。

在第一次世界大战中，英国损失的前"无畏"舰总数达到了 11 艘，法国和俄国各损失 4 艘，意大利损失 1 艘，日本则为 2 艘。但同盟国的损失却要少得多：除了德国的"波美"号之外，土耳其海军和奥匈帝国被击沉的前"无畏"舰数目则分别只有 2 艘和 1 艘。

加利波利登陆战

为了占领加利波利半岛并进而占领土耳其首都君士坦丁堡，英军发起了加利波利登陆行动。但他们的部署却出奇地糟糕，使得行动从第一步起就注定要面对失败的结局。

加利波利战役的爆发可算是英国政坛盛行"东线论"的产物。西线的僵持让英国高层觉得直接对德作战是件特别吃力不讨好的事，既然此路不通，那不如另辟蹊径——也许剪除德国的党羽才是取得战事总体突破的窍门所在。而土耳其之所以被选中，很大程度上是因为英国想要趁机拿下达达尼尔海峡这个运输要道，以方便为俄军输送弹药给养。虽然持有这种观点的人不在少

数，但是当英国海军部部长温斯顿·丘吉尔提出这个战斗计划的时候，却并不是所有的人都热烈支持，军队的高级将领中就有不少人是坚持要在西线战场上决出胜负的。

☆ 协约国的计划 ☆

伊斯坦布尔是世界上唯一一跨越亚、欧两大洲的城市。

1915 年 3 月，作为加利波利陆战的序曲，英法联军为了占领达达尼尔海峡而发动的攻势到最后却一败涂地。但协约国却依旧决定照原计划行事，让以英军为主、配合了部分法国军队的联军在加利波利半岛登陆，然后迅速北上，袭击土耳其的首都君士坦丁堡（又称伊斯坦布尔）。但事不凑巧，当英军携枪带炮地在地中海一路东进时，土耳其已经发现了他们的行踪。战场上谁也不是傻子，这次的东道主自然在第一时间就开始增强半岛的防御工事了。

☆ 入侵 ☆

4 月 25 日，协约国军队以 S、V、W、X 和 Y 为代号，分五路在半岛南端的赫勒斯角登陆，并在此之外又派出了一个小队在加利波利海岸外 19 千米处的夏巴土丘开始行动——这个地带的官方代号是"Z 号海滩"，或是以在此登陆的澳新军团命名的"澳

新湾"。这是一次胜败交杂的登陆行动。在澳新湾登陆的部队搞错了登陆点，以致上岸后必须爬上一个悬崖才能到达内陆。但就算是这样，他们也没能占领整个半岛的制高点——查努克贝尔。除了 Y 号海滩的登陆部队外，其他几路人马都遭遇了土军顽强的抵抗。天色渐暗时，各登陆部队好歹都占了一块立足之地，而澳新军团的战绩则注定在很长一段时间里都无法提高了。

26 日早晨，赫勒斯的土耳其守军退守位于克里西亚村以南，靠近战略要地阿齐巴巴高地的一块区域。为了突破这道防线，英军总共发起了 3 次进攻：4 月 28 日的首次行动无功而返，还白折了 3000 名士兵；5 月 6~8 日间的第二次稍稍有些进展，往前推进了 730 米；6 月 6 日的第三次进攻却又是得不偿失，伤亡惨重。

阿齐巴巴和查努克贝尔这两块战略高地始终都掌握在土耳其手里，英军和澳新军团一直都只有仰人鼻息的份儿，整个登陆行动也由于人数不足、弹药缺乏等问题而

渐入困境。而土耳其军则在年轻军官穆斯塔法·凯末尔的带领下，以规模小、频率高的反击作战屡破联军。所以，到 6 月的第一周结束时，该区域的协约国军队已经彻底陷入了混乱。但此时本该选择撤退的协约国却不肯认输，反而向加利波利半岛派出了更多的部队，想要在接下来的几个月里展开更多的登陆行动。与此同时，君士坦丁堡的战况却大不相同，至少已经形成规模化的堑壕战格局了。

一战中牺牲的土耳其士兵墓地。

"一战"中的澳新兵团

在配合协约国作战的军队中，来自澳大利亚和新西兰的澳新兵团毫无疑问是最出色的一支。无论是在加利波利、巴勒斯坦，还是在西线战场，这支部队都是威名赫赫。澳大利亚的总人口只有 500 万，但他们却为澳新军团派出了 32.2 万人，其中 6 万人战死沙场，22 万人负伤。而新西兰则是从自己的 100 万公民中派出了 1/10 参加战斗。战争结束时，新西兰士兵折损的 5.8 万人中有 1.7 万人丢了性命。

以两人为一组的澳大利亚狙击小队在使用一种特制的步枪装置——战壕潜望镜。

水上飞机

海空两栖飞机在战初还是个新鲜玩意。但由于可选起飞地较多，既可以是海岸基地也可以是海上战舰，可执行的任务范围也很广，既可以侦查敌情也可以轰炸敌军，这种飞行器很快就成了海军作战的无价之宝。

如果给普通飞机的起落架装上滑板，使之可以在水面上起飞或降落，那么就该改称其为"水上飞机"；如果是给整个机身裹上一层防水外壳，那就该称之为"飞船"了。这两种改良版的飞机是第一次世界大战中绝大多数参战国的"宠儿"，大多负责海上侦察任务，但只要有需要，它们也可以与其他飞机进行空中对抗，可以对舰艇实施攻击，还可以袭击沿

德国奥巴特罗公司在战前制造的一架水上飞机。他们在战时对海军航空领域的最大贡献当属 W-4 型单座战斗机。

海军用设备。与一般飞机不同，这类飞机一般选择海边的飞机场起飞，而以英国为代表的部分国家还可以用水上飞机母舰作为其起飞的跳板。

当时的海上航空技术还处于起步阶段，所以不管飞机进行过多少改良，也不管指挥官如何排兵布阵，既有的飞机都只能在相对和缓的环境里执行任务。虽然要对付舰艇一般都是用炸弹，但经过英德两国各自的验证，当时的飞机引擎实在是没有负担这种重型武器的能力。

☆ 英军的水上飞机 ☆

英国皇家海军航空部队（RNAS）成立于 1914 年 1 月 1 日，拥有约 50 支同级作战分队，负责英军所有水上飞机的调配工作，是第一次世界大战中规模最大的海军航空部队。该部队购置的水上飞机多种多样，在各个作战分队中，一般负责在反潜任务中投掷闪光弹的双引擎诺曼·汤普森 NT-4 型和 NT-4A 型最为普遍。在较新的款式中，于 1917 年开始服役的费力克斯托 F 型水上飞机最为成功。这种飞机的时速不过 150 千米，却可以在空中悬停 10 个小时；而且由于可乘坐 4 个士兵，所以操作效果特别好。有一艘这个款式的飞机曾于 1918 年 5 月击落过一架德国 L.62 型飞艇，并在少见的水上飞机对抗中，在克蒂斯 H-12 型飞机的协助之下击落了 5 架 F-2A

腓特烈沙芬公司在第一次世界大战期间制造水上飞机，图中即为该公司的一个产品。

图为英国索普维斯·泰布罗德型军用飞机的战前版。该型号经过改良后，在战时一般为海军执行侦察和投掷闪光弹等任务。

型飞机。1918年6月4日，F-型水上飞机和克蒂斯H-12的组合在一番缠斗之后击落了14架德国飞机，其中6架全毁；最后陪葬的只有H-12型，F-型水上飞机则全身而退。

1914年7月，英军飞机投放了世界上第一枚成功爆破的空投鱼雷。1915年，双座的肖特184型飞机以世界上第一架鱼雷轰炸机的身份加入了英国皇家海军航空部队。1915年8月，一架184型水上飞机从水上飞机母舰"彭米克利"上起飞，成为世界上第一架击沉军舰的鱼雷轰炸机。虽然看上去战果累累，但实际上用飞机投放鱼雷始终是非常危险的，所以无论是肖特184型还是后来的320型，都不会一直承担轰炸任务。除了这两种型号之外，英军的水上飞机还有1915年使用的索普维斯·施奈德型和1916年使用的贝比型。

☆ 德军的水上飞机 ☆

德军发展独有海上航空系统的基础是其国内大批的军工厂，其中，又以从1914年末开始大量制造FF-33系列飞机的腓特烈沙芬公司最为出名。在该系列中，FF-33e型飞机是德军主要的侦察机型，该机型配备了双向无线电系统，并可携载大量手投式炸弹；FF-33l型则是一款水上战斗机。但这两款机型在1917年5月都被更能适应北海区域激烈战斗的FF-49型取代了。而奥巴特罗W-4轰炸型飞船和汉萨-布兰登堡系列的CC、KDW、W-12和W-29型飞机也在德国海上航空部队中服役。

奥匈帝国和意大利也购置了海上航空装备。奥国的基本装备与德国一致，但除了汉萨-布兰登堡CC型之类的舶来品外，他们也自己研发出了双座的隆那L型飞船——该型号曾在1916年9月15日击沉了法国潜艇"弗科勒特"号。而意大利则制造了包括马奇M-5型双翼战斗机在内的多种飞机。

索普维斯·施奈德

英国的施奈德型飞机是以战前赢得1914年度"施奈德杯"大赛的设计图为基础，按照英国皇家海军"无畏"号战舰的实际情况改造的一款军用飞机。这款飞机自1915年面世之后，不久即于1916年被别款取代，在此期间总产量达到了136架，多数负责执行反潜任务或对抗齐柏林飞艇。

类型：水上巡逻飞机
引擎：100马力格罗姆单阀型发动机
乘员：1人
升限：3000米
时速：最高148千米
武装：一挺7.7毫米口径机枪

高加索战线 1914~1916 年

在土耳其东北部，遥远的高加索山区里，拉锯战循环往复地从 1914 年打到了 1916 年。1916 年末，俄军终于占领了土耳其境内亚美尼亚的大部分地区。

俄国和土耳其之间有许多的旧仇宿怨，而巴尔干问题更是深插在双方心头的一根刺，因此，第一次世界大战一爆发，两国就立马拔刀相向了。1914 年 10 月 31 日，在土耳其陆军西进对付协约国部队的时候，海军却掉头向东，开始攻击俄国在黑海上的奥德赛、塞瓦斯托波尔和西奥多西亚等港口。而在接下来的三年中，高加索地区则成了演绎土俄两国间各种战斗的主要舞台。

土耳其对于横亘在其东北部国境线上的高加索山脉早就垂涎三尺了，也正因为如此，该国的军事部长恩韦·帕沙才会不顾德国军事行动指挥奥托·里曼·冯·桑德斯的反对，执意入侵这片不毛之地。

德皇威廉二世在战列巡洋舰 "戈本" 号上会见土耳其战争部长恩韦·帕沙。

☆ 破题之战 ☆

但两国里最先动手的其实是俄国。1914 年，俄军穿过边境，分几路入侵土耳其的亚美尼亚地区，但在 11 月向埃尔斯伦挺进时却遭到了拦截。12 月 14 日，在当年冬天第一场大雪过后，恩韦私自向土耳其军下达命令，定于一周后由他亲自率军对敌发起总攻。但土军却在向卡尔斯进军的途中遭到了俄国十万大军的袭击。1914 年 12 月 26 日至 1915 年 1 月，萨里卡米什地区爆发了激烈的土俄对战。在滴水成冰的战场上，土军伤亡惨重，原本 9.5 万人的部队在撤向埃尔斯伦时只剩下了 1.8 万人。土军弃甲曳兵地溃退，恩韦则灰溜溜地跑回了君士坦丁堡。

面对失败，土耳其高层不检讨自己的决策，却怀疑是以基督徒为主的亚美尼亚人在悄悄帮助俄军入侵，而这种猜忌最后演变成了一系列的残酷镇压。忍无可忍的亚美尼亚人在 4~5 月间揭竿而起，全面

俄军在治疗被俘的土耳其伤兵。

展开反土斗争。4月20日，起义军占领了凡湖地区；到5月18日俄军抵达时，这块地方仍然掌握在起义军手中。7月，土军开始反击；在7月10~26日间凡湖北面的马拉兹吉尔特战役中，阿卜杜·克里姆率部大破俄军，并于8月5日夺回了凡湖地区的控制权。尽管克里姆在行军的过程中一直都小心翼翼，但却还是在几天后遭到了俄军的堵截。

"少壮派"

"少壮派"是土耳其的国家主义激进派联合进步党的俗称。1913年，土耳其开始实行民主政治，联合进步党执掌政府大权。而由战争部长恩韦·帕沙和内政部长塔拉特·帕沙领导的"少壮派"则从1914年开始掌握实权。但从土耳其以德国盟友的身份参战到1918年中期，"少壮派"所制定的一切军事行动

土耳其内政部长塔拉特·帕沙与1916~1918年间的亚美尼亚屠杀有着莫大的关系。

无一不是笨手笨脚地惨淡收场，因此该派的军事指挥能力备受诟病。1918年10月29日，联合进步党宣布解散。

☆ 俄军的进攻 ☆

1915年9月24日，沙皇尼古拉二世的叔叔尼古拉大公被任命为高加索地区总督。1916年初，这位总督制定了俄军的主攻计划。1916年1月11日，在尼克莱·育德尼奇的指挥下，20万俄国大军从绵延的火线上开始全面进攻亚美尼亚。俄军主力从卡尔斯向埃尔斯伦突进，在科普鲁科伊包围了克里姆的土耳其第三集团军。三天后的2月16日，土军战败。4月18日，在来自俄军战舰的登陆部队援助下，已经把土军黑海海岸防线逼得快要崩溃的育德尼奇终于成功占领了特拉布宗。

另一方面，恩韦则布置了两次延时型反攻行动，改由维西普·帕沙领导的土耳其第三集团军沿黑海海岸线向前推进。但7月28日，当他们行进到厄尔辛加时，却被早已守候在此的育德尼奇给打了个措手不及。由阿美特·伊兹辛·帕沙率领的土耳其第二集团军发动的土军第二次反攻却取得了一些成绩，在加利波利一战成名的穆斯塔法·卡梅尔指挥部队于8月15日占领了穆斯和比特里斯两镇。但育德尼奇不久就把这些地方又给夺了回去，并手握亚美尼亚大部分地区的控制权直到冬季战斗渐渐结束。

俄军在严寒的高加索地区行军作战。在苦寒之地的军事行动能否成功，往往与季节有关。

1914~1916 年的巴勒斯坦

以埃及为代表的中东地区对英军控制苏伊士运河至关重要。这条运河是英军向印度输送给养的交通要道,易攻难守,非常容易遭到驻扎在巴勒斯坦的土耳其军队的袭击。

一位土耳其骑兵在巴勒斯坦的单人照。土军对于夺取苏伊士运河的行动本来就没什么热情,所以很自然地就在 1916 年罗马尼亚的战斗中败下阵来。

土耳其于 1914 年 10 月底对协约国部队发动的进攻很快就得到了英国政府的回应。11 月 5 日,英国占领了塞浦路斯,开始派出军舰对达达尼尔海峡入口处的土军要塞进行轰炸;12 月 18 日,英国宣布对埃及实行保护政策。而苏伊士运河即是促使英国摆出种种姿态的原因——作为大英帝国控制亚洲的基础,这条运河是英军所有运往印度的给养都必定会经过的交通要道。为了保护这条粮道,英军及大英帝国属地联军纷纷出动,这支联合军队的统帅是约翰·马克思威尔将军。

土耳其自然也知道苏伊士运河的重要性。1915 年初,土军第一次意图占领该运河。1 月 14 日,在海事部长迪耶莫·帕沙的带领下,土耳其第四集团军中一支 2.2 万人的精英部队从巴勒斯坦地区的比尔谢巴出发。在协助迪耶莫的德国参谋长弗兰德里奇·克莱斯·冯·克莱森斯特恩的巧妙组织之下,该部队成功地穿过了缺水的西奈半岛。但在 2 月 2~3 日利用浮桥穿过运河时,土军却被英国守军的炮火击溃,迪耶莫只好又率部退回了比尔谢巴。在这一年接下来的时间里,由于各自的主要精力都分散在了加利波利和美索不达米亚的战场上,英土双方都没能在苏伊士运河地区占到什么便宜。

☆ 1916 年间的战斗 ☆

1916 年,英军被两件事情占据了所有的注意力:一件是土军对西奈地区发动了进

图为一支使用维克斯机关枪的英军特遣部队。这种武装力量是英军在巴勒斯坦地区作战的重要组成部分。

土耳其炮兵在把一门野战炮推到指定地点。由于中东战场的运动性要比西线战场高，所以这种轻型炮更符合战斗的需要。

攻；另一件则是英国后方爆发了叛变。英军在埃及的新指挥官阿奇波德·莫里将苏伊士运河的防线推进到了西奈半岛之内，而建立一道新防线势必也需要建立新的通信网、新的防御堡垒和新的供水系统。英军的建设工作大体上进行得四平八稳，只有一小部分遭到了来自克莱斯·冯·克莱森斯特恩麾下3500人的沙漠军团的骚扰。

1916年7月，土军决定发动一次大型进攻以摧毁莫里建造的一系列工事。这次行动仍由克莱斯·冯·克莱森斯特恩指挥，但总人数却达到了1.6万人；而德国则为之提供了机关枪、野战炮、防空特遣队和12架飞机。7月中旬，大批土耳其军队集结在罗马尼亚之外距离运河约32千米的一个小镇，这里正是莫里工事的最外沿。8月4日，土军对敌发动奇袭，战斗拉开帷幕，但土军在此战中占领的一小块地区第二天就又被英军夺了回去。

由于缺乏饮用水，克莱斯·冯·克莱森斯特恩被迫退往96千米之外的埃尔阿里什。罗马尼亚之战损耗了土军约8000名士兵，而英军却只损失了这个数字的1/8。至此，英军以绝对的优势打消了土军对苏伊士运河的威胁。

有一小部分德军在巴勒斯坦地区与土耳其一起作战。图中即为这部分德军中的一些骑兵。

美索不达米亚战役

英军在土属美索不达米亚发动的战役没能按原定时间结束。在加时赛的第一阶段，英军的表现可谓毫无章法、漏洞百出，而这个阶段的失利，也是英军在整场战争中摔得最狠的一个跟斗。

印军小分队士兵正在用刘易斯防空炮瞄准敌机。

战争爆发后不久，英印联军即前往波斯湾保护石油开采及运输设施。1914年10月末，土耳其对协约国宣战；11月23日，急于还以颜色的联军就占领了土属美索不达米亚（即伊拉克）的巴士拉。随后，联军北上，并于12月初抵达幼发拉底河和底格里斯河交汇处的科纳。

英军在美索不达米亚的军事行动在最初阶段即取得了小范围的胜利。但到了1915年4月，土军却利用在科纳和阿瓦兹的两次反击战，很轻松地打乱了英军前进的步伐。英军少将查尔斯·汤申德奉命制造与巴格达对话的机会。为了完成任务，汤申德率领一个海军加强师和一支小型海军舰队从巴士拉出发，沿着底格里斯河逆流而上，于6月3日攻占了阿玛拉。另一面，负责保护汤申德部队右翼的乔治·葛林吉少将，在率部沿幼发拉底河行动时，意外地于7月24日在纳西利亚重挫了土耳其军队——英军似乎是越打越顺了。

首战告捷的汤申德继续挺进，在距离巴格达还有约2/3路程的地方，进入了由纳-阿德-丁·帕沙率领1万土军守卫的库特-艾-阿玛拉。此时英军的通信线已达480千米，以该镇为起点的话可以沿着底格里斯河一直通到巴士拉。而英军为了保证这条线路的安全，不得不将大量兵力分散开去，这也就使得英军无法全力以赴地继续与守军对抗。虽然英军最终于9月27~28日间赢得了库特战役的胜利，但一万人的军队中竟有1200名士兵伤亡，代价也算惨重了。

☆ 举步维艰 ☆

土耳其伤兵在提克里特的印军急救站等候撤离。

眼看着巴格达近在咫尺，受命继续推进的汤申德此时心里却是一百个不愿意：他的部队此时无论是人力还是物力都早已近于枯竭。11月11日，由纳-阿德-丁·帕沙在泰西封外负责建造的广阔的

库特航拍图。1916年4月，英国就是在这里吃下了一个丢人现眼的败仗。

防线，以1.8万人和45门大炮的力量，迎战汤申德的1.1万人和30门大炮。22日，汤申德率部主动出击，但土耳其援军随即赶到，英军最终在4日后败退。这场泰西封战役让英军损失了4600人，土耳其则损失了6200人。

☆ 库特之降 ☆

败走的英军看到土军没有紧追不舍，长舒了一口气，不曾想，土军打的却是"瓮中捉鳖"的主意。12月3日才逃到库特的英军刚歇了4天，就绝望地发现土军已经在城外形成了包围圈。困境之中，汤申德安慰自己：部队的给养足够撑两个月，到时救兵一定能赶到。但最终他发现原来两个月的给养和所谓的援军根本就不顶事儿。1916年1月，前来搭救的第一支远征军在芬顿·艾莫尔的带领下赶到，很快即被击退；3月7日，葛林吉率领第二支远征军赶来支援，却又被德国司令官科马尔·冯·德·高兹指挥的土耳其第六集团军给打败。无奈的汤申德只好于4月29日率部投降，但身陷囹圄的英军却没多少人得以生还，救援远征军本身也伤亡了2.1万人。

这边的英军输得一塌糊涂，那边的英国最高统帅部和战争部却正为了下一步的行动而争论不休：有人建议让那位在巴士拉无所事事的新司令官弗雷德里克·莫德率部撤军，有人则极力鼓动继续向着波斯首都巴格达挺进。12月3日，兵强马壮的英印联军共计16.6万人在莫德的带领下沿着底格里斯河两岸开始向美索不达米亚内陆撤退。美索不达米亚战役自此将不再是一个无足轻重的战争花絮了。

在美索不达米亚平原上，英军一门8.16千克级84毫米口径野战炮正在开火。

波斯境内的战斗

1914年，石油资源特别丰富的波斯（今伊朗）是一个还不太发达的国家，同时，这里也是沙皇俄国和英属印度之间一块非常敏感的战略缓冲区。1907年，英俄两国为了各自的利益，将该国分为南北两部后分别占为己有，而德国则想借着第一次世界大战爆发的机会在这个富得流油的地方分一杯羹。三国的军火钱粮源源不断地运抵波斯，而该国国内不同的政治派系则想在这场龙争虎斗中坐收渔利。如意算盘打得虽好，但只消再等几年，他们就只能在船坚炮利的俄国面前认栽了。

海战白热化

　　1915 年的多格滩战役是英国和德国舰队之间发生的最主要的交锋。此后德国潜艇越来越成为北大西洋海域的一大威胁，并经常击沉中立国的船只，这被证明是一个危险的战略。

由于潜艇袭击而造成的平民伤亡被协约国用来提升征兵的效果。

1915 年，英国大舰队和德国大洋舰队之间正式的对抗只有一次。1 月 24 日，英军情报人员发现德国海军中将弗兰兹·冯·希佩尔率领战列巡洋舰舰队意图袭击英国海岸，击沉捕捞渔船，多格滩之战爆发。英国海军上将大卫·贝提率战列巡洋舰舰队赶到时，弗兰兹吓了一跳。在这场追逐战中，德军旗舰"塞德利兹"号被重创，"布鲁切尔"号被击沉。虽然多格滩之战并不算一次重大的舰艇遭遇战，但其影响却颇为深远。德国大洋舰队此时规模变得比英国大舰队小了，而该战中主舰受损也动摇了德国海军的架构：大洋舰队的总司令被免职，而德皇威廉二世更进一步要求其舰队尽可能地少冒不必要的险。

　　既然大洋舰队不能冒险，那么德国皇家海军要想反击英国就只能另觅他途，其中心思路就是加强对英国商船的进攻。由于潜艇的稳定性有待检验，所以德国海军不能完全依赖这一种进攻手段，但水面舰艇的耐受性又实在太差。此时，辅助性商业袭击舰和武装商船就成为了更可靠的选择。但这些舰艇的优势不久后就因为英军的袭击或被俘虏而受到了极大的限制。从 1915 年春开始，德军开始进一步提升潜艇的作战频率，而在北海和英吉利海峡游弋的德军潜艇则使得更多的水面舰船得以奔赴西线战场。

☆ 潜艇的袭击 ☆

　　关键性的时刻终于在 1915 年 2 月来临了。德国宣布将采取"无限制潜艇战"策略，这意味着从该月 18 日起，德军将在不发表任何声明或警告的情况下，任由其总数为 30 艘左右的潜艇对英国和爱尔兰附近的协约国商船发动攻击。这项政策其实是在激烈的争论之后勉强出台的：德国军方对于这个政策采取了非常明确的支持态度，而政府首

在多格滩行动中，德军"布鲁切尔"号战列巡洋舰在一个致命的打击之下翻了船。

英军的海上行动在很大程度上要依赖图中正在进港的这种商船，而这种船也就成为了德军潜艇部队的主要攻击目标。

脑们则犹豫不决——这种不受限制的潜艇战是违反国际法的。一旦实行了这种政策，无疑是给协约国提供了很好的宣传素材，而德国则将由于威胁中立国舰船及公民安全而陷入舆论的旋涡，正是"人心向背，皆系于斯"。

☆ 中立国的损失 ☆

1915年，德国以17艘潜艇为代价，将协约国总共上百万吨的舰船击沉入了海底。但正如"贸战"政策的反对者们所预料的那样，军事代价虽小，政治代价却极其高昂。挪威油轮"贝尔利基"号2月19日遇袭，成为德国潜艇"贸战"的第一个受害者。而在美国发表过严正声明之后，美籍油轮"高福莱特"号却依旧于5月1日被德军的鱼雷击中，更有两名船员因此丧生。5月7日，英国定期客船"路西塔尼亚"号被击沉，船上的128名美国公民罹难。在这一系列牵涉美国的事件中，反对德国的呼声越来越高。

大卫·贝提

贝提大概可以算是第一次世界大战中英国最负盛名的海军高级军官了。1911年，贝提被任命为英国大舰队中战列巡洋舰舰队的司令。此后，他指挥这支舰队参与了1914年的黑尔戈蓝湾行动、1915年的多格滩行动和1916年的日德兰海战。贝提的鲁莽在这些行动中导致了若干艘战舰的损失——当然，这也不能全怪他。1916年末，贝提升任英国大舰队总司令，开始领导许多军衔比他高的人。在1918年德国舰队投降以前，他基本上贯彻了他的前任所执行的谨慎政策。

美国人的伤亡并未到此为止。8月19日，在另一艘英国定期客船"阿拉伯"号被袭时，又有两名美国人遇害。在此之后，德国决定于该月30日放弃"贸战"政策，并宣布在那以后不会再有任何商船在毫无预警的情况下受袭。但伤害已然造成，而德军也不可能真的永远放弃这项政策。

"路西塔尼亚"号的沉没和船上128名美国人的丧生使得德军的潜艇政策前途未卜。

加利波利大撤军

　　1915 年夏天，英军还在僵持不下的加利波利战场上苦苦支撑着，甚至还在 8 月间展开了更大规模的登陆行动。但寒冬的降临却明明白白地告诉每一个人：没有什么比全面撤退更明智的了。

英军于 1915 年 4 月 25 日对加利波利地区同时发动水陆两路进攻的目的，就是穿过这个多山的半岛直取土耳其首都君士坦丁堡，从而逼迫该国退出战争。但天公不作美，英军不仅没能迅速地拿下土军的这个老巢，反而从 6 月初起就跌入了堑壕战的痛苦深渊。在僵持的战场上，英军占领了半岛南端的赫勒斯角，澳新军团则攻下了半岛西海岸的一块地区，并将之命名为"澳新湾"。而土军则守在最有地

悬崖和峡谷是最有加利波利半岛特色的地形，而这种地形中的绝壁则是设置防空壕的极佳地点。图为新澳军团在其中一个防空壕内。

形优势的高地上，可以随心所欲地向海滩上的协约国部队开火。

☆ 苏弗拉登陆 ☆

　　为了打破僵局，英军司令伊恩·汉密尔顿决定在地处土耳其主防线之后的西海岸再布置一次登陆。他打算先在赫勒斯故布疑阵吸引土军的注意力，然后让澳新军团突破土军防线向北推进，最终与苏弗拉湾的登陆部队会合。此次行动的时间是 8 月 6~10 日。一开始，赫勒斯的疑兵很成功地引开了土军的火力，但后来的情况却失去了控制。先是澳新军团陷入了困境却没能突围；接着，由 F.斯多普福特带领在苏弗拉湾登陆的部队就在原地傻等，竟然不知道趁着没有敌军的时候立即向内陆推进。战机稍纵即逝，回过神来的土军立刻增强了海岸的防御，登陆行动就这么失败了。

　　在苏弗拉孤注一掷的汉密尔顿原本还想申请更多的支援，但这次失败已经让他失去了上级的信任，

图为英军和澳新军团在土军炮火之下运送弹药粮草时必经的海滩之一。

英军及其盟友曾发动过许多次攻势，但由于越来越多的协约国军队陷入困境，土军受到的伤害实在有限。

英国高层以改变布防攻击力量为由，驳回了他的请求。10月15日，汉密尔顿的司令职务被解除。10月28日，他的继任者查尔斯·蒙诺抵达战场。在巡视各个海滩后的第二天，蒙诺就给上级打了报告，建议全面撤退。此时，在英军占领的三个滩头阵地上，多日来一直严阵以待的士兵们已经快被紧绷的局势折磨得疯掉了，而英国高层经过一番讨论也只能承认撤军是最好的选择。12月3日，蒙诺终于获准带领所有部队撤退。

☆ 秘密撤军 ☆

这次撤军分两个阶段进行，行动前经过了精心的设计和筹备，行动过程中各部门通力合作，一切都进行得有条不紊，这和登陆时杂乱无章的情况形成了鲜明的对比。协约国军队中的悲观主义者们曾预言：此次撤军会损失掉这支队伍中50%左右的兵力。但实际情况却让他们大跌眼镜：在整个行动过程中，总共只有3人伤亡。12月10日至20日，苏弗拉湾和澳新湾的阵地上，约10.5万人的协约国部队带着5000头牲畜和300门大炮，在夜色的掩护下最先开始撤离。由于伪装工作十分到位，部队在行进过程中又特别注意控制喧哗，土耳其的十万大军竟误以为协约国的战壕中一直有部队驻扎，完全没有发现他们撤军的动作。12月底到1916年1月间，协约国在赫勒斯角的驻军也以相同的招数顺利转移了3.5万名士兵和随军的3700头牲畜。

这场多国混战给协约国阵营造成了27.6万人的伤亡，其中有很多人是因为感染了多种疾病而被遣返的。土耳其军的具体损失数目不清，但至少也有25万人。英国政坛和军界都为加利波利的惨败而大受震动，此次战役的推手、主战派的英国海军部部长温斯顿·丘吉尔也引咎辞职。而英国在黑海上通过达达尼尔海峡给俄国输送给养的美梦也就此破灭。

以丘吉尔为首、主张用"削其羽翼、断其臂膀"的策略对付德国的"东线论者"们这下丢尽了脸面，而以军方高层为主、坚持在西线战场上正面冲击德军以取得胜利的"西线论者"则顿觉扬眉吐气。但是，这种争论是不会到此就结束的。

这种代号为"甲虫"的驳船在战斗中发挥了非常重要的作用：除了为部队提供以淡水为主的给养之外，它们还负责将战场上的伤兵送到停泊在海岸边的医疗船上。

德国 "U" 型潜艇

开战时，德国皇家海军手里还没几艘潜艇。但随着战争的推进，德军潜艇的军事地位也越来越高。最终，潜艇成为了德国海军扼住英国海上交通命脉，迫使英国卑躬屈膝的终极武器。

1906年以前，德军连一艘潜艇都没有。但从1914年8月开始，他们却在30艘潜艇的基础上建成了一支第一次世界大战中技术最先进、规模最大的潜艇部队，而潜艇总数到战争结束时则增加到350艘左右。1917年6月是该部队的巅峰时期，此时共有61艘潜艇同时在海上作业。

德国皇家海军在潜艇设计方面不喜欢搞花样，常年制造的型号来来去去就那么几种，而这也使得对海员进行的潜艇操作

船员在检查潜艇轮机舱的机械情况。该图很好地展示了第一次世界大战中潜艇内复杂的工作环境。

培训更省力、更直接。所有负责在远程区域内执行任务的大型潜艇都被冠以 "U-" 字头，而在海岸附近小范围内活动的小型潜艇则都带有 "UB-" 或 "UC-" 字样。

☆ 潜艇类型 ☆

"潜艇" 是 "潜在水下的舰艇" 的简称，而德国潜艇部队则是负责破坏英国海上贸易的先锋。每一批潜艇之间总会有些不同，但随着战争进程的推移，潜艇的各种类型都在朝着更大、更强的方向发展。1913年投入使用的U-21型潜艇排水量为650吨，最高速度在水面可达15节，在水下时则为9节，该型号满员为35人，配有86毫米口径的甲板炮。到1917年末，U-140型潜艇的排水量就达到了1930吨，水面巡游速度则高达16节（水下为8节），满员人数为64人，配备了6个发射管和两门150毫米口

风高浪急，一艘UB-3级潜艇在北海东南面的德国黑尔戈蓝岛附近破浪而行。

UC-1

　　图中所示的 UC-1 型潜艇是德国最原始的一艘布雷艇，也是潜艇 15 级分类中最早出现的一类，于 1915 年开始使用。这种潜艇可装载 12 枚水雷，在水底时将之从龙骨位置放出并置于水下。其水上武器装备仅为一门机关炮。该艇全长 55 米，水面最高时速为 6.5 节（水下最高时速为 5 节）。但该型潜艇的最大弱点是下潜深度有限，其最大航程为 1280 千米（此时时速为 5 节）。全艇满员时可载 16 人。1917 年 7 月 19 日，该艇在比利时纽波特失踪，失踪原因可能是被水雷击中。

径的甲板炮，而该型号的巡游范围则是 U-21 型的 3 倍。

☆ 运输类潜艇 ☆

　　1916 年出现的"德意志级"潜艇是最大的一类，但一般只作为非武装舰艇承担运输任务。该级别中的"德意志"号在以商船身份从基尔前往当时中立的美国巴尔的摩时曾引起了很大的骚动，甚至有舰艇意图对之采用武力——而这正是德军的目的所在。7 月 9 日，该艇抵达目的地后，很快便运载着各种重要金属开始返航。而分别配备了两个发射管和一门 150 毫米口径甲板炮的 7 艘潜艇——编号为 U-151~U-157——不久即变身为战斗型潜艇，其中两艘在执行任务时被击沉；而 U-155 则在 1917 年 6~9 月间的首航过程中，成功击沉了 19 艘协约国舰船。

　　1915 年春，可用潜艇的选择面开始变广。最早的 UB-1~UB-17 型潜艇此时已经无法适应最基本的作战需要，取代它们的是编号为 UB-18~UB-47 的 UB-2 级艇，这些潜艇的速度更快（早期潜艇时速为 6 节，2 级潜艇为 9 节），巡航范围更广。而 UB-3 级潜艇——即 UB-48~UB-136——则直到大战最后一年年底才亮相，此时潜艇的排水量已达最初版本的 4 倍，武器配备方面也升级到了 5 个鱼雷发射器和一门甲板炮的组合。

　　原本为短程任务而设计的 UC 级潜艇后来则成了布雷艇。这种潜艇 1915 年中期现身于英吉利海峡，后来又出现在了波罗的海、黑海和地中海海域。而较大型的 UC-2 级潜艇——即 UC-16~UC-79——从 1916 年开始投入使用，这些潜艇不仅可以进行大范围的巡游，更可携带 18 枚水雷，比早先的版本还要多出 6 枚。1917 年，德国又定制了第三批即 UC-3 级潜艇，但这批潜艇最后并没有投入使用。

UC-2

　　这艘小型潜艇是所有 8 级潜艇的主艇。这一级别的潜艇一般是被分拆运往比利时或亚得里亚海的海战区域服役的。该艇最终在亚得里亚海失事，并彻底报废。

类型：海防艇
下水：1914 年
排水量：127 吨
舰员：14 人
时速：6.5 节（水面速度）
武装：两支 457 毫米口径的鱼雷发射管

后 方

　　第一次世界大战之所以能够打下去，在很大程度上是依靠各参战国劳动人民的辛勤劳作，但劳动者本身却躲不开战火的拖累。物资越来越贫乏，人们对战争的厌恶也越来越强烈。

各参战国的后方都有自己的特色，但总体来说也有不少的相似之处。
1914年8月战争刚爆发时，几乎所有主要参战国的首都都被一股狂热所笼罩，成千上万的人涌上街头表达自己的战斗热情。以法国简·若雷斯为代表的左翼人士由于不肯人云亦云还曾遭到了主流社会的排斥，并引起了大部分群众的不满。7月31日，若雷斯在巴黎的一间咖啡馆由于发表不同言论而被捕。

德国平民暴动——食物短缺让这一幕的出现越来越频繁。

　　被战争狂热冲昏了头脑的人们竟然还心甘情愿地接受了更为严密的国家监控——至少在开战时是这样——而这意味着不仅团体活动将受到严格的限制，来自敌军盟国的侨民和反战人士也将被处处针对。1917年美国出台的《间谍法》和《镇压叛乱法》直接导致1600人入狱就是一个很好的例子。1914年，英国通过了《领土防御法》，若干国家群起效仿，同年8月，俄国对伏特加酒的生产和消费进行了极端严格的控制，而美国也于1918年提出了《禁酒令》，但该条令直到两年后才付诸实施。

☆ 定量配粮 ☆

　　饥饿是战争所引起的另一个大问题。在德军潜艇对英国的海上粮道狂轰滥炸时，英国则以其人之道还治其人之身，对德国实行了全面的海上封锁，而粮食歉收和糟糕的配给系统则进一步地加剧了德国的饥荒。1917年春，英国的粮食补给岌岌可危，但该国政府却把这个危机公之于众。1918年7月，肉制品和日常用品的订购量猛增。此时协约国阵营里其他的难兄难弟也是自顾不暇：1917年1月，莫斯科市场上的补给还不够基本需求的60%；与此同时，迫于无奈的法国政府开始倡导"无肉也欢"的饮食态度，并于1918年初开始对粮食和能源实行定额配给制度。但相比德国饿殍满地的状况，这些都还算好的了：1916年末到1917年初的那个冬天被德国人称为"芜菁

男人们都被征入伍了，留守的女人们只好把农场上原本该男人做的活也给包揽下来。

之冬"；1919 年时，约有 70 万德国人在这场饥荒中死于营养不良。

☆ 战争中的女人们 ☆

在那个年代，女性虽然暂时还无法摆脱社会对她们的歧视，却至少因为战争的爆发而获得了到车间工作的机会。仅以英国而言，1914 年末就有约 17.5 万名妇女得以走入社会；到 1917 年 8 月，75 万妇女工作在以前只提供给男人们的岗位上，此外还有 35 万人由于战时经济的需要而获得了工作的机会；1918 年，又有 24 万妇女参与农业劳作。

而法、意、美三国的情形也差不多，只有德国的进度较慢一些。但直到 1916 年末的兴登堡战役为止，女性仍然没能获得直接参与战斗的权利。

于 1918 年休战的第一次世界大战虽然残酷，但造成的平民伤亡相对于第二次世界大战来说要小得多。只不过，人们的苦难并没有因为休战而结束。1918 年春，流行性感冒在全球范围内爆发。这场病毒造成的浩劫持续了一年左右的时间，给英、法、德三国分别造成了 22.9 万人、16.6 万人和 22.5 万人的死亡，而全球的死亡数字更是高达两千万——其中，有 70% 以上的死者年龄还不到 35 岁。

一本法国杂志封面用两个女性角色来颂扬母性光辉和其在兵工厂的劳作。

英国的妇孺排成长长的队伍，井然有序地等着领取配给物资。

和平主义

1914 年，当战争的狂热席卷整个欧洲大陆时，有少数人却冒着生命危险以参战国公民的身份对此表示反对。反对者也可以分为两类：被称为"个人和平主义者"的一类中，有的是从精神的角度出发，有的则站在宗教信仰的立场；另一类则是"政治和平主义者"，他们有的信仰国际共产主义，有的则认为战争是资本主义用来打压工人阶级的阴谋，还有一些自由独立主义者认为自己的国家和战争毫不沾边。此外，还有一类人希望用和平的外交手段把即将爆发的战争化于无形。

齐柏林飞艇

德军的齐柏林飞艇和其他飞行器对英、法、俄三国进行了无数次的袭击，其中以对英攻势最为猛烈——在 1914~1918 年间，德军共派出了 53 批飞艇对英国实施轰炸。

在第一次世界大战中，德国皇家空军和皇家海军都经常用刚性结构的飞艇执行侦察或夜间轰炸的任务。这种飞艇可以分为两类：一类是广为人知的"齐柏林"系列，而另一类则是不太有名的"舒特－兰兹"系列。这两类飞艇的骨架结构不同，但填充的都是有爆炸性的纯氢气。

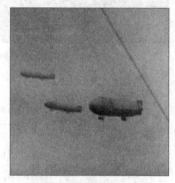

这是德军飞艇前往英国领土执行任务。首次飞艇袭击出现于 1915 年 1 月，但从 1917 年开始，这种袭击形式的出现频率却大幅降低。

☆ 飞艇的区别 ☆

齐柏林设计的飞艇于 1909 年 3 月首次被德军采用，这也是大战中最常见的一类飞艇。这类飞艇的款式很丰富，但都采用了铝合金骨架。早期的 L.3 型长约 158.5 米，可乘坐 16 名飞行员，最高时速为 72 千米；而 R 型飞艇则更为先进，除了长度增至 200 米之外，乘员也增至 19 人，最高时速可达 96 千米。

舒特教授和兰兹博士设计的舒兰飞艇体型相对较小。这种飞艇的缺点在于其采用的胶合板骨架很容易在飞行中吸收空气中的水分，一旦胶合板受潮，飞艇就会变得很难操控。也正是由于这个原因，飞行员们都不太喜欢这个系列的产品。

德军花费了很多的心力研制飞艇，又投入了大量的财力去购置不同的型号。但才开战没几周，他们就发现自己的那么多心思都白花了：但凡被派往比利时和法国执行任务的飞艇，只要是白天出动，无一不遭到守军的猛烈攻击。1914 年 8 月间，有 4 艘飞艇被协约国地面部队击落，还有一艘因为被英军的战斗机击中气囊而失事。1916 年末，德国人开始渐渐对这种飞行器失去信心。到 1917 年 6 月，失去最后耐性的德国陆军部队终于决定弃用自己所有的飞艇。

1917 年 4 月 6 日，德国 L.39 型飞艇轰炸了法军阵地，这次轰炸给法军留下的是满目扭曲的废铁。图为法军士兵在检查烧毁的废墟。

☆ 远程袭击艇 ☆

一直领跑飞艇工业的德国皇家海军却没有放弃希望，而是开始给飞艇部队改派更多的夜间轰炸任务。在第一次世界大战中，德国皇家海军飞艇航空师共启用过73架飞艇（其中包括59架齐柏林式、8架舒特－兰兹式和6架如帕萨法尔型软式飞艇之类的其他型号），执行过1191次侦察任务和342次轰炸任务。该部队针对的主要是以伦敦为代表的英国工业区，除此之外也轰炸过法国的巴黎，俄国在波罗的海的海军基地及俄国首都圣彼得堡等地。在齐柏林飞艇承担过的任务中，最有挑战性的一次当属1917年末的一次输送给养的行动。当时，L.59型飞艇从比利时出发，给东非的德军部队输送给养，这支运输队在飞到半途时遭到了拦截，但22名机组成员操纵着L.59穿过狂乱的风暴，克服机械的故障，用95个小时的时间在空中兜了个长约6750千米的大圈后，还是完成了任务。

齐柏林飞艇和舒兰飞艇在实战中能够制造的威胁其实要比理论上的弱许多。它们对英国的袭击虽然能让英方拉响防空警报，但造成的实际伤害却非常有限。而这些飞艇本身也都非常脆弱，115艘齐柏林飞艇中就有77艘坠毁或是被重创到无法修复的地步，而造成飞艇损毁的原因多种多样，除了守军的火力攻击之外，还有恶劣天气中的大风和冰霜。而飞艇上方对其而言也是个致命的弱点：除了配备燃烧火箭弹的法国纽波特－17型和英国索普维斯骆驼型战斗机外，1916年出产的法国李普列尔飞艇也能从飞艇上方向其投掷炸弹。火箭弹后来渐渐被燃烧弹所取代，最后于1918年普遍停止使用。

飞艇事故也并不罕见。其中最严重的一次发生于1918年1月，被毁的5架飞艇当时正在所属基地进行常规的保养。

齐柏林 L.32 型飞艇

1916年8月7日，德国海军首次启用齐柏林L.32型飞艇。连同对英格兰的两次袭击在内，这艘飞艇总共只执行了11次任务，而在8月24日的袭击任务中该飞艇竟然没有击中任何关键目标。

同年9月24日，L.32没能躲过地面防空武器的攻击，随即被战斗机击落。

类型：“超级齐柏林”
引擎：6个梅巴赫 HSLu 发动机
长度：198 米
充气量：55000 立方米
时速：最高 100 千米
首航：1916 年 8 月 4 日

最大的齐柏林袭击艇

1916年9月2日 夜，德军对英国发动了本次战争中规模最大的一次飞艇袭击，共有11艘海军飞艇和3艘陆军飞艇参与了战斗，其中绝大多数为齐柏林飞艇。首先遇袭的是英国东海岸，德军总共在这里投下了261枚高爆弹和202枚燃烧弹。但此次袭击收效甚微，仅在平民中造成4人身亡、12人受伤。而其中一艘代号为SL.11的飞艇却在伦敦北面赫特福德郡的卡弗里上空被英国的BE-2型战斗机击落。

这是德军飞艇坠毁时的惨烈场面。

战火中的平民

平民、军人以及产业之间的区别在第一次世界大战中变得非常模糊。以往的战争中，平民只会在敌军兵临城下时才会受到威胁，而这一次，远离前线的后方城市却正是敌军轰炸的目标。

在敌军一次又一次有预谋的行动中，德国和法国都有很多平民无辜殒命，但相比起遭受持续轰炸的英国来说，他们的损失实在不值一提。1914 年 12 月 16 日，德国海军同时向英国哈特尔波尔、惠特白和斯卡伯勒三地的港口发动了海上总攻，导致 122 人死亡、433 人受伤，无数建筑、设施毁于一旦。1916 年 4 月，德国海军又转向英国东海岸，袭击了洛斯托夫特和大雅茅斯。虽然两次袭击造成的人员伤亡和经济财产损失都不算大，但却使得英国国内人心浮动，英国皇家海军的声誉也因保护不力而受损——对于 157 人死亡、641 人受伤的德国海军来说，这些行动实在是物超所值。

齐柏林飞艇的一次轰炸任务给伦敦西区街道造成了破坏。

一般来说，德国派去执行轰炸任务的齐柏林飞艇都是成组行动的，飞艇数从两架到多架不等，其中 1916 年 9 月进攻英国的 16 架飞艇是规模最大的一个行动小组。这些飞艇多半选择夜间出动，袭击的重点集中在英国东南沿海、北部和中部工业区，而伦敦则更是每次轰炸的必选对象。第一次飞艇袭击始于 1915 年 1 月 19~20 日，而伦敦则于同年 5 月 31 日遭受了首次轰炸。在此之后，德军又在当年策划了 19 次轰炸行动。在 1916~1918 这三年里，德军针对英国的轰炸次数分别为 22 次、7 次和 4 次。到大战结束时，德军飞艇共在英国领土上投下了 5750 枚炸弹，造成 556 名英国平民死亡，1350 人受伤。

☆ 飞行器袭击 ☆

对英国东南部的袭击始于 1914 年 10 月，但真正意义上的战略性轰炸却是从 1917 年初才开始的。以哥达式 G 系列为主的重型轰炸机参与了此后绝大多数的战役，而从同年 10 月底开始，莱森弗鲁格辛格型轰炸机（巨型飞行器）也开始参加战斗。5 月 27 日白天，第一次以伦敦为目标的轰炸机袭击开始，此后又有 7 次同类任务落到重型轰炸机的身上。但由于8月底时遭遇了一次惨败，轰炸机的行动就转入了夜间。在又进行了19次袭击后，1918年5月19~20日凌晨，在德军的最后一击中，英国平民有850人死亡，2000人受伤——不过德军参战的383架哥达轰炸机也有43架失事，30架莱氏巨型轰炸机也折损了两架。人们由于遭受空袭而产生的心理阴影直到防空系统逐渐成形才有所减退。

一架即将前往英国领空执行任务的德国飞艇正被移出机库。

☆ 进攻德国 ☆

　　德国在把别人家的后院炸得乱七八糟的同时，自己也面临着战略轰炸的威胁。而对德轰炸的高峰则直到战争结束前几个月才真正到来。少将休·特伦查得率领的英国独立空军成立于1918年6月，这支部队正是负责对德轰炸的主力。他们一般是从法国东线的机场起飞，重点袭击德国西部的工业重地。该部队总共执行了162次轰炸任务，在德国上空投下了665吨重的炸弹，其中有552吨投放在德国西部。由于轰炸而丧生的德国平民人数不可计数，但英军则在这些行动中损失了450架飞机。

德国的投弹攻击使得协约国对战斗机的需求猛增。图为英国工人正在装配战斗机的机翼。

图中建筑的破败正是德国空袭轰炸造成的。

重型轰炸机

　　第一次世界大战中应用颇广的重型轰炸机一般负责远程战略轰炸任务，轰炸目标多为军事设施和工业区，但也有许多平民在其轰炸中丧生。

伊　格·西科尔斯基领导建造了世界上第一架四引擎飞机，并于 1913 年 5 月 13 日亲自试飞了这架飞机的处女航。而俄国于 1914 年 8 月订购的西科尔斯基 IM 型飞机，则是以"勒格兰德"为基础改良得到的一款军用双翼飞机。IM 系列的驾驶舱里共可容纳 6 名机组成员，最高时速可达 96 千米，配有两把防御用机关枪，并可携带 535 千克重的炸弹。IM 系列也是第一次世界大战爆发时世界上最厉害的一种重型轰炸机。1915年 2 月，IM 轰炸机开始在波兰东部执行轰炸任务，随后又渐渐地将打击范围扩大到了奥匈帝国和德国以内。俄军的 73 架轰炸机在 1914~1917 年间共出动了 400 架次，其中只有一架在击落了三架敌军战斗机后被袭坠毁，两架因为各种机械故障而退役。

☆ 意大利的设计 ☆

　　意大利的空军是一队初出茅庐的新手，直到 1915 年才勉强地做好了空战的准备。但这样孱弱的意大利空军却拥有卡普罗尼型远程轰炸机。之所以选择这种飞机，是因为意军在国内的主要作战区域以山区为主，普通轰炸机很难在具有这种地形的地区顺利地执行战略轰炸任务，而远程轰炸机正好可以飞到奥匈帝国和巴尔干地区的战场参加战斗。意军开发的 4 款三引擎卡普罗尼系列轰炸机（代号为 Ca2~Ca5）中有双翼飞机也有三翼飞机，总产量为 750架。诞生于 1918 年初的 Ca5 是一款四座双翼飞机，共制

可容纳 6 名机组成员的俄制西科尔斯基 IM 型重型轰炸机是世界上最成功的轰炸机之一。

哥达式 G-IV 型轰炸机

　　哥达式轰炸机是德军在第一次世界大战中使用的主力重型轰炸机，总共有 5 个不同的型号。其中最成功的 G-IV 型总共制造了 230 架，于 1917 年初开始为德国空军服务。但哥达式飞机并不耐打，飞行灵活度也很低。

引擎：3 个 260 匹马力的梅赛德斯 DIV 发动机

乘员：3 人

升限：6500 米

时速：最高 140 千米

武装：3 挺 7.92 毫米口径机枪；500 千克重的炸弹

造了 280 架，被意军视为战略轰炸的顶梁柱。

☆ 哥达式轰炸机的威胁 ☆

1917 年 6 月，来自根特空军基地的哥达式 G 系列双引擎双翼飞机开始对伦敦进行首轮持续性战略轰炸。该系列飞机从 1915 年开始为德国服役，共有 G–I~G–V 的 5 种型号，是德国陆军航空部队重型轰炸机中最重要的一类。其中，G–IV 型可容纳三名机组成员，时速达 140 千米，可一次性飞行 480 千米，是数量最多的一款哥达飞机。除此之外，德国还以西科尔斯基的 IM 型飞机为基础，开发了体型比 G 系列更大的 "巨型飞行器"，并于 1916 年末投入使用。当时的飞机制造并没有一个明确的行业标准，所以有很多军工企业都可以制造双翼轰炸机，而齐柏林－斯塔肯公司则是个中翘楚。1917 年中期，该公司制造的四引擎 RVI 型飞机面世。这款飞机可搭载 7 名机组成员，配备了 3 把防御机关枪，另外还可携带 18 枚炸弹。

☆ 英国的反击 ☆

英国制造的 46 架汉德利培吉 O/100 型和 550 架 O/400 型双引擎飞机是英军最主要的重型轰炸机，分别于 1916 年 11 月和 1917 年末开始进入英军服役。由于在日间任务中损失惨重，O/100 型轰炸机后来大多选择夜间出动。1919 年时，英国独立空军部队曾非常殷切地期盼这两种飞机能够肩负起对德战略轰炸的任务。然而出人意料的是，最终达成此项任务的却是其他体型较小的轰炸机。除此之外，英国还开发过以四引擎的汉德利培吉 V/1500 型和双引擎维克斯维米型为主的重型轰炸机，但均未在第一次世界大战中投入使用。

卡普罗尼 Ca5 型轰炸机

共有 4 个不同型号的卡普罗尼系列飞机于 1911 年出现在意军的队伍中，并于 1915 年 8 月执行了它们在第一次世界大战中的第一次任务。意大利空军、海军和美国陆军空战部队都曾使用过该系列轰炸机。

引擎：3 个 300 马力的菲亚特发动机
乘员：2~4 人
升限：4550 米
时速：最高 160 千米
武装：2 门 6.5 毫米口径的机关枪，910 千克重的炸弹

汉德利培吉 O/400 型轰炸机

大多用来对德作战的汉德利培吉 O/400 型轰炸机是从 1918 年春天开始登上战争舞台的。这种载弹量很大的飞机本身也很容易出事故。在第一次世界大战期间，英国共制造了 550 架该型轰炸机，而美国则制造了 107 架。

引擎：2 个 275 马力的桑比姆发动机或 2 个 375 马力的罗尔斯·罗伊斯发动机
乘员：4 人
升限：2590 米
时速：最高 160 千米
武装：3~5 挺 7.7 毫米口径机枪；820 千克重的炸弹

NORWAY
SWEDEN
GREAT BRITAIN
North Sea
DENMARK
Baltic Sea
MOSCOW
Vilna
RUSSIA
WARSAW
Łódź
GERMANY
Ypres
Albert
Amiens
PARIS
Reims
Verdun
Lemberg
FRANCE
AUSTRIA-HUNGARY
Czernowitz
SWITZERLAND
BUDAPEST
Asiago
Venice
Gorizia
BELGRADE
BUCHAREST
BOSNIA
SERBIA
ROMANIA
Black S
ITALY
SOFIA
BULGARIA
Corsica
Cattaro
Uskub
MONTENEGRO
ALBANIA
Salonika
Sardinia
TUR
Mediterranean Sea
Sicily
GREECE
TUNISIA
ALGERIA
CAIRO
LIBYA
EGYPT

1916——消耗之年

协约国原本计划在 1916 年把火力集中到欧洲战场，在西线、东线和意大利前线同时发动进攻，但选择"坐东打西"的德国却快人一步，抢到了先机。2 月里，德国发动了第一次世界大战中历时最长的一次对抗——凡尔登战役，并在该战役初期的几个礼拜里就基本打垮了法国的军队。由于战争形势急转直下，协约国方面不得不将进攻计划提前，但这也只能稍微缓解一下法国的窘境而已，不可能因此就彻底地打败德国。

无论是谁发动的进攻，基本出发点都是要打破僵局。但后来的战况证明，这种期望也许更应该说成是不切实际的奢望才对。德军发动的凡尔登战役让包括其本身在内的所有参战部队伤亡人数直线上升，却没有让任何一方在此战中捞到半点好处；发动索姆河会战的英军还没得意几天就被敌人反踹了一脚；开局颇顺的俄军在布鲁希洛夫攻势维持几周之后也陷入了僵持；意大利与奥匈帝国的对抗毫无进展。甚至连海上战场也胜负难定——日德兰海战是第一次世界大战中规模最大的一次海上战役，但参战的英德两方打到最后也始终无法冲破对方的防线。

凡尔登——德军出击

德国陆军总参谋长艾力克·冯·法金汉在 1916 年作出重大决定，要让军事重镇凡尔登成为法国陆军部队的葬身之地。但德军在此战中的重大伤亡，却给了这个计划一记响亮的耳光。

在 1915 年间专心东进的德国将领，到 1916 年时开始回头安排西线的攻势了，而他们的首选打击对象正是法国。冯·法金汉认为，按照法国人那种一点亏都不肯吃的脾气，他们为了保住现有的阵地才不会计较伤了几条人命，更不会顾虑在夺回失地的过程中是不是血流成河。只要能把法军耗到打不动了，法国政府就会求和，而法国的战败还将进一步促使英国要求停战。

法金汉把这场消耗战的舞台选在了默兹河畔的凡尔登。虽然这个小镇被协约国的堡垒重重包围，但附近却正好有德国控制的一个铁路末站，可以保证在战斗过程中为德军源源不断地提供弹药补给。而且小镇周边的协约国防线早已被打得只剩下空壳了，很多堡垒里连一门炮都没有。德军把这次行动命名为"格里齐特"，意为"审判"或"刑场"。威廉皇储率领的德国第五集团军秘密携带了 1200 门大炮和 300 万枚炮弹，在一段狭窄的火线上发动了进攻。

☆ 杀戮的开端 ☆

原定于 2 月 12 日开始的"审判行动"，却由于雨雪而受到了阻滞。这样的天气不仅让准备工作无法顺利进行，也让炮火攻击失去了准确性。还好，天气在 8 天之后

一名需要撤离战场的法国伤兵正被抬上红十字会的救护车。

终于有所好转，21 日，行动正式开始。此次战役也按照堑壕战的惯例由密集的炮轰进行预热。德军在一个小时以内就向法军阵营发射了 10 万枚炮弹，而到进攻方开始挺进无人区时，这个数字已经上升到了 100 万——隆隆的炮火声中，交叠的弹坑竟然形成了一个月形的巨大凹槽。虽然幸存的法军士兵奋力

法国前线的炮兵在地平线上搜寻合适的攻击目标。

反抗，但德军的钢铁之师却以无可抵挡的气势步步进逼。25日，德军部队占领了一块可以俯瞰默兹河的高地。法国多奥蒙特要塞失守，试图反击的法军部队则伤亡惨重。

表面上看起来，法金汉的奸计就要得逞了，但此刻，德军的厄运也已悄然降临。在战役打响的第一个星期里，德军的伤亡已达2.5万人，而德国占领多奥蒙特一事在法国人中掀起的一股爱国浪潮，竟然为法军提供了反败为胜的契机。

面对铺天盖地的责难，法国总参谋长、陆军元帅霞飞却表现出了惊人的冷静。他首先请求索姆河附近的英国军队接管法国第十集团军负责的区域，以便法军能腾出兵力支援凡尔登；接着，他又安排诺埃尔·德·卡斯特瑙在援军未到时临时负责凡尔登防线；而新任的亨利-菲利普·裴坦则将随即奔赴凡尔登，负责整体防御的指挥。此外，为了将部分德军火力吸引到东线战场以减轻西线的压力，他还请求俄方将原定的那洛克湖攻势提前进行。

☆ 持续的进攻 ☆

裴坦将军在27日终于赶到了凡尔登，甫至战场，他就立即下令，将火力集中到德军的进攻特遣队身上。德军的损失因此骤增。3月6日，德军改变策略，开始在战场北部和西北部寻求突破点，但这次尝试最终于4月初在莫特霍莫山脊附近的高地被法军挫败。此时，德军的火线向东已经推进到了莫特霍莫，并在长达两个月的猛攻后，于5月29日夺取了这个地区的控制权；而长期被德军围困的沃克斯要塞也于6月7日沦陷。别看法军好像被打得很惨，其实德军的处境也好不到哪里去。法金汉原本只想用这场战争消耗敌人的战斗力，没想到最终却把自己的军队也给搭了进去，正是"起心害人终害己"。

这是沃克斯要塞的废墟，注意该阵地周围数不清的弹坑和战壕。

索姆河战役首日

在扩编后的英国远征军里，无论是军官还是普通士兵，所有人都急切地盼望能在索姆河上取得一次决定性的胜利，但这个胜利的美梦在索姆河会战开打之后几个小时内就被无情地粉碎了。这场战役也逐渐演变为一场要用加时赛来决定胜负的争斗。

事件重点

时间： 1916 年 7 月 1 日
地点： 法国北部，索姆河附近
结果： 英法联军有小小的收获，伤亡较少，但战局并未取得突破。

无人区的英军伤兵在德军炮火之下撤退。

英国在 1914 年派出的那支小规模远征军在当年年底就已经所剩无几了，这也导致英国方面在 1915 年根本无力发动任何有效的进攻。1916 年，英国新军的出现彻底改变了这一局面。这支部队是由无数志愿者组成的，在走入实战之前已经进行过一定军事训练。他们计划先袭击亚眠和佩隆那之间索姆河北段的皮卡迪，然后与骑兵部队会合，将德军的防线撕开一个口子，并趁机拓宽自己的阵地。原本要参加此次行动的法国部队因为要增援凡尔登而被迫撤离，于是，战斗的重担就全部落在了英国军队的肩上。

☆ 英军的打算 ☆

海格将军的计划十分谨慎。参与这次行动的英军共有 75 万人，其中，亨利·罗林森率领的第四集团军是此次进攻的主力，而埃德蒙·艾伦比将军的第一集团军则将作为右翼从北部为其提供支援。出发前，英军士气高涨，那些从未上过战场的新军士兵更是摩拳擦掌、跃跃欲试。

在长达 8 天的轰炸序曲之后，7 月 1 日，行动正式开始。压抑已久的英军早上 7：30 便离开阵地，迈着绅士的步伐，坚定地开始穿越无人区向德军火线走去，但一个个直挺挺的血肉之躯却在德军的机关枪和高爆弹前相继倒下。英军还没碰到德军的铁丝网和战壕就被打趴下了，而那些重兵把守的村庄则更是连影子都还没看到。战场南部的法国第六集团军在马利·菲乐的领导下倒是打得不错，但这也改变不了协约国

英国平民响应新军征集志愿者的号召。

整体惨败的事实。这一天里，英军损失了57470人，有19240人死亡；而德军死亡4000人，另有2000人被俘。

☆ 失败的原因 ☆

一场精心设计的战斗为什么会败得一塌糊涂？简单来说，这是战前预备炮击的失败造成的。首先，在这么长的一条战线上，英军准备的野战炮不仅数量有限，而且炮弹的威力也弱得离谱，根本没能给德军的防御工事造成有效的打击；其次，只有用高爆弹才能破坏的铁丝网和战壕里的防空洞，英军竟然用混杂了很多哑弹的榴霰弹去打；第三，弹幕射击的时间拖得太久，正式进攻的时间太迟，而德军正是趁着这个时间差从防空洞里钻出来布置火力的。

但海格压根就没准备第二套方案来应对7月1日的失败。这是因为他知道：英国新军是一支未经实战考验的部队，他们除了按照训练里教的内容一步一步地接近敌军之外，根本就不懂得何谓战场生存之道。而根据当时的通信效率，无论战场形势如何变换，等他知道时"新闻"都早已变作"旧闻"；同样的，无论他发出怎样的指令，等传到前线时也已不可能再适应战局了。

对于英军来说，索姆河首日可谓第一次世界大战中最黑暗的一天。

道格拉斯·海格

道格拉斯·海格（1861~1928）从1915年末开始执掌英国远征军帅印，不久即被讽刺为"指挥雄狮的蠢驴"。实际情况比这要复杂得多。海格是一个很乐于接受新鲜事物的人，无论是新的点子还是新式武器都能引起他的兴趣；他也很重视部队的福利，但却不得不在战机已逝的时候带领士兵勉力支援节节败退的法军。毫无疑问，在帕斯尚尔之战中作出继续进攻的决定是他的一个巨大失误。

但公平地说，也是他在1918年8~11月间领导着英国军队取得了历史上最辉煌的战绩。

陆军元帅道格拉斯·海格爵士的正式肖像。

机 枪

在整个战争过程中，无论是进攻还是防御，机枪都很常用，并且是最有效的武器。在 1914 年战争刚开始时，机枪还很少，但到战争末期，其使用数量就相当大了。

现代的机关枪是从 19 世纪下半叶开始发展起来的。1914 年，几乎所有的军队都配备了机关枪，而装备总数则随着战事的推进而不断增加。一挺重型机关枪每分钟可以发射 400~600 发子弹，对于由 80 或 80 人以上的步兵组成的行动队来说是完成任务的好帮手。由于机枪可以固定在战壕里直接对来袭者开火，所以非常适合用在防御行动中。但它们也能满足进攻行动的需要，只是在这种情况下步兵需要把机枪高高举起，以使子弹从前方战友上方飞过，再在重力的作用下落到敌方目标的头上。

这种武器一般可以分为三个部分：一个用来固定的底座或底橇、机枪主体，以及用来给枪管外裹着的"水套"灌水的水壶——在水套中灌水是为了防止枪管过热。法国从 1914 年开始采用的霍奇基斯型和美国的柯尔特型（Colt）机枪则属于较为少见的空气制冷型机枪。用来给机枪装弹的供弹带有的是 30 发一条，而用机织布或金属带作为联接、子弹数更多的供弹带则更为常见。

☆ 行动中的麻烦 ☆

重型机枪名副其实，大多数都在 32~40 千克间——这还不算每挺机枪开火所需配备弹药的重量，例如，英国维克斯重型机枪的标准配置是 16 条 250 发的供弹带（打光了还能再领），每条就有 10 千克重。这么重的东西可不是动动手指头就能推动的，如果士兵们在交战时想要改变一下开火位置，非得你拖我推、齐心协力不可。

图为俄军的一挺 M1910 "索科洛夫"马克沁机关枪及其操作人员。这挺机枪上用来保护机枪手的防护装置是它的一大特色。

08 型机枪

德国陆军重机枪特遣队使用的 08 型机枪是一款非常有效的武器。这种机枪于 1908 年面世后即被德军纳为主要装备。在 1916 年 7 月索姆河会战的第一天里，英军损失的 6 万人中约有 90% 都是倒在 08 型机枪枪口下的。

口径：7.92 毫米
射速：600 发 / 分钟
初速：823 米 / 秒
弹药：250 发的供弹带
重量：56 千克

但在休战时他们则会把机枪拆开，用骡车或者手推车来运，要操作一挺机枪至少需要 2~3 名机枪手进行配合。为了满足机枪快速发射的需要，还得专门安排人来背弹药，所以战场上多数的机枪后都有一个 4~6 人的小组。

法军于 1900 年引进了第一批霍奇基斯机枪，又于 1914 年改用了该枪的气冷版。原版机枪只有 30 发子弹的供弹带，于 1915 年被 249 发子弹的金属带取代。

☆ 轻型机枪 ☆

为了适应战场的需要，手提式轻型机枪应运而生——这下机枪手总算能赶上步兵的进攻步伐了。这种机枪的重量一般为 10~14 千克，其中接近 10 千克的较多。在理想状况下，气冷机枪每分钟可发射 250~600 发子弹。轻机枪可用供弹带或弹匣装填子弹，而弹匣则较为实用。德军给 08 型机枪加上一个枪垛后制成了 08/15 型机枪，而法国生产的乔奇型轻机枪不仅是法军在第一次世界大战中的标准配备，也在其盟友中流行了好一阵子——协约国军队一共配备了 25 万挺乔奇轻机枪，其中美国于 1917 年订购了 3.4 万挺。但由于缺乏行业规范，流行一时的乔奇枪轻是轻了，却不够耐用。

第一次世界大战中最好的轻机枪应属刘易斯型，这种机枪是美国 1911 年设计的，后来在比利时和英国的军工厂里得以批量制造。虽然这种枪对于战地移动来说还是沉了些，但性能却很稳定，因此不仅是比利时和英国步兵部队的基本配置之一，更被用来武装飞机、汽车和坦克。

维克斯马克 1 型

1884 年诞生的马克沁机枪是世界上第一挺全自动机关枪。维克斯系列机枪以马克沁机枪为蓝本，但比其更轻更稳定，从 1912 年起开始为英军使用。

口径：7.7 毫米

射速：500 发 / 分钟

初速：682 米 / 秒

弹药：250 发供弹带

重量：33 千克

凡尔登——法军反攻

法国军队在凡尔登战役之初元气大伤，咬着牙慢慢地撤到了德军火力范围之外。缓过劲来之后，他们在战役的最后几个月里发动了强有力的反攻，终于夺回了许多重要的阵地。

1916 年2月，德军在凡尔登地区发动了一场以空耗法军战斗力为目的的消耗战，但就在战争爆发后一个月左右的时间里，战事的发展就已脱离了德军的掌控。正如法金汉所料到的，法军为了捍卫自己的领土付出了骇人的代价，但他没有料到，不停轰鸣的"丧钟"却并没有激起法国人求和的念头。更糟糕的是，德军自己也被拖入了兵力消耗的泥潭。战事进行到6月初，形势的指针开始向法国方面偏移了。

凡尔登向南64公里的一条来自巴勒迪克的次等狭窄道路，是法军的主要运输动脉，被法国人称为"圣路"。

☆ 法国的新策略 ☆

造成形势转变的原因有很多，其中最重要的一条就是法军在凡尔登迎来了一位颇具雄才大略的新主帅。2月26日，裴坦将军抵达凡尔登，接管第二集团军，战局开始逆转。当时，法国全军的330个步兵团里有259个在凡尔登。为了不让战士们死守前线、白白牺牲，为了保证军队的战斗力，裴坦决定采用"轮流应战，部分休整"的战斗模式，即镇守前线的将士们也不必勉强还击，只要保证阵地不失就算完成任务。裴坦的到来还使得弹药装备和衣食补给的情况大为改善。

☆ 支援凡尔登 ☆

当时，进出凡尔登的主要公路和铁路都早已被德军切断，只剩下一条通往巴勒迪克长约64千米的二级公路。而这条被称为"神圣之路"的公路上，不仅有德国重炮攻击，

法国骑兵在押送凡尔登战役中抓获的德军俘虏。在这场持续数月的战斗中，共有1.75万名德军士兵被俘。

战争的代价是非常惨重的。图中德军战死的士兵也许是死在炮火的攻击之下，而法军的遭遇也差不多同样悲惨。

更有上千名工兵随时候命。但是，为了给防守部队提供充足的供给，裴坦也顾不了那么多了。在他的安排下，法军的卡车每天在这条道路上像钟摆一样来回地输送大批弹药和成千上万的士兵。

同年4月，裴坦升任战斗组团总司令，接替他出任第二集团军总司令的罗伯特·尼韦勒则按照他的方针继续打理军队。6月4日，俄军发动布鲁希洛夫攻势；7月1日，英军发动了索姆河会战——盟友们的这两次行动大大地分散了德军的火力，逼得15个德军师级部队赶往东线救急，着实给裴坦帮了大忙。虽然这场战役在夏末进入了僵持阶段，但法金汉也为自己的失误付出了代价。8月29日，陆军元帅保罗·冯·兴登堡和埃里克·鲁登道夫取代法金汉成为了德军总参谋长，而这两人决定迅速结束在凡尔登的战斗。

秋天到来时，战役的主动权彻底落到了法军手里。查尔斯·曼金的法国第三集团军于10月24日率先发动进攻，当天就夺回了被德军占领已久的多奥蒙特要塞；11月2日，该部队又夺回了自6月7日起就落入德军之手的沃克斯要塞。12月中旬，战况终于有所缓和，此时德军手里只剩下开战时抢来的一小部分阵地了。

凡尔登战役是第一次世界大战中持续时间最长的一次对抗，交战双方在此过程中都吃够了苦头。战役结束时，法国的伤亡总数高达54.2万人，而德国也折损了43.4万人。在这些骇人的数字里，50%以上的士兵再也没能活着离开凡尔登。

亨利－菲利普·裴坦

1914年8月，菲利普·裴坦（1856~1951）还不过是一个小小的陆军上校，但从那时起，他却平步青云，到1915年7月时已是法国第二集团军的总司令了。1916年2月，他被派往凡尔登负责军务，因重振法军防线而备受推崇。1916年5月，他开始负责由几个集团军组成的战斗组团。一年后，他又升任法国军队的总参谋长。他在处理叛乱时虽铁血却又不失公正。但自从费迪南德·福煦元帅开始担任了协约国最高司令，裴坦就被丢到了核心领导圈之外。

从将军升任陆军元帅的菲利普·裴坦以其在战斗中的表现被尊为民族英雄。

堑壕战利器

　　堑壕战的发展对作战技巧和武器装备都提出了全新的要求。堑壕战里使用的武器一般都比较适合于短程攻击，最有代表性的就是手榴弹和早期的半自动机关枪。

经过一段时间的实战后，人们发现使用常规武器根本就无法有效地肃清敌方战壕里的有生力量。换句话说，要想在堑壕战里占到便宜，就必须开发出一些适合这种战斗形式的专用武器——这种武器不能像一般的野战炮那么笨重，但在短程攻击中又得比步枪和刺刀的杀伤力大，而且还得具有普

在同伴的火力掩护下，一名刚刚参战的德国突击队员向敌军前哨投掷木柄式手榴弹。

遍的适应性，不能像夜间突袭时使用的短棒、指节铜套和宽刃刀那么小家子气。

　　最终，还是手榴弹的诞生给战壕里的士兵们带来了福音，从此以后，他们可以不必冒着敌军的火力威胁发动进攻，只要把手榴弹对准目标扔过去就可以了。嗅觉灵敏的德军立刻把这种新式武器视为至宝；其他国家的反应则慢了半拍，而最为"慢热"的当属英国——由于组织上迟迟不肯将手榴弹作为官方配置，前线的英军士兵们只好自己动手，用罐头盒装上削尖的金属片和火药，然后插上引线做成"土制手榴弹"。在第一次世界大战中出现过的手榴弹光是正式的型号就有很多，其中最为成功的除了德

德军配备的手榴弹以木柄式为主，但由于一度缺乏设计标准，早先战场上使用的手榴弹也有很多临时创作的款式。

国的木柄式手榴弹之外，俗称"菠萝"的英国米尔斯手榴弹也颇受协约国和德国的欢迎。

☆ 火焰喷射器 ☆

　　德军在 1901 年就开始试验的火焰喷射器终于在第一次世界大战里派上了用场。当时的火焰喷射器分为两类：一类是可独立负责阵地防御的固定式喷射器，一类则是在主动进攻敌方阵地时可以采用的移动式喷射器。虽然这两种喷射器的用法

反坦克战略

1916 年，英军的第一批坦克出现在战场上，被吓得魂飞魄散的德军士兵只要一听见坦克的动静就立马落荒而逃。被折腾得够呛的德军迅速研发出了对付这种"钢铁怪兽"的技术和武器。最先成形的技术是反坦克堑壕，这种堑壕比一般士兵们使用的那种战壕更宽。接着，德国在 1918 年又推出了"反坦克堡垒"——在这种堡垒中，步兵们用机关枪掩护前端的两门野战炮，在坦克靠近后发动火焰喷射，是最厉害的"坦克杀手"。后来德军还研发出了一种特制的反坦克步枪，这种枪射出的专用子弹可以直接穿透坦克的钢铁外壳。

不同，但工作原理却是一样的：它们利用氮气助推，将石油和汽油混合而成的燃烧剂通过一个管子压出汽缸之外，再用喷口处的点火装置将混合气体点燃。

德军使用的两款火焰喷射器都是移动式的。其中，射程为 25 米的"克雷夫"（意即小型火焰喷射器）较为笨重，光是燃料桶就和一个牛奶搅拌机差不多大，所以必须由一名士兵背着，再由另一名士兵负责瞄准和开火。而可以攻击 20 米范围以内目标的"维克斯"喷射器则要轻巧得多，救生圈大小的燃料桶只要一个士兵就能轻松地背起来了。

一个名叫席尔特的法国消防队队长发明的同名火焰喷射器则是法军的主要装备。这种喷射器的燃料储备更充足，可以在长达 30 米的攻击范围内连续进行 10 次火焰喷射。英军研发的诺里斯 - 蒙申型和劳伦斯型火焰喷射器却由于体型过大一直被搁置，它们的缩小版直到 1918 年的泽布勒赫袭击战才得以试用。

其实，火焰喷射器的效果是精神威吓大于实际伤害，而且由于使用者必须非常接近目标才能发动袭击，说不定还没烧到对手自己就已经被打死了，所以使用这种武器也是很不划算的。

☆ 半自动机关枪 ☆

于 1918 年初得以批量制造的 9 毫米口径伯格曼 18/1 式机枪，是一款重量轻、易携带的半自动机关枪，其唯一的缺点是弹匣只能装 32 发子弹，但无论如何这已是当时最适合堑壕战的武器了。当年中期，已经无力发动有效进攻的德国军队开始大量使用这种机枪，受害颇深的协约国在战后还心有余悸，甚至在《凡尔赛条约》里还专列了一个条款来限制这种机枪的制造。

英军士兵在罐头盒里塞上火棉和碎片，再随便搭一条熔丝做引线就是一个土制手榴弹了。

索姆河战役中的消耗

尽管英军的美梦在索姆河首日就已经破灭了，但他们并没有放弃，反而坚持作战140余天。而英军发动的一系列进攻不仅震撼了敌人，更让德军部队损失了许多经验丰富的老兵。

虽然开战首日就出师不利，但英军却不肯结束在索姆河地区的战斗——协约国需要用这样的手段来分散德军的兵力，特别是在凡尔登的法军面临灭顶之灾的当下，英军更不能临阵退缩。在这样的情况之下，损失惨重的英军硬是在索姆河上挺到了当年的冬天。当时英国远征军在法国境内的所有师级部队都参与过该地区的作战，其中不少部队还打了不止一仗。需要说明的是，"索姆河会战"是一个泛化的概念，包括了从7月初到11月底这段时间里一系列的进攻。具体来说，整场战役以7月1~13日的艾尔伯特之战为起点，在11月13~18日的昂克尔河之战后结束。而英军发动的最大攻势就是7月1日那一次，之后的进攻不仅规模较小，袭击的目标也都没有那么重要。

一辆后座方向盘损毁的马克 I 型坦克。索姆河会战之初，坦克的投放数量偏少，这导致它们的整体作战效力被大大降低。

英军在艾尔伯特之战中的伤亡很快被其他战斗的损失湮没了：7月23日~9月3日，波奇尔斯之战开始；9月26~28日，西配瓦战斗打响；10月1~11日，昂克尔高地之争爆发。在这些爆发在艾尔伯特至巴波姆公路沿线的战斗中，英军一点一点地蚕食着德军的阵地。9月15~22日，英军在弗勒斯－卡斯莱特之战中首次启用了坦克。虽然不少机组在登上战场后没多久就败下阵来，但却给德军造成了很大的恐慌，不少士兵四散而逃，趁机跟进的英军就这么轻轻松松地占领了他们的阵地。

1916年9月，加拿大伤兵们从弗勒斯镇附近的火线上退了下来。

☆ 战役后果 ☆

这次战役正式结束的时间是11月14日，此时距离7月1日的首轮攻击已经过去了140多天。虽然在开战首日就有无数英国新军的志愿兵白白丧命，但在整场战役死伤、失踪的130万人中只有40万是英军士兵，所以总体说来还是协约国获胜了。经过近5个月的对抗，英法联军将阵地前沿推进了10千米，但火线北段的联军和巴波姆之间却还有6.5千米的距离，死活够不着这个原本在开战当天就该夺下的阵地。不过，既然英军发动索姆河会战的目的只是为凡尔登的法军分散

英军正将一门150毫米口径的榴弹炮拖上索姆河战场。为了防止开火时的后坐力让大炮陷入软泥之中，士兵们给这门大炮的轮子绑了很宽的"履带"来减小压强。

一些德军的火力，那么自从德国前参谋长法金汉往索姆河地区派出第一支部队的那一刻起，协约国就已经赢了。

索姆河会战结束后，德军从上到下都笼罩在一片阴影之中。将军们觉得，德国的战斗优势已经随着65万条生命的消逝而消失，这让他们沮丧不已；士兵们则因为作为部队"主心骨"的老兵大批阵亡而士气大降。另外，由于在索姆河和凡尔登两个战场上投入过多，德国开始面临严重的兵力危机，而此时，最高指挥部的错误抉择则把德军进一步推向了崩溃的边缘。

☆ 德国的新念头 ☆

德国的总参谋长之位已于8月易主，此时掌管德军大权的是原第三总司令、陆军元帅兴登堡和鲁登道夫将军。这两个人打算在西线战场上德军的原防御工事后32千米处构建一条新的防线，这样，德军的前沿阵地长度就可以大大缩短，从而可以节省很多布防兵力。基于这种构想，"兴登堡防线"于9月开始动工，它的建成标志着德国双线作战格局的形成，而这种战略部署也意味着德军将没有能力再在西线发动总攻了。

兄弟连

1914年战争的爆发使得英国出现了很多的志愿兵。志愿兵入伍之后，可以获准与那些来自同一个城镇，或是在同一个单位工作的人在同一个编制下一起作战，这就是所谓的"兄弟连"。但新兵们的斗志昂扬并不能在残酷的战争里避免惨重的死伤，而由于"兄弟连"现象普遍存在，来自同一个地方的同乡、朋友们大多都是一起殒命疆场的。这对部队的地方主义影响很大。

1916年9月初，英德双方还在苦战不休。图为当时的一名英军士兵给在波奇尔斯附近被俘的德军俘虏分水。

坦克的参战

　　1916 年初，英国研发了世界上第一台可以投入实战的坦克。虽然这种新型武器在出场后确实取得了不小的战绩，但由于其速度极慢，经常出现技术故障，所以一时还无法发挥最大的攻击能力。

界上第一批坦克出现于英国，是在许多机构和研究人员的合作之下，以配备了武器的装甲车为蓝本慢慢发展出来的。虽然从概念到实体的酝酿时间比较长，但"试验田"里的坦克却很快就得以进入实战场了。试用版的坦克代号叫做"母舰"，首次落地时间是 1916 年 1 月，机身呈扁菱形，两侧装有鳍状的"小炮塔"。马克 I 型坦克从 4 月开始批量生产，并于 9 月的索姆河会战中正式参加实战。

　　闪亮登场的坦克用自己庞大的体型和坚固的装甲将德国士兵吓得连滚带爬地跑出了战壕，但其作战效果却在那之后便急转直下。首先，操纵坦克的士兵在这样狭小封闭的环境里被闷得头昏脑涨，很快就病倒了；其次，当时的坦克性能还很不稳定，经常出现一些技术故障，而战场的泥泞也常常害得坦克寸步难行。但无论怎么说，跟使用者的预期比起来，坦克的表现已经算是很不错了。

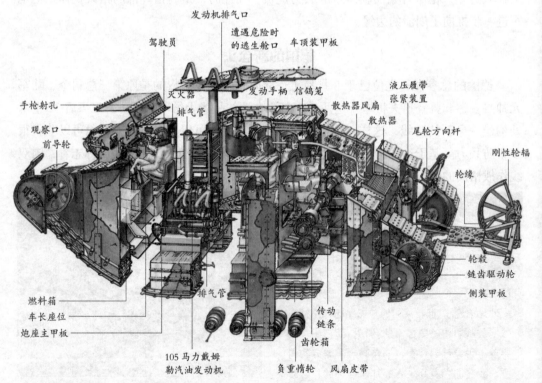

I 型坦克内部剖析图：坦克首次应用于战场是第一次世界大战期间，由英国工程师秘密研制而成，起初起名为"水柜"，英语意为"TANK"，发音"坦克"，坦克称呼由此而来。图为著名的 I 型坦克内部剖析图。

配置了越壕基架的马克 V 型坦克最早于 1918 年 7 月投入战斗。和之前的各款同类产品相比，这种坦克有更密集的火力和更强大的引擎。

☆ 坦克的"性别" ☆

坦克的"性别"之分是以其配备的武器为标准的："雄性"坦克一般配备的是两门轻炮和四挺机关枪，而"雌性"坦克则只有单纯的 6 挺机关枪而已。马克 IV 型是第一次世界大战中最常用的坦克之一，于 1917 年 4 月开始投入战斗。这种型号的坦克"雌雄"兼备，其中"雌性"有 595 台，"雄性"有 420 台。但后来"雌性"中有不少的右侧枪台被换装为炮台，所以又出现了"中性"坦克。

人们对坦克的优势、劣势分析得越清楚，这种武器的发展也就越快。要对付德军的反坦克壕，其中一种方法就是把坦克的"小脚"变成"大脚"。为了达到这个目的，设计师们先是在坦克尾部挂上了一种绰号叫做"蝌蚪尾巴"的外设装置，但这种东西却很不耐用，于是人们改变策略，直接将坦克整体加长。不过还有一种更简单也更常见的办法，那就是在坦克顶上随时都备着一捆柴火，遇到有坑就把柴火卸下来填进去，这样坦克就可以在临时搭成的"桥"上顺利前进了。早期款式的坦克都是随便用一些圆木或灌木枝子来搭桥的，到后来就逐渐演变为专用的金属栅栏了。而当坦克面对泥泞的战场和无人区的弹坑时，则可以在底部用木棍做成"防坑装备"，或是用金属盘加宽坦克的着地面积，从而减轻坦克对地面的压强。

☆ 速度更快的型号 ☆

坦克的优势在一次次战斗之中日益显现，而英军则不仅开发出了更灵巧的坦克以配合骑兵的进攻，研制出了专门用来突破敌军防线的重型坦克，还于 1917 年 10 月造出了第一辆绰号"赛犬"的中型坦克马克 A 型，并于 1918 年 3 月 26 日将之投放战场。

看好坦克的人把它们捧上了天，不看好的则又把它们踩下了地，其实坦克本身的表现正好介于两者之间。1917 年末的坎布莱之战中，坦克发挥了非常重要的作用，但在帕斯尚尔之战中，坦克的表现却又糟糕透顶。整体来看，这种武器虽然无法打出制胜的一击，却也不至于拖部队的后退，只是由于技术不可靠，就一直这么中庸地在战场上存在着。

马克 I 型坦克

这是第一款参加实战的坦克。在取得了区域性的胜利之后，所有 49 辆该型号的坦克绝大多数因为技术故障，或是被敌方炮火击中而退出了战斗舞台。

重量：28.5 吨
乘员：8 人
时速：最高 6.5 千米
装甲：12 毫米
武装：2 门 57 毫米口径轻炮和 4 挺机关枪

俄国的攻势

英国人在索姆河上跟德国人缠斗的时候，俄国人也没闲着。为了尽到盟友的责任，尽可能地帮助法国缓解凡尔登地区的压力，俄军的阿里克谢·布鲁希洛夫将军带领部队向德军发动了一次相当成功的大规模攻势。

1916年，已经答应协助盟友的俄国在了解到凡尔登法军濒临溃败的情况之后，只好把原定的东线袭德计划提前。由于他们有两支部队当时正好在那洛克湖地区作战，所以俄国总参谋长米哈伊尔·阿列谢夫将战场选在了普利皮亚特沼泽北部、维尔纳地区，并从阿列克谢·埃沃特将军率领的西部作战组团中，抽调第二集团军担任先锋。而奉命与俄军进行首轮对抗的，则是陆军元帅冯·艾科恩率领的德国第十集团军。

俄国第二集团军于 3 月 18 日开始挺进，但却遭到了德国战壕里发出的致命的火力攻击。这次战斗于 4 月下旬结束，艾科恩以 2 万人的代价给俄军制造了 10 万人的伤亡。俄军牵制德国火力的首次努力至此宣告失败。

☆ 布鲁希洛夫的新计划 ☆

5 月中旬，由于受到奥匈帝国的冲击，意大利急急忙忙地向俄国求援，俄军第二次对轴心国的进攻由此在意大利拉开了序幕。因为对战场情况还不甚了解，俄国最高指挥部一时感觉无处下手。阿列谢夫倒是提了一个建议，说是可以在北部发动进攻，不过由于准备时间长达两个月，所以也没怎么引起大家的兴趣。最后，还是阿里克谢·布鲁希洛夫想到了一个可以在几周之内就付诸实施的计划。

经过仔细的分析，布鲁希洛夫认为此时不宜进行重点突破，而应该将战线拉长，给敌人以全面的打击。他麾下隶属于西南战斗组团的集团军虽然人数上并没有什么显

德国炮兵部队军官在检查炮击精度。图中所示的大炮数量和西线战场上相比，明显多了不少。

一支俄军补给运输队。东线战场糟糕的道路系统给所有参战国都带来了不少麻烦，而春季河水解冻和秋季大雨倾盆时的路况则最是糟糕透顶。

著的优势，但却是最适合执行这项任务的部队。当然，为了达到出奇制胜的效果，他还制定了一些专门的计策。但他的同僚们却不认同他的计划，认为在势均力敌的情况下发动全面对抗无异于自寻死路。双方各执一词，争执不下，直到5月下旬意大利战局恶化，阿列克谢才不得不放权给布鲁希洛夫，让他按照自己的思路发动进攻。

俄军此次的进攻对象，是驻扎在普利皮亚特沼泽和罗马尼亚国境线之间的5支奥匈帝国集团军。6月4日，俄军首战告捷，成功地将奥国军队推到了火线之后很远的地方；在接下来的两个星期之中，布鲁希洛夫的军队又抓获了20万名奥军俘虏。俄军此战最成功的地方是将奥国第七集团军给打回了喀尔巴阡山地之中。这次攻势也是俄国在第一次世界大战中发挥作用的最佳体现。

☆ 伤亡数字 ☆

本次俄军攻势于秋天结束。虽然攻势后期的效果不如最初几天那么明显，但俄军依然斩获颇丰。而在此战中分别损失了35万人和100万人的德奥两国，则纷纷灰头土脸地结束了其在意大利的攻势，其中德军更是不得不从西线调兵前来支援。不过，俄国也为这场胜利付出了极大的代价：除了上百万人死伤、被俘之外，在攻势结束之后，俄军的士气也由于惨重的伤亡而衰退得非常厉害。

阿里克谢·布鲁希洛夫

布鲁希洛夫（1853~1926）来自一个贵族家庭，一直都被视为俄国在第一次世界大战中最好的将军。他既是一个司令，又是一个能干而谨慎的谋士。1916年3月，他开始担任作战组团的总司令，并在不久之后就发动了非常成功的"布鲁希洛夫攻势"。1917年3月，他由于支持临时政府而被任命为最高司令。但在参与了短命的"克伦斯基攻势"之后不久，他于8月1日就被踢出了权力中心。

布鲁希洛夫正在研究地图，以准备他的下一波攻势。

罗马尼亚战役

1916 年，罗马尼亚宣布加入协约国阵线，但这只不过是因为该国想趁乱将奥匈帝国的部分领土窃为己有罢了。没想到，罗马尼亚此举却"偷鸡不成蚀把米"，彻底惹恼了同盟国。在短短几个月的时间里，德奥大军不仅攻破了这名投机者的大门，更席卷了其国境内几乎每一寸领土。

战前的罗马尼亚连一支配备现代化武器的部队都没有，全国的兵力也只有区区 55 万人而已。但就是这么一个羸弱的小国，在第一次世界大战爆发后却成了一个香饽饽。协约国和同盟国都争着大献殷勤不说，要是从其首都布加勒斯特传出点消息说罗马尼亚打算支持谁了，谁还都得精神大振不可。而德国无疑是其中最谄媚的一个——谁让他们的粮油产地在这里，连往土耳其运兵都得仰仗罗马尼亚的铁路线呢。罗马尼亚政府对此的态度则很暧昧，典型的"风往哪儿吹就往哪儿倒"：今天英国打了胜仗，那就对协约国好一点；明天德国占了先机，又把热脸转给同盟国看。由于罗马尼亚国王费迪南德和德皇威廉二世是表亲，而他的妻子玛丽公主则是英国女王维多利亚的孙女，所以皇室成员内部也因为各自的立场而存在着小小的分歧。

罗马尼亚部队把守着喀尔巴阡山脉上通往奥匈帝国的各条要道。

☆ 罗马尼亚选择阵线 ☆

1916 年中期，俄国的布鲁希洛夫攻势大获成功之后，德国立刻知会罗马尼亚，任何入侵奥国的行动都会招致德国的武力回击。保加利亚和土耳其也依样画葫芦，纷纷强调自己同盟国的联盟立场。德、奥、保、土四国一边恐吓罗马尼亚，一边开始制定秘密入侵该国的计划。但他们低估了协约国的外交能力，没想到罗马尼亚会在"打败奥国、瓜分领土"的诱惑下动心，而俄国在这场胜利攻势后的收获也帮这个摇摆不定的中立国下了决心，在 8 月中旬签署了军事协议。之后的 27 日，罗马尼亚主动对同盟国宣战了。

罗马尼亚的一纸战书也宣判了法金汉最高指挥头衔的死刑。这位总参谋长误判战局，以为俄国不会在 1916 年发动系列攻势，更连累德军部队在凡尔登死伤无数，德国野心勃勃的将军和政客们早就想把他赶下台，现在有这么多小辫子可抓又哪里还会手软。8 月 29 日，法金汉签署了辞职信。作为"反法金汉"小集团的首脑，两名来自东线战场的高级将领——陆军元帅保罗·冯·兴登堡和自称"军需总监"的艾力

图为一群保加利亚军官的合影。对这样的一个人口小国，1918 年时派出的 85 万人在他们看来确实是一支大军。

克·鲁登道夫——登上权力巅峰，并将从此负责指导整个德国战车的走向。而以他们为核心组建的参谋机构即被称为"第三最高指挥部"。

新官上任三把火，德国的"双头"指挥部立刻开始对付罗马尼亚。奥匈帝国境内的特兰西瓦尼亚是 300 多万罗马尼亚人的老家，所以当罗国军队奉命北上进攻此地时，士兵们并不是非常情愿。带着抵触情绪的罗国军队走得非常慢，没精打采地从特兰西瓦尼亚境内的阿尔卑斯山脉的 4 条小路上穿了过去。不过，德国很快就会给他们打一剂致命的"强心针"了。德国前总参谋长法金汉现在是德国第九集团军的总司令，虽然仕途受挫，但他至少还保留了自己的部分军事指挥权，因此迅速地调集部队，不仅让罗国军队吃了一个大大的败仗，还把他们逼退到了罗国的瓦拉几亚省境内。另一方面，以陆军元帅奥古斯特·冯·麦肯森为前锋的保 - 德多瑙河集团军也自萨洛尼卡的火线赶来，从南面侵入了罗马尼亚的多布鲁达省。

☆ 罗马尼亚战败 ☆

1916 年 12 月，持续 4 天的阿尔戈斯河之战决定了罗马尼亚的败局。12 月 6 日，罗马尼亚首都布加勒斯特沦陷，罗马尼亚政府和王室迁往全国唯一没被攻陷的摩尔达维亚省，并临时驻于其首府雅西。本来规模就不大的罗国军队，在宣战后用 30 万人的生命给 12 万侵略者陪了葬，仅剩下一支向俄军方向逃命的集团军没有殉国。在战前被派往罗国搜集情报的英国政治家约翰·诺顿 - 格里菲斯，此时沉着地派人破坏了罗国的炼油设施，并烧掉了该国大量的存粮，不过这些手段其实也只能给德国的供给暂时制造一点麻烦而已。

罗马尼亚部队在退守东南领土的途中穿过临时人行桥。

伪　装

　　为了躲过侦察机和系留气球的搜寻，避免被敌方火力击中，保护重要的设备和军事给养，所有参战国都开始积极发展伪装隐蔽技术。

图中这辆英军坦克的伪装稍显敷衍，一般坦克在作战前都会藏在树林里。

视觉欺骗是最基本的"伪装"，而这种战场上的常用伎俩，古已有之。在侦测技术还很不发达的时候，侦察兵最可靠的工具就是自己的双眼，视力所及之处就是观察范围，所以要躲开敌人的观察也很简单，只要找个高一点的遮蔽物挡一挡，或是把两军之间的距离拉大到敌人的观察范围之外就行。美国内战（1861~1865）和普法战争（1870~1871）中系留气球的普及曾使得传统的隐蔽方法效果大减，但即便如此，站在高处的侦察兵也不过是多了一个双筒望远镜而已，侦察效果依然很不理想。而第一次世界大战中飞机的出现则为伪装技术的推进提供了莫大的动力，普通的隐蔽手段根本无法躲过搜索面积极广的飞机侦察，从此，伪装真正演变成了一种因时而动、因地制宜的艺术。

☆ 隐藏的计划 ☆

一名德军炮兵观察员在稍作伪装的观察点通过双筒实体镜寻找攻击目标。

　　从某种意义上来说，第一次世界大战也是一次"给养之战"。火线后方的区域一般都堆满了各式各样的补给品，在准备大规模攻势的时候，补给储备量还将急剧增加。粮草的重要性使之无论在哪里都成为了最有诱惑性的攻击目标，而为了保护这些重要物资不受敌军飞机或炮火的威胁，人们有时把它们藏在森林里，有时则用网子把它们罩起来。英军甚至还专门辟出了专供坦克集结的伪装阵地，保证坦克部队在接到进军命令以前可以安心地养精

伊普尔附近英军的一个榴弹炮作业小组。上方的伪装网可以帮他们减少部分敌军反炮击的火力。

蓄锐，也只有这样，才能让这些"隐形战车"在敌军阵地前突然出现时给对方以惊吓。而此时英军对伪装的理解更是已经超出了视觉这一层面，将听觉效果也纳入其中。在坦克部队出动时，他们还会派出一小股飞行部队，用飞机引擎的轰鸣遮盖坦克前进时发出的隆隆声，从而分散敌人的注意力，干扰对方的侦察。

在接近火线的地方隐蔽，不如在后方那么容易。而为了隐藏最容易被敌军观察到的交通要道，士兵们常在道路两旁挂起一种类似晾衣绳的伪装物，这样，当有战车或部队从这里经过时，敌人就只能看到士兵们"晾"在那里的东西，而看不到具体的军事动作了。

☆ 观察岗 ☆

火线是新伪装最好的试验田，英军则以其无处不在的巧思妙想成为了最佳伪装部队。当时，谁要是敢在光天化日之下把头探出战壕之外侦察敌情，那他不是脑子有病就是不想活了，为了解决白天无法进行阵地观察的难题，英军发明了一种形似枯树桩的观察哨。

让人眼花缭乱的伪装

这是一种海军专用的伪装技巧，在特别鲜明的色彩对比和黑白灰三色的线条图案之中，军舰的吃水线、甲板和舰桥位置都变得很不明显。而试图通过这些数据来分析战舰去向、速度和相对距离的潜艇指挥官，也将因失去了攻击的准确性而无法发出鱼雷攻击的指令。协约国有4400艘以上的商船和海军舰艇都采用了这种类似迷彩的伪装，但其效果如何尚存争议。

皇家海军舰艇"复仇"号在战争末期也采用了这种迷彩伪装。

说到底，最好的伪装还是黑暗，这也是为什么很多行动都选择在晚上进行的原因。士兵们往往趁着天黑冲入无人区，挖掘新的战壕，修补被战火冲破的封锁线，或是布置新的战壕袭击，完成监听行动。在寒冷的冬天，有些军队还会换上雪白的战衣。虽然火线之后的行动对伪装的要求较低，但如果是往火线运输粮草之类的话，那还是得尽可能地制造噪声来掩饰运输队的行动。

意大利战场的僵持

　　1916 年春末，奥匈帝国在意大利战场上发动了首次总攻。虽然奥军在开局时打得还不错，但由于意军不断地在伊松佐河沿岸打一些小胜仗，战场形势很快就倒向了协约国一方。

意大利原本计划在 1916 年夏天时再在伊松佐河沿岸发动一轮攻势，但由于凡尔登告急，法国盟友紧急求援，并不擅长指挥大型战斗的意军总参谋长卡多纳只好出于援助盟友的考虑，把这次行动的时间提到了早春。于是，第五轮伊松佐攻势于 3 月 11 日登场了。可是由于天公不作美，战场天气一直很差，这次无足轻重的行动到 29 日就结束了。

俘虏们行进在离开伊松佐战场的路上。崎岖的地形是伊松佐地区最大的特色。

☆ 山地作战 ☆

　　伊松佐地区的战斗结果常常能够左右整个意大利地区的战局，但奥国部队却似乎不信这个邪，又在蒂罗尔南部的特伦蒂诺地区开辟了一块战场。特伦蒂诺可以算是一个意语地区，于 1915 年被意军占领。而奥军此战的目的，就是在南部小镇阿奇亚哥切断伊松佐流域的意军和意国大部队的联络。

　　在凡尔登战斗正酣的德军拒绝协助这次袭击，但奥军总参谋长、陆军元帅康拉德·冯·霍兹多夫却依然坚持在春末发动进攻。此时，在罗伯托·布鲁萨提指挥下驻守伊松佐河的意大利第一集团军共有 10 万人。为了一击即胜，奥军特别安排了科夫斯·冯·科夫沙扎率领的奥国第三集团军和维克托·丹克尔·冯·克拉斯尼克的第十一集团军进行联合作战。这支联军不仅有人数 4 倍于意军的士兵，还有最新配备的 2000 门大炮，更由尤金大公担任总指挥——不过，实际掌权的行动指挥却是康拉德自己。

☆ 挺进奥地利 ☆

　　5 月 15 日，奥军开始从 73 千米长的火线向前挺进。29 日，他们在康拉德的指挥下一鼓作气地把意军逼退到了阿奇亚哥之外。但自那之后，由于地形崎岖等众多原因，奥军便气势渐微，而卡多纳则利用

奥匈帝国军队在火焰喷射器的掩护下向意军阵地压进。

阿奇亚哥攻势中，奥国部队围着一台弃置的意军重型榴弹炮。

铁路迅速地给伊松佐的意军运来了40万援兵。在对手的顽强抵抗之下，奥军突进意大利火线的努力最终失败了。

6月4日，俄军开始进行布鲁希洛夫攻势，东线战事吃紧。为了避免奥国在东线战场全面崩溃，原本分布在各地作战的全体奥军都不得不在一周之内收缩阵线，急急赶往东线增援。面对意军的猛烈反攻，尤金获准后撤到攻势始发地以外5千米的地方。双方在这次攻势中战成了平手，各自损失了约15万士兵，但奥军却因为此战而精疲力竭，从此只能在德军的帮助下才能发动对意进攻了。

不过，这显然还不能让卡多纳满意，因为他很快又在伊松佐一带布置了新的行动。8月6日，卡多纳从特伦蒂诺调集大批部队，前去攻打戈里奇亚地区早已人困马乏的奥国军队。虽然此战并无亮点，但到意军17日攻下敌方阵地时，却已经付出了5万人的代价，而经此一役，奥军伤亡已高达40万人。双方损失之间的巨大差距让新成立的意大利政府倍受鼓舞，

遂于当月28日信心百倍地正式对德宣战，而这也使一直跟意大利井水不犯河水的德国开始踏足意大利战场。

在见证了两军的6次对抗之后，伊松佐地区又于9月14~26日、10月10~12日和11月1~14日爆发了三次奥意对战。不过，这些行动除了造成6.5万名奥军折损、7.5万名意军伤亡及被俘之外，却并没有起到任何其他作用。

1916年，意军部队开往前线，为又一次的伊松佐攻势作准备。

航空母舰的雏形

第一次世界大战于 1914 年爆发时，海军航空技术刚刚萌芽。几年之后，英国用无数次试验换来了可以携带飞行器的战舰，并让之驰骋海上疆场。

为了实现让飞机从战舰上起飞的梦想，英国皇家海军航空部队在第一次世界大战中付出了很大的努力。英军的第一艘水上飞机母舰是由旧式巡洋舰改造而成的"赫尔姆斯"号，该船于 1914 年 10 月被鱼雷击沉。而第一艘真正

皇帝陛下舰船之"狂怒"号

"狂怒"号是第一艘由战列巡洋舰改装而来的航空母舰，可以搭载 3 架肖特 184 型水上飞机和 5 架索普维斯幼犬战斗机。飞机可以从该舰舰体前端的飞行甲板起飞，但在母舰航行的过程中却不能在此降落。

排水量：22000 吨
舰员：737
时速：32.5 节
武装：10 门 101.6 毫米大炮

意义上的航空母舰"皇家方舟"号是由一艘运煤船改造而成的，从 1914 年 12 月开始服役于英国皇家海军。由于渡轮的速度较快，可以配合作战舰队中常规战船的作战步伐，所以英国又在 1914 年后将英吉利海峡的许多渡轮都改造成了轻装型水上飞机母舰。

☆ 首战 ☆

"恩格达恩"号、"女王"号和"里维埃拉"号是 1914 年秋天由英军进行改装的三艘水上飞机母舰。理论上来说，这三艘舰船的甲板都可供有着陆轮的飞机起飞，而它们的绞盘传动装置则可以把装了浮筒的水上飞机从海里拉上舰来，或是把舰上的飞机放下水去。1914 年 12 月 25 日，7 架飞机从这三艘母舰上出发，在库克斯港附近袭击了德国的齐柏林飞艇基地。作为第一次有水上飞机母舰参与的海上航空袭击，此战的意义相当重大。但在这次行动中，三艘母舰里却只有"恩格达恩"号得以在北海上生还；该舰后来又参与了 1916 年的日德兰海战。

"彭米克利"号、"曼克斯曼"号和"惠托兹"号是三艘体型较大的改装舰。1915 年 11 月，陆上飞机布里斯托斯科特 C 型首次成功从海上起飞，为海上航空事业树起了一块里程碑。1915 年夏天，"彭米克利"号前往达达尼尔海峡参加战斗；8 月里，一架从该舰上起飞的肖特 184 型飞机由于首次成功用空投鱼雷进行攻击而被载入史册。英军最后

1914 年，一艘来自英吉利海峡的快速渡轮被改造成了水上飞机母舰——"恩格达恩"号。12 月 5 日，该船参与了袭击了德国的库克斯飞艇基地。

于 1918 年 10 月开始在英国海军服役的皇帝陛下舰船之"阿耳弋斯"号，是世界上第一艘可供飞机在海上起飞和降落的平甲板型航空母舰。

一批水上飞机母舰的服役时间是 1915~1917 年，其中包括了由油轮改装而成的"坎帕尼亚"号、"奈拉纳"号和"珀伽索斯"号。这些母舰在战场上的表现一直乏善可陈，而"坎帕尼亚"号还没参加过几次行动就于 1918 年末在一场暴风雨中失了踪，而一直在北海地区服役的"奈拉纳"号和"珀伽索斯"号则于同年驶往地中海战场。

法俄两国在研发母舰方面也不甘人后。法国最早的改装对象是一艘鱼雷艇补给舰"闪电"号，1913 年时，这艘改装舰就已经拥有能搭载很多水上飞机的机库了。在那之后，法军又造了 4 艘母舰。其中，"坎皮纳"号是于 1915 年由一艘油轮改造而成的，后来加入了协约国的地中海舰队；而由英吉利海峡的渡轮改造而成的三艘母舰则携手扮演了护航舰（"鲁昂"号）和海峡战舰（"诺德"号和"帕斯得卡莱斯"号）的角色。俄国的 6 艘水上飞机母舰后来都在其黑海舰队中服役。

☆ 航空母舰 ☆

1916 年，功能愈发强大的各式飞行器纷纷面市，而攻克了利用短甲板起飞这一技术难题的索普维斯"斯塔特"型和"幼犬"型等飞机则让各种母舰显得愈发重要。配有着陆轮的飞机进行水上作战必须依赖水上飞机母舰或航空母舰，可是这些飞机却有一个致命的缺点，那就是无法在母舰上着陆。也就是说，这种飞机在执行海上航空任务时就变成了一种"一次性"用品，飞行员在执行完任务后，必须弃机跳海才能保住性命。为了解决"一次性飞机"这个难题，英军开始改良各式母舰。于 1916 年末最早接受改良的是"阿耳弋斯"号航空母舰，它是由油轮改装而成的第一艘平甲板型航空母舰；之后，英军又于 1917 年末开始改良由轻型战列巡洋舰改造而来的航空母舰"狂怒"号，使其在 1918 年 3 月时具备了两个起飞甲板和一块附加的停机坪，不过由于舰体上部的中枢结构会造成气流紊乱，所以飞机降落在该舰上还是没有安全保障。除此以外，英军还专门建造了一艘同样名为"赫尔姆斯"号的航空母舰。虽然英军在这方面确实投入了很多，但这些改良版的母舰却直到战争结束也没能投入应用。

英军航母"坎帕尼亚"号

1915 年 5 月，原油轮"坎帕尼亚"号被改造为航空母舰，开始为英军服役。该舰可以搭载 10 架水上飞机，但由于舰体前端的飞行甲板长度不够，所以无法让飞机安全地起飞。

下水：1893 年
排水量：18000 吨
舰员：600
时速：22 节
武装：6 门 119 毫米大炮

萨洛尼卡的军事行动 1916~1917 年

为了能更有力地与同盟国抗衡，协约国在希腊的萨洛尼卡省倾注了大量的人力物力，试图开辟一块全新的战场。但他们的士兵却被各种疾病折磨得奄奄一息，根本无力发动任何行动。

1915 年末，同盟国摩拳擦掌，准备入侵塞尔维亚，这一举动使得塞国以南的希腊顿时有了一种"唇亡齿寒"的恐惧。在希腊的请求下，协约国答应为其提供紧急军事支援。不过没过多久，希腊似乎又觉得是自己想太多了，想要撤回求援信，但这时协约国的军事"援军"却已经刹不住车了。1916 年 1 月，从塞尔维亚战场上撤下来的塞族士兵在接受了协约国的军备重配后，开始以科孚岛为登陆点，大批涌入希腊境内，到当年 7 月时，已有 12 万协约国士兵驻扎于此。这些"客人"也当真老实不客气，按照协约国的常规作战思路在希腊半岛的收缩部筑起了强化火线。

协约国坚持增强其在萨洛尼卡的力量——图为英军从运输船上卸下一匹战马。

☆ 协约国的苦恼 ☆

干劲十足的协约国部队在希腊半岛也没少遇到麻烦，而当地那种易于疾病滋生的环境则是他们面临的一个最严重的问题。本来，希腊多山的地形就是宜守不宜攻的，而协约国的英法军队互不通气的"多头指挥"则又让部队的机动性和杀伤力都大打折扣。当时，派驻希腊的法国将军莫里斯·萨莱尔和英国将军布莱恩·马洪就常常因为缺乏统一的指挥而进行"重复劳动"，糊里糊涂地搅和到对方的行动中去。而对于萨洛尼卡，英法两国的许多政府官员和军队领导都只把它看成一个军事意义不大的次级战场，所以甚少往此地派驻军队，更不要说配给物资了。

☆ 首战 ☆

按照协约国最初的计划，驻扎在希腊的部队将于 1916 年夏天以瓦达河为中心，向北部塞尔维亚的乌斯库伯（即斯科普里）挺进。但很不凑巧，保加

前往萨洛尼卡的军队。图中只是协约国各种武装力量中很小的一部分。

利亚军队却在德军的撺掇下，抢先从塞尔维亚的西南部发动进攻，闯入了希腊境内。8月17~27日，保军在弗洛里纳之战中挫败了协约国军队。萨莱尔在次月发动反攻，并于9月18日夺回了失地。尽管在此期间萨莱尔和他的同僚们有一些争执，但总算保住了协约国的胜势。

疟疾是萨洛尼卡战场上最大的杀手。图中右面的士官在给士兵们分发每天必服的奎宁。

协约国部队决定乘胜追击，一路打到了塞尔维亚境内。11月19日，经过与德保联军4天的战斗之后，协约国以50000∶10000的伤亡比例将莫纳斯提尔（即比托拉）收入囊中。1916年，巴尔干地区以独立战斗的形式爆发了一次决战，一支意大利军队在阿尔巴尼亚南部打败了与其规模相当的一支奥国部队后，与萨莱尔的部队在奥克里达湖（即奥赫里德湖）会合。

1916年间的战斗为希腊北部和塞尔维亚南部之间战场的形成奠定了基础，而这一格局直到1918年9月前都不会有太大的改变。1917年时，手握60万重兵的萨莱尔曾试图打破战场上的僵持，但却遗憾地发现他只有1/6的兵力适于行动。抱着聊胜于无的心情，他于3月11~17日和5月5~19日间分别在普雷斯帕湖和瓦达河沿岸发动了两次进攻，可惜收效甚微。此后半年，协约国部队按兵不动。当年12月10日，新成立的法国政府解除了萨莱尔的职务，任命颇有才干的阿道夫·马利·吉约马出任法军驻希腊部队的总司令。

协约国"协防"希腊的行为其实多少有些自作多情。希腊本来是个政治中立的国

路边是正在休息的英军士兵，他们看着刚刚抵达萨洛尼卡的法军小队奔向前线。

家，但却在此战中由于高层的政见不同而出现了分化。当时的希腊国王康斯坦丁一世是德皇威廉二世的妹夫，因此很自然地倾向于同盟国阵营；而一度担任希腊首相的伊琉瑟里欧斯·维尼泽洛斯则是协约国的支持者。不过，在协约国接连数月的派兵"协防"和政治施压之下，分歧并没有持续多久。1917年6月12日，康斯坦丁宣布退位，而新任希腊国王亚历山大则于26日再次任命维尼泽洛斯为首相。7月2日，希腊正式对同盟国宣战。

东非地区的战争 1914~1918 年

东非战场上的对抗之所以会成为整个第一次世界大战中时间跨度最大的一场战役，很大程度上是因为德军司令保罗·冯·列托－佛贝克的存在。佛贝克是一个意志非常坚强的人，直到 1918 年 11 月协约国和同盟国签订了停火协议后几天才率部投降。

1916 年初，德国在非洲的 4 块殖民地已经被协约国攻下了三个，在受协约国控制或是隶属于中立国的若干殖民地中间，孤立无援的德属东非也岌岌可危。但这块由卢旺达、布隆迪和坦桑尼亚组成的最后一块殖民地却出人意料地坚挺，直到 1918 年停火协议签署两周后才宣布投降。对德军而言，此役功劳最大的当属保罗·冯·列托－佛贝克将军，正是他带领着 3000 名欧洲正规军和 4600 名民兵及土著警察，在完全没有援军的情况下，用尽了一切可利用的资源，在重重包围之中创造了奇迹。

☆ 早期的战斗 ☆

1914 年，英国派出一支未经训练的印度新军向列托－佛贝克发动急攻。11 月 3~5

保罗·冯·列托－佛贝克

列托－佛贝克（1870~1964）是一名职业军人，于 1914 年 2 月被任命为德国驻东非部队总司令。虽然他的手下只有几千名民兵，而且几乎从来没有得到过德军本身的援助，佛贝克却一直以其坚韧不拔的毅力与数倍于己的协约国部队周旋着，直到战争结束。

日，战斗在德属东非的重要港口坦噶爆发。当时列托－佛贝克的手下只有 1000 名士兵，面对 8 倍于己的敌人，他们以 148 人伤亡的代价杀敌 360 人，伤敌 487 人；而英军则在此战中抛弃了 16 门机关炮、上百把步枪和 6 万发弹药，输了个一塌糊涂。在 1915 年期间，交战双方都没有再动总攻的念头，只是各自发动了一些跨界袭击。列托－佛贝克也由此得以休养生息，积聚起由 3000 名欧洲正规军和 1.13 万名民兵组成的战斗力量。在鲁菲吉三角洲，他从被英军于 7 月 11 日击毁的轻型巡洋舰"哥尼斯堡"号上抢回了 10 门 105 毫米口径的大炮。

1916 年 2 月，英军原南非地区负责人简·克里斯蒂

列托－佛贝克是德国的民族英雄。

一名英军士兵在东非某处看守一门大炮。

图为英属尼日利亚军团中的号手们，摄于一艘驶往东非的运兵船上。

安·斯木茨将军出任非洲总司令。同年 3~9 月，他调集军队再次向东非北部发动攻势。但英军不仅没能在此战中抓到列托－佛贝克，更因弹尽粮绝而被迫撤退。之后，协约国又进行了两次尝试：第一次是英法两国联盟于 9 月占领了西北部的塔波拉，但这次行动在此后不久即告暂停；另一次是从北罗德西亚（即赞比亚）出发向西北突进，这次攻势又于 10 月末在伊林加被德军拦截。一次又一次的军事行动像一把把匕首一样，将东非地区划得伤痕累累。不过，由于协约国军队中约有 1.2 万人因病撤退，列托－佛贝克在东北部的主力部队倒是趁机保存了实力。

☆ 尾声 ☆

　　列托－佛贝克知道自己缺兵少粮，所以从来不跟协约国的大部队正面冲突，一直都秉持着"打了就跑"的作战方针。1917 年，驻非英军把大部分精力都用在储备援军和料理残局上了。列托－佛贝克的游击战固然让英军损失了不少装备和工事，而由两名德国军官在没有得到批准的情况下发动的一场"威特根－瑙曼远征"则更让英军头痛不已——在这次战役中，德军只用了 700 名民兵就给协约国占领的东非北部造成了极大的伤亡。9 月，英军针对列托－佛贝克部队的又一次袭击在马西瓦被挫，而列托－佛贝克在逃到了葡属东非的莫桑比克后，率领他只剩 2200 人的小部队，历经千难万险，跋涉 2200 千米，终于回到了德属东非之内。

　　现在，所有驻非英军都瞄准了列托－佛贝克，不过这位将军并没有因此而退却，更于 11 月 12 日率部冲入北罗德西亚，在卡马萨打响了他们的最后一次战斗。次日，列托－佛贝克得知了停火协议已经签署的消息。在与英军进行了多日的交涉之后，德军的这支小部队最终被扣留在了阿伯康。孤军作战的列托－佛贝克仅凭手中几千人的部队，不仅牵制住了协约国 16 万大军和成千上万的土著士兵，更让英军付出了约 1 万人伤亡的惨重代价——这还只是正规军的折损数字，如果算上当地的搬运工和为英军作战的土著民兵的话就是 10 万人。

疟疾之祸

　　疟疾并不是一种在短时间内就能致人死地的疾病，但它却能极大地消耗人的精力，让人变得虚弱不堪。在第一次世界大战中以萨洛尼卡和非洲为代表的地区里，这种疾病的肆虐给各国军队都造成了非常严重的伤亡。非洲战场的情况比较古怪：为军队搬运货物的当地人虽然是疟疾的传播者，可是由于他们已经免疫了，所以没啥损失；但被传染的士兵们却死伤无数，被疟疾折磨得够呛。此外，以东非战场上为协约国卖命的非洲士兵来看，被交战火力创伤、致死的只有 1377 人，而因为疟疾被送去就医的却有 2923 人。1916 年 6 月至 12 月间，约有 5 万名英军士兵因为患有疟疾而接受治疗。

日德兰海战

这是第一次世界大战中规模最大的一次海战。虽然英军在此战中损失的战舰和士兵都要比德国多，但却毫无疑问是在这次对抗中笑到最后的，而德国大洋舰队却从此再也无法参与这种强度作战了。

在第一次世界大战里，德国大洋舰队和英国大舰队之间就打了这么一次大仗，而这一仗却并非来自任何人的安排，完全是一场意外——当时，英德双方都只是想把对方的舰队给吸引到另一场战斗中去。5月30日下午早些时候，德军舰队主动驶离母港开始行动，但他们却不知道，对德军动静早有所知的英军舰队此时已经在海上候命了。

☆ 对战舰队 ☆

英军方面由海军上将约翰·杰里科带队，海军上将大卫·贝提率战列巡洋舰支援，总共出动了包括 28 艘无畏舰和 9 艘战列巡洋舰在内的 151 艘战舰。而带领德国大洋舰队出战的则是海军上将雷恩哈德·希尔，支援他的是海军上将弗兰兹·冯·希佩尔指挥的战列巡洋舰，整支队伍里共计有 16 艘"无畏"舰、6 艘前"无畏"舰和 5 艘战列巡洋舰——除了以上特别提及的各主要战舰外，双方剩余的其他战舰多为小型的巡洋舰和驱逐舰。

⊙无畏级皇帝陛下战舰"奥斯特夫里斯兰"号在从日德兰战场返航时被水雷炸穿了。

☆ 第一滴血 ☆

⊙设计简陋、缺乏良好控制预案的英军战列巡洋舰"不倦"号，在德军的准确打击之下沉没了。

5 月 31 日 14 点 15 分，双方以小型巡洋舰和驱逐舰的冲突为契机，拉开了日德兰海战的大幕。在这些小型战舰缠斗不休的时候，几乎每一艘战舰的无线电警报都在响个不停。95 分钟后，造成警铃大作的大型战列巡洋舰取代小型战舰，开始主导战场剧情。贝提的舰队在此期间被打得很惨，连旗舰"雄狮"号都被德军"卢佐"号的炮弹给轰得体无完肤。但"雄狮"号的情况还不是最糟的，"不倦"号在被

"冯德坦"号击中后不久，即在一次剧烈的爆炸中支离破碎。没过多久，被"德芙林格"号数次击中的"玛丽皇后"号也因爆炸沉没。

希佩尔和希尔的主舰队就像打上了瘾一样，追着撤退的贝提不肯罢休。但他们却并不知道，在这片海域上，除了贝提的小舰队之外，英军还有杰里科的大舰队随时候命，而贝提此时就是朝着杰里科

海军上将约翰·杰里科

杰里科（1859~1935）从1914年8月4日起开始指挥英国皇家海军海上进攻主力的大舰队。他的任务是在不卷入大型海战、不折损舰队力量的前提下，对德国进行海上封锁。虽然杰里科常被指责过分小心的策略实际并没有错，但他在1916年日德兰海战中的表现也确实过于谨慎了些。同年，杰里科被提拔为第一海务大臣。他在任职期间采纳了很多可以更有效达成反潜目的的方法，但却极力反对为商船提供护卫舰。1917年12月24日，杰里科被解职。

⊙杰里科上将由于在日德兰海战中过于谨慎的作战态度而备受责难。

在北面布下的埋伏圈里逃跑的。杰里科早就安排好了一切，只等德军一到即行开火。

主战场的这台大戏以双方战列巡洋舰之间的对抗为标志正式开演。不久，英军的"无敌"号战舰就在一次大爆炸中沉没，而希佩尔的旗舰"卢佐"号也被重创。18点30分，双方等级相当的"无畏"舰纷纷进入对方的攻击范围。战至此时，希佩尔终于看清了战场上对德军而言极为危险的形势，开始用自己的战列巡洋舰吸引英军的火力，并最终让希尔在渐益浓重的夜色中得以抽身撤退。而杰里科则由于担心德军无畏舰的鱼雷而不敢近距离追击。

这天夜里，双方只是间或发生一些小擦碰，并没有再次爆发大规模的对抗。7月

⊙英国战列巡洋舰"玛丽皇后"号由于内部发生爆炸而沉没，只有8名船员生还。

1日，德军班师回港，杰里科也于11点命令英军收队。德军以3039名士兵的性命和11艘残旧的破船为代价，换得英军6784人伤亡、14艘军舰沉没，这种损失的差距也许颇能让人得意一阵子。但德军知道，这样的损失实际上对于英国大舰队来说连皮外伤都算不上，没多久人家拍拍身上的尘土就又能踏上征途了。虽然相比敌人而言自己折损较少，但却是几乎搭进了整个海军部队，甚至还险些因此而输掉了整个战争。自此之后，德军舰队再也没能以同样的规模出动过，不少战舰直到战争结束都还停在海港里修整，更别说以之求取什么决定性的胜利了。因此，从战略上来说，英国才是日德兰海战中真正的胜利者。

"无畏"舰

英军"无畏"号是第一艘现代化战舰。这艘划时代战舰的出现，除了让其他既有战船都顿时黯然失色之外，更引发了英德两国之间激烈的海军军备竞赛。

从1906年开始，直到第一次世界大战结束，"无畏"号都在英国海军里服役。该舰于1919年退役。

在第一次世界大战爆发时，几乎所有国家的海军指挥官们都抱持着同一种观点，即认为海上战争的胜负最终将由最大型战列舰之间的对抗来决定。1905年，日本帝国海军在对马海海战中击垮了俄国波罗的海舰队。此战不仅是海战史上重要的一页，更让深信"战列舰决定论"的英德两国开始期待将双方卓越的海军力量在北海上一较高下。

在以往的海战中，战果往往都取决于双方战列舰之间的差距。而在当时来说，战列舰就是最大型的战舰了，所以人们在第一次世界大战开始后也没觉得情况会有什么不同。在20世纪的第一个十年里，各国的战列舰看上去都大同小异。不过，皇帝陛下舰船之"无畏"号的出现改变了一切。当时，英国的第一海务大臣是海军上将约翰·费舍尔，他也是同辈的海军官员中最有远见的一个行动派人物。正是在他的大力促进之下，无与伦比的新型战舰"无畏"号在经过14个月紧锣密鼓的建造之后，于1906年12月闪亮登场了。这艘战舰的出现无疑是舰船设计行业的一次飞跃，而其他各式各样的战舰则在它出现的同时顿失颜色。

☆ 大炮和涡轮 ☆

"无畏"号是第一艘"全大炮战舰"，配备的10门炮全部是威力十足的305毫米口径大炮，而与其同一时期的英国最新型的前"无畏"舰只有4门这种炮。德军战舰的装备就更差，只有4门280毫米口径的炮。"无畏"号不仅可以发射更重的炮弹，而且攻击的准确性也比前"无畏"舰上那些小型炮要好。

战舰本身的重量加上大炮和配套弹药的重量，使得"无畏"号比它的前辈战舰们重了很多，但这却并没有拖累它的表现。和大多数的前"无畏"舰比起来，

英军"无畏"号在1915年击沉了德国的U-29潜艇。

"无畏"号22节的速度还是要快2节；而首次使用蒸汽涡轮的动力设备则让其航行范围比普通战舰要广大约30%。

海上军备竞赛一直在持续着。图为1911年9月间德国"拿骚"级"无畏"舰的演习场景。

☆ 战舰的制造 ☆

"无畏"号的出现很自然地在英德两国之间引发了一场海军装备的竞赛。1909~1914年间，英、德分别制造了23艘和17艘"无畏"舰，在第一次大战期间，双方的"无畏"舰总数又各自上涨了11艘和2艘。其他各国也不甘示弱：法国于1912~1914年有7艘"无畏"舰下水，意大利在1912~1915年间有6艘投入使用，而美国也在1909~1915年里造出了12艘。由于后期"无畏"舰比起"无畏"号来说更加强大，所以又被称为"超级无畏舰"。

虽然大家都铆足了劲去造"无畏"舰，但在第一次世界大战中以"无畏"级战舰为主的海战却鲜有出现，确切来说，1916年的日德兰海战是这场战争中唯一的一次"无畏"舰对抗战，也正因为如此，第一次世界大战时很少传出"无畏"舰沉没的消息。德国就从来没有因为敌方的袭击而折损过任何一艘"无畏"舰，不过英国倒是折过两艘：一艘是1914年10月被德军水雷炸沉的"大胆"号，一艘是1917年在斯卡帕湾因为内部发生爆炸而沉没的"先锋"号。

图为英军"伊丽莎白女王"号上380毫米口径的舰炮。"伊丽莎白女王"级"无畏"舰是英国海军在第一次世界大战中所用杀伤力最大的一类"无畏"舰。

约翰·费舍尔

约翰·费舍尔（1841~1920）是英国皇家海军历史上公认的最杰出的人物之一。1903年，费舍尔出任英国第一海务大臣，着手进行一系列包括引入飞机和潜艇等新技术的军备现代化项目。不过，费舍尔主攻的依然是水面战舰，"无畏"级战舰和战列巡洋舰就是他在任职期间推出的。可以说，英国海军能在第一次世界大战中与德国海军相抗衡，其战备资本都是由费舍尔积累起来的。1910年，费舍尔退休，但他又于4年后重掌第一海务大臣的官印。几年后，由于和丘吉尔为了加利波利战役争执不休，费舍尔一怒之下辞职。

潜艇锋芒渐露

　　水面舰队一直都是德军借以破坏英国海上交通线的主力，但在潜艇出现之后，其主导地位却受到了强烈的动摇。由于来去无踪，深藏水底的潜艇不仅可以制造出比水面舰队更惊人的杀伤效果，更可以在搞完破坏以后轻松地全身而退，所以很快就成为德国海军的新宠。

1914~1915 年间，德国用以在公海上袭击协约国商船的水面袭击舰已被消灭殆尽，但对英商船的袭击却还得继续，所以德国皇家海军只好让才面世不久的潜艇顶上了。1914 年，德国潜艇的军旅生涯还没有达到巅峰，就已经击沉了 396 艘属于协约国或中立国的舰船——而此时非同盟国损失的舰船总数也才 468 艘而已。如此辉煌的战绩让那些一度怀疑过潜艇能力的德国军官们也都放了心。于是，德国海军造船厂开始大批量地制造潜艇，到 1916 年时，德国的水下作战能力已经得到了极大的提升。

　　但就在德军潜艇部队整装待发的时候，德国领导层却开始为"潜艇是否应该对袭击范围以内的所有对象进行打击（无论双方是否交战）"一事争吵不休。支持"无限制潜艇战"的是以海军大将为首的军队领导人，他们希望通过这种不留余地的打击方式，在英国彻底实现对德海上封锁之前打垮敌军，而且这种政策在 1915 年时就曾经执行过 7 个月，现在再来一次也没什么关系；反对"无限制潜艇战"的则是以政府外交官为代表的政客们，他们担心这种策略会把目前中立的美国推到协约国的身边去。

　　一艘潜艇在接近已经被它干掉的英国商船，这艘船很可能是被炮火直接击沉的。

潜艇王牌

　　尽管第一次世界大战时潜艇技术才刚刚起步，却已经出现了一些可以指挥潜艇击沉重吨位舰船的司令官。在这场战争中，协约国约有排水量总额超过 21 万吨的舰船毁在 5 名特别出色的德军潜艇舰长之手。其中有一位不喜欢那种深藏水底的作战方式，总爱把潜艇露出一半在水面上，直接用炮火攻击对方，这就是德国潜艇史上最优秀的王牌舰长，海军少校罗瑟·冯·阿尔诺德·德·拉·佩里埃。这位曾先后指挥过第 35 号潜艇和第 139 号潜艇的指挥官曾指挥击沉过 196 艘船，这些船的总排水量达 456216 吨，将近第一次世界大战中所有德军潜艇击沉的舰船总排水量的 1/6。更让人称奇的是，虽然罗瑟是潜艇指挥官，但是被他击沉的船却很少是伤在鱼雷攻击之下，大多都是被炮火直接轰掉的。

☆ 新的计划 ☆

论战的双方最后选择了一种折中的办法：潜艇部队仍旧执行不知会对方、直接进行攻击的政策，但打击对象仅限于"在不列颠群岛周围作战区域出现的敌军货船"，而在作战区域之外的敌军货船只有在装备了武器的情况下才会受到同等对待。1916 年 2 月 11 日，德军对外发布了这条作战

英军"汉普希尔"号被德军第 75 号潜艇布下的水雷炸沉时，只有 12 名甲板上的船员得以生还。

原则，并于当月 29 日开始执行。当时的德国皇家海军最高统帅是海军上将阿尔弗雷德·冯·提尔皮茨，他被这个争议多多的政策弄得不胜其烦，最终于 3 月 29 日辞了职。

但这个新政策很快就露出了破绽。3 月 24 日，德国第 29 号潜艇意图袭击正在横跨英吉利海峡的英国运兵船"苏塞克斯"号，却误将一艘蒸汽客轮当成目标给击沉了。在这次事故中共有 50 人丧生，其中有 3 人是美国公民。美国政府怒气冲冲地要求德国立刻终止目前的潜艇作战方式，否则就解除两国的外交关系。4 月 24 日，德国潜艇部队接到命令，要求他们暂停这种改良版的无限制袭击战，但对非货船的袭击却还在继续。6 月 5 日，德国潜艇部队再创佳绩：英国武装巡洋舰、皇帝陛下舰船之"汉普希尔"号在英国奥克尼郡附近海域触雷沉没，随舰前往俄国执行任务的英国陆军元帅霍雷肖·基齐纳阵亡。

☆ 愈发辉煌的战绩 ☆

不管关于"无限制潜艇战"的辩论到底谁输谁赢，德国潜艇部队在 1916 年德军海上袭击的积分榜上都已经以极大的优势毫无悬念地领先了。包括 396 艘英国航船在内，协约国和中立国当年一共损失了 1157 艘舰船，其中有 964 艘是被德国潜艇直接击沉的，而德军埋下的水雷则炸掉了 161 艘，剩下的 32 艘才是德国水面舰队的成绩。德军的 108 艘潜艇折损了 22 艘，而到 1917 年初德军又把可用潜艇数补到了 149 艘。胜利之下，德国内部要求全面放开"无限制潜艇战"的呼声越来越高。8 月 31 日，全权负责德国军务的陆军元帅保罗·冯·兴登堡和其副官埃里克·鲁登道夫在拜见威廉二世时，强烈要求尽可能全面地铺开"无限制潜艇战"。

德·拉·佩里埃

在众多的德军潜艇舰长之中，德·拉·佩里埃是有史以来最了不起的一位。在第一次世界大战里，佩里埃曾指挥过第 35 号和第 139 号两艘潜艇，在地中海配合 10 艘巡洋舰共同作战。期间，佩里埃共给协约国制造了 194 艘商船和 2 艘战船的损失。而第 35 号潜艇则以击沉敌舰 224 艘的战绩稳坐战功榜榜首。

德·拉·佩里埃指挥的第 35 号潜艇（近处这一艘）在和德军第 42 号潜艇会合。

驱逐舰

很多证据都可以证明，轻便小巧的驱逐舰是第一次世界大战中各大舰队里最不可或缺的一种战舰，虽然它们在作战舰队中只是一些小小的马前卒，但也正是在它们的保护下，整个舰队和各种商船才能躲过潜艇和水面舰队的袭击。

在1914年开战以前，几支主要的海军部队都配备有驱逐舰。海军较为强大的国家手里自然多一些，例如英国有300艘，德国有144艘，连奥匈帝国那样的海军弱旅也有25艘，可见这种战舰的普及程度实在很广。但由于战争爆发后不久，这种战舰就频频出现短缺，各国海军为了满足战场的需要，纷纷开始进行大型的驱逐舰赶制工程，加班加点地往战场上送货。德国费了九牛二虎之力才造出的107艘，对比英国的329艘还是短了一大截。由于身份复杂的驱逐舰主要还是给大型战舰当"保镖"，抵御鱼雷艇的攻击，所以早期又被称为"鱼雷艇驱逐舰"。虽然鱼雷艇在1914~1918年间一直都是驱逐舰的防御对象，但随着潜艇的出现，反潜任务在驱逐舰的日程表里慢慢占据了更多的位置。

☆ 驱逐舰的设计 ☆

战初的驱逐舰速度都在25~30节之间，主要有两种类型。英军和德军常用的一种速度较慢，但耐力强、航程远，大多用来协助主力舰队在深海海域进行远洋作战，英国的"牛虻"号就是其中之一，该舰的巡洋范围有4075千米。而以奥匈帝国和意大利为代表的很多国家，由于面对的是水面相对较窄、风浪也较小的地中海，大多都选用了一种航程和体型都相对较小的型号，例如1907年驶入战场的意大利"阿斯托尔"号巡洋范围只有3335千米。

德军驱逐舰

无论对德国还是其他参战国而言，特别适合为主力舰队提供侦察服务的驱逐舰都是各种海上行动中不可缺少的一员。在战争开始之前的一段时间里，市场上琳琅满目的驱逐舰并不是每一艘都有自己的名字，它们大多都只是有一个用数字和字母组成的编号而已。其中，字母部分是用来说明出产厂家的：例如，字母G表示赫马尼亚造船厂，S表示希肖船厂，而V则表示伍尔坎船厂，等等。

下水：1914年

排水量：1050吨

舰员：87人

时速：34.5节

武装：三门850毫米口径大炮，6门508毫米口径的鱼雷发射管

1918年，德国驱逐舰小队在斯卡帕湾迎来了其军旅生涯的终结。

驱逐舰不仅小巧灵活，而且造价便宜，所以不单可以由一流海军大批量地生产，连二流海军都可以很容易地购置或建造。虽然战场上的驱逐舰无论种类还是等级都很丰富，但基本排水量都在 500~1200 吨之间，船员数为 80~150 人，而且大多都配备了大炮和鱼雷发射管。

负责北海南部的是哈里奇部队，图为该部队中一支小舰队在列队前进。

☆ 在行动中扮演的角色 ☆

驱逐舰大多都成队出动，但队伍规模可大可小，较常见的是 4~10 艘一队，不过也有 20 艘一队的。在配合主力舰队行动的时候，驱逐舰既要担任小前锋，以防止敌方的水上战舰或潜艇对己方大型战舰造成伤害，又要抓住时机发射鱼雷、袭击敌军。不过由于是辅助性的战斗小队，所以此时的驱逐舰队没有自主权，必须听候轻型巡洋舰之类大型战舰的调遣。但是，驱逐舰队的护航作用实在太重要，没有任何一支舰队敢于撇开它们自行出击。日德兰海战中，德军共布置了 61 艘驱逐舰，而英军也出动了 73 艘。

当然，驱逐舰队并不是只能依赖主力舰队的"寄生虫"。无论对任何国家而言，当己方港口和海上商路遭到敌军驱逐舰袭击时，己方的驱逐舰队就是一道极为有效的海岸防御屏障。除此之外，对协约国来说，驱逐舰队还是反潜战的中流砥柱。不过，因为反潜战对于驱逐舰的航程和耐力的要求都比较高，所以后期协约国的驱逐舰体型都有所增大，有的甚至达到最初版本的两倍以上。1917~1918 年英国出产了 W 级驱逐舰，其排水量为 1529 吨，一次可以航行 6430 千米。

图中的英军"温莎"号和其他 V 级或 W 级的驱逐舰一样，都装备了 4 门 101 毫米口径的大炮。这些驱逐舰一直到第二次世界大战都还在服役。

各国驱逐舰的总数实在太过庞大，人们无法一一记录每一艘驱逐舰的日常活动，所以可能它们还有很多功勋未获嘉奖。但是，也正是因为它们分布过广，所以损失也比其他战舰要大得多。协约国折损的 112 艘驱逐舰里，有超过 50% 是在英国皇家海军疲于反潜后损失的；而同盟国也损失了 62 艘，其中德国占 53 艘。

地中海海战

控制地中海对于协约国来说是至关重要的。苏伊士运河不仅是英国往返印度之最短航线的一部分,而且多亏有了它,才使得后来的对俄军事支援有了可行的渠道。

在第一次世界大战中,很多国家都把地中海视为一块兵家必争的战略要地。英国的商船约有75%要经过苏伊士运河与直布罗陀海峡;法国和意大利都需要经海路前往他们在北非的殖民地;亚得里亚海是连接奥匈帝国与世界海运的唯一通道;土耳其则控制了通往黑海的达达尼尔海峡。维持或切断这些海上航线就成为了这些国家在海上你来我往的竞争策略。

原德国战列巡洋舰"戈本"号在土耳其服役时被改名为"严君塞立姆"号,"布雷斯劳"号则被改名为"米迪里"号。

☆ "戈本"号的逃逸 ☆

第一次重大事件发生于1914年8月4日。两艘德国战舰——"戈本"号和"布雷斯劳"号——在副司令威廉·祖雄的指挥下炮轰了法属阿尔及利亚的波尼(即安纳巴)和菲利普维尔(即斯基克达),并继续向土耳其进发。由于当时英德两国尚未正式开战,所以在祖雄的队伍经过两艘英国战列巡洋舰时,双方并没有交火。等到午夜时分宣战的时间一到,英国就派出了一队战舰去追击它。之前双方交会的地点是希腊西南部海域,而祖雄终究还是得以逃脱,并于10日逃到了土耳其。为了拉拢土耳其,这两艘德国军舰被转让给了土耳其海军,而土耳其则最终于10月29日以德国盟友的身份加入了这次战争。1918年初,"布雷斯劳"号被水雷炸沉,"戈本"号虽然侥幸逃脱,却也受损严重。

除了1915年初英法联合海军对达达尼尔海峡采取的攻势之外,第一次世界大战里就很少出现大规模的舰队行动了。英国海军固守北海,法意海军则一直防着奥国海军的突围——不过,奥国到战争结束也没有发动过这种行动。所以,地中海上爆发的所谓海军对抗,多半是小型舰队之间的小打小闹罢了。

一艘英国潜艇在成功完成了一次东地中海巡航后返回基地。

图中的"戈本"号和"布雷斯劳"号一般都停泊在君士坦丁堡,这样它们无论是去黑海还是地中海就很方便了。

日本有一支具有优良传统的海军。第一次世界大战期间,该国往地中海派驻了一支小舰队做护卫用。

☆ 潜艇袭击 ☆

1916 年 5~9 月间,英国成功地在达达尼尔海峡和马尔马拉海之间发动了潜艇战,并击沉了半数以上的土军商船及若干艘主要战舰。英国第 11 号潜艇成绩特别突出,在三次行动中共计击毁蒸汽机船 27 艘、小型航船 58 艘、巡洋舰 3 艘和"海尔登·巴伯罗斯"号战舰。

从科托尔(即卡塔罗)出发的潜艇部队是同盟国在亚得里亚海和君士坦丁堡地区最有威慑力的一支部队,他们在该地区布设的水雷阵会不时地给协约国一些"意外惊喜":1916 年 12 月 11 日,意大利战舰"里吉娜·玛格丽塔"号就是在阿尔巴尼亚附近海域被鱼雷炸沉的。而潜艇部队在破坏协约国主要海上航线方面的工作也进行得特别顺利,仅 1917 年一年就击沉了 900 艘协约国商船,并将优良战绩一直保持到了战争末期。1916 年初,在各国海军划定了专属的巡航区域之后,战况稍有改变,而始终保持流行的护航系统则在 1918 年的春天为最后的海上战局定了胜负。

亚得里亚海并不是一片很宽阔的海域,但在第一次世界大战期间,这里却频频发生争斗。为了封锁这片海域,协约国曾在意大利和阿尔巴尼亚之间的奥特朗托海峡布置了一片水雷区,虽然并不是特别有效,但却也限制住了土国海军的夜间行动,并在 1917 年 5 月 14~15 日期间炸沉了土军的 14 艘捕捞船。而意大利体型最小的一种战船则更为了不起。1917 年 12 月 9 日,两艘意大利鱼雷艇驶入的里亚斯特附近的穆西亚湾,其中一艘击沉了"维也纳"号战舰;1918 年 6 月 10 日,又有两艘鱼雷艇袭击了"无畏"舰"圣坦德·伊斯特凡"号,该舰最后被一艘小艇发射的鱼雷彻底击沉。

"戈本"号和"布雷斯劳"号

1914 年 8 月,搭载了若干名德国士兵的战列巡洋舰"戈本"号和轻型巡洋舰"布雷斯劳"号前往土耳其。在这两艘战舰袭击并占领了俄国在黑海上的港口之后,土耳其加入了战争,而那个港口则一直被他们占领到 1917 年。1918 年 1 月,两舰转入地中海战区,随即袭击了英国的穆多斯港。但在那之后,两舰却于 20 日先后闯入水雷区,"布雷斯劳"号被炸沉,而重伤的"戈本"号则把第一次世界大战剩下的时间都耗在了修理厂。

鱼雷艇

鱼雷艇是一种体型小巧、行动迅捷的海上作战工具，主要使用鱼雷作为战斗武器。由于这种战船可以一次性发射多枚鱼雷，攻击力十分了得，所以常被用来攻击由老式战船和现代无畏舰组成的敌军舰队。

鱼雷是19世纪末发展起来的一种水战武器，最早装备鱼雷的轻型快艇后来就被称为"鱼雷艇"。鱼雷艇的出现无疑给只有能力装备小型战舰的海军弱旅带来了一线曙光，因为这种战艇体型虽然比任何一种战舰都要小，却有能力击沉吨位最重的大型战船，性价比非常高；

图为土伦港里停泊着的法国火绳枪级鱼雷艇。

而且由于造价相对便宜，即便是国防军费再有限的军事小国也买得起、造得起。

第一次世界大战爆发时，大多数参战国的海军都有鱼雷艇舰队。这些舰队按照航程的远近可以分为两种：一类是专门用来在沿海地区执行任务的，航程较短；另一类则是用来执行远洋任务的远程舰队。不过，远程舰队不久就被更大、更快又同样装备了鱼雷发射系统的驱逐舰取代了。

负责沿海任务的鱼雷艇除了基本的鱼雷发射装置外，还配有机关枪。但面对危险时，杀伤力了得的武器却不如快速的逃跑来得有效。由于这种鱼雷艇航程很短，所以一旦需要执行远洋任务，就得用拖船拖到战场附近，或是把它们屯在大型支援舰——也就是鱼雷储藏船——的甲板上，等到达目的地时再放入水中。

1914年1月，整齐地停泊在德国基尔运河上的德国鱼雷艇。

☆ 战斗中的MAS艇 ☆

开战时，意大利拥有世界上最优秀的海岸鱼雷艇队。索西耶特·威尼斯汽车制造厂是当时顶尖的军工企业，该厂生产的 16 吨级 MAS 艇于 1915~1918 年期间成功地在亚得里亚海上打了许多次游击战，被民族主义作家加布里埃·邓南遮冠以"以一敌百"的称号。

多在夜间行动的 MAS 艇于 1918 年 6 月 10 日迎来了它们的巅峰时刻。当日凌晨 3 点，两艘 MAS 艇在亚得里亚海北部的普利姆达岛附近海域袭击了奥匈帝国的驱逐舰"圣提斯塔万"号（SzentIstvan），路易吉·里佐司令指挥其中的 MAS15 号艇打出的一发致命鱼雷致使奥舰在三个小时后沉入大海。此役在精神上严重地打击了奥国海军，使其自此以后再也不敢派出自己的主力舰队参加海战。这也是里佐

英式 CMB 65A

英国自行设计的多款海岸摩托艇总共可以分为三类，长度均在 12~21 米，其中有不少是出自桑尼克罗夫特公司之手。这些摩托艇的鱼雷发射管都将口开在艇身后侧，每次发射后，小艇都必须立刻掉头撤离，以免遭到敌舰的反击。

排水量：10 吨

长度：16.7 米

引擎：350 马力桑尼克罗夫特 Y 型发动机

舰员：3 人

武装：1~2 个 457 毫米口径的鱼雷发射管，2~4 挺机关枪

图为 1913 年停泊在勒阿弗尔港的法式鱼雷艇。这种战艇后来逐渐被体型更大的驱逐舰所取代。

个人的第二次大胜，在此之前，头一年的 12 月 9 日，他还曾指挥 MAS9 号在的里亚斯特附近的穆吉亚湾击沉了奥国老式战舰"韦恩"号（Wien）。

☆ 波罗的海行动 ☆

海岸摩托艇是在大战结束后几个月、驻俄英军卷入了俄国内战时才登场的。当时，这支英国海军部队在刚独立的芬兰境内选择了一个港口作为基地，以布尔什维克为目标发起了两次卓有成效的袭击。1919 年 6 月 17 日，海军上尉奥古斯丁·阿加指挥的三座 CMB4 艇在克朗施塔特港击沉了"奥列格"号巡洋舰。同年 8 月 19 日，这支部队的克劳德·多布森司令指挥着 7 艘 CMB 艇向重重防御的克朗施塔特港发动了最猛烈的攻击，以三艘摩托艇为代价，击沉了武装巡洋舰"帕米亚特阿左瓦"号和驱逐舰"佩特罗帕瓦洛夫斯科"号，并重创了战列舰"安德雷佩沃兹万尼"号。

协约国的潜艇

虽然潜艇战的头筹已被德国拔去，但协约国海军却并不认输，迅速地在海战中也投放了许多潜艇。尽管这些"补充军"的风头比不上德国潜艇在不久前表现出来的英武，却也为协约国最后的胜利立下了汗马功劳。

约国联盟里的各个国家在第一次世界大战里都使用过潜艇，但大多都不是战争期间的产品，而且基本上都存在各种各样的问题。拥有 123 艘潜艇的法国潜艇部队规模最大，但其中只有 25 艘是在战时制造的，而且所有潜艇的款式都很旧，在实战中非常靠不住。意大利海军的潜艇部队的规模却只有 25 艘，加上其后勤补给严重不足，最后共损失了 8 艘潜艇。而在波罗的海和黑海执行任务的俄国 41 艘潜艇在战中共折损 20 艘——这些潜艇虽有 40 艘是"第一次世界大战制造"，但无论从装备还是设计来说，都非常过时。

1914 年 8 月，英军的潜艇部队还登不上台面，总共只有 17 艘 D 级和 E 级潜艇和 40 艘只能用于沿海作战的 B 级和 C 级潜艇。但到各国签署第一次世界大战停火协议时，这支部队却以 137 艘在役、78 艘在造和 54 艘已沉的潜艇数字成为了世界潜艇的"王者之师"。

英国潜艇上的船员躲在一块帆布后面观察敌情。

英式 K 级潜艇

图中所示为 K-6 号潜艇的指挥塔和部分船员。这种级别的大型潜艇是为了配合英国皇家海军水面部队作战而设计的。但由于蒸汽涡轮系统必须密不透水的要求与其频繁上升下潜的行动特点存在冲突，人们不得不花了很多时间去解决这类潜艇的漏水问题。除了本身设计的硬伤之外，这种潜艇还经常和其他同类潜艇或水面舰船发生擦撞。1919 年前制造的 17 艘潜艇中就有 5 艘是在这种交通事故中沉没的。

排水量：2140 吨（水面）
舰员：50~60 人
航程：5555 千米
武装：10 支 533 毫米口径的鱼雷发射管；三门 102 毫米大炮

☆ 英军方面的行动 ☆

在英军制造的各类潜艇中，曾在波罗的海和达达尼尔海峡执行任务的 E 级潜艇数量最多。这种潜艇在 1913~1917 年间共建造了 58 艘，其中 22 艘在战争中沉没。1914 年 10 月，两艘 E 级潜艇开始以波罗的海为目标进行首航，以援助由于缺少德制引擎而无法装配现代化潜艇的俄国海军。1915 年，另外 4

艘 E 级潜艇和 4 艘 C 级潜艇也来到波罗的海协助它们的行动——其中，C 级潜艇被拆分成零部件进行运输，由铁路转驳船，运到芬兰湾后才重新组装为完整的潜艇。

这批英式潜艇确实击沉了不少敌军战舰，但其最大的贡献却是在波的尼亚湾捕获了运送瑞典铁矿石的德国货船。此役以 1918 年 3 月签署的《布列斯特 - 立托维斯克协议》为标志宣告结束。德国在协议中要求布尔什维克弃用英式潜艇，但这批舰艇上的船员却"宁为玉碎不为瓦全"。4 月 8 日，7 艘英式潜艇从赫尔辛基港驶出，抵达深海海域后，船上海员将潜艇全数凿沉。

☆ 在地中海战场上 ☆

1915 年的达达尼尔海战里到处都能看到 E 级潜艇的身影：袭击马尔马拉海上土军常规商船的有它们，炮击土军沿海设施的有它们，攻入君士坦丁堡的也有它们。由海军上尉马丁·纳斯密斯担任司令的 E-11 号艇则是其中的佼佼者，曾在 3 次巡航中击沉 27 艘蒸汽船和 58 艘其他种类的舰船。虽然有 4 艘 E 级潜艇在穿越达达尼尔海峡时被击沉，另外又有 9 艘在抵达马尔马拉海后在行动中失事，但总体来说，英军舰艇还是赚了：在此役中它们共击沉 2 艘战列舰、1 艘驱逐舰、5 艘炮艇、7 艘补给船、9 艘运兵船、35 艘蒸汽轮和 188 艘其他各式舰船。

虽然 E 级潜艇大获成功，但并不表示英国海军在潜艇研发方面就没有犯过傻，他们研制的 K 级潜艇可谓第一次世界大战中最失败的一款潜艇。这种不能独立行动、必须配合英国大舰队才能发挥作用的潜艇在上浮和下潜的过程中都很笨拙，每个动作的完成都要花费大量的时间。而一旦它们潜入水下，就连本方的舰船都找不到它们了，由此而产生的事故和意外简直不胜枚举。1918 年 1 月 31 日晚，在苏格兰海域进行的一次军事演习中，K-4 号潜艇就被"五月岛之战"中曾经登场过的英国巡洋舰派出的 K-6 和 K-17 号潜艇撞沉了。

英军之 E-11 潜艇

下图为穿过土属达达尼尔海峡的英式 E-11 潜艇。1915 年时，该艇在马尔马拉海地区声望极高，曾于当年 5 月 23 日击沉了一艘停泊在君士坦丁堡金角港的土军舰船。E 级潜艇共有 58 艘，除了达达尼尔海峡外也在波罗的海和北海地区出没；在战争中共损失了 22 艘。

排水量：667 吨

舰员：30 人

航程：6655 千米

武装：5 支 457 毫米口径的鱼雷发射管；一门 5.44 千克级 76 毫米口径的大炮

1918 年 3 月，法国"戴安"号潜艇因为不明原因的内部爆炸而沉没。

1917——欧洲决胜之年

　　1917 年，厌战情绪在各个参战国内急剧蔓延，人们不再相信这是一场光荣的战争，更不相信还有什么速战速决的可能，越来越多的人觉得自己正面对着一架可怕的"绞肉机"。英军率先开始动作，在西线发动了"尼维尔攻势"和"帕斯尚尔之战"两次大规模的行动。其中，帕斯尚尔之战给协约国造成了 138 万人伤亡和被俘的损失，而德国也在此战中折损了 88.4 万人。但法国前线的情况则大不相同，部队的士气不仅没有崩溃，士兵们更是做好了精神上的绝对准备，等着迎接决战的到来。

　　年终时，参战双方势均力敌，任何一方只要抓住机会就都能夺得最后的胜利。虽然俄国内战使得德国得以从两面开战的窘境中解脱出来，但由于协约国开始实行护航制度，德国的潜艇部队也已经无法再像最初那样大展雄风了。英法两国将希望寄托于 4 月对德宣战的美国身上，但他们的新盟友却暂时还无法在欧洲战场上采取什么有价值的军事行动，这种尴尬的局面直到 1918 年才会有所缓解。

阿拉斯之战

英国远征军在 1917 年发动的首次进攻开局颇顺，其加拿大作战分队更是一举拿下了所谓"坚不可摧"的维米山脊，但他们的征程却被兴登堡防线的严密防守给截断了。

1915~1916 年间一系列得不偿失的攻势让其始作俑者——法国陆军元帅约瑟夫·霞飞——备受非议。1916 年 12 月，罗伯特·尼维尔取代霞飞成为新一任的法军总司令。1917 年初，踌躇满志的尼维尔迫不及待地布置了一次用以突破德军防线的英法联合行动。他原想出其不意地攻下德军阵地，然后占领当时对方控制着的大片地区。没想到，德军竟于 2 月底至 4 月初之间后撤 32 千米，躲入了阿拉斯和苏瓦松之间重兵把守的兴登堡防线，而且他们在撤退时还顺便铲平了村庄，炸断了桥梁，破坏了道路，除了一块望不到边的废墟荒地之外，什么也没给尼维尔留下。尼维尔作为总司令的处女秀就这么狼狈地收场了。

但尼维尔偏不信邪，还是坚持要把自己的作战计划付诸实施。为了说服大部分的政治领袖——而不是所有将军——相信他已经找到了克敌制胜的新办法，尼维尔还是颇费了一番唇舌的。4 月 9 日，陆军元帅道格拉斯·海格的英国远征军在阿托斯打了一个漂亮的开局仗；接着，亨利·霍纳将军率领的英国第一集团军和艾德穆德·艾伦比率领的第三集团军一起跟上，携手开拓战局。

事件重点

时间：1917 年 4 月 9 日 ~ 5 月 15 日
地点：阿拉斯东部的阿托斯
结果：英军开局颇顺，但却并未取得决定性的胜利。

在 4 月阿拉斯战役的斯卡普尔河附近的战场上，一群英军士兵正聚集在一辆坦克周围。

他们在阿拉斯东部斯卡普尔河岸边遭遇了路德维格·冯·佛肯豪森将军率领的德国第六集团军。不过海格其实并不相信尼维尔的水平，更不满自己的远征军受他的差遣，只不过是在英国新任首相大卫·劳埃德·乔治的压力之下才勉强按他的指令办事而已。

加拿大作战分队伪装成被押送的德军俘虏，往维米山脊上输送补给。

☆ 血色四月 ☆

为了支援此次攻势，英国陆军航空队也出动了，但这支无论是飞机数量还是飞行质量都高人一等的部队却同样在"血色四月"里损失惨重，若干架飞机、若干名飞行员的高昂代价也只为他们换回了暂时性的领先而已。此战的预备炮击持续了5天，共有约2500门大炮参与其中，但除了提醒德国战斗已经打响之外别无他效。正式开战的第一天，斯卡普尔河北部的战场上一切顺利，艾伦比的部队顺利地向前推进了3千米后抵达指定位置，加拿大作战分队在霍纳的指挥下以迅雷不及掩耳之势攻占了险要的维米山脊。但南部战场的战况就没这么乐观了，这里不仅有一整段兴登堡防线，连默奇普雷克斯村也已经变成了一座加固型的堡垒。联军部队在此苦战多日，最终于11日拿下了这块阵地。

在南部对付这段兴登堡防线的是休伯特·高夫指挥的第五集团军。在攻陷阵地后，海格立马把空闲下来的部队调走，以延长进攻的火线长度。但这次他错了，而且这个错误的决定立竿见影地使整个队伍的攻势都陷入了困境。高夫的澳大利亚作战分队在布里克特附近遭受了他们进入西线战场以来最为惨重的损失。15日，海格命令各部队停手，等候尼维尔新的总攻指令。次日，各部队再次出击。此时法军部队的进攻已经完全变成了一场灾难：23日，海格被迫整顿阿拉斯战场上的有生力量以援助盟军；接下来的两天里，联军小有斩获，但这股劲头终究不能持久；5月底，疲惫不堪的英军部队终于也被击溃了。

☆ 持续攻击 ☆

虽然海格的一系列决策被一些政客从头到脚地批评了一通，但从军事角度来看，阿拉斯之战却是非常成功的，而占领维米山脊则更是意义重大。以英军当时投入战场的兵力来说，损失的15万人所占的比例不算大，甚至都没有达到第一次世界大战中平均折损率的水平。此外，德军也损失了10万人。在法国集团军表现得如同一团乱麻的时候，所谓的英法联军只靠独挑大梁的英国远征军就一直撑到了1918年，受够了法国人瞎指挥的海格也将在佛兰德斯的战场上，根据自己的决策展开进攻。

在阿拉斯之战中，一队英军炮兵在发射后朝着新的打击目标重新校准野战炮。

轻型轰炸机

为了能够执行远程任务，在更广的范围之内轰炸更多的敌军目标，轻型轰炸机应运而生。不久，这种飞机就开始直接为越来越多的袭击任务提供支援，前去摧毁那些阻碍友军行动的敌军阵地。

英国飞机制造公司出产的 DH-4 型是一款行动灵活、功能全面的昼间轰炸机，从 1917 年 3 月开始进入英军服役。

由于引擎动力不足，早期的飞机曾出现过载不动飞行员，每次起飞都要费尽九牛二虎之力的情况。随着引擎制造技术的提高，飞机的载重量也逐步攀升，而轻型轰炸机刚一出世，就已经可以载着适量的炸弹去袭击火线附近的敌方目标了。由于引擎动力充足，还有一些轻型轰炸机会被派去执行远程轰炸任务，只是这种情形较为少见。一般来说，这种飞机都是使用单引擎动力系统的双座双翼机。但 1916 年开始出现在战场上的德国 AEGG 系列则较为特殊，除了机舱较宽（三座或四座）之外，还采用了动力更为强劲的三引擎系统。

虽然轻型轰炸机在轰炸敌方目标方面很有优势，但却算不上是一种功能全面的军用飞机。它们不仅不能承担侦察任务，而且由于飞行速度较慢、武装程度较低，执行任务时还需要战斗机来护航。而战斗机虽然能装载的炸弹相较轰炸机要少很多，可是只要能在空战中抵御敌方的进攻，并起到一定的侦查效果，毫无疑问，它们就要比轻型轰炸机有价值得多。所以，虽然英法等国曾经制造过专职轰炸的轻型飞机，但大多数情况下，各个国家都还是偏好使用那种可以同时扮演多个角色的多功能飞机。

沃鑫 3 型飞机

沃鑫 3 型推动式双翼飞机从 1914 年末开始在法国空军部队服役，后来又有一些卖给了俄国。由于采用了钢架支撑，这种飞机非常坚固耐用。除了能够胜任短途支援任务之外，它们也是进行战略性轰炸的好手，1915 年 5 月 27 日，18 架沃鑫 3 型飞机袭击了德国的两个毒气制造厂。

引擎：120 马力森逊 9M 发动机

乘员：2 人

升限：3350 米

时速：最高 105 千米

武装：100 千克炸弹，一挺 8 毫米口径机枪

BE-2 型飞机由英国皇家空军制造厂于 1912 年生产，是一款仅有一把步枪或手枪作为飞行员防身武器的轻型轰炸机，而且这架两座飞机上的飞行员也只能采用手抛的形式投掷炸弹，攻击力十分有限。1915 年末，英军用能够承载 155 千克炸弹，配备了机关枪的 RE-7 型飞机取代了 BE-2 型，虽然防具水平有所上升，但是这款新型飞机依然存在动力不足、武装不够的问题。由英国飞机制造公司出产的单引擎 DH-4 型轰炸机是另一款较为普遍的轻型轰炸机，连美国部队都配备了不少；而风头稍弱的双引擎 DH-9 型飞机也是该公司的产品。

☆ 法式设计 ☆

法国的轻型轰炸机发展道路与英国颇为相似。当时，沃鑫公司可以算是法国最大的飞机制造企业，他们于 1914 年末制造的两座式沃鑫 3 型飞机是首架配备机关枪的飞机，而且这种载弹量仅有 100 千克的轻型轰炸机产量竟高达 800 架。不过，后来出现的型号性能就要好很多了。沃鑫 8 型飞机于 1916 年末面市，其载弹量与沃鑫 3 型相比提高了约 80%，但其飞行速度和灵活性也因此而有所降低，最终被定性为一款夜间轰炸机。1918 年初出现的沃鑫 10 型采用了更出色的动力系统，载弹量可达沃鑫 3 型的三倍。用来扮演轻型轰炸机角色的还有其他多功能飞机，如 1915~1918 年间在战场上非常活跃的贝利坚 B2 型和 B4 型飞机，以及 1918 年初在西线战场上出现过的萨尔玛森 2 型飞机。

BE-2 型飞机

杰弗里·德·哈维兰德在第一次世界大战前发明的 BE-2 是一款经典飞机，英军 1914 年在法国着陆的第一架飞机就是这个型号的，而第一架在空战中赢得维多利亚十字勋章的军官也是驾驶的这款飞机。BE-2 最终于 1916 年退役。

引擎：70 马力雷诺发动机

乘员：2 人

升限：3000 米

时速：最高 112 千米

武装：手抛炸弹，随身武器或步枪

☆ 德国的反应 ☆

相比而言，德军更喜欢用战斗机来执行轻型轰炸任务，或是干脆就把精力用到发展对地攻击机和多功能飞机上面，因此该国的轻型轰炸机产量并不高，只在 1915~1917 年间使用 LVGC-Ⅱ型两座飞机来顶替过它的角色而已。1917 年中期，LVG 系列的 C-V 型飞机登陆战场，这是一款既能进行侦察，又能负责轻型轰炸，还能直接实施对地攻击的全方位飞机，直到各国签署停火协议都还一直活跃在战场上。

法国贝利坚式 XIVB-2 轻型轰炸机从 1917 年夏天开始参战。

尼维尔攻势

　　罗伯特·尼维尔坚信自己的计划可以为协约国打开局面，而他最终也成功说服了各个盟国的政府为他的这次大规模攻势提供帮助。不过，结果却和他预言的大相径庭，协约国的攻势在开局不久即陷入停滞。更糟糕的是，骇人听闻的死亡数字让兵变开始以燎原之势在协约国部队里蔓延开来。

尼维尔只在最高司令这个位子上坐了很短的一段时间。

事件重点

时间：1917 年 4 月 16 日～5 月 9 日

地点：埃纳河沿岸

结果：法军的重创并没有为他们换回足以与之匹配的收获，而其部队内部却因此开始人心涣散。

　　法军于 1917 年 4 月在西线战场上发动的总攻又被称为"第二次埃纳河会战"，而其在同一时期于次级战场上发动的进攻则被称为"第三次香巴尼会战"——这两大进攻有一个共同的名字：尼维尔攻势。"尼维尔"是这次攻势的始作俑者——法国总司令罗伯特·尼维尔的姓。在这位巧舌如簧的新晋总指挥看来，地处苏瓦松和克拉奥讷之间，横跨若干个森林覆盖的山峰的圣母堞道是一条制胜的捷径，只要沿着这条路发起进攻，很快就能突破敌军，"在 48 小时内"获得协约国从 1914 年开始就一直渴盼的全面胜利。从 1916 年 12 月开始，尼维尔就为了发动这次攻势而不断地鼓动他的盟友，在他的三寸不烂之舌面前，也确实有不少协约国的政治领袖都动了心。不过，法国和英国的将军们却似乎都不怎么买他的账。

　　虽然尼维尔的计划并没有什么实质性的创新，但却选择了一个比以往的行动都要大得多的尺度来发动整体攻势。法军的火线位于苏瓦松和兰斯之间，总长约为 64 千米，被尼维尔安排到这条火线上的是法军预备役——一支由 4 个集团军组成的部队，共有 120 万名士兵和 7000 门大炮。与他们对阵的德国部队除了马克思·冯·伯恩率领的第七集团军，还有弗里茨·冯·布罗率领的第一集团军。虽然法军在人数上占了很大优势，但德军却也踌躇满志：此地的德军防线不仅火力充足，而且交织在尼维尔的进攻路线之中，更重要的是，德军已经截获了法军的行动计划，一切都在他们的掌握之中。

☆ 开局 ☆

　　4 月 16 日，好事多磨的法军攻势在结束了持续 10 天的预备炮击之后正式开场。奥利弗·玛泽率领第五集团军与查尔斯·曼金的第六集团军一起沿着圣母堞道挺进，结果却只是以极高的代价换回了极少的阵地而已。伯恩的部队不仅第一天就给法军造成

图为散落在一条低矮小路上的法国士兵的尸体。与尼维尔的夸夸其谈让协约国付出的高昂代价相比，这点伤亡不过是九牛一毛。

了4万人的伤亡，而且还让150辆崭新的法军坦克报了销。次日，在兰斯东面的次级战场上，弗朗克伊斯·安托万指挥第四集团军对布罗的军队发动了进攻，却仍然惨淡收场。

面对如此明显的败势，尼维尔竟然还是一意孤行地坚持进攻。4月20日，无数的将士已在战场上白白牺牲，而他给协约国盟友们承诺的所谓"突破"却连个影子都还没有。进攻越来越没意义，战斗的规模也越来越小，但尼维尔仍然不肯回头。5月9日，法军攻势正式结束，但幸存的将士们回头一看，却悲哀地发现自己只不过是在圣母堞道上推进了短短的一点距离，攻陷的阵地简直少得可怜。而为了这微不足道的战利品，他们却付出了18.7万名战友的代价。15日，尼维尔被赶下台，法国总司令一职由菲利普·裴坦取而代之。与此同时，费迪南德·福煦开始担任法军总参谋长——整个协约国阵营的战略前景自此有了决定性的改变。

☆ 兵变 ☆

尼维尔的战略失误让饱受折磨的法国军队彻底崩溃了。士兵们平时就对缺食少穿的生活条件以及不准离队的规定颇有不满，而这次惨痛的失败更是点燃了他们心中隐忍已久的怒火，于是，这支士气一泻千里的部队里很快就开始爆发兵变。这场动乱从4月的最后一个礼拜一直持续到了6月中旬，许多作战单位受到牵连。最后，一小部分叛变者被处以死刑，而绝大部分参与兵变的士兵则接受了重返军营的建议——法军整体的战斗力则直到当年秋天才得以恢复。不过，由于法国对兵变事件的消息封锁得非常严密，德国人直到兵变结束才知道有这么一回事，所以他们也没能利用法军的这次动乱占到什么便宜。

图为在德军抵御尼维尔攻势中，法军进攻的一个经典场面（但此景也有可能是伪造的）。

法德坦克

　　除了英国之外，德法两国也在第一次世界大战中制造了很多的装甲战车。其中，法国人往战场上投放了三款坦克，而德国自己只造了一种，更多地是把战斗中俘获的英国坦克挪为己用。

除了英国之外，最热衷于武装作战的就是法国人了。不过，推动这两个国家军备项目发展的力量并不一样，其坦克的发展道路也大不相同。在堑壕战形成之前，法军已经配备了装甲车，法国战争部里的一小部分有识之士深信这种不受路面状况限制的交通工具可以帮助他们打破战场上的僵局。炮兵团长简－巴普提斯特·艾斯提恩讷是推动法军装甲化的关键人物，正是他于1915年12月向负责军备筹集的法国将军推荐了一种有履带的武装战车。1916年1月31日，法军宣布订购400辆装甲车，很明显，法军高层此时已经被艾斯提恩讷的建议打动了。

1917年，一辆中型坦克在驶往法军阵地之前进行最后的伪装。

雷诺 FT-17

　　1917年出产的法式FT-17型是第一辆带有旋转炮台的坦克。这种坦克具有一定的越野性能，在1918年间曾分别于法军和美军队伍中服役。

重量：6.5吨
乘员：2人
时速：最大10千米
装甲：16毫米
武装：一挺8毫米口径的机枪，或是一门37毫米口径的机关炮

☆ 首批法式坦克 ☆

　　施奈德公司是首个获准为法军制造战车的企业。在接到订单后不久，他们就以美国霍尔特拖拉机为基础，给其底座以上的结构加装了武器和箱式装甲，造出了一种重13吨、最高时速不到6.5千米的装甲车。但是由于物资短缺，特别是装甲板严重不足，所以这类战车一直没能进行批量生产。1916年9月8日，第一辆施奈德装甲车被运抵法军阵地；11月末，原本该交出400辆装甲车的施奈德公司此时却仅仅给法国机动作战部队送来了7辆。眼看着第一笔订单无法按时收货，法军只好将这笔大生意转

装甲战车

1917 年驶入战场的德国 A7V 坦克是一个大块头的家伙。但是由于轴距过大，而配置的引擎功率又不足，所以这款坦克的越野性能非常差。

重量：32 吨

乘员：16 人

时速：最大 13 千米

装甲：30 毫米

武装：一门 57 毫米口径的大炮；6 挺 7.92 毫米口径的机枪

交给了圣查蒙德设计公司，要求他们在 4 月之前造出 400 辆以施奈德战车为原型、却要比其重将近 70% 的坦克。

不过，这两种战车在战场上的表现都不怎么样。它们高大的外形虽然很有震撼力，但却也太过显眼，加上配备的引擎动力又不足，所以很难躲过炮兵的攻击；而且，这两种坦克跨越堑壕的能力都很糟糕，其中又以圣查蒙德公司的产品更为差劲——由于吨位过重，这种坦克不仅很容易陷入松软的地表，而且其底盘以上部分的体积大得超过了底盘本身，并向车身前方突出，所以在跨越堑壕时还很容易被卡住。

1917 年 4 月的尼维尔攻势是这两种战车的处女秀，只可惜，它们都给演砸了。虽然后来法军仍保留了不少此类型号的坦克，但从 1917 年末开始，新出的雷诺 FT-17 型坦克渐渐取代了它们的位置。雷诺坦克的优点不仅在于其超凡的越野性，更在于全新的旋转式炮台赋予了它们全方位开火的能力。也正因为这样，尽管相对薄弱的装甲使其在防御方面略显不足，但法军和美国远征军在战争后期都依然偏爱这种相对小巧轻便的坦克。

☆ 德国的怀疑主义 ☆

鉴于看多了敌方坦克在崎岖地形和炮兵火力之下的拙劣表现，德国最高司令部对这种机械故障频发的新式作战武器并不是很感兴趣，加上原材料极端缺乏的现实问题，所以到 1917 年末为止，德军出动过的唯一一款自制坦克实际产量也非常有限。

从某种角度来说，A7V 型装甲战车是第一次世界大战中最大的一种坦克，巨大的箱型操作室可容纳 16 名士兵，全车最大的主要火力是一门只能朝前开火的 57 毫米口径加农炮，此外还有 6 挺重机枪可以作为火力补充。不过，笨重的 A7V 不仅行驶速度非常慢，而且常常出现机械故障，由于头重脚轻，还很容易在坡底上翻倒。诸多缺陷使得这种战车的产量非常低，德军持有 A7V 的数量之少，甚至还比不过他们从英军手里夺过来后粉饰一新再继续使用的坦克，而这种二手坦克正是德军晚期对战阶段中的常用武器。

施奈德坦克的缺点除了通风不流畅、装甲不够厚之外，更糟的是其内部的油缸缺乏足够的保护措施。

莫西尼斯之战

在莫西尼斯山脊上埋设地雷并进行后续袭击的这一系列行动，大概可以算是第一次世界大战中计划最周密、指挥最严格的一场战斗了，协约国在此战中仅花费了短短几个小时就攻下了德军自以为坚不可摧的一道防线。

1917年中期，由于尼维尔攻势的溃败及由之引发的兵变，让法军在西线战场彻底丧失了战斗力，陆军元帅海格的英国远征军开始成为协约国在此地的主力部队。为了真正打开德军的防线，海格决定放长线钓大鱼，并将最终总攻的地点再次放在了佛兰德斯的伊普尔。首先，他安排了赫伯特·普鲁莫将军，让他率领包括一小支澳新军团在内的英国第二集团军袭击莫西尼斯山脊——这块高地环绕着伊普尔南端的莫西尼斯镇，是德军阵地的一个突出阵线。只要能够端掉德军的这个据点，就能为协约国的大规模总攻占据极为有利的地形。

图中拿着一根手杖的就是莫西尼斯山脊进攻的策划人——赫伯特·普鲁莫将军。

☆ 战斗准备 ☆

普鲁莫是一个由于思虑周全、谨慎可靠而颇负盛名的指挥官，从 1915 年开始驻守弗兰德斯，对当地一切了若指掌，是一个无论从哪个方面来看都再合适不过的司令人选。在接到海格的命令以前，他已经做好了进攻莫西尼斯山脊的准备。从 1916 年中期开始，普鲁莫即安排士兵在德军堑壕战线之前埋设地雷。1917 年 1 月，他又指挥英军完善进攻准备，不仅在德军的眼皮底下悄无声息地挖出了一条长达 8000 米的地道，而且还在 22 根支撑隧道的受力杆上绑满了上百吨的高爆弹，而在开战以前德军只发现并解除了其中一根。

由于英军在弗兰德斯地区拥有制空优势，德国空军部队不可能参与此次对抗，所以，为了在开战时尽可能地减少本方部队的损失，普鲁莫打算充分利用炮兵、坦克车

事件重点
时间：1917 年 6 月 7~14 日 **地点**：比利时西南部的莫西尼斯山脊 **结果**：英军以绝对的胜利拔掉了德军驻扎在比利时境内的一个战略突出阵线。

图为莫西尼斯山脊之巅德军阵地的战后余景。

英军部队朝着莫西尼斯山脊之巅挺进，而大多数的德国守军由于目眩神晕而无法组织有效的抵抗。

和毒气进行战斗。

共有2300门重炮和300门迫击炮参与了5月21日开始的预备炮击，7天之后，炮击强度骤然提升。又过了约一周，剩余的19枚地雷在6月7日凌晨3点10分被英军引爆。爆炸产生的弹体碎片化为上百道射线刺入天空，强大的冲击波更在一瞬间就夺去了约1万名德军士兵的生命。第二集团军的九个师以炮兵部队发射的弹幕为掩护，在一条绵延14.5千米的火线上对德军阵地发动了全面冲击，由于弹幕和英军先头部队的最前沿之间只有一点点距离，在战壕里躲避炮火的德军还来不及回神就已经被英军冲溃了。幸存的守军也被这种紧凑的打击弄得晕头转向，根本就无力采取有效的防御。英军趁势突进，在3个小时之内一举夺下了目标阵地。

☆ 战斗结果 ☆

虽然接下来的几天里德军奋力反扑，试图把英军从山脊上挤下去，但却愈战愈疲，根本扳不回节节败退的局面。14日，英军彻底铲除了这里的德军突出阵线，将莫西尼斯山脊这块战略高地纳入囊中。

在第一次世界大战里，无论胜败如何，很多攻防战都是以攻方付出较大代价来结束的。但在普鲁莫的正确领导之下，莫西尼斯之战却是一个绝对的例外。英军在此战中仅伤亡1.7万人，而德军加上7500名俘虏在内共折损了2.5万人。英国远征军在此战中的压倒性胜利为海格的一盘大棋落好了开局的一子，而更精彩的大戏即将开场。

在袭击正式开始之前的预备炮击阶段，从英军阵地的视角拍摄的一幅莫西尼斯山脊的照片。

地雷战

在敌军火线之前埋藏大批高爆弹是堑壕战中一种常见的作战手法。利用这种战术，不仅可以瞬间摧毁敌人的防御工事，而且爆炸的冲击波还能震晕幸存的敌军，使之无力反抗。

第一次世界大战里出现了现代地雷的雏形，不过，当时使用的款式还比较原始。德军最早是把半埋半露的迫击炮炮弹当地雷用的，引爆这种"土雷"可以炸毁敌方的坦克车。而真正意义上的地雷战则要复杂得多，工兵们需要在敌军的堑壕之下挖出一个隧道，填上高爆弹，待撤回到相对安全的地带后再引爆。布雷是一项相当危险的工作，隧道的塌方或渗水、泄漏的瓦斯和敌方暗藏的反爆破装置都有

与图中士兵的身形相对比，就可以看出一次地雷爆炸可以造成多大规模的弹坑。

可能威胁作业工兵的生命安全，让其葬身在自己挖掘的隧道之中。由于相对固定的敌我位置更利于工兵作业，而堑壕战的阵地变化在各类战场之中相对较小，所以第一次世界大战里的地雷战基本都是以西线战场为舞台上演的。

☆ 第一个地雷阵 ☆

1914年末，在距离法比边境16千米左右的费斯图波特附近，驻扎着印军的一个旅。12月20日，德军在此旅的阵地下面预埋了11枚地雷，并引爆了其中的10枚——这是德军第一次使用地下爆破装置，也是第一次世界大战中同类作战手法的首次登场。但在1914年间还并不精通爆破技术的英军，后来却成为了最常采用这种作战形式的部队。当年12月，英国老牌议员约翰·诺顿·格里夫斯在议会里首次倡导发动地雷战，随后，他受命负责在北部城镇之下的黏土层中打通若干条贯穿战场的隧道。被格里夫斯雇来干活的人号称"鼹鼠"，是一批所谓"背着十字架玩泥巴"的人。他

1916年索姆河会战刚刚开始时，由一枚地雷爆炸而造成的宽阔弹坑。

们在隧道里干活的时候，都是背靠一个十字形木架坐着，腿伸向隧道待掘的一面，用脚像铁锹一样把黏土挖出来并丢到身后，其他人再把挖出来的土方运走。当然，也有一些部队用采矿机来挖隧道，不过这种办法用得很少，而且操作起来非常麻烦。

在地雷引爆后率先占领弹坑制高点的部队就能掌控接下来战斗的优势，此图中冲上弹坑边缘的是德军部队。

1915 年 2 月 12 日，作为首批受到英国官方承认的专业隧道挖掘单位，编号为 170~178 的"皇家技师挖掘队"正式成立，而最早被征召加入的技师则是原先在各类矿井下工作的矿工。之后，澳大利亚、加拿大和新西兰也成立了类似的部门专司挖掘。

☆ 英军出击 ☆

4 月 17 日晚，英国的首枚地雷在圣伊洛附近的 60 高地引爆，此后，地雷战的规模开始扩大，形式也愈发复杂。军事史上规模最大的一次地雷战出现于 1917 年中期，这就是英军从 1916 年 1 月 6 日开始策划的莫西尼斯山脊之战。

此次地雷战的舞台正是邻近伊普尔南部的德军突出阵线。英军的工兵在长达 16 千米的山脊上一共布置了 12 个爆破点，总共安排了 21 次爆炸，也就是说，每个点的炸药还可以分 1~2 次引爆。为此番爆破服务的工事规模也很大，其中一条隧道竟长达 640 米。所有隧道完工后即填满当时爆破力最强的"阿芒拿"，一条隧道内填充的炸药量最多可超过 43 吨，而德军前沿阵地之下共埋了近 430 吨爆炸物。

1917 年 7 月 7 日，英军布设的地雷阵正式启用，除了两次哑弹外，其余 19 次都成功爆破。爆炸造成的弹坑中，规模最大的"孤树坑"竟有 12 米深，76 米宽。消息很快就传到了伦敦和更远的地方，但当时没人知道开战首日的大爆破中到底有多少德军丧生，战后的记录也只显示了当天有 1 万人失踪。随后，英军俘虏了 7350 名德军士兵，其中大多数人被俘时都已经几乎被大爆破吓傻了。

在战争早期的一次战斗中，德军军官准备引爆敌军堑壕下的一枚地雷。

帕斯尚尔之战

　　帕斯尚尔之战又称第三次伊普尔会战，是协约国部队为了冲破德军防线而发起的。此战开局不久，战局即在恶劣的天气之下迅速恶化，几乎演变成第一次世界大战中最为惨烈的对抗。

1917 年6月，英军在莫西尼斯之战中大获全胜，比利时重镇伊普尔东面及南面很长的一段山脊高地至此落入其手，唯独山脊北段仍为德军掌控。认为"德军必溃"的英国远征军司令、陆军元帅海格早就计划在弗兰德斯大打一仗了，而莫西尼斯的胜利无疑大大地加强了他作战的决心。海格坚信，只要能够在伊普尔突破德军防线，就能穿过比利时大部，直捣德国潜艇部队的母港，从而终结其对英国海上贸易的威胁。

☆ 高夫进攻 ☆

　　休伯特·高夫率领英国第五集团军负责主攻。在主力部队以南，有赫伯特·普鲁莫率领的英国第二集团军，以北则是弗朗索瓦·安托万的法国第一集团军。在3000门大炮持续了10天的预备炮击之后，7月31日凌晨3点50分，英军在一条长达18千米的攻击线上发动总攻。但连日的预备炮击已经给了守军足够的准备时间，德国第四集团军司令希克斯特·冯·阿尼姆将军此时早已加固好了防线等着英军的到来。

英军的30万大军中只有一小部分伤亡、失踪或被俘，而德军的损失则在26万人左右。

　　英军负责沿梅尼公路向伊普尔东南部进攻的部队在路上遭遇了拦截，而皮尔肯山脊及其东北方向主攻战场上的英国部队也收获寥寥。8月2日，皮尔肯的战斗草草结束，英军短短2750米的推进距离却涂满了3.2万人的鲜血。连日的倾盆大雨和持续的火炮重击已经把战场变成了一片沼泽，虽然战斗还在继续，但在接下来从8月16日到18日的兰格马克之战中，英军却依然进展平平。

堑壕脚（足浸病）

"堑壕脚"的学名叫"足浸病"，是一种在阴冷潮湿又不卫生的环境下滋生的真菌感染。如果不及早治疗的话，感染部位会出现腐烂的现象，严重的还需要截肢。1914年末，英军出现首例足浸病患者；同年冬，又出现了2万名同一病征的病例。随着堑壕环境的改善，部队开始安排随军医生为士兵进行常规的足部检查，并鼓励大家在可能的情况下勤换袜子。这些

澳大利亚部队在进行足部检查。这是在湿冷环境中开展堑壕战所必须完成的一项日常工作。

措施有效地降低了足浸病的感染率，但却无法根除此病的蔓延。而患病后痊愈的伤员也有复发的可能，这大多是由于自己不小心再次弄出创口造成的。

☆ 普鲁莫接管战局 ☆

8月底，海格自感回天无力，只好让普鲁莫来收拾这个烂摊子。冷静地审视了当前的困境之后，普鲁莫意识到所谓的"决定性突破"只不过是一个无法实现的空想，所以，他决定抛弃原有的作战计划，另辟蹊径。他将进攻的规模缩小，不再采用追求全面击破德军防线的泛化战术，而是选定一些打击目标后实施小股进攻，打算一点一点地吃掉对方的有生力量。这样，海格为了扭转整个战局而发动的"制胜战"实际上就变成了一场"消耗战"。虽然海格自己并不情愿，不过鉴于法国还没有从尼维尔攻势后持续了两个月的兵变中缓过劲来，也只好依计行事了。

从9月20~25日在东南部战场进行的梅尼公路之战，到10月12日~11月10日在东北部战场爆发的两次帕斯尚尔之战，普鲁莫用若干次小规模的袭击吃掉了德军1914~1915年间在此地占领的大部分阵地，使得英军在伊普尔附近的突出阵线往前推进了8千米。但双方为此付出的代价也非常惨重，英德双方分别伤亡30万人和26万人。

在伊普尔最富代表性的战场上，担架兵每次护送伤员都要 过极深的烂泥塘。

岸防、要塞及轨道炮

尽管第一次世界大战中采用的大炮中有不少都配备了移动滚轮，但也有一部分是为边塞堡垒之类的固定炮台设计的。如果炮体特别大的话，固定式大炮还可以装在专用的铁道炮台上使用。

在第一次世界大战爆发之前，欧洲大部分国家约有10年都沉浸在一种升级边塞堡垒、建造现代化要塞的狂热之中。相比建了不少新型要塞的奥德俄三国而言，英法两国的建造数量和建造水平显然还要高一个档次。而且除了工事的技术含量高之外，他们在建设选址方面也很

正如英德两国一样，法国也采用了轨道炮。图为一门155毫米口径的简易轨道炮正向远处的德军开火。

严格，只有像比利时的列日和纳慕尔，或是法国的凡尔登和贝尔福之类的战略要地才有资格修建堡垒集群。此外，英法的现代化堡垒集群通常还配有重炮和机关枪，其中大炮一般是安装在圆顶炮台的伸缩钢架上。

不过，随着战前和战时越来越多的新式武器问世，边塞堡垒就渐渐地变成了一群纸老虎，完全无法阻挡重型火力的进攻。1914年8月，列日和纳慕尔这两处号称"坚不可摧"的要塞分别在几天之内迅速沦陷。法国在比利时的溃败中看出了凶兆，鉴于自身本就缺乏重炮的情况，他们决定把既有堡垒中的固定大炮尽可能地改造为移动式野战炮和轨道炮，并从要塞中转移到野战场，为陆军的机动作战服务。

英军BL型305毫米口径轨道炮

这种炮原是为海军作战设计的。一开始，英军只造出了两门这种型号的大炮，并于1915年末运抵法国战场，1916年，又有两门同一型号的大炮被投入使用。

重量：约170吨
口径：305毫米
弹重：340千克
初速：813米/秒
射程：30千米

☆ 海岸防线 ☆

19世纪下半叶，随着武装战船的发展，海岸炮台曾经受了一次严峻的考验。海岸防线上的大炮一般固定在砖土结构的炮台上，不过为了保护重要海港的关键区域，不少炮台后来都改用了混凝土结构。而轻型大炮的移动性较好，

图为阿尔卑斯山多面堡垒上的旋转式武装炮塔。这种炮塔为当时的很多边塞堡垒所采用。

所以可安置在临时性掩体之后。除了大炮之外，海岸守军还装备有机关枪、探照灯和防潜栅等辅助武器。武装得如此全面的海岸炮团在整场战争里却鲜有表现的机会，最多也就是偶尔给相距甚远的敌军袭击舰回敬几枚炮弹而已——不过，第一次世界大战里的两栖作战本身就很少，所以连这种机会也不是很多。

英军的海岸卫队在第一次世界大战里从来没真刀真枪地打过一仗，不过，德国用来保卫重要基地的同类卫队倒是有过实战经验。黑尔戈蓝岛是前往德军大洋舰队母港的必经之处，而比利时泽布勒赫和奥斯坦德被德军占领的运河入口则是其潜艇返回布鲁日基地的要道——德军在这几处都安排了重兵把守。其中，泽布勒赫和奥斯坦德的守军在1918年4月受到了英军的冲击，不过它们竟几乎毫发无伤地挺了过来。

☆ 轨道炮 ☆

在地面作战中，为了能够迅速地改变开火位置，吨位最重的大炮一般都是固定在轨道炮台上的。在西线战场上，前沿阵地后的铁道线纵横交错，轨道炮正好以此为契机大放异彩。1914年末，法军第一个把大批的堡垒固定炮改置到平板推车上，轨道炮的雏形由此而生，专业版轨道炮随后即投入生产。不过，轨道炮也有弱点，它们无法自由地左右移动。所以，为了能够精准地打击目标，轨道炮还必须配备一段曲轨以方便移动，而后来的小口径轨道炮配备的曲轨就升级为可供其进行360度旋转的款式了。

在比利时境内被协约国占领的一个原德军海岸炮台。炮兵在这种混凝土炮台上得不到有效的保护。

康布雷之战

1917 年末，英军坦克在康布雷战场上率先采用了组团作战的战斗模式。然而，尽管英军在开战之初的进攻过程中取得了不少激动人心的成绩，但这些胜利的果实在德军的猛烈反扑下很快又被抢走了。

第一辆英军坦克是在 1916 年的索姆河会战末期登上战场的，但由于作战时间太短，多为独立或小规模作战，战场地形过于崎岖泥泞或是布满弹坑等种种原因，当时它们还没有机会全面地展示自己的战斗实力。

热衷坦克战的陆军上校约翰·弗勒制定了一项夏日作战计划，用大批坦克集中袭击阿拉斯东南面一段暂时没有战事的兴登堡防线。他的理由是：这里的干燥地面还没有被重炮的火力炸得坑坑洼洼，非常适合坦克作战。

☆ 描绘战斗蓝图 ☆

弗勒的计划得到了英国第三集团军司令朱利安·宾的认可，但陆军元帅海格在第一次看到计划书时却表示反对。不过，由于帕斯尚尔之战败局已定，海格亟需用一次振奋人心的胜利来压制住质疑他领导能力的浪潮，所以他对弗勒计划的态度也开始变得温和起来。弗勒原本只是想发动一次小规模的进攻，但宾将军却想要将之变为一次全面突破。然而，宾将军手下的指挥官们却对 1917 年末的天气顾虑重重，因为很快又要进入暴雨连日的时节了，战场的路面又将变得泥泞不堪，而坦克兵们还来不及操练新的坦克战法——所有一切似乎都预示着这一次出兵将很难有好果子吃。

☆ 开始行动 ☆

无论如何，弗勒的计划在宾将军的力促之下还是实行了。英军的 6 个步兵团和两个骑兵师在 1000 门大炮的掩护下压上了长约 10 千米的德军前线——而跟他们对阵的是乔治·冯德·马维茨率领的德国第二集团军。战斗于 1917 年 11 月 20 日黎明打响，475 辆坦克在没有进行预备炮击的情况下直接向德军阵地挺

坦克再厉害也挡不住炮弹的威力，图为在康布雷战场上被炸得支离破碎的坦克。

进。毫无准备的德军前线士兵吃惊之余即作鸟兽散，部分人当即投降。

随坦克进军的步兵在下午时已推进了6千米，在两军火线上形成了一个突出阵线。由于英军指挥官曾让步兵在弗莱斯克维斯村附近不必紧贴坦克作战，所以这里也成为了德军唯一一股抵抗力量的来源。这天快结束时，康布雷对英军而言已近在咫尺，但德军此时却突然发动局部反攻，阻碍了英军的攻势。

1917年11月20日，德军俘虏从康布雷附近的地下掩体里救出了一名英军伤员。

康布雷之战首日，坦克车的表现可圈可点，由它们占领的新阵地比英军在持续了三个多月的第三次伊普尔会战里攻占的总数还要多。不过，有很多坦克随后即被敌军的炮火炸毁，还有更多由于在沟堑中翻倒或出现了严重的技术故障而被英军抛弃。

海格要求士兵们继续推进，但战局却再也没有任何进展。30日，德军开始全力反攻。虽然英军在北段突出阵线遏制住了敌人的攻势，但却没能保住南段阵地。12月7日，战斗结束。德军在此战中损失5万人，其中有1.1万人被俘。而英军利用坦克车在开战时占领的所有阵地此时已全部非毁即失，不仅折损了4.5万人，更有2/3的坦克报废，余下的也必须大加修整。

不过，此战对英军指挥官们还是有教育意义的：首先，他们终于意识到战前长时间的预备炮击是不必要的了；其次，他们发现坦克集群作战的威力实在惊人。而德军指挥官们则认为坦克这种靠不住的东西根本就不能拿来作为实战的主要武器——这与英国人的观点完全相反。正是由于双方在战斗结束之后得出的推论相去甚远，因此也可以说，康布雷之战为双方在最后一年的战争策略定下了基调。

坦克战术

1917年11月，为了能在康布雷之战中最大限度地发挥坦克的威力，英军研发出了一种可以肃清堑壕伏兵的战法：以三辆坦克为一组，第一辆在遭遇的第一道堑壕处左转，并向壕内开炮；此时，也已接近这道堑壕的第二辆坦克将随车携带的木柴、铁架之类的填充物扔入壕中，填平道路，继而左转向壕内开炮；第三辆坦克从堑壕填平处直接跨过，并向下一道战壕推进，在跨过用随车填充物填平的第二道战壕后，左转对敌开火——此时第一辆坦克也已经赶上，它将用自己携带的填充物填平第三道战壕——如此循环往复，即可不断向前推进。

康布雷战场上两辆废弃的英军坦克。这些坦克大多是由于技术故障而报废的，敌军的火力反而不是造成它们废弃的主要原因。

王牌飞行员与战机联队

　　毫无疑问，真正伟大的空军王牌都是技术精湛的飞行员和神射手，但真正能让他们笑傲蓝天的却是在空对空战斗中的冷静和无情。

美国王牌飞行员爱德华·"爱迪"·里肯巴克是1917年受训成为飞行员的。1918年，他加入了第98精英飞行中队"Hat in the Ring"，后来还成为了该队的领导人。

　　空战的策略在第一次世界大战中有了长足的进步。不过，在战争后期才发展起来的空中缠斗出现之前，很少有飞机会在面对面的空战对阵中被敌机击落。要打掉敌方的飞机，最好是悄悄地飞到它后方略低的位置近距离开火，而速度更快、移动更灵活、火力更猛的飞机显然在这种行动中更具优势。第一次世界大战的空军对决其实拼的就是技术，任何一方只要造出比较优秀的战斗机，就能把胜利的天平往自己这边倾斜，但等到另一方造出了更好的飞机，那局势又会完全改观了。

　　每个国家的空军部队里总会有那么几个技术特别好的飞行员。最早发明"王牌飞行员"这个称号的是法国人，该国的飞行员在1915年时要获得这个称号只需要击落5架敌机就行了，而德军的标准则是8架（后来又改成了16架）。英国人虽然不太喜欢这种个人崇拜式的嘉奖，但也在1918年3月时颁布了"卓越飞行十字勋章"的颁发标准——击落8架敌机的飞行员即可获此殊荣。

☆ 顶级王牌 ☆

　　空战特别集中的西线战场盛产王牌飞行员。德国飞行员曼弗雷德·冯·里希霍芬可算是王牌中的王牌，他在1916年8月到1918年4月间击落了80架敌军飞机，德国空军里没有任何人的战绩能超过他，而德军的第二王牌厄恩斯特·乌德特只击落了62架飞机而已。不过，协约国方面倒是有三个人可以与里希霍分并驾齐驱：法国的雷内·方克击落了75架飞机，英国的爱德华·"米克"·曼诺克击落了73架，加拿大的威廉·"比利"·毕晓普击落了72架。但是，"攻无不克"不等于"坚不可

"比利"·毕晓普

　　下图为站在法制纽波特17型侦查战斗机前的加拿大王牌飞行员威廉·"比利"·毕晓普（1894~1956）。6月2日，他在37分钟的时间里不仅袭击了德军机场，更成功摧毁若干敌军飞机，因而获得了维多利亚十字勋章，并在战后荣升空军元帅。

摧"，曼诺克就是被地面火力击中身亡的，而里希霍芬据说也是这个下场。

☆ 精英中队 ☆

每一支参战的空军都有一些战绩特别辉煌的飞行中队，他们的胜利也是用来鼓舞后方士气的宣传重点。其中，曼弗雷德·冯·里希霍分的"飞行马戏团"无疑是最著名的一个。这是一支由 4 个各有 12 架飞机的飞行小队组成的战斗机联队，成立于 1917 年 6 月，由飞机机身上炫目的图案而得名。

法国的精英中队代号为"鹳"。这支中队在成立时只有一个作战小队，1915 年，两个小队加入其中。不久，另外 4 个小队也归属其下，"鹳"队变身为第七作战联队。法国大多数王牌飞行员都曾在"鹳"队服役，这其中包括了方克和击落过 54 架敌机的乔治·居内梅。

美国的精英中队在其 1917 年 4 月对德宣战以前就已经开始行动了。拉斐尔中队原名"美军中队"，成立于 1916 年，是一支由飞行员志愿者组成的援法美军战队。1918 年 4 月，拉斐尔中队改由美国空军领导，而在那之前该队的 38 名飞行员已经取得了 38 次胜利。不过，美国最顶尖的王牌飞行员却不是这个中队的一份子，从 1918 年开始做飞行员的"爱迪"·里肯巴克原本是一名赛车手，他在自己短暂的飞行生涯中共击落过 26 架飞机和飞艇。

曼弗雷德·冯·里希霍芬

里希霍芬的名气越来越大，德军也越来越喜欢用他来作为形象大使。不过，这也让他的一点点失误都会被暴露到公众的眼前。

里希霍芬（1892~1918）原是一名普鲁士骑兵军官，于 1915 年 5 月被改编到德国空军部队。在东线战场上，他作为空中观察员配合其他轰炸机在比利时境内执行任务，并负责凡尔登战场上的侦察工作。1917 年 4 月，他开始驾驶战斗机，在随后的飞行任务中，他共击落敌机 52 架，成为王牌飞行员之一。同年 6 月，他开始指挥第一战斗机联队，该联队在他的精心培育之下被誉为"飞行马戏团"。1918 年 4 月 21 日，他在执行任务时由于被地面火力击落而丧生。至此，他的胜利纪录为击落 80 架敌机。

厄恩斯特·乌德特

下图为站在佛克尔 D- Ⅶ型战斗机旁的厄恩斯特·乌德特（1896~1941）。从 1918 年春天开始，乌德特共在西线战场上取得了 62 次胜利，是在第一次世界大战里幸存的德军飞行员中"得分"最高的一位。乌德特的确是一个幸运儿: 1917 年早期的一次空战中，他在战斗中遭遇了法军王牌飞行员乔治·居内梅，当两机就要短兵相接的时候，乌德特的机关枪突然卡了壳，而居内梅发现这一情况后居然颇为仗义地放弃了袭击，径直离开了。

二月革命

在第一次世界大战开始之前，俄国就是一个四分五裂的国家，少数富人和绝大多数的贫苦百姓之间存在着不可调和的矛盾，战斗的阴影又让所有人都喘不过气来。最终，不断上涨的伤亡数字粉碎了一切妥协的可能，让俄国内部的局势在 1917 年的春天进入危急时刻。

在20世纪初的俄国，经济、政治和社会都被分裂的阴影所笼罩，平民阶级在压抑和不民主的环境下挣扎求生。1916 年底，俄国在东线战场上的伤亡及被俘人数达到 660 万。而在世人眼里，于 1915 年 9 月自封为最高指挥官的沙皇尼古拉二世此时就是一个战无不败的昏君。至于平日里作威作福的沙皇皇后——出生于德国的亚历山德拉夫人——相信玩弄女性的神秘主义者格里高利·拉斯普京，认为他可以帮助其患有血友病的儿子，并与之过从甚密而备受诟病。在第一家庭和皇亲国戚们依旧锦衣玉食的时候，广大劳动人民的生活却是一天比一天更难挨了。

按照公历纪元，"二月革命"其实发生于 3 月，"二月"是俄历日期（以儒略历为标准）。这是一次事前并没有经过周密计划的突发性革命。从 1917 年 1 月 22 日开始，以首都彼得格勒的 14 万人上街游行为起点，社会主义者和工人们组织了一系列的大罢工，点燃了这次革命的火苗。2 月 27 日，又有 8.5 万人罢工。动荡的局面一直持续到了 3 月初，此时，不仅那些对食物短缺极为不满的人加入了工人的队伍，连首都的军队也拒绝镇压革命群众——3 月 11 日，首都卫军起义，革命之火愈发燎原。

沙皇尼古拉的内阁于 13 日集体辞职，失去了高级将领支持的尼古拉也只好于 15 日宣布退位。由于沙皇的弟弟米哈伊尔大公拒绝登基，罗曼诺夫王朝至此结束。尼古拉二世一家原想流亡国外了此残生，但却被发配到了西伯利亚的偏僻小镇叶卡捷琳堡。

反对临时政府的呼声越来越大，图为在彼得格勒受到攻击的布尔什维克积极分子。

原本的第一家庭从此被软禁在一幢监视严密的房子里，并于 1918 年被他们的布尔什维克保镖谋杀。

☆ 新政府 ☆

1917 年 3 月的革命给俄国带来了短暂的权力真空。在尼古拉二世宣布退位的同一天，利沃夫王子成立了一个自由临时政府，但立即遭到了政界激进分

1917年3月12日，俄国首都的反对武装与沙皇军队的人墙。

助下，列宁于4月回到俄国，并于16日抵达彼得格勒。

☆ 苏维埃掌权 ☆

次日，列宁在彼得格勒苏维埃（工会）发表演讲——这次演讲的内容即是后来的《四月提纲》。列宁在演讲中呼吁苏维埃夺取政权，与同盟国取得和解，并提倡对社会财富重新进行分配。他的宣言吸引了一批志同道合的社会主义者，里昂·托洛茨基就是其中一员。虽然俄国中产阶级对此的反应颇为冷淡，但列宁的《四月提纲》却得到了广大人民的支持。究其原因，一方面来自俄国后方的经济衰退，另一方面，则是因为临时政府的战争部长亚历山大·克伦斯基在7月发动的攻势再次失败，这使得俄军士气骤降——俄国发动的这次进攻没能坚持几天，部队就已溃不成军，逃兵、叛兵的人数直线上升。

由于士气低落，加上军中布尔什维克积极分子不停地进行革命的政治宣传，俄军在克伦斯基攻势中溃不成军。图为不满的俄军士兵自愿向德军投降。

子的刁难。对新政府最为不满的就是布尔什维克党人，这个政党在当时的规模并不大，该党的领导人弗拉基米尔·列宁是一个颇有魅力的人，以强烈的反战态度闻名于世，但他在二月革命爆发时却还在瑞士流亡。在德国人的帮

弗拉基米尔·伊里奇·列宁

列宁（1878~1924）是领导布尔什维克党的左翼革命者。在1905年的革命失败后，他逃出俄国，先后辗转奥地利、瑞士等地，最后于1917年在德国的帮助下回到了自己的祖国。同年4月16日，他来到彼得格勒，打算削弱临时政府的力量。但由于行动失败，他只好逃往芬兰，再次进行短暂的流亡。归国后，他又领导了十月革命，并最终利用这个机会为布尔什维克党争取到了领导权。此后，他的工作就以保持对德和平及打击反布尔什维克势力为主。

二月革命开始时，列宁还在流亡，但几天后他就回到了俄国。

十月革命

在二月革命后的几个月里，俄国临时政府失去了对国家经济的控制权，而俄国的所有战果也因此而毁于一旦。11月，日益强大的布尔什维克党觉得时机已到，遂以一己之力再次发动革命，试图全面夺权。

1917年中期的克伦斯基攻势失败之后，俄国开始陷入更深层的混乱，临时政府的权威也一再受到布尔什维克党人的挑战。7月16日，首都彼得格勒的卫军率先起义；随后不久，喀琅施塔得海军基地也爆发起义。星星之火遂成燎原之势，席卷了整个俄国。布尔什维克党人也投身到这场所谓"七月事件"的动乱之中，获得了大批反战人士的支持，但临时政府这次还是勉强将局势给镇压了下去。

接下来的几周里，局势更加动荡。9月，刚被解职的高级军官拉夫伦提·科尔尼洛夫率军到彼得格勒，不想却在半道被当地的铁道工人截下。14日，科尔尼洛夫被迫投降。这一看似不起眼的事件却引发了人们对于独裁复辟的恐惧，临时政府的形象也因此变得更加不堪。在人们的担忧和临时政府威望的下降之中，布尔什维克领导人弗拉基米尔·列宁和里昂·托洛茨基看到了机遇，迅即要求苏维埃（工会）扣留临时政府成员，夺取领导权并立刻与同盟国进行和谈。

10月29日，托洛茨基成为军事革命委员会的领袖，并成功地拿到了首都的兵权。11月7日（俄历10月28日，这也是"十月革命"名称的由来），军事革命委员会宣布国家政权归彼得格勒苏维埃所有。次日，完全由布尔什维克党人组成的俄国新政府——苏维埃人民代表大会成立，列宁就任主席，托洛茨基任外交部长。

包括里昂·托洛茨基在内的俄国代表团抵达布列斯特－立托维斯克，与德国进行和谈。

☆ 和谈 ☆

新掌权的布尔什维克党一方面要巩固其对整个俄国的统治——俄国耗时长久的内战（1917~1920）也是因此而爆发的——另一方面则急于兑现其夺权之前对国人作出的停战承诺。12月3日，德俄双方在布列斯特－立托维斯克举行和谈，一致同意在16日停火。6天后，德俄就具体的停火条款进行交涉。但这时俄国却开始支吾搪塞，期待奥匈帝国和德国也能爆发革命，这样他们就无须支付任何停战代价了。德国急于将兵力在1918年春天之前转往西线，在日复一日的扯皮中渐渐耗尽了耐心。

在11月的军事斗争中，一群布尔什维克士兵与一辆装甲车的合影。

☆ 德国的严酷 ☆

为了让俄国人能够正视这次谈判，德国于1918年2月17日发动了对俄袭击，即"佛斯特查拉格行动"。德军以两天之内突进240千米的气势，迫使布尔什维克在48小时后接受了和平条款。3月3日，德俄双方签署《布列斯特－立托维斯克条约》。俄国在这个苛刻的条约里失去了波罗的海诸国、芬兰、波兰和乌克兰等的大片领土，其中乌克兰是解决俄军粮草问题的重要产地。

但对这些地区的新领主来说，《布列斯特－立托维斯克条约》的签署也不是什么好事。德国本来是想节约兵力以供西线战场之用，到头来却不得不一次性在属于东线战场的新领土上驻扎100~150万的军队——而此时法国和美国的军队正以泄闸洪水之势冲入战场。无奈之下，大部分德军部队只好按兵不动。在俄国布尔什维克党支持者和反对者之间的内战爆发之后，德国鲁迪格·冯德·戈尔茨将军率军前往刚刚独立的芬兰，并在那里一直待到了停战。

沙皇尼古拉二世

作为沙皇俄国罗曼诺夫王朝的最后一任君主，尼古拉二世（1868~1918）是一个独裁、严酷但天资却又不高的人。不管是谄媚的弄臣还是他强势的妻子亚历山德拉，都可以很容易地操纵他的想法，牵着他的鼻子走。尼古拉二世在战时的一系列错误决定不仅拖垮了俄国的经济，更使得俄国的国内气氛在战事不断推进的同时愈发压抑起来。1916年，

尼古拉二世的囚照。他身后是看管他的布尔什维克看守。

他的谋臣们曾警告他说国内的革命已经一触即发，但他却不予理会。"二月革命"爆发后，尼古拉二世宣布退位，全家被判国内放逐。1918年7月，布尔什维克党人处死了他们全家。

卡波雷托之战

意军在第十一次伊松佐会战中大获全胜，疲于应付的奥匈帝国只好向德国请求紧急支援。而德军则在卡波雷托之战中将意军打得丢盔弃甲、溃不成军。

1917年4月8日，意大利总参谋长路易吉·卡多纳在维琴察会见了法国总司令费迪南德·福煦。卡多纳表示，他非常担心德军会出兵意大利战场协助奥匈帝国的军事行动，希望英法两国可以在需要的时候从西线战场调兵支援意军作战。在就此问题达成协议之后，双方的参谋们就开始着手制定实战计划。此外，福煦希望意大利能在当月布置一次攻势，以协助英法在西线战场的工作，卡多纳接受了这一建议。

在法国的尼维尔攻势和英国在阿拉斯的战斗结束之后，5月12日，卡多纳终于发动了第十次伊松佐会战。这次的战场位于地形崎岖的山区，意军在持续十几天的战斗里斩获寥寥，却付出了15.7万人的代价。6月8日，卡多纳在惨重的伤亡数字之下宣布停止进攻。此时，奥军却只损失了7.5万人。

卡多纳重整旗鼓，于8月28日发动了第十一次伊松佐会战。此次参战的意军部队规模较大，除了路易吉·卡佩罗率领的第二集团军之外，还有奥斯塔公爵指挥的第三集团军。奥斯塔公爵受命在戈里奇亚和的里亚斯特之间的南段战线采取行动，但很快即被奥军拦截；而北段战线的卡佩罗将军则占领了拜恩西扎高地，取得了显著的成绩。9月15日，意军因缺粮少弹而停止了攻势，此时部队又已有14.8万人伤亡。

☆ 德国的干涉 ☆

奥军在第十一次伊松佐会战中损失了5.5万人，拜恩西扎高地的失守则让部队士气濒临崩溃，迫不得已的奥匈帝国高层只好向德国求援。德国新编第十四集团军随后即在奥托·冯·布罗的带领下开赴战场。这支全数由德国人组成的军队共有7个师，每一个作战单位都受过良好的军事训练。虽然光以师级单位的数目而言，德军就已占了优势，但布罗却依然不敢掉以轻心。他将最精锐的兵力集中起来，在伊松佐北段的卡波雷托和托米诺附近一段狭窄的火线上，对意军防守最为薄弱的部队发起了进攻。

图为伊松佐战役中，一支正在作战的奥匈帝国机枪小队。

1917 年末，在卡波雷托之战中担任先锋的部分德军士兵。

在经过了 1500 门大炮和迫击炮的持续弹幕攻击后，此次对抗于 10 月 24 日正式开战。德军的虎狼之师在暴风突击队的带领下用渗透战术（即躲开每一个防守火力点），越过了意军的封锁线。

☆ 疯狂撤退 ☆

意大利第二集团军的溃败拉开了整个边翼部队疯狂西撤的序幕。意军原本还想守住塔格里亚门图和利文扎河的防线，但到 11 月 12 日战斗正式结束时为止，卡多纳也只是勉强能保住更南面的皮亚韦河不失而已。关键时刻，普鲁莫将军带领英法两国共计 11 个师的军事力量杀入意大利战场。而布罗的部队居然在此时补给不足，意军就这么凑巧地躲过了灭顶之灾，不过，4 万人伤亡、27.5 万人被俘的损失也够他们受的了，意军至此在精神上已经算是完全崩溃。奥匈帝国和德国在此战中总共伤亡 4 万人，悬殊的战绩让卡多纳的最高领袖之路走到了尽头。11 月 4 日，比卡多纳更为谨慎的阿曼多·迪亚斯成为新一任的意大利总参谋长。

拉帕罗会议

由于意军大部在德军发动的卡波雷托攻势中溃不成军，英、法、意三国首脑在意大利西北部港口拉帕罗召开紧急会议。英法领导人在会上承诺为意大利提供经济援助，并向之提供重炮和增援等军事援助，并组成了后来所谓的"最高战争委员会"，来协调统筹协约国的整体军事行动。费迪南德·福煦将军后来即是这个关系重大的指挥部的最高统帅。

卡波雷托之战打响不久，意军就开始向乌迪内撤退了。

高加索最后的争夺

俄国的退出并没有终结高加索战场上的厮杀。自 1917 年后，土耳其、德国和英国的部队还一直在争夺此地的控制权，战火就这么一直烧到了大战结束时。

1917年 3 月爆发的"二月革命"几乎掐掉了俄国在第一次世界大战剩余时间里的所有戏份，在高加索地区与俄军鏖战良久的土耳其部队还以为终于可以喘一口气、换一个地方打打仗了——譬如去美索不达米亚平原或者巴勒斯坦地区什么的。可惜，

图为在巴库附近的一名英国邓斯特军成员和一名亚美尼亚士兵。

事与愿违，高加索战场的战火不仅没有熄灭，反而牵扯了更多的势力进行角逐，除了俄国和土耳其之外，英国、德国以及当地的民族主义者也都搅进了斗争的旋涡之中。

☆ 亚美尼亚大屠杀 ☆

在土耳其的血腥统治之下，亚美尼亚人过着地狱一般的生活。他们当中有 60 万人在第一次世界大战爆发后由于饥荒和缺水而死亡，而更多人则在 1916 年中期到 1918 年 5 月之间被屠杀。土耳其政府无视亚美尼亚民族主义者的救国热情，而俄国出于利用亚美尼亚地区作为对土耳其作战缓冲区的现实考虑，则表示愿意为其提供帮助。与亚美尼亚毗邻的格鲁吉亚和阿塞拜疆也同样面临着民族主义热情落空的问题。"二月

亚美尼亚的新兵在接受步枪训练。之后，他们就将对阵来犯的土军部队。

革命"之后，亚美尼亚方面于 1917 年 8 月间在格鲁吉亚首府第比利斯与两省代表进行会谈，商讨成立一个统一的国家。尽管这三地在之前曾是敌对关系，但在共同的理念之下，三地代表协议在 9 月 17 日成立外高加索人民共和国。

1918 年，由于巴库油田在一场大火中被毁，土军没能赶得及占领此地。

☆ 土军再次入侵 ☆

虽然亚美尼亚已经于 1917 年下半年与土耳其方面进行了和解，但仍无法阻止土军利用德俄两国在 1918 年 3 月签署的《布列斯特 – 立托维斯克条约》捞取好处——该条约明文确认了土耳其对高加索地区各省的控制权。在小股德军的协助下，土耳其战争部长恩维尔·帕夏派出了一支 5 万人的部队再次进入高加索地区和波斯北部。不过，由于这支部队的负责人指挥不力，此次入侵的效果并不明显。4 月 15 日，土耳其占领了格鲁吉亚在黑海海岸的巴统港；5 月 26 日，土耳其与亚美尼亚签署了《巴统协议》。随后，亚美尼亚宣布独立，外高加索联盟宣告瓦解。土耳其的野心还在膨胀着，企图通过巴统港向东面的巴库进军——此地位于阿塞拜疆的里海海岸，石油储备非常丰富。

1918 年初，巴库曾被俄国革命军占领，后又落入格鲁吉亚民族主义者之手。在土耳其 1.4 万人的部队往巴库挺进的时候，这个小镇周围却只有装备非常落伍的一支万人部队把守。守军向英国求助，不久（8 月 24 日）即迎来了他们的帮手：由亚美尼亚籍指挥官领导，人数不多但作战却非常灵活的"邓斯特军"。土军准备于 9 月 15 日夜袭击巴库，使得邓斯特军在该港沦陷后陷入孤军作战的境地。

巴库的失守标志着土军在高加索地区及波斯北部大型军事行动的结束。1918 年 10 月 31 日，交战各方签署停战协议，英军在 1919 年 8 月的正式撤退之前曾短暂地回到巴库。然而，外高加索各部的独立并没维持多久。1919 年 11 月，格鲁吉亚被重新收归俄联邦；1920 年 4 月末，俄国占领巴库；同年 9 月，俄国和土耳其占领亚美尼亚。

邓斯特军的炮兵特遣队队员在美国部队的协助下向土军阵地开火。

美索不达米亚战役

1916年时，英军在美索不达米亚地区的行动曾一度陷入困境，但情况在次年发生了极大的逆转。随着军备急剧增加，部队规模不断扩大，英军一路势如破竹地把土耳其守军往南逼退，并以此保证了1918年在这个战场上的全面胜利。

1916 年12月中旬，英国驻美索不达米亚部队总司令弗雷德里克·毛德带领一支16.6万人的部队，沿底格里斯河两岸向巴格达发动进攻。1917年2月底，毛德的军队来到了库特，也就是英军在1916年4月吃过一场败仗的地方。2月22~23日，第二次库特之战爆发，毛德成功地剪掉了土耳其守军的两翼，迫使其向北方的巴格达撤退。但断后的土耳

英军推动一门155毫米口径的榴弹炮穿过大街小巷，引来巴格达居民的围观。

其部队颇有本事，到27日，竟让英军的攻势在距离巴格达72千米的阿奇奇耶附近陷入停滞。3月11日，毛德无视哈利勒·帕沙率领的土耳其第六集团军，直接攻陷了巴格达。

此时，土耳其部队在这一地区的主要兵力正集结在萨马拉以北48千米处的提克里特。然而炎热的天气却让毛德不得不暂时停止所有的大规模行动。初秋，天气终于凉了下来，毛德立刻发动了新一轮的进攻。这次他计划让部队分三路行事：一路从萨马拉出发，沿着底格里斯河前进；一队从费卢杰出发，沿幼发拉底河行动；最后一队也以费卢杰为原点，但却向东挺进波斯。三路部队之中，沿幼发拉底河行动的一支在9月27~28日的拉马迪之战中大获全胜，另外两支则成功地打退了土耳其部队，并于9月5日占领了提克里特。

美索不达米亚战役中，有许多印度士兵和普通劳动力受雇为协约国服务。图为他们在援建铁路。

☆ 指令更改 ☆

11月11日，由于毛德感染了霍乱，英军安排威廉·马歇尔来接替他的位置。马歇尔原本想接着毛德的活干下去，没想到却于1918年初接到了裁军的命令。自此，除了在1918年3月再次沿幼发拉底河进行了小规模的推进之外，此地的英军再无能力发动任何进攻。热浪又一次席卷美索不达米亚，英军再次被迫暂停所有的军事行动。等到天气稍显凉爽，马歇尔下

英军的内河炮艇

美索不达米亚战役基本是沿着底格里斯河和幼发拉底河发生的，这两条河不仅是这块大平原的母亲河，而且也是在前线和后方之间运输士兵、给养的重要通道。鉴于此地沿河作战的机会很多，英军为其陆军部队配备了不少可供浅水航行的炮艇。这些装备了各种大炮和机关枪的炮艇在战役后期发挥了非常重要的作用。

1917 年 11 月，前往美索不达米亚战场的"昆虫"级炮艇、皇帝陛下舰船之"瓢虫"号临时停泊在埃及赛德港。

定决心向前挺进时，中东的战略局势却又发生了戏剧性的变化：10 月 26 日，巴勒斯坦的英军向北挺进叙利亚，并占领了阿勒颇；同一天，三名土耳其大使抵达爱琴海里默诺斯岛上的穆多罗斯，商讨停火事宜。

☆ 土军撤退 ☆

阿勒颇的沦陷切断了土耳其部队与其大后方的所有联系，使得他们的任何抵抗都显得毫无意义了。尽管土军没打算负隅顽抗，但英军高层为了巩固英方对当地油田的控制权，仍于当年 10 月要求马歇尔再次沿底格里斯河发动进攻。土军士气不振，打不赢也很正常；但英军也没那么顺利地吃到胜利的果子，在沙夸特胶着了好几天后，直到 30 日才把 1.1 万人的土军制伏。英土双方当天就在一艘停泊在穆多罗斯港的英国战舰上签署了停火协议，并于 31 日正式停战。在最后一波攻势里，一支英军飞行中队于 11 月 4 日占领了提克里特以北 120 千米的摩苏尔。

美索不达米亚战役始于 1914 年 10 月的一些小摩擦，在接下来的两年里，战事由于指挥官的无能和思维不清而一度陷于混乱。最后，大英帝国用成千上万千里迢迢从英国本土赶来的军队，终于夺取了这个次级战场的小小胜利。虽然他们如愿以偿地占领了这里宝贵的石油资源，但也付出了沉重的代价——9.7 万名士兵因为疾病肆虐等原因在此或死或伤。土军方面的损失虽然具体数字不详，却可以肯定要比英军更为惨重。

战争结束前几周，被英军俘获的土耳其士兵人数又涨。

英美的反潜战

无论从武器还是从战术上来说，德国潜艇部队自诞生之日起都从未遇过敌手。但到 1917 年 5 月，在美国参战后不久开始出现的护航系统，却渐渐地扭转了潮流。

1917 年 1 月 9 日，德军宣布将从 2 月 1 日起再次进行无限制潜艇战。为了达到在 5 个月之内击溃英军的目的，德国把中立国小小的舰船损失和人员伤亡都当成了"可以接受的代价"。但他们忽略了一个重要的问题，那就是"中立国"包括了美国，而这一决策将直接把美国拖入战局。自 1

伍德罗·威尔逊总统在国会讲演，呼吁军方支持对德宣战，现场反对者寥寥。

月 3 日德军第 53 号潜艇在锡利群岛海域击沉了美国的"休萨托尼克"号之后，美国总统伍德罗·威尔逊即宣布与德国断交。但德国人还是抱持着侥幸心理，认为美国即使对德宣战，在两年之内也无法发动行之有效的登陆作战或海上对抗。

☆ 未能出战的潜艇 ☆

1917 年初，包括 42 艘正在修理的潜艇在内，德军共有 105 艘服役潜艇，此外还

1917 年，一艘德国潜艇避开一艘正在下沉的蒸汽船。

有 51 艘已在制造厂下了订单。1 月，潜艇部队共击沉 180 艘舰船，其中约有 1/3 属于中立国。自 2 月 1 日无限制潜艇战正式上马后，协约国的损失就更是步步看涨：当月协约国折损舰船 245 艘，3 月 为 310 艘，4 月为 373 艘。而德美关系在此期间亦急剧恶化。2 月 25 日，英国客轮"拉克尼亚"号被德军潜艇击沉，

袭击泽布勒赫

布鲁日是比利时的一个内陆港口，停泊在这里的德军潜艇只能取道泽布勒赫的运河才能进入开阔的海域。为了堵住德军潜艇的出入口，英军决定在运河口炸沉一些老式战舰，同时安排登陆行动以摧毁运河口的沿岸设施。1918 年 4 月 22 日夜，英军开始正式执行这次"两栖"作战计划。协约国方面的媒体虽把此次行动的结果描述为"完胜"，但实际上，英军不仅伤亡惨重，而且预备凿沉的战船最后也没沉到预定的正确位置——也就是说运河口根本就没堵上——没几天德军的潜艇就又可以在运河里畅通无阻地出入了。

图为在泽布勒赫袭击行动中负伤的皇帝陛下舰船之"复仇"号巡洋舰。

在遇难的 12 人中就有 4 名美国人；随后，又有许多美国舰船被德军击沉。3 月 12 日，美国忍无可忍之下对德宣战，并为所有商船提供了武装。次日，美国海军部授权所有美国舰船在需要时即可对潜艇采取反击。

☆ 美国参战 ☆

1 月 17 日，德国外交部长阿尔弗雷德·齐默尔曼给德国驻美大使贝恩斯托弗伯爵发了一封电报，要求他悄悄地找到墨西哥政府，以"收回得克萨斯、新墨西哥和亚利桑那州内原属墨西哥的领土"为条件，诱使其成为德国的盟友。这封史称"齐默尔曼电报"的电文是第一次世界大战中一个重要的转折点，英军截获了这封电文并解密后将之转给了美国，而美国政府则把它公诸于众。时任美国总统的伍德罗·威尔逊在经过国会同意后，于 4 月 6 日对德宣战。尽管当时美国军队整体上还没有做好战斗准备，但其海军部队无疑将会在反潜作战中发挥重要的作用。

4 月，英军发现食物供给和重要原材料都已严重不足，如果不及时遏制住德军潜艇的威胁，那么现有物资只能撑到 6 月而已。不幸的是，早先的反潜作战基本都以失败告终，当年第一季度协约国击沉的德军潜艇数量用一只手就能数完。无奈之下，英国只好为每一艘商船配备小型战舰做"保镖"，后来的"保镖"阵容还包括了空中掩护。这个护航系统从 5 月 10 日开始启用，但却直到当年最后 4 个月才开始真正发挥作用。

截止 1917 年 4 月，德军潜艇已击沉了累计 881000 吨重的协约国舰船，其中 63% 为英国舰船。但自那之后至当年 12 月为止，潜艇的战果却还比不上之前的一半。而 1918 年 10 月（即第一次世界大战最后一个月）里协约国总共才损失了 118500 吨重的舰船，其中 50% 是英国的。然而，在第一次世界大战的最后两年里，德军潜艇的损失却与日俱增：从 1914 年 8 月到 1916 年底，德军总共才损失了 46 艘潜艇，而仅算 1917~1918 年间，损失的数字就已有 132 艘了。

反潜武器

　　1914 年时，没有任何武器可以伤害到潜入水下的潜艇。德军无限制潜艇战给协约国带来的威胁迫使他们——尤其是英国——必须尽快发展出可以解决潜艇的办法。

　　由于在战前一段时间各国海军都致力于发展攻击性水面战舰，所以在第一次世界大战爆发时，反潜战还是一个相当新鲜的玩意。虽然开战后几周人们就意识到了反潜的重要性，但以英国为代表的协约国，却是在德国的无限制潜艇战中吃够了苦头之后才真正投入其中的——此时他们的海上贸易线路和大型商船都已屡次被击沉，再不用心就来不及了。

图为第一批若干套成功的深海发射系统之一，这套系统即将投入战斗。

☆ 主动防御 ☆

　　由于潜艇无论是在水下还是在水面上行动都很迟缓，所以最开始，战船和货船都把速度和 Z 字形走法当成躲避潜艇袭击的最有效逃生方式。而如果选择夜间行船，或是不走那些特别繁华的商道，则船只存活的概率又要大很多。后来，人们又开始往船体上涂抹炫目的几何图案，以掩盖其真实的外形，并用船沿垂下的反潜网抵御鱼雷，来保护停泊在港口的船只。不过，人们渐渐发现这些方法都很繁杂，而且不是那么有用。为了保护像英吉利海峡那种狭窄而又脆弱的海上航线，人们又用联合反潜网、水雷和巡游艇组成了规模更大的保护系统，但仍然起效甚微。

　　1914 年的战舰只能用舰体冲撞或炮火袭击，才能击伤击沉浮上水面的潜艇，而潜入水中的潜艇几乎是刀枪不入的。由于大多数潜艇指挥官都喜欢直接用大炮而不是鱼雷来攻击手无寸铁的目标，所以协约国决定将计就计，给商船配备武器以作还击。除此之外，英国还发明了一种伪装成商船的军舰——Q 舰。这种船看上去就是一艘普通的货轮，很容易诱使敌军潜艇浮到水面，在较近距离发动攻击，但实际上这种船藏了很多武器。不过，Q 舰的效果并没有预期的那么好，而且很多潜艇在吃过亏后对一切像 Q 舰的船只都会有戒心，不太会在很近距离内发动袭击了。

　　后来，英军又发明了

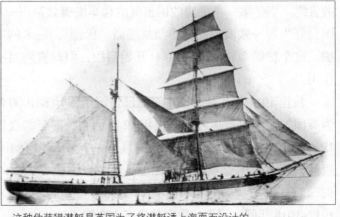

这种伪装猎潜艇是英国为了将潜艇诱上海面而设计的。

一种联动系统，将一艘可能成为德军攻击目标的水面舰船，用电缆之类的缆绳和一辆潜在水中的潜艇相连。一旦水面战舰受到敌人的攻击，该舰舰长就会通过电缆将信息传给潜艇里的战友。然后，潜艇

前往欧洲的美国运兵船。由于护航系统相当成功，所以搭载着美国士兵的运兵船，在前往法国的途中没有一艘被德军潜艇击中的。

舰长就解开两舰之间的缆绳，调整潜艇的位置，并向敌军潜艇发动进攻。

☆ 新型武器 ☆

当然，反潜方式不止于此。拖着一条引爆线的英军驱逐舰也是新式武器之一，不过这种武器需要在敌我双方极度接近时才能发挥作用。1915 年末，可以在水下爆炸的深海炸弹面世，但直到 1917 年才开始批量生产。水中听音器可以在水下探测潜艇的位置，但只要潜艇潜得更深一些或是行动时控制住噪音，就可以躲过这种仪器的追查。1916 年 7 月 16 日，深海炸弹和水下听音器首次成功地结合作战。通过截取潜艇无线电情报和使用飞机、飞艇等确定潜艇位置的方法也很常见。

1914~1918 年间——尤其是 1917 年 4 月协约国护航系统启用之后——德军共损失潜艇 178 艘，其中 38 艘是毁于事故或其他不可知的原因，而剩下的 140 艘里有 50 艘是被水雷炸沉的，29 艘毁在深海炸弹上，19 艘被水面舰艇的炮火击沉，19 艘被撞沉，18 艘被鱼雷击沉，还有 1 艘毁于空袭。德军在大不列颠群岛附近和北大西洋上分别损失 90 艘和 44 艘潜艇，所以他们又将这两片海域称为"死亡地带"。

"蜘蛛网"

这是英国海军航空部队在北海上指导研发了一种精准的反潜方法的名称。从 1917 年 5 月起，他们开始用一组包括柯蒂斯 H-12 型和菲利克斯陶威型在内的飞艇进行八角形的巡航。按照这种巡航方法，只用 4 架飞机就能够在 5 小时内检查完 1 万平方千米的区域，而巡航飞机不会放过任何一艘浮在水面上的潜艇。英军宣称他们在当月 20 日就已利用这种巡航方法成功地执行过一次任务，并在之后也依靠此法屡创佳绩。但实际上，却没有足够的证据证明，德军的潜艇及潜艇机组人员受到过这种方法的威胁。

一支协约国护航舰队中的一部分抵达一个不知名的港口。注意舰身上斑斓的伪装图案。

NORWAY

SWEDEN

North
Sea

DENMARK

Baltic Sea

MOSCOW

Riga

Vilna

RUSSIA

pres
ras
ns

GERMANY

WARSAW

Brest-Litovsk

PARIS

Verdun

Lódź

ANCE

Lemberg

AUSTRIA-

Czernowitz

SWITZER-
LAND

BUDAPEST

HUNGARY

Asiago

Venice

Gorizia

BELGRADE

BUCHAREST

ROMANIA

BOSNIA

Corsica

ITALY

SERBIA

SOFIA

Black Sea

Cattaro

MONTE-
NEGRO

BULGARIA

Tr

Sardinia

ALBANIA

Uskub

Monastir

Salonika

TURKE

Me
d
i
te
r
r

Sicily

GREECE

Alep

a
n
e
a
n

S
e
a

TUNISIA

PALESTINE

Gaza

GERIA

CAIRO

LIBYA

EGYPT

1918——协约国的胜利

所有参战国都以乐观的态度迎接 1918 年的到来。虽然德军被节节败退的协约国军队牵制着，而美国大军的来临又迫在眉睫，但由于主力部队得以从东线战场上与俄国的缠斗之中解放出来，所以德军已有足够的实力在西线发动有效的进攻。协约国此时已经凭借海上封锁有效地遏制了德军的行动，他们只希望在大规模的美军抵达欧洲战场之前，这种局面能撑得久一点。战局的关键系于德军在 1918 年春天将要采取的最后攻势之上，此战德国若胜，则英法除了求和将别无他法；此战若败，则德军最后的战力储备将毁于一旦，而由于美军正急速集结到欧洲战场，这也就意味着德军再也没有反扑的机会。

在这样的局势之下，协约国选择按兵不动，而德军却决意拼死一搏。协约国安然挺过了西线战场上德军发动的所有进攻，德军虽然没这么走运，不过他们本来就没指望能速战速决，所以迅速地开始布置 1919 年的作战计划。就在这时，同盟国联盟却突然瓦解了，在 5 个星期之内，奥匈帝国、保加利亚和土耳其纷纷与协约国签订了停火协议。在那之后，德国又坚持了几天，最终于 11 月 11 日同意停火。

"迈克尔行动"

1917 年春，从东线战场上解放出来的战斗力给德国最高指挥部打了一剂强心针，让他们可以趁着协约国还没有取得决定性进展时，在西线布置一次足以决定鹿死谁手的攻势。

1917~1918 年之间的那个冬天，面对着英军日益紧密的海上封锁以及源源不断流入欧洲的美国部队，德军实际上的最高指挥艾力克·鲁登道夫将军意识到自己的部队已经时日无多。如果德国想要取胜，或者至少留住一些议和的本钱，他就必须于 1918 年初再次发动进攻。此时，德军正好有一大批人刚从东线战场上撤下来，而其新的训练制度也已锻造出了一支可以绕开防守据点快速作战的暴风突击队——这两拨人很自然地就成了鲁登道夫寄予厚望的对象。

事件重点

时间：1918 年 3 月 21 日 ~ 4 月 5 日

地点：法国东北部兰斯和拉斐里之间

结果：尽管德军在行动之初小有斩获，但最终协约国还是经受住了他们的这次冲击。

这位最高指挥认为，英法两国在西线战场上的作战策略很不一样，这会使得他们在各自面临一系列大规模进攻的时候无法互相支援。此外，根据他的分析，法国人必定会把巴黎作为防守核心，而英国人则会死守英吉利海峡的沿岸港口。最终，他选择了原来由法国布防，但新近交由英国看管的一个"防御盲点"作为进攻的对象。

☆ 早期的收获 ☆

此次进攻定于 3 月 21 日执行，代号为"迈克尔行动"，袭击对象是在阿拉斯和拉

多次进攻后，7.2 万英军中有一小部分被俘虏。

斐里之间的一条长达96千米的防线，此防线由休伯特·高夫将军率领的英国第五集团军和朱利安·宾的第三集团军镇守。进攻前，德军安排了一次长达5个小时，无论是复杂程度还是惨烈程度都前无古人的预备炮击；接着，来自三支德国部队的暴风突击队员在大雾的掩护之下迅速推进。高夫的人马当时分散在40千米长的前沿阵地上，没多久即被击溃，但北段防线上，宾的部下则依靠极深的战壕有效地遏制住了德军的进攻。在小股法军的支援下，陆军元帅海格命令所有后备力量即刻填住防线漏洞。

德国的猛攻最终被协约国遏制。

布鲁克姆勒的弹幕

"迈克尔行动"的预备炮击由陆军上校乔治·布鲁克姆勒负责。布鲁克姆勒是一个杰出的炮术家，他在此次仅有5个小时的炮击中共动用了6500门大炮和3500门堑壕迫击炮，并预计发射160万枚炮弹。他将这场旋风一般的轰炸分为7个独立的阶段，持续时间从5分钟到2小时不等，并最终成功地完成了任务。这个战法的发明者也因此得了一个新绰号："突破姆勒"。

4月5日，鲁登道夫叫停迈克尔行动。此时，德军已推进了64千米，但由于协约国反应迅速，特别是其地面部队有强大的空军协防，所以德方并没有获得任何有价值的进展。此外，造成德军行动失败的原因还有三点：一是其占领的地区对英军而言都无足轻重，而进攻部队本身的粮草供应不足；二是其机动性不足，没能及时拓展既得区域；三是炮兵部队跟不上暴风突击队的作战脚步。德军和协约国部队在此次对抗中各自都折损了约24万人，但英军至少用惨重的代价换回了相对的优势，而德军就真是白忙活了。

☆ 福煦指挥战斗 ☆

"迈克尔行动"不仅证明了英军在西线战场的空中优势，也让英法两国实现了前所未有的团结作战。3月26日，协约国最高战争委员会任命费迪南德·福煦为英法两军的统筹人；4月3日，他又被升为联军总司令。虽然此时的美国由于政治原因还不算英法的盟友，只能算是他们的协作势力而已，但身处法国的美军司令官约翰·珀欣也承认了福煦的职权。

一战后期的战斗机

第一次世界大战后期出现了很多高精专的战斗机。这些战斗机拥有之前任何飞机都无法媲美的飞行高度和飞行速度，而他们的出现也标志着技术竞争将决定制空权的归属。

第一次世界大战后期的战斗机得到了长足的发展。所有参战国的战斗机此时都已经解决了向前开火的难题，并且配备了动力更为强劲的引擎，机身也更趋流线型。也就是说，此时的战斗机已经拥有了灵活作战、快速升空和高速飞行的条件。每隔一段时间，交战双方就会推出自己的新产品，技术上的你追我赶导致制空权的争夺也因此更趋白热化。

1918年6月，美国王牌飞行员"爱迪"·里肯巴克在他的法国产斯巴德 XⅢ 型战斗机里。

☆ 1917 年的空战 ☆

1917 年春天的阿拉斯之战就是空军竞赛的最好例证。当时，英军的战斗机数量是德军的 3 倍，但基本上都是皇家飞机制造厂出产的 BE-2 型和 RE-8 型，德军的阿尔巴特罗斯 D 型飞机在作战能力上则远胜于它们。数量上的优势没能盖过技术上的落后，英军在他们所谓的"血色四月"中共计损失飞机 151 架，损失机组人员 316 人——而德军则只损失了 66架飞机和 119 名飞行员。但是，英军很快用 SE-5 型飞机赶超了德军的 D 系列，而法军也不落人后地推出了斯巴德 S-Ⅶ型飞机。

1917~1918 年间，大多数的战斗机都是双翼飞机，但也有少部分三翼设计相当出彩，如英国的索普维斯三翼机和曼弗雷德·冯·里希霍芬的座机——著名的福克 Dr-1型飞机等。福克飞机是 1917 年 6 月投入战斗的，但由于出了几次事故，当年秋天曾被勒令停用。1918 年，福克机短暂地重返战场，当年夏天又被弃用。

索普维斯三翼机的战斗履历也不长。1917 年 4月，这种飞机随英国皇家海军航空部队（RNAS）初次登陆西线战场，在速度和灵活性上出尽风头，短期内击落敌机若干。RNAS

福克 D-Ⅷ型战斗机的最高时速可达 200 千米，拥有两挺可以向前开火的机关枪。但此类飞机鲜见服役。

第十舰队飞行 B 组的飞行员们是加拿大人，他们的 5 架索普维斯三翼机机身上部都被涂成了黑色，所以又被称为"黑机"。这 5 架飞机在 1917 年 5~9 月间共击落 87 架德军飞机，而自己则毫发无伤。但随着德军研发出的更高级的战斗机登场，它们的全盛时期很快就结束了——当年 11 月，西线战场上最后一架索普维斯三翼机被召回，该类飞机的战斗历程至此结束。

澳大利亚士兵及其俘虏的阿尔巴特罗斯 D-Ⅲ 型战斗机。这种飞机是战争后期最成功的德国战斗机之一。

☆ 双翼飞机 ☆

三翼机只不过是个特例，单座双枪的双翼机才是战场上最常见的。西线战场是空战最为密集的地区，因而在这里也最容易看到设计出色的战斗机。1917 年夏末，法军开始用自制的斯巴德 S-XⅢ 型飞机取代老式的斯巴德 S-Ⅶ型，并作为主要空军装备投入使用，这款新飞机后来也成为了比利时、意大利和美国的基本装备。1916 年末开始，绰号"幼犬"的英军索普维斯斯科特飞机大量登陆战场，这是一款功率较低、武装程度不高但行动灵活的飞机。1917 年 7 月，索普维斯 F-1"骆驼"型飞机取代了"幼犬"机，以总共击落 1300 架敌机的成绩变成了英军在第一次世界大战后期的主要武器。而 SE-5 型飞机也是英军的主要装备之一。

福克 D-Ⅶ 是德军最后一款著名的双翼机，福克公司和阿尔巴特罗斯公司都曾制造过该款飞机。1918 年 5 月，福克 D-Ⅶ 首次出征。虽然这款飞机作战非常灵活，但协约国依然凭借优质飞机在数目上的显著优势，将制空权牢牢地握在了手里。

福克 DR-1 型

这款德军的传奇战斗机从 1917 年夏天开始为之服役。尽管其机动性很高，但作为一种临时性的设计，在第一次世界大战结束前有 329 架面世，这款飞机由于飞行速度较慢并不算特别成功。

引擎：110 马力上乌瑟尔型或列隆型发动机

乘员：1 人

升限：6100 米

时速：最高 165 千米

武装：两挺 7.92 毫米口径的机关枪

索普维斯 F-1"骆驼"型

这是第一次世界大战中最棒的战斗机，也是英军第一款配备了两挺可以同时开火的机关枪的飞机。索普维斯"骆驼"机的优点在于动作灵活、爬升速度快，但不够有经验的飞行员往往栽在该机不善飞行的缺点上。

引擎：多种多样，包括 130 马力的克勒盖特发动机

乘员：1 人

升限：5500 米

时速：最高 185 千米

武装：两挺 7.7 毫米口径的机关枪

防空炮

1914 年，大多数人还不知道什么是防空炮。随着空战的迅速发展，这种武器却很快成为了争夺制空权的重要一环，得以在战场上大量布设。

第一次世界大战前，连空中威胁都还不过是一个构想，人们当然就更不会费神去设计一款可以把飞机打下来的大炮了。1908~1909 年间，德国克虏伯公司或莱茵金属公司制造的"气球炮"可算是最早的防空武器，但这也不过是把野战炮转置到卡车或其他大型汽车上，以使开火仰角变大而已。当时的飞行器速度并不快，所以这种改装炮已经可以满足防空的要求了。而用来包围核心城市之类重要军事目标的大炮则有所不同，它们虽然也是由轮车野战炮改装而来，但其安放地多为具有一定攻击角度、可以进行 360 度水平旋转的炮台。

无论是第一次世界大战以前还是在 1914 年 8 月刚刚开战的时候，各国都没有理由为了本身就少得可怜的飞机去研发什么克敌之术。英国当时装置在拖曳式炮台上的大炮用一只手就能数完，而法国的同类装备就更少了，只有分别安置在两辆长期停在德·迪昂·布通装甲车上、仰角高到可以对空射击的大炮可以执行防空任务。不过，法国很快就开始大规模地使用自动炮，而英国为了加强伦敦周边的防空网络，也开始大规模地购进这种装备。

☆ 移动炮 ☆

德军防空炮机组人员在等候开火的指令。注意图中那个巨大的弹鼓。

战场上的防空炮基本都是用"嫁接"的手法做成的，一般是把轻型或中型野战炮固定在平板车或是专用车架上，然后再用其他车辆来拖曳、运输。举例来说，英国的马拉式轻型野战炮原本常被用来配合骑兵作战。后来，这种大炮被转移到配有下滑斜坡的卡车拖斗里（譬如索尼克罗夫特 J 型卡车或者"无与伦比的运货汽车"），用稳定器和螺旋千斤顶固定，以防止后翻。这些炮的炮管仰角可以高达 70~90 度，射程约为 4000

英国 13 磅大炮

索尼克罗夫特 J 型卡车是第一次世界大战战场上最常见的一种战车，使用汽油发动机。于 1915 年面世的英国 13 磅防空大炮就是这种车与英军马拉式野战炮的结合体。这种武器一般以两个为一组联合作战，每组除了大炮之外，还有两辆卡车搭载着炮兵、射程计算工具和弹药。

弹重：5.9 千克
炮重：975 千克
仰角：+80 度
射程：4000 米
初速：520 米/秒

米，当然有个别款式不止于此。

☆ 火力控制 ☆

当时的飞机虽然飞得慢，但至少是个可以在空中做三维运动的物体，不像一般的炮击目标，往往是某个确定平面上的某一个固定不动的点，也就是说，即便炮兵在开火时瞄得再准，炮弹飞行的轨道再精确，等它抵达目标原处位置时飞机早就已经不在那里了——这也是防空炮面临的最大难题。为了突破这个攻击瓶颈，炮兵们给防空炮装上了全视角瞄准器。人们后来发现这其实是一种事倍功半的解决办法，于是便转而又发明了"中心位置射击法"。这种方法的具体操作办法是：将若干门大炮排成一排，由最中心的一门确定目标位置；炮兵把计算出的射击所需的高度、射程、速度等数据传给整排大炮的所有炮手，大家一起开炮。

事实上，当时的防空技术还很粗浅，所谓的防空炮能不能打中飞机从很大程度上来说还得靠运气，所以真想制空的话还得靠自家的飞行部队。不过，地对空的打击能力在干扰敌机侦察，趁着飞行员记录侦察数据时击落敌方飞机也还是有用武之地的。

法国 75 毫米口径防空炮

由于射击频率够高，法国著名的 75 毫米口径野战炮也可作防空之用。不过这时就不能采用原配的轮车了，必须将大炮移到采用德迪昂发动机并配有若干稳定器的机车上（图中机车后轮前面的就是稳定器）。注意图中右侧的测距仪。

弹重：7.16 千克
炮重：4000 千克
仰角：+70 度
射程：4725 米
初速：530 米 / 秒

美军士兵正在操纵一挺负责防空任务的法国造霍特奇斯重型机枪。图中可见的金属弹匣一次只能装入 30 发子弹，射手必须频繁地更换弹匣以保证开火，这也是这种武器最大的弱点。

德军最后的攻势

　　尽管在"迈克尔行动"中铩羽而归，但德国最高指挥部却还是不死心。1918 年 4~6 月间，德军在西线战场上沿协约国防线多次发动进攻，而作为战斗主力，暴风突击队却遭受了惨重而又无法弥补的损失。

1918 年春的德国首攻在即将突破协约国防线时功亏一篑，意识到时日无多的鲁登道夫决意再次发动攻击，将本已唾手可得的胜利真正收入囊中。德军的第二次总攻于 4 月 9 日开始，

1918年4月15日，德军暴风突击队员冲过英军在巴约勒镇上设置的路障。

代号为"利斯河攻势"，或称为"乔奇行动"，袭击目标是位于伊普尔和拉巴西之间的英国阵地。协约国方面的防守由陆军元帅海格指挥。当月 12 日，眼看着德军又要冲破防线了，海格紧急下令禁止任何作战单位后撤一步，这一决定最终挽救了濒于溃败的英军。自海格的军令下达以后，英军越挫越勇，防守愈发顽强；而在英军坚不可摧的守势面前，德军只能勉强向前推进了 16 千米，在英军的防线上"扎"出了一个小小的突出阵线。最终，英军用 10 万人的代价阻止了鲁登道夫的攻势，保住了英吉利海峡的重要港口，并重创了德军的暴风突击队。

☆ 袭击法军 ☆

　　在英军那里吃了败仗的鲁登道夫决定另觅他途，他接下来的进攻目标是法国部队，而他选择的进攻路线则是圣母蝶道。此次进攻名为"布鲁克 – 约克行动"，又称"埃纳河攻势"，实际上只不过是德军制造的烟雾弹而已，以便在袭击弗兰德斯的英军之前多争取一些物资准备的时间。德军的两个集团军于 5 月 27 日开始挺进，并很快打下了一片 48 千米宽、32 千米深的突出阵线。虽然他们在此之后并未取得任何突破，但鲁登道夫却已有足

1918年5月下旬，美国军队陆续抵达战场前线。

来自塞内加尔和印度这些殖民地的部队也是英法两国在第一次世界大战中的重要武装力量。

够的信心安排下一次障眼法行动了。德军于6月9日针对法军实行了"格奈森瑙行动"，此次行动又称"诺扬－蒙特迪迪尔攻势"。虽然法军接到德国叛逃者的线报时早已加强了防御，但德军仍于13日对贡比涅发动了两次进攻，使得协约国最高指挥官福煦对战事有了犹豫。

原本打算集中兵力打击英军的鲁登道夫此时却改了主意，把全部精力都投在了对法作战上面。7月15日，他在兰斯以西发动了德军的最后总攻——马恩河攻势。不过，德军的主力部队却没能在此战中捞到任何好处，反而倒贴了50万人的本钱，部队的士气也摇摇欲坠，原本严明的军纪已经开始涣散。而美军此时正以每月30万人的速度登陆欧洲战场。后备无人的鲁登道夫只好于17日承认失败，召回了刚在苏瓦松和兰斯之间打出了一大片突出阵线的德军部队。

☆ 协约国的还击 ☆

不过，世上没有想打就打、想停就停这么便宜的事，所以德军也不可能安安稳稳地撤回老家。当月18日，福煦即发动了作为对德全面反击的第二次马恩河会战。8月5日，法军和8个美军师一起，以摧枯拉朽之势将德军在苏瓦松和兰斯之间的突出阵线连根拔起。至此，西线战场上的优势完全倒向协约国一方，而鲁登道夫也彻底放弃了在弗兰德斯发动进攻的打算。为协约国的大胜立下汗马功劳的福煦于8月6日被封为法国大元帅。

然而鲁登道夫的噩梦还没有结束。8月8日，英法联军以步兵、坦克车、野战炮和空军相结合的方式再次强势出击，在几个小时之内就撕破了德军的防线，史称"亚眠攻势"。约有1.5万名德军士兵在此次攻势的第一天即举手投降，其他人也没有负隅顽抗，协约国以4.2万人的损失造成了德军10万人的伤亡。兵败如山倒，鲁登道夫震惊之余只有哀叹"德军黑色之日"的到来。9月4日，此次攻势正式结束，第一次世界大战的结束终于进入倒计时阶段。

和平渗透

1918年7月，澳大利亚军队发明了一种颇有创意的新战法，并首次在大规模作战中得以实施。根据这种战法的核心思想，步兵是部队中最脆弱的单位，所以攻占敌人的阵地应以飞机、大炮和机关枪的火力为主。等到敌军在火力之下基本屈服的时候，再由步兵赶上，解决最后的一小股反抗力量。由于极大地减弱了肉搏的程度，因此这种战法又有一个颇具欺骗性的名字：和平渗透。

"巴黎大炮"

　　1918 年春，德军已推进到距离巴黎不到 160 千米的地带。他们此时选用的一对体型巨大的高科技野战炮将法国首都及其市民直接罩进了炮击的阴影里。

1918

年 3~8 月间，当德军主力在西线战场上发动一系列进攻的时候，专为打击法国首都居民信念而设计的巨炮"巴黎大炮"正在悄悄赶制中。该炮的构思始于 1916 年春——当时德军在西线战场上的阵地距离巴黎只有 96 千米。其正式名称是"兰格 210 毫米口径滑炮"（或"210 毫米口径长管加农炮"）。为了纪念德国皇帝威廉二世，它还有一个绰号叫做"威廉之炮"。

☆ "巴黎大炮" 的设计 ☆

　　这门巨型大炮由克虏伯公司牵头策划，德国皇家海军的炮兵指挥部协同制造。"巴黎大炮"的弹道设计非常复杂，所以制造工作本来就困难重重；而德军在 1916 年秋撤回兴登堡防线后，与巴黎之间的距离又增加了约 20 千米，使得炮管长度必须加倍才能完成原定任务，这又给工匠们带来了新的麻烦。然而，兵工厂还是克服了阻碍，将"巴黎大炮"从图纸上带入了现实世界，并顺利地在马彭试射场完成了炮弹试射的任务。在设计终稿里，这款巨炮可以拆卸为若干部分，由铁路或特制容器运抵战场，然后在选定的设计点重新装配——这活儿说起来容易，真要拼凑出一个完整的"巴黎大炮"可不是件轻松的差事。

　　"巴黎大炮"的试射。由于每次发射时炮弹都会对炮管造成轻微的磨损，所以后来发射的弹药尺寸都是一个比一个大的，每个炮管在发射过 60 发炮弹后就得换掉了。

☆ 实战 ☆

图为克虏伯大型兵工厂中制造巨型"巴黎大炮"的车间内景。这种炮于1918年3月被搬上战场，在此之前，其整个制造过程都是严格保密的。

为了对巴黎实施炮击，德军选择了三个隐蔽在森林里的火力点。从1917年11月开始，德军部队就在巴黎东北及东部、环绕里昂和兰斯的铁路沿线进行大炮定位工作。除了布设新轨道之外，他们还要挖坑、配置大量的混凝土，从而为能够承受住巨炮后坐力的炮台打造一个坚实的地基，此外还要为火力点进行伪装，紧张有序的准备工作一直持续到了1918年2月。第一门巨炮位于格莱比－劳诺伊斯，3月23日~5月1日间发射了183枚炮弹；第二门位于柏伊斯－柯比，分别在5月27日~6月11日和8月5~9日两个阶段里发射了104和66枚炮弹；第三门位于柏伊斯－布鲁耶尔，在7月15~19日间发射了14发炮弹。

也就是说，共有367枚炮弹落在了巴黎及其附近的区域，共有256名巴黎市民在这几次袭击中丧生，620人受伤。由于每发射60枚炮弹就要更换一次炮管，而且开火位置经常要变，所以巨炮的攻击并没有规律可言，有时候发射的炮弹一天比一天少，有时候很多天都不发一枚。不过，人们在炮击的第二天就发现了一件事：3月23日的炮击以20分钟为间隔，而3月24日早晨的炮击间隔则只有3分钟——这说明当时至少有两门巨炮在同时作业。

协约国部队一直没能对"巴黎大炮"造成任何威胁，这种巨炮最后退出战场也是由德军溃败导致的——德军在协约国8月的攻势之下大规模后撤，巨炮的火力已经够不到巴黎了。在德军撤走后，巨大的炮台还留在原地，但协约国部队却没能在那里发现一丁半点的武器残片，甚至连巨炮使用的痕迹都没找到。对此最为合理的解释是，巨炮在撤走前已经被拆解了，而拆出来的高级金属则已另作他用。

一群好奇的旁观者在检视由"巴黎大炮"发射的巨型炮弹造成的部分损坏。

对地攻击机

在第一次世界大战中，空中武装力量和地面部队的近距离协作渐渐成为了进攻时的重要组成部分。但与之不相匹配的是，没有多少飞机是专为这个目的而造的，而在战争进入尾声之前投入实战的专用机就更少了。

轻型轰炸机和战斗机在第一次世界大战战场上常被用来执行密接支援行动，但最让人印象深刻的却是它们的对地攻击。在 1917 年添加了保护层的专用对地攻击机出现之前，毫无防护措施的轰炸机和战斗机负责了绝大部分的对地攻击任务。当时，轻型轰炸机在降到中等高度时向下投掷炮弹的准确性并不高，而战斗机在投弹的同时用机关枪进行对地扫射的低空作业难度也很大，加上俯冲的飞机完全暴露在地面守军的火力之下，所以飞行员们大多从心底讨厌这类玩命的任务。

☆ 德式对地攻击机 ☆

1917 年，德国 AEG 公司在其既有 C 型双座单引擎侦察机的基础上，制造了世界上第一架对地攻击机——J 型飞机。J 机的引擎比 C 机的马力更足，此外还有两挺可以朝前下方开火的机关枪。本来 J 机只是为更专业的对地攻击机作铺垫的过渡机型，但由于后者的制造出现了诸多阻滞，所以 J 机持续生产了 600 架，并一直沿用到了第一次世界大战结束。

奥巴特罗公司是德国的另一个大型军工企业。1917 年末，该公司同样名为 J 型飞机的双座机登陆西线战场。此时的 J 机既可作侦察和轻型轰炸机之用，又可承担对地支援任务，该机以奥巴特罗公司的 C 机为蓝本，是 AEG 公司所产 J 机的替代品。奥巴特罗的 J-1 机保护措施特别到位，飞行员共有 3 挺可操作的机枪（其中两挺可向下开火），但速度很慢，行动也不够灵活，最糟糕的是其设计者没有制定任何的引擎防护措施——这一疏漏一直到 1918 年 J-2 型飞机面世才得以纠正。但 J-2 型飞机在第一次世界大战结束前的战场上却鲜有露面。

雨果·容克和安东尼·福克属于当时最顶尖的航空设计师，他们联手将原有的容克 J-1 型双座双翼机发展成了对地攻击机。最原始的容克 J-1 是一架全金属飞机，经过修改后机尾改用了木制材料。J-1 机在 1917 年末的首次飞行后，即于 1918 年春参

图为德军 AEGC-IV 型多功能飞机机尾炮台的特写，此飞机在执行对地攻击任务。

加了德军的总攻。该机风靡一时的关键在于其配备的无线电设备，飞行员从此可以在精确的指挥下对地面目标发动攻击了。但J–1机的制造工序实在太过繁杂，而这也限制了它的批量生产——到1918年11月为止，只有227架J–1机参与了战斗。

☆ 协约国的回应 ☆

协约国对于专用对地攻击机的兴趣不大，更倾向于使用多功能飞机来执行对地攻击任务。举例来说，法国萨默森2型飞机自1918年2月登上战场之后，除了对地攻击之外还多次作为轻型轰炸机和侦察机执行任务。

英军则用索普维斯F–1"骆驼"型战斗机执行对地支援任务，但由于缺乏装甲保护，这种战斗机在战时损失十分惨重。后来英军还曾试图制造TF–1型（即堑壕战斗1型）"骆驼"战斗机，结果却无功而返。索普维斯TF–2型"蝾螈"机从1918年5月开始批量生产，是英军的第一款实战对地攻击机，但它们还没能在战场上执行几次任务，战争就结束了。

萨默森2型

这种坚固而又灵巧的飞机从1918年初开始在法军中服役，后来也有不少为美国购置。尽管这款飞机上的飞行员座舱相距甚远，机组人员之间的交流颇为困难，但它仍然是最受欢迎的机型之一，在第一次世界大战中总共制造了3200架。

种类：对地攻击机，轻型轰炸机，侦察机

引擎：260马力卡托乌尼发动机

乘员：2人

升限：5000米

时速：最高184千米

航程：500千米

武装：三门7.7毫米口径的机关枪及轻型炸弹

容克J–1型

容克J–1型是雨果·容克设计的一款全金属双翼机，从1918年开始为军队服役，在第一次世界大战结束前，福克公司和容克公司总共制造了约227架。这款飞机只进行了局部武装，由此带来的额外重量使得其起飞和降落的滑行距离都有所拉长。虽然容克J–1的飞行速度不高，动作也不太灵活，但飞行员们却中意于它巨大的身形——这一点在执行低空飞行任务时尤为重要。

种类：对地攻击机，空地联络机

引擎：200马力奔驰Bz.IV发动机

乘员：2人

升限：4000米

时速：最高155千米

武装：3~5门7.92毫米口径机关枪

美军的装备

　　临时参战的美国在战前并没有相应的人力储备和足以提供大批军备的军工企业。虽然他们东拼西凑地好歹用成千上万人组成了一支奔赴欧洲的战队，但在军备方面却只能完全依赖英法两国的支持。

1917年中期，英法两国的军事工业已经得到了长足的发展，但由于在战争前期人员伤亡过于惨重，他们竟面临生产出大批武器却无人来用的窘境。而美国的情况则正好相反，其预备役部队人员充足，但军工企业的生产力则无法在短期内为之提供充足的装

在阿尔贡地区作战的美军使用的是法制 37 毫米口径堑壕炮。

备及弹药。在战场上，时间就是生命，如果要美国自己给每一个士兵量体裁衣、装备武器的话，西线战场上的协约国阵地早就崩溃了。英法两国根本等不及美国自给自足的时候，因此决定给这位新战友提供从制服到武器的一切军备。不过，美国海军却不需要他们的帮助——这支部队是该国最强大的军事力量，随时都做好了战斗的准备。

　　这种"你出人力，我出物资"的解决方法还有一个好处，那就是节省了运输船上为武器装备预留的空间，使得每一艘运兵船每次都可以多运一些士兵，船速也可以得以提高。多亏了这个一箭双雕的计划，美军才得以在 1917~1918 年间顺利地将两百多万士兵运到了欧洲战场。

柯蒂斯 JN-4D 型飞机

　　美军在第一次世界大战中最成功的飞机——柯蒂斯 JN-4D 型其实是一种训练机，而不是一款适用于空战的飞机。但这却是首款得以批量生产（到 1918 年底共有 5500 架面世）并大规模投入使用的飞机。

引擎：90 马力柯蒂斯 OX-5 发动机

乘员：2 人

升限：3000 米

时速：最高 112 千米

武装：无

☆ 制服和步枪 ☆

大部分美国军人在参战时穿的都是自己的制服，配备的也多半是美国本土生产的轻武器，如 1903 斯普林菲尔德步枪和勃朗宁自动步枪。当然，这其中也有一些例外：比如美国步兵大多佩戴的是英制钢盔，而与法国部队协同行动的作战单位——这里不包括美国黑人部队——佩戴的是法制阿德里安头盔；除了美制步枪，他们还配有由英制步枪演化而来的 M1917 型（即恩菲尔德型）步枪，和法制乔奇轻机枪，与法军协同作战的美国黑人部队配备的是勒贝尔和贝提尔步枪；而美军使用的重机枪则全部是美制勃朗宁 1917 型机枪。

图为在使用战地电话的美国通信兵。对他们来说，修复电话线是每日必修的功课。

☆ 大炮 ☆

但从重型武器方面来说，美国远征军就得完全依赖英法的技术支持了。法制 75 毫米口径野战炮和 155 毫米口径榴弹炮都是美军的主要装备，而英国也为之提供了大量 203 毫米口径榴弹炮作为支援。美军装甲部队主要由法制雷诺 FT-17 轻型坦克组成，此外还有少量吨位更重的坦克来自英国。法国有一个兵工厂还曾经打算以英式马克 Ⅷ 型坦克为模板，改用美式飞行引擎，大批量地制造所谓的"协约型"或"解放型"坦克，但这些坦克却没能在第一次世界大战结束前投入使用。

美国空军在第一次世界大战中使用的飞机以美制柯蒂斯 JN 系列为主，但也有不少以法式和英式设计为蓝本，配备了美式飞行引擎、在美国境内合法制造的款式。此外，直接从英法两国购买的飞机也不在少数，其中来自英国的飞机有 4881 架，来自法国的有 259 架。美军飞行队采用的战斗机主要是法制纽波特 28 型和斯巴德 S 系列。1918 年后期，美军轰炸机组在美制 DH-4 机的基础上，开始大规模使用法式布雷盖 14 型和萨默森 2 型机。

图中的美军正在用法制 75 毫米口径野战炮进行炮击。当时美国远征军使用的大炮基本都不是本国产的。

美军的参战

虽然美军在 1917 年 5 月末就已抵达欧洲，但却直到 1918 年 1 月才开始参与作战。在经过了一段时间的小打小闹之后，美军部队在 1918 年 5 月阻止德军攻势的过程中终于一鸣惊人。

按照欧洲的标准来说，美国的"20 万大军"其实只是一支作战小队，而他们在 1917 年 4 月 6 日对德宣战时，根本就没有做好充足的战斗准备。5 月 19 日，为了在奔赴欧洲之前凑出一支百万雄师，美国议会通过了《义务兵役法案》，开始面向全国进行为期一年的征兵。6 月 10 日，约翰·珀欣被任命为美国远征军总司令；13 日，珀欣抵达法国；28 日，第一支 1.4 万人的美军部队登陆欧洲。在接下来的几个月里，美军部队一直在学习堑壕战的战术，并未参与任何实际行动。10 月，美军首次奔赴前线，但他们在 11 月 3 日就吃下了第一场败仗。

事件重点

时间：1918 年 5~6 月
地点：西线战场上若干战斗点
结果：在美军的帮助下，协约国抵挡住了德军的攻势，并夺回了部分曾经沦陷的阵地。

☆ 处女秀 ☆

美军直到 1918 年 5 月才得到了一次全力出击的机会。当时，自 3 月底开始，德军部队在西线战场上若干节点对协约国防线进行打击，嚣张了好一段时间。5 月 28 日，美军少将罗伯特·布拉德受命率领第一师主动出击，进攻被德军占领已久、防御工事无比坚固的康蒂尼观察点。在以迅雷不及掩耳之势攻下这块阵地之后，布拉德又带领士兵们在 48 小时内打退了敌军的若干次反攻。

☆ 马恩河之战 ☆

5 月 27 日，德军在兰斯和蒙特迪迪尔之间发动了埃纳河攻势，并于次日抵达马恩河流域，驻守此地的法军部队溃不成军。30 日，为了遏制德军的推进，美军第二和第三师奉命出征。第三师在蒂耶里堡占领了一座颇有战略意

美国远征军的一辆雷诺 FT-17 型坦克由于没能跨过图中这条战壕而被丢弃。

义的大桥，并以之为原点，向德军发起了进攻。随后，他们又和法军一起发动全面反击，将德军逼退到马恩河彼岸。第二师则在蒂耶里堡以西的贝罗和沃克斯之间阻止了德军的进军。6月4日，德军的埃纳河攻势结束，这两个美军师级部队随即在若干节点展

1918 年 5 月 28 日，美军在康蒂尼附近的一次进攻中离开了战壕。

开反击，其中又以 6 月 6~25 日间的贝罗树林之战最为著名。

从西线战场来说，无论是康蒂尼之战、蒂耶里堡之战还是贝罗树林内的战斗，都只能算是小打小闹而已。而在这几次行动中，美军师级部队的规模都是协约国部队的两倍左右，所以看起来就好像是他们表现得超出了人们的预期一样。从 3 月开始，珀欣就一直试图说服协约国作战总司令福煦发动大规模作战，终于在 7 月 24 日达成了心愿。以蚕食圣米谢尔附近的德军突出阵线为目的，从 9 月 12~16 日开始，美国第一集团军获准在西线战场前线发动全面进攻，其中一股部队则以东南部的凡尔登为目标即时出发。

此次攻势的预备炮击声势浩大，2970 门大炮持续轰炸了 4 个小时。随后，珀欣的部队从南北两翼包抄了目标阵地，在空中火力的支援下对之发动了猛烈的攻击，并在当天夜幕降临时合拢于霍顿查特。16 日，圣米谢尔攻势胜利结束。虽然德军在珀欣发动正式行动之前就已开始撤退，但仍然伤亡惨重——这也标志着美国远征军已具备了全面参战的能力。初尝胜果的珀欣迅即移师西进，奔向凡尔登。10 天之后，美军发动了其在第一次世界大战之中规模最大但也是最后一次的总攻。

约翰·珀欣

在西线战场上指挥美国远征军的珀欣（1860~1948）是一名职业军人。在踏足欧洲战场以前，他一直致力于打击美国土著和西班牙人，还曾于 1917 年率兵攻入墨西哥。让英法两国非常气恼的是，珀欣一直不肯接受他们的直接领导。虽然在危机面前他的态度会有所软化，但大多数情况下，珀欣都宁愿带领自己的美军部队按照自己的想法发动进攻，其中最有代表性的就是在圣米谢尔和默兹河－阿尔贡地区的那次战斗。1919 年，珀欣被提升为美国的首位陆军将军。

珀欣（右一）和协约国最高司令福煦及海格、裴坦在一起。

战略物资的补给

作为一场规模浩大、工业化程度较高的战争，第一次世界大战对高质量的武器装备有着极大的需求。现代化兵工厂的产品要运抵前线，除了传统的运输方式之外，还多了很多新的可选道路。

对所有参战国来说，往前线运输军用物资和人力资源是第一次世界大战中最为生死攸关却也极端乏味无聊的工作。一般来说，大批物资将会通过海运或铁路运输送到前线后方的囤积地，而前线需要什么装备了，就从这里直接调过去。由于弹药的消耗量极大，所以这种调配工作不仅工作量大，而且没完没了——如果遇到重大战役或攻势，那任务就更加繁重了。

从图中的炮弹存放点可以看出，一个军队为了维持作战能力必须储备大量的武器原料。

例如，1914年9月5日马恩河之战爆发时，法军为75毫米口径的大炮准备了46.5万枚炮弹，5天之后，库存就只剩3.3万枚了。1916年时，英国的弹药消耗也很惊人：在索姆河会战第一周之内，他们发射的弹药比其之前12个月里用掉的总量还要多。德军为1918年3月的攻势而储备的116万枚炮弹，在当月21日开战后的5个小时之内就全部打完了。

☆ 外国劳力 ☆

为了维持补给系统的正常运转，并在可能的情况下扩大其规模，几乎所有参战国当时都在世界范围内搜罗劳动力。英法两国从他们的海外殖民地弄来了许多人，其中英国在东非战场上就动用了100万人负责搬运工作，其中包括了东非本地人和来自其他殖民

图为英军在巴勒斯坦作战时使用的一支运送粮草的驼队。

地的劳工。因为当时平均每个战士就需要三名搬运工协助,所以就算是这样也还不能满足战斗的要求。就算是在鲜见运动战的欧洲本土之内,补给系统对于劳动力的需求也非常大。此地的劳工主要来自中国,到1918年为止,共有10万中国技工和普通工人被送往西线战场为英军服务;而为法军服务的中国劳工人数与之相近,此外还有6000人为美国远征军服务。

轻便铁道

窄轨铁路的重要性在第一次世界大战中是不言而喻的。这种铁路的铁道宽度仅为60厘米,因此建造起来非常便捷。当时每英里标准铁路花费的平均劳动力是4300人/天,而英军只用1760~2400人/天就可以造出一条同样长度的窄轨跌路了。对于所有参战国而言,窄轨铁路都是向前线输送所有必需品的重要枢纽,这种铁路有时还可以承担短距离的运兵任务。

图为斯卡普尔河旁英军的一条轻便铁路,它是1917年阿拉斯之战中的重要粮道。由于水运相对平稳,所以常用来运送伤兵。

☆ 畜力运输 ☆

从某种意义上来说,第一次世界大战也是一场被马拖动的战争。1914年,一个英军步兵师的官方装备包括了887辆马车和近5600匹战马,而汽车却只有区区9辆。到1918年时,这种配置比例也没有什么大的改变——822辆马拉车、8840匹战马、11辆汽车、3辆卡车和21辆救护车,即是战争末期步兵师的标准装备了。部队对于包括马、驴、骆驼甚至阉牛之类的动物有着巨大的需求,这也是导致动物们在战争中死伤无数的主要原因。1914~1918年间,仅在法军之内就有54.2万匹战马丧生,而英军则损失了48.5万匹战马及其他牲畜。

虽然畜力运输在第一次世界大战的补给系统中十分关键,但汽车运输也渐渐占据了一个重要的位置。1915年的凡尔登战役中,法军用卡车和轻便铁路为前线提供了重要的补给;6月里,12000辆法军汽车以每隔14秒开过一辆的频率,沿着进出凡尔登的唯一途径——圣母堞道——循环往复。

早期的军用货车其实都是由普通的民用车改装来的。英国就曾将1300辆属于伦敦通用汽车公司的公共汽车改装成了B型卡车。后来,以丹尼斯、雷兰德和沃斯利为代表的汽车制造商开始为部队大量制造专用车辆。法军货车的发展史也和英国差不多,他们在1914年的最后几个月里曾征用了1049辆民用公共汽车、2500辆轿车和6000辆卡车,但雷诺、施奈德和其他的军工企业随后即开始为之制造专用车辆了。

这种由法国卡车组成的汽车运输队在1914年时还很少,但随着战争的推进,这种队伍渐渐变得常见起来。

默兹河－阿尔贡攻势

　　在战争结束前的几个星期里，美国和法国一起，在西线战场发动了一次以突破色当方向德军防线为目的的大规模进攻。此次大获成功的行动持续时间很长，而且也是美国远征军首次领衔发动的攻势。

在1918 年 3~7 月的对德作战中，福煦就意识到敌人已经用光了战略储备。面对这个有心无力的对手，他决定重拳出击，于 9 月在前线上同时发动一系列行动，以秋风扫落叶之势荡平敌军的有生力量。按照福煦的计划，法军和美军要从凡尔登以西联合北上，直捣德军前沿阵地之后约 48 千米处的铁路枢纽——梅济耶尔。与此同时，英军则向东挺进，插入佩罗纳和兰斯之间，控制另一处交通要塞。此外，他还安排驻扎在弗兰德斯的比、英、法三国联军，及驻扎在佩罗纳和拉斐里之间的英法部队实施小规模的袭击。

事件重点

时间：1918 年 9 月 26 日 ~ 11 月 11 日
地点：法国东部的阿尔贡地区
结果：尽管德军进行了顽强的抵抗，但美军依然成功地推进到了默兹河沿岸。

　　9 月 26 日，默兹河－阿尔贡攻势拉开了帷幕，60 万协约国士兵在 5000 门大炮、500 辆坦克和 500 架飞机的护送之下开赴战场。亨利·古洛将军率领的法国第四集团军被布置在战线左翼，而亨特·里格特率领的美国第一集团军则驻扎在埃纳河和默兹河之间。对于在四道防守严密的德军防线上寻找突破口的冲击任务，里格特的军队很快就厌倦了——阿尔贡地区森林茂密的地形给他们的行动带来了特别大的困难，而且德国援军的蜂拥而至也限制了他们在蒙特法肯拓展既得成果的可能，使他们被困在一段狭窄拥挤的战线上，进退不得。9 月末，美军部队只打开了前两道防线的缺口，总共向前推进了 16 千米，但面对第三道防线却始终无法再进一步。

☆ 战斗复苏 ☆

美军士兵驾驶雷诺 FT-17 型坦克，前去发动默兹河－阿尔贡攻势。

　　10 月 4 日，美军总司令珀欣暂停部队整编，将他手下最为老练的几支师级部队派去攻打德军第三道防线。虽然美军的推进依然缓慢而痛苦，但却为法国第四集团军赢得了向埃纳河挺进的机会。10 月 12 日，珀欣将作战部队一分为二，将之编为新的第

在第一次世界大战的最后几天，美军工兵在清理德军遗留下来的铁丝网。

一和第二集团军：前者受命继续北上，并在当月底推进到阿尔贡及更远的地区；后者则在罗伯特·布拉德的带领下向东进军凡尔登。

☆ 最后一击 ☆

11月1日，此次攻势进入最后阶段。美国第一集团军终于攻破了德军的第三道防线，向北挺进到比藏希以西；随后，他们攻下此镇，帮助法国第四集团军顺利渡过埃纳河，继而穿越默兹河谷的空旷地区，前去料理剩余的抵抗力量。当月6日，美国炮兵连抵达色当南部的默兹河，开始向梅济耶尔开火；10日，美国第二集团军开始向蒙特梅迪挺进，并于次日上午11点停火之前取得了一定的成绩。在这次攻势中，德军伤亡10万人，其中有2.6万人被俘；而美军则表现出了相当可观的冲劲，但他们也因为缺乏作战经验而付出了11.7万人伤亡的代价。

费迪南德·福煦

福煦（1851~1929）是一名公认的军事理论家。他在1914年战争爆发时即采取了积极的应对措施，并于8月24日升任法国第九集团军总司令。当年10月，他成为了法国最高指挥集团的一员。但自从罗伯特·尼维尔于1916年12月成为最高司令之后，他即被排除在了决策核心之外。1917年，为了应对德军在意大利发动的卡波雷托攻势，他被任命为英法联军的统筹人；1918年，他终于走上了协约国最高司令的宝座。在这个对于领导力和协调力要求极高的位置上，他一手缔造了协约国的胜利神话，并于1918年8月6日升为元帅。

1918年的协约国军队首脑——费迪南德·福煦元帅。

从法国撤退的德军士兵抛弃了他们从1914年起就占为己有的阵地。

战时通信

几乎所有的将军都曾经为如何与前线将士有效地通信而苦恼过，而长久以来，虽然人们发明了若干种通信方式，却没有一种能够满足所有的作战情况。

各国指挥官们在当时最为头痛的问题之一，就是无法在战役打响之后即时掌握战场情况，更不要说及时发布新的指令了。在第一次世界大战之前的各种军事对抗中，由于战场面积小，参与战斗的部队规模也很有限，所以司令官们大可以自己在战场上走一走、看一看，根据所见所闻随心所欲地制定作战计划。但第一次世界大战战场波及欧、亚、非三大洲，参战部队动辄以十万计，想要在闲庭信步之中就指点江山怕是不大可能了。所以，指挥官们只好把指令细化到每一个方面，制定出一个详细的时间表，让每一个作战单位都清楚地知道自己该在什么时候做什么事。但问题还是存在的，毕竟战事不会按照任何人的计划不偏不倚地进行下去。所以，通信的困难依然制约着将军们对战场动态的反应。

由于当时语音通话系统还没问世，所以大多数参战国都采用无线电发送莫尔斯电码的方式传递信息。但这一通信手段却有两大致命的弱点：第一，由于莫尔斯电码的编码方式是一定的，而无线电信号又可能被敌方截获，所以信息内容很容易会被对方破译。1914 年 8 月，协约国就非常幸运地两次截下了德国的电报，而其中一次直到 1918 年才为德方发觉。第二，无线电发报设备不仅又大又沉——早期的飞机即使不作改装也载不动一台发报机——而且非常"金贵"，根本就无法在前线火力交错的情况下长时间工作。随着战争进程的推进，较为轻便小巧而又更为耐用的发报机开始进入人们的视野，并渐渐得以配置到侦察机或侦察热气球上。但其他的通信设备仍然只能供地面部队使用。

☆ 电话系统 ☆

堑壕战的发展使得通过电话或蜂鸣器传送的摩斯密码愈发流行，而包括当时的移动通信设备在内，所有的电话都是依赖电缆才能运作的。有线电话虽然方便，但缺点也很明显：即使电话线埋在战场地面一米以下，也还是很容易被敌军的火力切断；移动通信设备的电缆一般都暴

1918 年末，一名美国士兵在阿尔贡之战期间操作一部战地电话。

大多数参战国在西线战场都有信鸽部队。图中所示即为当时一种比较有代表性的战地鸽舍。

露在无人区的地面上，这里正是双方火力交织最密集的地方，所以断线的频率也就额外得高。对于通信员来说，维修断掉的电话线是一件困难而又危险的工作，但为了维持通信系统的正常工作，他们也没有别的选择。

☆ 活信使 ☆

发动进攻的部队还有很多其他联系方式，但也都有各自的缺陷。手写或口述的讯息一般靠信使跑步传递——在死亡和负伤随时都会降临到移动者头上的第一次世界大战战场，这种传递方式恐怕是最不安全的。讯息很有可能随着信使的死亡而半路消失，而这种方式相比电话来说也慢了很多，如果信使失踪，将军们更是不知道要向谁问罪去。而使用信鸽的效果就相对好一些，但这种"信使"在大炮炸弹面前也仍然过于脆弱了。1916年凡尔登战役时，镇守沃克斯要塞的法军部队就曾将信鸽作为重要的通信兵，这些信鸽死后还以其勇敢获得了法国的最高荣誉。

其他通信方式则更为少见。在紧急情况下使用的信号弹，往往是为了示意向预定目标齐齐开火。1916年索姆河会战期间，英军还曾经在士兵的背包上缝了可以反光的金属三角形，以使后备部队可以随时观察部队的进程。

一条德国通信狗的照片，它在奔向后方传递消息时腾在半空中。

1916年夏天，一只从坦克里放出来的信鸽。为了更好地"服役"，这些动物们有时还会被挂上装饰品。

突破兴登堡防线

德国的兴登堡防线是一个设计复杂、"防护到牙齿"的防御工程，无论从任何角度来说都是固若金汤的。但就是面对这样的防守，英军仍然只花了几天时间就取得了突破——1918年9月下旬，兴登堡防线被粉碎。

在第一次世界大战的最后几周里，协约国在西线战场北部一共发动了三次进攻。9月下旬，英法师级部队在北段的阿尔芒蒂耶尔和比利时海岸之间整装待发；南段的拉斐里和艾菲之间有英法美三军的师级部队驻守；来自英

图为运动战重现西线战场时的英国骑兵部队。

国第一和第三集团军的27个师级部队则集结在中段艾菲和兰斯之间的地带。

☆ 顽强的抵抗 ☆

9月27日，中段的英军发起总攻。陆军元帅海格知道自己的部队面前正是兴登堡防线中防守最为严密的一段，因此早就做好了打一场硬仗的准备。但他的顾虑却似乎有些多余，因为整个兴登堡防线居然在10月9日就被全面攻破了。接着，福煦元帅下令开始最后的进军，比利时军队杀入德军重要潜艇港口之一的布鲁日，而英国远征军则向着莫伯日和蒙斯挺进——自从1914年第一次接受战火洗礼之后，蒙斯还没有爆发过战斗。

☆ 挺进比利时 ☆

尽管德军整体士气低迷，尽管他们在战争中以失败告终，但其像图中机枪部队这样的作战单位还是坚持到了最后。

9月28日，协约国作战组团开始袭击弗兰德斯，并在从伊普尔向东挺进的过程中小有斩获。10月1日，协约国部队占领高地。但由于作战情况十分艰苦，巴伐利亚王储利奥波德带领的德国守军又十分顽强，所以北线军团的攻势至此陷入停滞。10月中旬，战

况终于有了转机：17 日，英军攻陷了里尔，比利时部队则占领了奥斯坦德；两天后，比军又打下了泽布勒赫和布鲁日，为其他协约国部队解除了德军的潜艇威胁。直到荷兰边境为止的所有比利时海岸地带已尽数纳入协约国掌中，战事随即转向南段。

在突破了兴登堡防线之后，英国远征军即开始向桑布尔河和斯凯尔特河进发。10 月 17~20 日，远征军似乎是为了预习一般，先跨过了赛尔河，11 月 1 日又推进到了法比交界地带，并于次日占领了瓦朗谢纳。德军的守势至此已被严重削弱。11 月 4 日，英国远征军发动了

法军在战争后期对德军进行了大反击。

他们在第一次世界大战中的最后进攻——桑布尔河攻势。除了意外遭遇的顽强抵抗外，英军没花多大力气就顺利挺进了。11 月 10 日，加拿大部队再次进入蒙斯，而英军的进发则由于停火协议从次日起开始生效而中断了。

从 8 月 8 日的亚眠之胜开始，英军在第一次世界大战最后的一百天里的表现可圈可点。但从当年 1 月开始，英军共有 95.2 万人伤亡、染疾、被俘或失踪，而其盟友的境遇也好不到哪里去。法国的伤亡人数超过百万，美国远征军折损 28 万人，比利时和意大利则分别损失 3 万和 1.46 万人，1916 年才加入战场的葡萄牙伤亡最少，只有 6000 人。德军的损失也差不多，在 10 月和 11 月的决战之前就折损了 150 万人。

圣昆廷运河

协约国针对兴登堡防线上防守最为严密的一段展开的进攻，无疑是第一次世界大战最后几周里最为重要的一环。1918 年 9 月 28 日，协约国部队以澳洲军团为先锋，开始对有运河隧道穿过的狭窄地带发动猛烈攻击，但攻势很快就在惨重的伤亡之下陷入停滞。困境之中，英军部队依然坚持跨过了贝尔吉利斯段运河，深深地插入了德军的防线，使其再也无险可守。

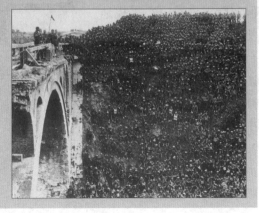

指挥官们对英军第 46 师成功地跨过圣昆廷运河表示祝贺。

手　枪

　　虽然第一次世界大战中的士兵们有很多都配备了手枪，但这却是军官们最常用的武器，在一定意义上来说，这也是军阶的象征。当对阵双方身处的空间十分有限时——譬如在战壕或是各种车辆里——这种武器往往是最有用的。

从最年轻的陆军中尉到最资深的陆军元帅，任何一个级别的军官都会配备左轮手枪或自动手枪，这些可以近距离致人死地的武器几乎已经成为了权力的象征。在有限的空间里，步枪之类的长武器施展不开，手枪就变得特别有用。也正因为如此，一些不是军官的军人，像飞行员、隧道挖掘兵、坦克兵和装甲车机组人员之类也非常青睐这种武器。而配备手枪的军警则可以腾出手来核对文件，制伏讨厌的囚犯。

☆ 手枪的设计 ☆

　　1914 年时，手枪种类还比较少，只有一款可以往转轮里填装 6 发子弹的左轮手枪，和两款配备匣式弹夹、利用后坐力发射子弹的自动手枪。各个参战国都有自己的手枪制造企业，虽然为数不多，但却占据了相当大的市场。从 1915 年开始，韦伯利公司共为英国部队制造了 30 万把马克 VI 型左轮手枪。但即便数目如此庞大，却依然无法满足部队作战的需要，这也使得一些名不见经传的款式开始为人们所用。英国皇家海军、皇家海军航空部队和皇家飞行队就都曾配备过美式柯尔特自动手枪。

　　其他各国也有各自青睐的手枪生产厂。鲁格尔就是德国手枪的同义词，但实际上德军也小规模地使用过像毛瑟枪和比霍拉自动手枪这样的款式。上述不同型号的手枪也被贩往保加利亚和土耳其，其中仅保加利亚就曾购置过2.2 万把。同盟国的另一成员奥匈帝国则在使用德式版本，同时他们也开发了

毛瑟自动手枪

　　这款 19 世纪 90 年代开始制造的手枪是第一次世界大战中火力最强的款式，在意大利海军中备受青睐。1916 年开始，德军开始配置口径略有调整的改良版毛瑟枪。

首发：1894 年
口径：7.63 毫米
弹量：10 发
长度：280 毫米
重量：1.13 千克
初速：440 米/秒

斯泰尔 M1911 式

　　受到多国垂青的奥地利斯泰尔"哈恩"M1911是一款直到第二次世界大战时期都还在使用的半自动手枪，其成功之处即在于耐受力强、维护简单。

首发：1911 年
口径：9 毫米
弹量：8 发
长度：216 毫米
重量：1.02 千克
初速：361 米/秒

自己的 1911 斯泰尔自动手枪及其他武器。在协约国方面，法国的勒贝尔公司，意大利的格里森迪和贝列塔公司，以及美国的柯尔特和史密斯韦森公司则是制造随身武器的巨头。比利时、俄国和塞尔维亚在购入手枪的同时也有自己的生产牌照，而且俄国还有自己设计的款式。

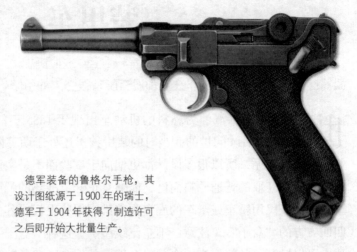

德军装备的鲁格尔手枪，其设计图纸源于 1900 年的瑞士，德军于 1904 年获得了制造许可之后即开始大批量生产。

☆ 实战对抗 ☆

虽然手枪的射程较短，但用处却很大。当两军士兵在堑壕内狭路相逢或是在其他狭小空间内短兵相接的时候，一把小小的手枪有时就是克敌制胜的关键。但是，由于这种武器已经成为了军阶的象征，敌军可以通过手枪的配备与否来判断一个军人是士兵还是军官，进而选择合适的方法来克制持枪者的行动，所以较有经验的机警军官往往会在此时选择丢掉手枪来保证自己的安全——他们甚至还会端起一把步枪来掩饰自己的军阶。

但也有很多的人则不肯为了降低风险而丢弃这种可以明显表露自己地位的武器，所以在战场上还是能看到不少带着左轮手枪或自动手枪的军官。

比利时制造的 7.65 毫米口径勃朗宁式 1900 型 7 弹手枪在第一次世界大战中有着特殊的意义。1914 年 6 月 28 日，19 岁的波西尼亚塞族主义者加尔利诺·普林西普就是用这种手枪，在萨拉热窝暗杀了弗兰兹·费迪南德大公夫妇的。

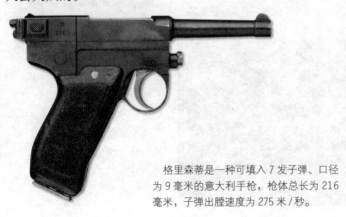

格里森蒂是一种可填入 7 发子弹、口径为 9 毫米的意大利手枪，枪体总长为 216 毫米，子弹出膛速度为 275 米/秒。

韦伯利·马克 V 型手枪

这款手枪有许多改造型号，可算是第一次世界大战中使用最为广泛的辅助武器。英军将之视为部队标准配置之一，因此它们在战时得以大批量生产。

首发：1913 年
口径：11.4 毫米
弹量：6 发
长度：235 毫米
重量：1.0 千克
初速：180 米/秒

装甲车

对于侦察兵来说，装甲车不仅是一个巨大的防护盾牌，也是火力远超骑兵部队的武器。但实际上，这种战车往往都没有配备很强大的引擎，所以并不适合野外作战。

世界上第一辆以汽油为燃料的机动车出现于 1885 年，而首辆公认的装甲车则是 1902 年以后才问世的。当时的装甲技术还处于萌芽阶段，暂时还没有成套的行业标准可以遵循，所以很多设计都更偏向于试验而不是实用，采用的材料也只是各地的相对容易获取的普通原料而已，能够真正开上战场的就更是少之又少。当时的装甲车基本都以民用轿车或卡车的底盘为基础，用装甲板或其他较为厚实的材料围成一个四四方方的"盒子"（注意：不是流线型）。这种"盒子"要么是全封闭的，要么是顶上可以掀开，一般都有一个或一个以上的炮台，配备着从轻型重型机关枪到小口径加农炮等各种武器。此外，除了俄军的小部分装甲车采用半履带之外，大多都是用 4 个充气轮胎（其中两个为转向轮）来行驶的。

当时的装甲车都是由普通汽车制造商生产的，比较有名的企业包括比利时的密涅瓦、莫斯和 SAVA，英国的奥斯丁、兰彻斯特、塔尔伯特、沃尔斯利和劳斯莱斯，法国的标致和雷诺，德国的布辛、戴姆勒和埃尔哈特，意大利的菲亚特和兰西亚。其中，英国和比利时设计的车型在本国出产后还会送往盟国，但被其敌军俘获并使用的却不多。德国曾从俄军手上弄去了一些英国产的奥斯丁装甲车，而奥匈帝国也曾使用过从意军和俄军手里夺取的战利品。

☆ 作战时的局限 ☆

对装甲车来说，最好的表现舞台是运动战。它们可以负责侦察敌情、搜集情报，也可以担任伏兵或是从两

俄军的装甲车。图中前面一辆是法国标致公司所造的，后面一辆则是比利时莫斯公司的产品。

翼包抄敌军，还可以追击溃退的部队。但是，第一次世界大战的战争形式以堑壕战为主，而战场地形和实际战况也不利于行驶，因此这些体型笨重、马力不足的战车因为缺乏牵引而很难在山丘、泥潭或沙地里行进，还有很多装甲车的车轮暴露在车体之外，很容易就被敌军火力打爆了——加上其装甲厚度只

1914 年参战的比利时密涅瓦装甲车只配备了一门霍奇基斯机关炮。

能抵御一定范围之外的轻武器攻击，对炮击则完全没有防御能力，所以虽然第一次世界大战的所有前沿阵地几乎都配有装甲车，但却基本都无法大显神威，只有在 1914 年战争初期和 1918 年运动战回归的时段才略显身手。

☆ 英式设计 ☆

自从英国皇家海军的指挥官 C. R. 萨姆森在敦刻尔克附近征召了一些民用车去搭救落难飞行员，并向上汇报了敌方陆军和飞艇的动态之后，英国就开始引领装甲车的发展潮流。萨姆森最早用的装甲板是地方生产的，质量很差。后来，他利用职务之便弄到了一些较好的原材料，并要求英国的汽车制造商们为之专门设计作战用的装甲车。奥斯丁公司制造的装甲车数量最多，而其中大部分被运往俄国，劳斯莱斯的产品则无疑是质量最好的。1914 年 12 月，最早的三款劳斯莱斯车（上将型）问世，它们和随后的车型都被派往运动战较多的战场，其中又以在中东的巴勒斯坦和美索不达米亚（伊拉克）地区的战绩最为傲人。

潘泽克莱福特汽车之"埃尔哈特"

埃尔哈特是德军从 1915 年开始使用的三种装甲车之一，而且绝对是其中最出色的一种。右图所示为两年后出现的埃尔哈特改良版之一，它与原版装甲车的区别只是车头灯不一样，后轮配备了装甲。

引擎：85 马力埃尔哈特型发动机

时速：最高 60 千米

航程：250 千米

乘员：8~9 人

装甲：7 毫米

武装：3 挺 7.92 毫米机枪

意大利战场的最后会战

1917 年时，意大利的战局本已岌岌可危，但在协约国盟友们的帮助下，意军却施展绝地反击，在 1918 年末的维托里奥－威尼托之战中彻底摧毁了奥军的有生力量。

俄军在 1917 年的溃败让德奥两军得以从东线战场上解放出来，差点就被俄军歼灭的两国部队凭借对方的失利得以转战他处。1918 年初，德国抽回了原本驻扎在意大利的军队，开始筹谋西线战场上的大规模行动；与此同时，他们又催促奥国盟友赶紧碾碎意大利的作战力量。同盟国的作战计划分为两个同时进行的部分：

1918 年 6 月，奥军穿越皮亚韦河的行动失败了。图为行动中丧生的奥军士兵。

一是袭击特伦蒂诺地区的意军防线，二是进攻东北部的皮亚韦河。

☆ 奥匈帝国的目的 ☆

负责在特伦蒂诺指挥进攻的是前奥军总参谋长、陆军元帅康拉德·冯·霍兹多夫，他曾于 1917 年 11 月被解职。康拉德计划攻占维罗纳，而驻扎在皮亚韦河，刚被提升为陆军元帅的斯维托扎·伯洛依维克则觊觎着帕多瓦。由于地形起伏太大，交通道路缺乏，这两人的部队最终只好各自出击。对他们来说更加雪上加霜的是，前往意大利战场的德国援军在途中就被打散了，无力继续执行指派的任务，而意大利总司令阿芒多·迪亚斯此时也已获知了他们的行动计划。

6 月 15 日，康拉德的德国第十一集团军向意大利第六和第四集团军发起攻击，在最初的作战阶段取得了一定的进展，随

两名意大利军官在一门指向皮亚韦河的中型炮伪装炮台前合影。

后即被意军堵住道路并击退。而伯洛依维克刚靠近皮亚韦河就被暴雨堵住了去路，慌不择路之中竟闯进了意大利炮兵部队火力最为集中的区域，其部队粮道迅速被切断。为了斩草除根，迪亚斯将所有后备部队全都投入了这里的战斗。22 日，皮亚韦河之战在意军的全力打击之下结束。折损 19 万人的奥军几近全灭，残余部队的士气一蹶不振不说，不少作战单位还由于种族问题而发生了兵变。至此，奥匈帝国的武装力量形同虚设，在夏末的作战中仅能象征性地做一些侦察工作了。

阿芒多·迪亚斯将军从 1917 年 11 月开始担任意军总司令。

☆ 意大利守株待兔 ☆

但让协约国盟友们气恼不已的是，意大利总司令迪亚斯并没有抓紧时间立刻展开大规模反击，他花了好几个月养精蓄锐，非要等到西线战场出现便于其行动的情况才肯出手。10 月底，休整已久的意军部队再次出击，但领衔的第四集团军却遭到了奥匈帝国贝卢诺军团的强势抵抗，并于当月 24 日在蒙特格拉波被击退。

同一天，意大利三支集团军穿过皮亚韦河向维托里奥 - 威尼托发起总攻，中路的第八集团军随即遭到了奥匈帝国第六集团军的抗击。简·格拉齐亚尼率领的法国部队在协助意军作战时，从左翼进攻中尝到了甜头。意大利第十集团军中由英国将领卡文伯爵率领的英军士兵在 28 日也取得了类似的进展。在维托里奥 - 威尼托之战中，奥军防线上的豁口越拉越大，30 万守军被俘，剩余兵力则被打成了散兵游勇。11 月初，意大利北部及东北部的战场已被迪亚斯的部队扫清，而意军从 1915 年就开始眼巴巴看着的的里亚斯特也于当月 3 日被攻陷了。在的里亚斯特被意军攻占的那一天，奥匈帝国在 9 月 29 日发出的停火请求终于得到了回应，次日（11 月 4 日），停火协议正式生效。

1918 年，意大利战场上为数不多的美军部队正在朝奥军阵地投掷手榴弹。

解放巴尔干

在巴尔干地区无所事事的协约国部队被戏称为－萨洛尼卡园丁－。但在战争结束前的几个月里，他们却突然发威大举进军，并最终成功地迫使保加利亚部队投降。

巴尔干地区的协约国部队自从 1915 年进入萨洛尼卡后，就一直在苦苦挣扎中处于一种半死不活的状态。1917 年 12 月 10 日，新巴尔干战区总司令马利·吉约马到任，巴尔干的局面也随之焕然一新。在那一段时间里，由于协约国最高指挥部调了不少部队和装备到其他战场去打仗，所以吉约马一直没有机会发动大规模进攻，但这位法国将军也没因此而闲着。首先，他发现了部队士气的低迷，于是便着手鼓舞士兵的斗志；接着，他又尽力化解了英法之间曾经存在的矛盾，并制定了一次大规模攻势的计划。

> **事件重点**
>
> 时间：1918 年 9 月 15 日～11 月 4 日
> 地点：整个巴尔干地区
> 结果：协约国部队彻底击败了保加利亚，并向多瑙河挺进。

☆ 新司令 ☆

1918 年 6 月，吉约马被调回法国，取代他的是同样来自法国的路易斯·弗兰切·艾斯普雷，而吉约马那贯穿巴尔干东西两头的大计也终于在艾斯普雷手中得以实

这是行进中的塞族部队。11 月 1 日，他们光荣地解放了祖国的首都贝尔格莱德。

施。按照吉约马的设想，协约国部队将在东起爱琴海、西至阿尔巴尼亚边境之间的极长战线上大举进兵。同年初，德国驻巴尔干地区的大批部队已被抽调到西线战场，留下来的基本都是保加利亚部队。此时，得到了希腊援军支持的协约国部队不仅在人数上已经能与对方抗衡，而且在武器装备方面具有显著的优势。

9月15日，瓦达河之战的枪声一响，法塞两军就以锐不可当之势推进了24千米，而协约国在巴尔干地区的最后一波攻势也随之开始了。18日，在保加利亚部队被迅速逼退的同时，英希联军也在多兰湖附近取得了优异的战绩。被打得只剩半条命的保加利亚部队忙不迭地开始求和，但弗兰切·艾斯普雷却不肯罢休，并于25日命令部队继续压进；同一天，英军开进保加利亚国境；29日，法军部队占领了塞尔维亚南部的乌斯库伯。

由于意大利战场等地吃紧，奥匈帝国只好在巴尔干地区的阿尔巴尼亚、黑山和塞尔维亚等地收缩军队，这也使得保加利亚愈发孤立无援。9月26日，保加利亚再次请求停战；两天后，双方在萨洛尼卡进行谈判；30日中午12点，保军正式停火。

但这并不表示协约国在巴尔干地区的行动就此结束。此时，弗兰切·艾斯普雷的部队已向四面八方散开：塞族部队在进军过程中解放了自己的祖国，并顺便搭救了邻国黑山；法军开入塞尔维亚并将触手深入保加利亚西部；英军继续向东深入，在侵袭保加利亚海岸的同时，向着君士坦丁堡的方向穿过了土耳其属于欧洲的部分国境；驻扎在阿尔巴尼亚南部的意军也来凑热闹，从溃退的奥军手中夺下了奥国北部。

☆ 最后一战 ☆

11月1日，塞族部队解放了从1915年末就被占领的塞尔维亚首都贝尔格莱德，胜利之光在士兵们脸上熠熠生辉。11月4日，停火协议生效，此时协约国部队已经沿多瑙河及塞尔维亚与奥匈帝国和罗马尼亚交界处密密麻麻排了一溜。罗马尼亚从1917年开始就不断被同盟国蹂躏，他们还曾与德军于1918年5月签署了《布加勒斯特协议》，但在协约国部队的最后一战中，罗马尼亚却不顾协议内容倒戈一击，在11月10日再次对德宣战——这正好是第一次世界大战停火总协议生效的前一天。

1918年末，萨洛尼卡前线上，受了轻伤的士兵乘坐卡车从急救站转移到其他地方。

巡洋舰

巡洋舰是第一次世界大战中所有海军的必备品。这种战舰既能在远离母港的海域单独作战，又能组成舰队执行大规模对抗任务。

19世纪下半叶，英国皇家海军是世界上最早发展巡洋舰的部队。当时的巡洋舰舰体比现存的版本要小，而速度也要相对快一些，最了不起的是它们当时就已经能执行远洋航行任务了。各国的巡洋舰基本上都可以分为两类。作为侦察战舰的装甲巡洋舰一般都配有大口

皇帝陛下舰船之"武士"号在一支由 4 艘武装巡洋舰组成的舰队中担任旗舰，但最后却在日德兰海战中沉没。

径的攻击武器和坚固的舷边装甲，可随主力舰队一同作战；掩蔽巡洋舰除了厚厚的舷边装甲之外，连甲板也覆盖了保护层，多半用来保护海上贸易通道和海外军事港口。所有第一次世界大战的参战国在 1914 年时都有巡洋舰，虽然具体款式不同，但总不会超出这两类的范围，其中法国有 37 艘，俄国有 15 艘，德国有 52 艘，奥匈帝国有 9 艘。

☆ 巡洋舰的地位 ☆

英国在巡洋舰方面的储备比所有国家都要大。他们在战前曾有 100 艘掩蔽巡洋舰，但后来都让位给了更轻更快的型号。由于"无畏"舰从 1908 年开始得到发展，其战时

总数为 40 艘的巡洋舰中有不少都是装甲巡洋舰。德国的重型巡洋舰在开战以后即被归入第二梯队，其大洋舰队采用的基本全是轻型巡洋舰。轻型巡洋舰和装甲型、掩蔽型巡洋舰之间的区别非常明显，其排水量只有另外两者的一半左右，速度更快，而携载武器的口径也要小很多。

德军的"戈本"号领着"布雷斯劳"号出海。"戈本"号是一艘战列巡洋舰，而"布雷斯劳"号则是德国 1912 年出产的 4 种轻型巡洋舰之一。

德国海军对轻型巡洋舰青睐有加，曾在开战之初的几个月间用其骚扰协约国的海路，袭击协约国商船，甚至在大批轻型巡洋舰被击沉之后还是不肯将其从主要舰队里撤出。但第一次世界大战也并非轻型巡洋舰独霸的天下：英军曾用装甲型和掩蔽型巡洋舰对德国水面袭击舰穷追猛打，直至击沉；作为地方舰队的主力，这两类巡洋舰还常配合老式前"无畏"舰一起作战；从 1917 年开始，它们又成为了护卫舰队的一员。

☆ 在战争中的损失 ☆

在第一次世界大战期间的很多海战里，人们都能看到巡洋舰的身影。1914 年末的福克兰群岛海战里，英德双方共有 13 艘巡洋舰参战，其中英军的 10 艘不是装甲型就是轻型。而作为第一次世界大战中声势最为浩大的海战，1916 年的日德兰海战自然也少不了巡洋舰的参与。英军大舰队各部共出动了 8 艘装甲型巡洋舰和 26 艘轻型巡洋舰，德国大洋舰队则派出了 11 艘轻型巡洋舰。

在有大型战船参加的海战中，巡洋舰其实是非常脆弱的，这一点在日德兰海战中表现得特别明显。在此战中，德军共损失了 4 艘轻型巡洋舰，其中包括被英军驱逐舰鱼雷击中，随后逃逸的"罗斯托克"号，被若干枚炮弹击沉的"威斯巴登"号，以及被鱼雷击沉的"艾尔宾"号和"弗劳恩罗布"号。此外，"黑王子"号、"防守"号和"武士"号三艘装甲巡洋舰也在协约国大型战船的炮击之下沉没。

在整个第一次世界大战过程中，有许多巡洋舰由于各种原因沉没，其中协约国有 39 艘，同盟国有 28 艘。

"里昂·甘比塔"号

这艘船是法军的武装巡洋舰。以当时的标准来说，"里昂·甘比塔"号的速度不算快，武装也很薄弱。其设计初衷是为了用于保护海岸和海上商路，并不适于大规模作战。1915 年 4 月 24 日，该舰在奥特朗托海峡被奥匈帝国 5 号潜艇发射的鱼雷击沉。当时指挥奥匈帝国潜艇的即是后来在音乐剧《音乐之声》中出名的乔治·特拉普舰长。

下水：1901 年
排水量：12250 吨
舰员：734
时速：22 节
武装：4 门 194 毫米口径大炮，16 门 164.7 毫米口径大炮

英军"黑王子"号巡洋舰

这艘英军武装巡洋舰于 1907 年入伍，1914 年间被派往地中海地区，并自此在英军大舰队中的第一巡洋舰队服役。1916 年的日德兰海战中，"黑王子"号被德军的 21 发炮弹（其中 15 发来自重炮）击中后沉没，所有船员无一幸免。

下水：1903 年
排水量：13550 吨
舰员：857 人
时速：23 节
武装：6 门 234 毫米口径大炮，10 门 152 毫米口径大炮

德国海军哗变

　　1918 年末，已经输掉了战争的德国却还在为前线的兵变及后方的动乱而头疼。政局的动荡使得无论是在城市、乡村，还是部队内部，人们都选择了叛乱和暴力来发泄不满。

1914 年 8 月，德国的实际决策者、操纵内阁又把持军权的德皇威廉二世，以抵抗俄法入侵为名，号召臣民们联手作战。这一说辞使得整个德国群情激昂，甚至也得到了右翼社会民主党这种反对派的认可；而其国内长期对立的党派之间也因此而达成暂时"休战"的协议，决定一致对外。1917 年 7 月，德国国会中的领导核心及左翼势力沆瀣一气，强制通过了"和平决议"，表示德国既不想吞并别人，也不想付出赔款，并要求在这一前提下结束战争。这一举动激怒了右翼党

1918 年 11 月，带着武器走在柏林市中心的海军叛兵。

派和军队高层，并宣布两大势力间的"休战协议"失效，德国团结一心的局面到此终结。

☆ 抗争和饥饿 ☆

　　1918 年，随着英国的海上封锁日益严密，德国民众的日常生活也每况愈下，群众暴乱愈发频繁。当年 1 月，约有 100 万工人走上街头表示抗议，受到德国政府的镇压，德国社会民主党领袖弗雷德里希·艾伯特则暂时被拘留。

　　接下来的几个月里，局势更加混乱了。陆军元帅保罗·冯·兴登堡和艾力克·鲁登道夫从"休战协议"失效开始执掌国政。9 月，为了进一步镇压动乱，并将溃败之责转嫁给政客，最大可能地维护自己的声誉，他们决定将政权交还国会。10 月 3 日，巴登王子马克思出任总理，包括了一定数量社会民主党人士的联合政府开始执政。10 月 26 日，鲁登道夫被解职，兴登堡亦宣布退休。

☆ 哗变和叛乱 ☆

　　由于有太多根本问题需要进行彻底的改变，所以新政府的成立这一点小小的进步并没能遏制住整

这是更能证明崩溃的画面，即叛军加入了民兵对政府的挑衅。

1919年，第二国际左派领袖罗萨·卢森堡被德国右翼军事分子杀害。

凿沉德军舰队

1918年11月，作为停火协议条款的一部分，德国皇家海军被移交给了以英国为首的协约国阵营。11月21日，包括9艘战列舰和5艘战列巡洋舰在内的各式战舰从德国出发，次日起被扣留在奥克尼郡斯卡帕湾的英国港口。部分不肯下船的舰长和船员决定：宁可凿沉自己的战船，也不要按照《凡尔赛和约》的规定把它们交给英国。1919年6月21日，凿船令下达。

战列巡洋舰"兴登堡"号被其船员凿沉之后。

体局势的恶化。头一年的布尔什维克革命在席卷俄国的同时，也鼓舞了德国的斯巴达克斯党，使之在这次动乱中表现得特别活跃。德国皇家海军也没能在革命的热浪中作壁上观，11月3日，由于布尔什维克分子在军中散布"军队高层将让海军舰队执行自杀式任务"的谣言，基尔港里早就对缺衣少食极度不满的水手们一怒之下发动哗变，并与罢工工人联名要求结束战争，改革内政。很快，哗变就在其他海军港口蔓延开来，甚至连乡村和城镇也变得更加躁动了。

而德国政府对这一切的反应则表现得迟钝而保守。11月9日，新政府总理马克思王子在没有得到授权的情况下宣布德皇威廉二世退位，并进一步越权将国政交给了艾伯特打理。随后，副总理菲利普·沙伊德曼又在没有获得艾伯特允许的情况下，宣布德国为共和国。但这一切也没能阻止动荡的深化。慢慢地，艾伯特的临时政府渐渐发觉，和平诉求及粮食问题都已经沦为了激进分子推动改革和创建布尔什维克政体的工具。

于是，艾伯特求救于德军总参谋长、右翼分子威廉·格罗那将军。随后，格罗那和内阁成员古斯塔维·诺斯克一起开始制定平叛策略。陆军部队和由右倾退伍军人组成的临时小队"义勇军"开始对革命进行血腥镇压。从1919年1月开始，他们着力打击人数骤增的斯巴达克斯党，并谋杀了该党的两位领袖——卡尔·李卜克内西和罗萨·卢森堡。同年4月，最后一波抵抗势力也被铲除。

威廉·格罗那在1918~1919年间平息了德国的动荡。

战争的后果

　　在很长一段时间里，第一次世界大战都被视为一次无谓的战争。在协约国阵营里，并非每一个参战国都是出于高尚的动机才拿起武器的，有一些国家甚至应该为他们在战前的表现而受到谴责。但是，仅就选择战斗而不是屈服这一点来说，他们都是正确的。人们对第一次世界大战存在普遍的误读，在一定程度上是因为后来爆发的第二次世界大战以其清晰的对错关系掩盖了这次战争的光芒。但是，使得第二次世界大战成为一次正义之战的因素有很多已在 1914~1918 年间显现出来。反对专权的需要、赤裸裸的军事侵略、针对平民的暴行、不人道的武器和种族屠杀，等等，都已经在第一次世界大战里出现过了。

　　所以，第一次世界大战当然是一场必然的战争，但这场战争的结束却没有换回应有的和平。部分战胜国的要求太高，英法两国则希望除了同盟国以外其他各方势力都恢复到战前的情况，而德国则面临着十分严厉的制裁。最终的和平协约里充满了私利的气息，而这也是导致 20 年后世界重新卷入战火的原因之一。

停 火

　　1918年10月，德国已经没有能力继续作战；11月，无力回天的德国只好请求停火。但在简短的和谈中，他们却没有任何讨价还价的本钱，只能任由协约国去制定和约条款。

1918年，德国经历了胜败之间的大起大落。6月时，德国还可以为占领了前所未有的广阔疆土而扬扬自得；但几个月之后，他们不仅被协约国踩在脚下，还被国内的革命浪潮弄得头痛不已。德国毫无理由地输掉了战争，而使其地位不保的理由却有很多：譬如英军的海上封锁，譬如美军源源不断涌入欧洲，譬如3~6月间德军在法国攻势的失利，当然还有协约国自7月中旬起发动的一系列行动。一度无人可及的德国军队在低迷的士气和骚乱的政治中威风扫地，而在其大后方，由于日常用品短缺和政治、工业的动荡，人们的精神也快要崩溃了。

　　作为后来曾执掌国政的军队领袖，陆军元帅兴登堡和鲁登道夫发现：造成德国全线崩溃的原因其实是人们已经丧失

纽约市内庆祝胜利的游行队伍充满了欢乐的气氛。归国的美国士兵受到了热情的款待。

了勇气。虽然这二人于9月末先后卸任，但他们在此之前却已经劝服了德皇威廉二世停战并接纳新政府——德国需要这样一个不因皇室或军队的裙带关系而腐化堕落的政府。10月3日，巴登王子马克思出任新政府总理，随后，他迅速向于1918年1月提出了"十四条和平建议"的美国总统伍德罗·威尔逊发出停战请求。协约国

与协约国的欢愉相对的，是沮丧的德国士兵灰头土脸地回到了祖国。

阵营和德国之间于是出现了一阵外交风暴，但德国最终同意恢复协约国战前局势，并委曲求全地于当月 20 日逼威廉二世退了位。

☆ 和谈 ☆

11 月 6 日，马克思王子决定开始实质性的谈判，并派出了由中级政客和高级军官组成的代表团。11 月 8 日，停火的细节商讨在协约国最高司令部所在地贡比涅进行，协约国最高司令、陆军元帅费迪南德·福煦作为仅由英法两国代表组成的代表团领队出席会谈。而以马提耶·埃次贝尔格为首的德国代表团很快就发现，"会谈"的内容根本就不涉及威尔逊的"十四条"，只不过是一张写满了苛刻要求的赔偿清单而已。

☆ 惩罚德国 ☆

停火协议共有 34 条，几乎条条都是为了削弱德国军力和经济而设，此外还包括了要求德军在 14 天之内撤出其占领的所有阵地（包括阿尔萨斯和洛林），协约国在 28 天之内接管莱茵河以西的德国领土并建立一条深入德国东部 32 千米的桥塔等内容。而德国还必须放弃 5000 个火车头、15 万辆各式运输装备和 1 万辆货车及所有潜艇及战舰，归还从他国银行里掠夺的所有资金——也就是赔款——而英军则将继续保持对德的海上封锁。

这些条款让德国代表惊得目瞪口呆，但在经过高层批准之后，他们还是于 11 月 11 日上午 5 点 5 分签署了停火协议。至此，战事正式结束，但和平协议尚未完成。

在德荷边境上等候的德皇威廉二世（左三）此时不过是一个难民，他的余生都将在流亡中度过。

1918 年 11 月，庆祝和平的伦敦群众不过是欧洲成千上万欢乐城镇的一个缩影。

和平协议

尽管威尔逊总统竭力避免英法继续与德国为敌，但显然他是高估自己的影响力了，《凡尔赛和约》的赔偿条款极其苛刻，战败国只能吞下满腹苦涩。

1918年 11 月，第一次世界大战战场上的战火熄灭了，但这并不表示战争已经结束，在巴黎市郊举行的数次和谈将用一系列同名协议来对这场战争进行正式的清算。这些谈判从 1919 年 1 月 12 日开始，一直持续到 1920 年 1 月 20 日，总称"巴黎和会"。共有包括协约国成员及其联合势力的 32 个国家，和另外 23 个所谓"特殊利益国"参与了此次和会。对英、法、意、日、美等战胜国来说，和会的主要内容是他们这些属于"共同利益体"的国家对控制权进行再分配。同盟国成员无一获邀前往，而俄国的布尔什维克政府则拒绝出席。

前来参加巴黎和会的协约国领导人。从左起：大卫·劳埃德·乔治，维托里奥·奥兰多，乔治·克列孟梭，伍德罗·威尔逊。

☆ 各方的目的 ☆

"共同利益体"中每个国家派出了两名代表出席"十人会议"，此会议原本是讨论人道主义援助问题的，但其议题随后即彻底转变为了领土讨论。从 1919 年 3 月开始的"四人会议"，是由"共同利益体"中除了日本之外其他 4 国的最高领导组成的，讨论的内容则具有更浓的火药味。

美国总统伍德罗·威尔逊希望能与以德国为首的同盟国取得和解，但法国总理乔治斯·克列孟梭却想狠狠地惩罚一下这个败军之将，英国首相大卫·劳埃德·乔治的

图为在凡尔赛宫镜厅签署《凡尔赛和约》的景象。

停战后，英军进入德国。实际上，莱茵河左岸所有的德国土地此时都已被协约国占领。

态度较为中立，而意大利总理维托里奥·奥兰多则只关心能在地中海及其周边地区占领多少土地。当年4月，在其他协约国成员同意将东亚得里亚海的部分地区分给新成立的南斯拉夫之后，奥兰多就退出了会谈。

☆ 达成协议 ☆

最后，和会达成了五个协议：与匈牙利签订的《特里亚农协议》（1919年6月4日），与德国签订的《凡尔赛协议》（1919年6月28日），与奥地利签订的《神圣日耳曼协议》（1919年9月19日），与保加利亚签订的《纽利协议》（1919年11月27日），与土耳其签订的《塞夫勒协议》（1920年8月10日）。在针对战败的同盟国方面，这些协议都很类似，而其中又以德国损失的疆界、赔偿的款项和受到的军事约束最大。而苛刻的规定又在以德国为首的战败国国内点燃了持续的怨恨，德国更是因为戴上了"引发第一次世界大战的唯一罪魁"的大帽子而抬不起头来。

尽管威尔逊主持建立了国际联盟，但英法却出于私心而给了他很多刁难。在威尔逊的努力之下，原本属于奥匈帝国的土地上建立起了很多新的国家。当他打算对土耳其如法炮制的时候，妄图继续扩大海外殖民地的英法两国却来插了一脚，掠去了包括叙利亚、黎巴嫩和巴勒斯坦在内的许多土地。日本获准接管德国自1914年起占领的中国领土，导致属于战胜国一方的中国拒绝接受和谈结果。巴黎和会由于只满足了少数与会者的利益，因而遗留下了很多问题没有解决。事实上，和会签署的若干和平条约都没有得以贯彻，连美国都在1919年11月的国会投票中拒绝承认《凡尔赛和约》。而威尔逊的国际联盟虽然得以建立，但实力却比他预计得要弱很多。

法国仪仗队迎接前来的代表，这些代表将就对匈《特里亚农协议》进行最后的商讨。

国际联盟

作为可以解决成员国纷争的国际组织的倡导者，美国总统威尔逊的确勇气可嘉，但经由其倡议而成立的国际联盟却屡逢危机，并没有按照他的预期发挥出实际的作用。

伍德罗·威尔逊总统在 1919~1920 年间参加巴黎和会时，一心想要按照"十四条和平建议"的思路来推进谈判。"十四条"是威尔逊本人在 1918 年 1 月提出的，文件内容主要是倡导建立一个更民主、更安全的战后新世界，而建立一个可以在国际纷争中调解分歧并维护和平

国际联盟一次会议中的集会场面。

的"国际联盟"则是其中非常关键的一条。在某种程度上来说，威尔逊的倡议十分符合当时战后大背景下人们的心态，但也正是由于其尝试让不同势力之间取得平衡，于是和战前几国独立的外交局势起了冲突。

1920 年，国际联盟成立，并在传统中立国瑞士境内的日内瓦市设立了总部。当时这个组织包括了三个主要部分：以秘书长为首的秘书处是由来自所有成员国的官员们组成的固定班底；所有成员国的代表共同构成国际联盟大会，但每个国家无论有多少名代表都只有一票投票权，这也是负责包括预算、日常会晤等国际联盟主要活动的部门，但实际的工作则多由大会委员会负责；行政院由 5 个常任理事国——即英国、法国、意大利、日本和美国——及由国际联盟大会选出的 4 个非常任理事国组成，每国享有一票投票权，在没有国际危机时至少每三个月会晤一次。1922 年，常任理事国的数目又增加了一个，而到 1926 年时总数则增为 9 个。

1922 年末，意大利的法西斯主义声势日上。图为刚刚成功走上独裁高位的本尼托·墨索里尼（穿制服者）在罗马游行。

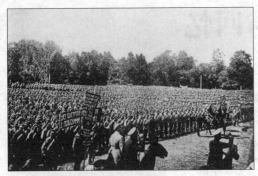

1920 年苏波战争中的阅兵式。波兰在"一战"后恢复了独立。

1923 年 1 月,在德国拒绝支付战争赔款后,法国部队进入鲁尔。

☆ 国际联盟的任务 ☆

国际联盟还有很多负责各类事务的其他部门:1921 年设立在荷兰海牙的国际常设法院由来自不同国家的 15 名法官组成,负责依法裁定国际纷争;委托管理处负责监察德国原先的殖民地和原土耳其帝国的部分地区;委托裁军处负责控制武器的出售和制造;国际劳工组织致力于提高劳工待遇及监控贸易协会;卫生组织负责欧洲在战后爆发霍乱和伤寒时调整国际反应,并同时具有在更广的世界范围内进行卫生调查的权力。

☆ 初期的成功 ☆

国际联盟的目标非常了不起,而在成立之初也确实取得了不少成绩。如和平地调解了芬兰和瑞典之间的分歧(1921 年),平息了德国和波兰之间的矛盾(1921 年),化解了意大利和希腊之间的争端(1923 年),还在土耳其和伊拉克之间进行斡旋(1924 年),等等。但苏联一开始并不是国际联盟的成员,而德国也是 1926 年才加入的。由于受到第一次世界大战战胜国的操控,国际联盟的工作明显地表现出以欧洲为核心的特点,所以它实际上能够发挥的作用微乎其微,连美国后来都不愿意成为其一员而宣布退出了。因为国际联盟缺乏财政来源,只能依靠经济制裁来维持其运作,所以对做错事的国家也没有清楚地规定到底该采取怎样的军事行动。

20 世纪 30 年代,国际联盟的缺陷暴露得愈发明显,而军国主义国家则开始明目张胆地挑衅联盟的权威,本尼托·墨索里尼领导的法西斯意大利和阿道夫·希特勒控制的纳粹德国就是其中的主要代表,而日本也因为侵占中国东北而遭到谴责之后退出了国际联盟。国际联盟从 1939 年的第二次世界大战爆发起就已失去光彩,却直到 1946 年 4 月 18 日才彻底解散。

纳粹分子在 1923 年 11 月发动的"啤酒馆暴动"虽然失败了,但却将阿道夫·希特勒推上了德国的政治舞台。

战争与回忆

人们对 1918 年 11 月降临的和平反应不一，只是都承认这台"绞肉机"已经停止转动了。而目前人们对于这次大规模军事战争的看法，在很大程度上却并非以史实为基础，而是来自一系列错误的论断。

毫无疑问，世界上的几个大国都在第一次世界大战里付出了巨大的代价。粗粗算来，1914~1918 年间共有 6500 万人投入战斗，其中协约国 4200 万，同盟国 2200 万。其中，协约国大概有 480 万人死亡、1200 万人受伤，同盟国则约有 310 万人死亡、840 万人受伤。而在此期间死亡的平民，即使不计因流感而丧生的人也有 660 万之巨。

对于"绞肉机"的停转，各国的公众反应有所不同。有人沉浸在痛苦之中，有人在为了照顾精神或肉体遭受创伤的人而奔忙，而更多的人则在欢庆这场浩劫的过去。战胜国里，人们觉得这是一场正义的战争，虽然损失惨重但绝对值得；在战败国里，困惑的人们只觉得被自己的领袖欺骗、背叛了；原属奥匈帝国和沙皇俄国的中欧、东欧部分地区则从长期的奴役中解放了出来，成立了新的国家。

西普瓦尔的纪念馆用一座无名墓纪念着 7.2 万名在索姆河战争中牺牲的英国士兵。

☆ 一场毫无意义的战争？ ☆

在接下来的几十年里，人们开始从各个角度神化第一次世界大战，其中又以英国的表现最为浪费、浮夸。究其原因，大概因为英国是第一次世界大战所有参战国里损失最严重的一个，其在这期间的伤亡人数甚至超过了在第二次世界大战里的损失。几乎所有协约国的人都认为他们打的是一场伸张正义的战争，譬如英国 1918 年颁发的胜利勋章上就篆刻着"一场文明的大战"字样，而停火的日子最初也尽是志同道合的欢欣鼓舞，丝毫没有对逝者的纪念。而德国为第一

法国凡尔登公墓里存放着许多无名丧生者的骨灰罐。

次世界大战而建的纪念馆中，最宏伟的一座却是为了彰显 1914 年间重挫俄国的坦能堡大捷，并非用来纪念牺牲的战士。

从 20 世纪 20 年代开始，如艾力克·马里亚·雷马克的《西线无战事》，罗伯特·格雷夫斯、威尔弗雷德·欧文和齐格弗里德·萨松等人的诗集等以个人经历为题材，揭露堑壕战残酷本质的半纪

西线无战事

1929 年，德国和平主义作家艾力克·马里亚·雷马克出版了《西线无战事》。这是一本将西线战场上德国部队的经历描写得丝丝入扣的小说，也是 20 世纪 20 年代最重要的反战著作之一。小说的主人公是一群德国士兵，他们有的年富力强，有的垂垂老矣，而故事的矛盾冲突由于核心人物在德军官方宣布停战时惨遭杀害而达到顶峰。这个故事曾多次被搬上荧幕，其中以 1930 年美国拍摄的版本最为成功。

首部根据雷马克著作改编的电影的海报。

实类作品大量涌现，人们渐渐接受了第一次世界大战毫无意义的观点。当然，与之观点相左的作品也有不少，如厄恩斯特·荣格的《钢铁风暴》就是彻底陶醉在战争之中的。但由于雷马克等人的作品更有说服力，所以人们更倾向于认同"不合格的冷血指挥官们在第一次世界大战中将勇士们的生命视同草芥"这种说法。

☆ 对将领们的评价 ☆

事实上，这种看法也有失偏颇，第一次世界大战中的将领当然并非全都卓尔不凡，但至少绝大多数是称职的，所以他们自然也关心堑壕战中士兵的伤亡。但堑壕战本身就是因为技术上一时的不平衡而产生的一种宜守不宜攻的战斗形态，这也是为什么将领们千方百计地用预备炮击、毒气和坦克等武器来试图打破这种僵局的原因。而直到1918 年，他们的努力才具备了收获的条件。也许，对于第一次世界大战最大的一种误读，就是经历过此战的人们——譬如作家 H. G. 威尔斯——认为他们见证的是一场"终结一切战争的战争"。

图为在巴黎凯旋门下向法国无名战士墓献花的仪式。

德国的坦能堡之战纪念馆。在第二次世界大战即将爆发时，希特勒曾命令此地的武装水平要向苏维埃军队看齐。

第一次世界大战大事记

尽管许多对第一次世界大战的分析都以西线战场这个主要舞台为中心，但实际事件的年表将会使我们更清楚地明白小战役的成功是如何与最终的大胜利紧密联系起来的。

1914

国际性事件 萨拉热窝刺杀事件（6月28日）；奥匈帝国向塞尔维亚宣战（7月28日）；德国向俄国宣战（8月1日）；德国向法国宣战（8月3日）；英国向德国宣战（8月4日）；奥匈帝国向俄国宣战（8月5日）；塞尔维亚向德国宣战（8月6日）；法国向奥匈帝国宣战（8月10日）；英国向奥匈帝国宣战（8月12日）；土耳其对协约国宣战（11月1日）；俄国和塞尔维亚向土耳其宣战（11月2日）；英法两国向土耳其宣战（11月5日）

西线战场 德国开始入侵比利时（8月4日）；国境之战（8月14~25日）；马恩河之战（9月5~10日）；奔向海岸（9月15日~11月24日）；第一次伊普雷斯会战（10月19日~11月22日）；佛兰德斯会战（10月11日~11月30日）；第一次香巴尼会战（12月20日~1915年3月30日）

东线战场 俄国入侵东普鲁士（8月15~23日）；坦能堡之战（8月26~30日）；第一次马祖里湖会战（9月7~14日）

巴尔干半岛前线 奥匈帝国首次入侵塞尔维亚（8月14~21日）；二次入侵塞尔维亚（9月6~17日）；三次入侵塞尔维亚（11月5日~12月15日）

1915

国际性事件 意大利对奥匈帝国宣战（5月23日）；保加利亚与塞尔维亚相互宣战（10月14日）

西线战场 第二次伊普雷斯会战（4月22日~5月25日）；第二次阿图瓦会战（5月9日~6月18日）；第二次香巴尼会战（9月25日~11月6日）；卢斯之战（9月25日~10月16日）

东线战场 戈尔里采－塔诺攻势（5月2日~6月27日）；攻占华沙（8月5日）

巴尔干半岛前线 奥匈帝国和德国入侵塞尔维亚（10月6日）

加利波利之战 协约国海军袭击达达尼尔海峡（3月18日）；协约国首次登陆加利波利（4月25日）；英军撤离加利波利（10月10日~1916年1月9日）

1916

国际性事件 德国对罗马尼亚宣战（8月28日）；意大利对德宣战（8月28日）

西线战场 凡尔登战役（2月21日~12月18日）；索姆河会战（7月1日~11月18日）

东线战场 布鲁希洛夫攻势（6月4日~

9月20日）

高加索前线 克普吕柯伊战役（1月18日）；埃尔祖鲁姆战役（2月13~16日）

海 战 日德兰海战（5月31日~6月1日）

1917

国际性事件 美国对德宣战（4月6日）；希腊对同盟国宣战（7月2日）；中国对奥匈帝国和德国宣战（8月14日）；巴西对德宣战（10月26日）；美国对奥匈帝国宣战（12月7日）；俄国同意休战（12月15日）

西线战场 阿拉斯会战（4月9日~5月15日）；尼维尔攻势（4月16日~5月9日）；梅西尼斯之战（6月7~14日）；帕斯尚尔之战（又称第三次伊普雷斯会战，7月31日~11月10日）；康布雷会战（11月20日~12月7日）

东线战场 俄国二月革命爆发（3月11日）；俄国克伦斯基攻势（7月1~19日）；德国开始里加湾攻势（9月1日）；布尔什维克革命爆发（11月7日）

巴尔干半岛前线 多兰－普雷斯帕湖战役（3月11~17日）；瓦尔达尔河之战（5月5~19日）

意大利前线 第十次伊松佐会战（5月12日~6月8日）；第十一次伊松佐会战（8月18日~9月15日）；卡波雷托之战（10月24日~11月12日）

非洲的战役 德军撤离德属东非（11月25日）

海 战 德国宣布恢复无限制潜艇战（1月31日）

1918

国际性事件 俄国签署布列斯特－立托维斯克条约（3月3日）；罗马尼亚和同盟国协议停火（5月8日）；保加利亚停火（9月30日）；土耳其停火（10月30日）；奥匈帝国停火（11月4日）；罗马尼亚再次宣战（11月10日）；德国停火（11月11日）

西线战场 迈克尔行动（3月21日~4月5日）；利斯河攻势（4月9~29日）；马恩河攻势（5月27日~6月17日）；第二次马恩河之战（7月15日~8月4日）；亚眠攻势（8月8日~9月4日）；袭击兴登堡防线（8月26日~10月12日）；圣米谢尔之战（9月12~16日）；默兹河－阿尔贡攻势（9月26日~11月11日）；佛兰德斯攻势（9月28日~11月11日）；皮卡迪攻势（10月17日~11月11日）

东线战场 德军发动“佛斯特查拉格行动”（2月17日）

巴尔干半岛前线 瓦达河之战（9月15~25日）；收复贝尔格莱德（11月1日）

高加索前线 英军进入巴库（8月24日）；土耳其人收复巴库（8月26日~9月14日）

意大利前线 皮亚韦河之战（6月15~23日）；维托里奥－威尼托之战（10月24日~11月4日）

非洲前线 东非的德军在罗得西亚投降（11月25日）

下篇
二战战史

ATLANTIC

OCEAN

Trondheim •

NORWAY

SWEDEN

Finland

Bergen •

ST PETERSBU

• CHRISTIANIA

• STOCKHOLM

Edinburgh •

North
Sea

• Riga

DENMARK

Baltic Sea

GREAT

COPENHAGEN •

Dublin •

• Liverpool

Danzig •

East
Prussia

• Minsk

BRITAIN

NETHERLANDS

BERLIN •

POLAND

LONDON •

AMSTERDAM •

GERMANY

BRUSSELS •

Lemberg •

BELGIUM

Prague •

PARIS •

Rhine

AUSTRIA-

FRANCE

Munich •

Danube

• VIENNA

Bay of
Biscay

BERNE

• Budapest

SWITZERLAND

HUNGARY

• Bordeaux

Milan •

Venice •

BELGRADE •

ROMAN

Marseilles •

ITALY

MONTE
NEGRO

SERBIA

SOFIA •

PORTUGAL

Corsica

Adriatic Sea

ALBANIA

BULGAR

• MADRID

ROME •

SPAIN

Sardinia

GIBRALTAR
(British)

Mediterranean

GREECE

ALGIERS •

Palermo •

ATHENS •

CCO
(sh)

Sicily

MALTA (British)

KESH

TUNIS •

TUNISIA
(French)

ALGERIA
(French)

• TRIPOLI

0   200   300   400   500 mi

LIBYA
(Italian)

(B

0   400   600   800 km

战争的阴云

第一次世界大战，被称为一场"结束所有战争的战争"。第一次世界大战的中心在欧洲，因此其实际上只解决了为数不多的欧洲问题。实际上，第一次世界大战带来了其他一些问题，而这些问题使 20 世纪 30 年代的很多独裁者与军国主义者，继续谋求解决这些问题的办法，或者至少他们是这样希望的。但是在现实中，这却衍生出更加恐怖的新冲突。

德国意图支配欧洲的野心，并没有随着第一次世界大战的结束而结束。实现这一目标的大众意愿，依然在德国人的生活中继续生根发芽，这并不是希特勒及其法西斯党徒所独有的情结。同样，在第一次世界大战中属于胜利同盟国一方的日本领导者，开始觉得他们自己并没有获得应该赢得的战争犒赏，并且他们的国家正处于欧洲与美国的包围圈之中。在这艰难的时期，其他国家并没有妥善解决好这些问题。其中一些国家选择了在国际事务中的孤立主义，而其他一些国家则半推半就地选择了重整军备的政策，当然还有其伴随的软弱绥靖政策。当面对那些愿意在有利条件下发动战争的敌人时，这些策略都是徒劳无功的。

一战的影响

终结第一次世界大战的和平条约，还是给后来积攒下很多的问题。前英法联军总司令斐迪南·福煦元帅，给出了一个最精辟的评判："这并不是真正的和平条约，而只是暂停二十年的停火协议。"

获胜的盟军来到巴黎，来协商如何签订终止第一次世界大战的和平条约，从而防止重蹈覆辙。但是，他们为了实现这一目标而采取的措施，后来被证实是欠妥的。每一个前同盟国都分别签订了独立的条约（通常指《凡尔赛和约》，但是实际上这个和约只涉及德国这一个国家）。三个最具实力的胜利方（美国、英国和法国）主宰着协商的进程，尽管来自于其他很多同盟国的代表也参与到其中。

⊙《凡尔赛和约》在凡尔赛宫的镜厅签订。

但是，新苏俄政权和旧俄国的领导者们正在为一场内战争论不休，根本没有被包括在商谈之中。同样缺席的，还有来自于被击败的同盟国的代表——他们曾被召集过一次，直接在业已达成的条约内容上签字，但并没有参与协商过程。这些缺失，是《凡尔赛和约》缺陷的根源所在。

☆ 一个全新的欧洲 ☆

这些条约重新勾画了欧洲的地图，但同时也给后来种下祸根。奥匈帝国被瓦解，奥地利和匈牙利变成独立的两个国家；还有两个全新的国家，即捷克斯洛伐克和南

⊙反共产主义的白俄罗斯骑兵在 1919~1921 年的俄国内战中，正在执行军事任务。

斯拉夫也宣告成立。罗马尼亚从匈牙利和保加利亚那里接管了部分领土，而波罗的海沿岸国家则纷纷独立，其大部分都是从俄罗斯帝国分割出来的。同样还有波兰，其国土包括了之前属于德国的部分领土，并通过位于但泽的"波兰走廊"入海。法国重新获得了阿尔萨斯和洛林地区，这两个地方是在1870~1871年的普法战争

⊙这是德国的战列巡洋舰"兴登堡"号，它在抗议巴黎和会的过程中仓皇撤退。

中被德国占领的。比利时与丹麦也获得了德国的一些领土。总共算起来，德国失去了其战前领土的13%，而其殖民地则变成了协约国中此国或彼国的新属地。

德国的武装部队，被缩减至原先规模的一小部分。更使德国人憎恨的是，德国还不得不接受这样一个条款，即这场战争完全都是德国的错（这个其实并不符合历史事实），因此德国必须要为战争所带来的伤害与损失支付巨额的经济赔偿。而赔款的具体数额要在之后来确定。

☆ 日益增长的仇恨 ☆

除此之外还有很多的问题，不光只有德国因为不公正待遇而引起的愤怒，多数国家都对业已设定的国界线心存不满。虽然英国和法国明显是最强大的欧洲国家，并在战争中遭受了重创，但是由于其自身所有的各种问题，两国都不太情愿在和平解决的工作方面扮演主角。

为了起到这样一个作用，一个全新的国际组织即国际联盟被组建起来，其主要是在美国总统伍德罗·威尔逊的敦促下建立的。但是，其究竟能够发挥多大作用，依然有待见证。令人遗憾的是，从一开始，国际联盟就遭到美国国会的拒绝，且不允许美国加入该组织。

⊙1919年，法国军队占领了莱茵河地区的埃森。

所有这些都是没能阻止第二次世界大战或者其他类似战争的爆发。因德国遭致不公平待遇而产生的愤怒，激发了一位名叫阿道夫·希特勒的低等下士，他加入了一个小型的激进政治组织，而这个组织就是在慕尼黑的德国工人党。希特勒加入这个组织的时间是1919年9月。

经济大萧条

世界经济开始变得不平衡，因为第一次世界大战后胜利方和战败方都要背负起很多的债务，而其领导人却不太知道如何掌控他们国内的经济，也无法对因此而导致的问题做出有效的回应。

第一次世界大战后紧接着的几年时间，见证了很多困难时期和政治问题，全世界的人们都无一幸免，不光是在战败的德国。在这个时期，纳粹主义与意大利的法西斯主义都开始生根发芽。接着，在一段时期的经济繁荣增长与国际关系貌似友善的阶段之后，美国股价于 1929 年彻底崩盘，从而招致了大萧条时期与另一个政治混乱的时代。

在之前参与战争的国家之中，那些退伍军人们必须重新找到回归到正常社会的路子，但却一直不太容易找到顺心的工作；很多伤残退伍军人的生活，更是陷入了异常困难的境地。

对数以百万计的战争遗孀与孤儿而言，贫困成为了每天都必须面对的残酷现实。那些居于社会上层的人开

⊙一名德国家庭主妇使用不值钱的纸币来点燃自家的炉子，时值 1923 年的经济危机期间。

始担心俄国的共产主义革命运动会进一步蔓延开来。在德国，右翼人士组建了民兵组织来抵抗社会主义者，而在英国及其他国家，军队在街上与罢工者及其他抗议示威者发生了很多冲突。

由于在经济上陷于困境，德国在战争赔款问题上自然一拖再拖。作为报复，法国和比利时的部队在 1923 年 1 月占领了鲁尔地区，而这次行动引发了德国境内的一场财政危机与大规模的通货膨胀。到 1923 年末，德国马克的汇兑值是 1300 亿马克兑换 1 美元。在德国，钱币根本就是一文不值的废纸，很多中产阶级则亲眼目睹了自己储蓄的急剧贬值。

☆ 美国贷款 ☆

1924 年，在美国银行家查尔斯·道斯（不久之后便成为美国副总统）领

⊙法国部队在《凡尔赛和约》签订之后便离开了德国，但于 1923 年重新来到德国，以逼迫德国赔款。

⊙20世纪20年代，由于受经济平稳复苏的假象所骗，很多美国人都投身股票市场，但却付出了沉重的代价。

导下成立了一个联盟委员会。该委员会开始为德国的战争赔款问题提出了一个全新的计划，以给德国重新带来政治稳定与经济增长（但只得依靠美国的贷款）。其他国家在第一次世界大战期间也从美国那里贷了非常沉重的款额，他们也试着努力偿还这些贷款，但国际贸易在当时处于下滑趋势，这一局面部分是由于美国的保护主义措施所导致的。

不过在那个时侯，美国的经济与股市却一路高歌猛进。1926年，德国加入了国际联盟，并在国内政治方面逐渐趋于稳定。不过，当时德国左翼与右翼的激进党都开始有了大量的追随者。

1928年，一些主要国家甚至签订了一份公约，即所谓的《凯洛格－白里安公约》（美国国务卿和法国外长是其中的主要斡旋者）。在这个公约中，各国一致同意不再用发动战争的方式，来作为国际外交的一种手段。很显然，这一协议根本无法实现其原有的初衷，不过在国际法方面依然具有重大意义。在第二次世界大战之后，这份公约依然发挥了作用，并给国际战犯法庭针对德日两国战犯的指控提供了支持。

1929年，一位美国银行家欧文·杨提出了一个计划，从而最终确定了德国必须支付的最终战争赔款数额。虽然这个计划的条件要比以前的显得温和一些，但是很多德国人依然觉得有点儿苛刻。

☆ 经济崩盘 ☆

接着，在1929年的10月，纽约股票交易市场的股价开始暴跌，而给美国自身经济增长提供基础并使很多国家经济保持健康发展的银行贷款面临枯竭的局面。不久之后，所有工业国家都出现了数以百万计的失业人员，对于政客们来说，他们则因之获得了采取极端措施去解决这些问题的"良机"。

⊙这是20世纪20年代的一幅街景画面，图中是在柏林，但在其他很多地方都可以看到类似的场景。

法西斯与纳粹

首先是在意大利,接着是在德国,激进的政治运动使大权在握的领导者掌控了政府,然后是整个国家的命脉,他们开始再度使这些国家走上新的、狂暴的、不容异己的极端民族主义道路。

在"一战"之后,意大利和德国都曾使用过暴力手段来镇压罢工事件和社会主义政党的活动。在意大利,国家法西斯党的领导者是一位名叫贝尼托·墨索里尼的新闻记者兼退伍军人。该党在暴力活动中显得非常突出。在无数名法西斯党暴徒(黑衫军)的支持下,墨索里尼利用持续的政治动荡局面,使自己在 1922 年被任命为首相。接着,在 1924~1925 年间,另一场新的危机(导火线是黑衫军谋杀了一名社会主义党的领袖)使墨索里尼彻底丢弃了宪法统治的伪装,开始了将意大利完全变成一个法西斯国家的进程。

⊙图为墨索里尼(身披肩带者)在 1922 年的"进军罗马"运动中的场景,当时的他已经在意大利执掌了大权。

☆ 法西斯统治 ☆

墨索里尼所发出的信息,完全具有极端民族主义的味道。他声称,国家利益要高于任何个人的权利和自由。大选在刚开始的时候被操控,后来索性直接被废止,接着被祸及的是其他政治党派与言论自由。法西斯组织在各行各业中纷纷被建立起来,开始时都是由六名以上的男孩组成一个法西斯小团体。墨索里尼则变身为"领袖",并毫无疑问地接管了政府,因为他受到了宣传机构的支持——他们四处宣扬这样的口号:墨索里尼永远是对的。

希特勒在德国权力的上升,走的是类似的道路,只不过更漫长一些而已。在建立了其较小的政党组织之后,希特勒将其改名为德国国家社会主义工人党,并使其变成了一股强大的当地力量。1923 年,希特勒在慕尼黑发动了一场蓄谋已久的政变。这次被称为"啤酒馆暴动"的政变最终以失败而告

⊙这是 1929 年的一次纳粹党大游行,领导者是豪斯特·威塞尔。

终，而希特勒本人则在监狱中被关了一段时间。但是，他在这次事件中获得了全国的知名度，而他的一名共谋者埃里希·鲁登道夫则在第一次世界大战中十分出名。

⊙纳粹标志

在监狱中，希特勒写下了他的政治宣言《我的奋斗》，并清楚宣布了他的核心信仰：对犹太人与共产主义者极端仇视，并试图为德国获得东欧地区的新领土（即"生存空间"）。

☆ 当权的纳粹党 ☆

一直到世界经济大萧条时期，希特勒及其政党依然是名不见经传的小角色。但是，在结合了较大的商业利益，并宣扬德国的问题是从海外带来的、德国深受《凡尔赛和约》之害之后，希特勒发现自己找到了更多的新支持。

1932年，纳粹党变成了德国国会中占最多席位的政党。在进一步的选举以及政治操控之后，希特勒被任命为首相，并于1933年变成了以兴登堡为总统的多党政府的领导者。

到1934年末，也就是在兴登堡去世之后，希特勒完全大权在握，变成了德国的"元首"，同时获得了总统与首相的职权；所有反对派的政党都被禁止活动；集中营、盖世太保以及警察等其他国家机器也被相继建立起来；德国武装部队的成员们都宣誓效忠于希特勒个人。

1934年，希特勒又在名为"长刀之夜"的纳粹党运动中再度确认了自己至高无上的权力。该党的左翼与政党的民兵（救世军或褐衫军）领导人，也在被杀害的名单之中。由海因里希·希姆莱领导的纳粹党卫军，获得了越来越重要的地位。对德国犹太人的"合法"迫害，在1935年纽伦堡法令通过之后如火如荼地展开了，该法令撤销了许多原有的公民权利。与此同时，犹太人开始遭受到越来越严重的暗杀与迫害。

⊙1933年1月，希特勒与其任命组建的内阁成员们在一起。

⊙纳粹党暴徒残酷迫害犹太人，图中一位犹太人及其信仰基督教的女友被当街示众。

侵略战：从亚洲到欧洲

在 20 世纪 30 年代，首先是日本，然后是意大利，最后是德国，一直都在通过暴力的方式去寻求获得新的领土。它们完全用冷酷无情的态度来为自己的侵略做辩护，这是在国际事务中非常罕见的，同时它们也配备了更强有力的新式武器装备。

⊙1936 年 3 月，德国军队横跨莱茵河桥，进入科隆地区，这是希特勒发动的第一次军事行动。

有人或许会说，第二次世界大战是于 1931 年 9 月爆发的，当时的日本突然袭击并在实际上吞并了中国的东北。这次袭击阴谋的策划者，是一名中级日本军官，他故意在南满铁路制造了一次破坏事件的假象，当时的南满铁路归属日本国。东京在此之后立即发动了大规模的全面进军。在此战争爆发的整个过程中，日本的陆军部与海军部（包括其所属的派系）是幕后的真正操控者。

1932 年 2 月，中国东北被日本人改称"满洲国"，组建在经济上完全受控于日本的傀儡政府。1933 年，在国际联盟的调查最终澄清了明显的事实（即日本才是侵略者）之后，日本却只是退出了国际联盟，并进一步增加了其军事预算。

☆ 纳粹的威胁 ☆

1933 年，德国也退出了国际联盟。从表面上看，这是因为其他国家否决了德国的军备裁减计划，但实际原因却另有所在。1935 年，希特勒重新实施强制服兵役政策，并宣布组建一支德国空军部队，而这两项都完全违背了《凡尔赛和约》的内容。英国和法国以及在这个时期的意大利，都对希特勒的这些举动深表谴责，不过都是做做样子而已。后来，在同年夏天，在没有

⊙德军开进维也纳，德国兵不血刃地占领了奥地利。

事先与法国进行商量的条件下，英国与德国签订了《英德海军协定》，允许德国海军扩张以及德国一支 U 艇舰队的建立。

意大利是欧洲第二个做出行动的国家。在清楚本国资源不够丰富的条件下，墨索里尼的政府在其法西斯统治的头十年中并没有向海外攫取。不过，其早已牢牢控制住意大利在南非的现有殖民地。到 1935 年 10 月，意大利终于对埃塞俄比亚发动了蓄谋已久的进攻。截至 1936 年 5 月，意大利完成了彻底的吞并计划，虽然国际联盟对其进行了半心半意的制裁。

在这一事件的鼓动之下，希特勒于 1936 年 3 月派遣军队进入莱茵河地区，而根据《凡尔赛和约》的规定，这里是非军事化的地区。再一次地，英国与法国只是进行了一番简短的抗议。尽管有很多军中将领都持反对意见，但是希特勒依然采取了这一行动。在证实自己的贸然行动是对的之后，希特勒对这些将领的控制变得更加容易，而他对自己亲自作出军事决断的信心也更加坚定了。

1938 年 2 月，希特勒完成了对所属部队的完全控制，并解散了两位顶级将领，即战事部长与司令官，最后亲自执掌起最高指挥权。1938 年 3 月，希特勒的第二个步骤就是要将奥地利并入到德国的版图，于是便派遣军队跨越国境线。很显然，这并不是他的最后一个目标。

☆ 在中国的战争 ☆

在伪满洲国建立之后，日本关东军与中国军队在华北地区的边境线上发生了很多次冲突事件。1937 年 7 月，关东军（并不是直接受东京控制）假借北京郊区的卢沟桥发生枪击事件为由，开始了战争的全面升级。在上海附近地区，发生了激烈的战斗，并从当年的 8 月份开始一直持续了数月之久。最后，日本还是顺利进入了中国内陆，并于当年 12 月直指南京。在占领了这座城市之后，日本军队展开了一场大规模的大屠杀，并持续了数天之久的烧杀掠夺暴行。"南京大屠杀"在全世界范围内被广为报道，并受到广泛的谴责。

⊙日军侦察兵

⊙守卫上海的中国军队

淞沪会战

七七卢沟桥事变爆发后，日军在华北扩大战争的同时，又积极筹划打上海。日军煞费心机制造侵略借口，1937 年 8 月 9 日，日海军陆战队两兵驱车闯入我虹桥机场挑衅，被保安击毙，日军借口要挟中国撤除沪防御工事，遭到拒绝后发动战争。

日本在华北展开大规模攻势的同时，开始将战略重点南移华东，从上海向中国横插一刀。企图通过南北两面施加军事压力，迫使南京政府屈膝投降，达到"三个月之内灭亡中国"的狂妄目标。

对中国来讲，无论是经济意义还是政治军事意义，上海的地位都十分重要。上海是蒋介石赖以起家的江浙财阀的基地，也是四大家族的经济中心和英美帝国主义在华利益的集中地，而且还是南京的屏障。上海一旦失守将直接威胁国民党政府对全国的统治。所以蒋介石和国民政府下决心保卫上海，并任命张治中为京沪警备司令官，负责上海和南京的军事防卫。

☆ 张治中要主动出击 ☆

⊙淞沪抗战中，中国军队得到民众支持。图为张治中将军（左一）接见只身泅水护送国旗给中国守军的杨慧敏女士。

1937 年 8 月 13 日，日军海军陆战队向上海拂山路、八字桥发动进攻，被国民党军第 88 师击退。国民党军张治中部第 9 集团军于 14 日拂晓对日军发起反击。同时国民党军派空军前来助战，击落日机 3 架，击伤一架。15 日，日军统帅部组建上海派遣队，以松井石根为司令，并调第 3、第 11 师至沪。15 至 20 日，国民党空军在京沪上空共击落日机 42 架。国民党军第 9 集团军从 15 日起不断进攻日军，第 87 师攻占日海军俱乐部，第 88 师攻入日坎山阵地，第 36 师于 21 日攻入汇山码头。22 日，日上海派遣军开始在杨树浦附近登陆。张治中部侧翼受到威胁，反击行动遂告中止。

8 月 23 日，日军第 3 师、第 11 师在长江南岸吴淞等地强行登陆。蒋介石派陈诚负责上海防务，并调 3 个军加强上海防御。

日军第 3 师主力在张华浜附近登陆时，张治中部警察总队奋起反抗，但势单力弱，渐趋不支。张治中忙调第 87、第 36 师增援，挫败了日军进攻。日军第 11 师 23 日在川河口、石洞口登陆，随即攻占狮子林炮台，并分兵攻浏河、宝山。陈诚闻讯，率第 18 军、第 54 军赶来实施反击，当晚收复宝山、狮子林。松井石根为连接并扩大第 3、第 11 师的登陆面积，9 月 1 日命两师从狮子林和吴淞两面夹击宝山。守卫宝山的姚子青率领第 18 军多次击退日军，坚守阵地至 7 日。日军以战车堵住城门，集中海陆空火力轰射，全城燃起大火，该部官兵全部壮烈殉国。

9月10日，日军已将两块登陆场连成一片。国民党军第15集团军予敌重大打击后，自身也伤亡较大，于13日奉命撤出阵地。第9集团军奉命放弃宁沪铁路以东大片地区，至17日，中日两军对峙于北站、庙行、浏河一线。

☆ 一寸山河一寸血 ☆

21日，兼任第三战区司令的蒋介石调整作战部署：以第9集团军为中央军，朱诏良任总司令，屯于北站以西；以张发奎第8、10集团军为右翼屯于苏州河以南；以陈诚第15、19集团军为左翼屯罗店、广福地区。9月中下旬，日军新增调第9、13、101师至沪作战。

⊙上海一些地区在战争中被日机炸成废墟。

10月1日，日军向大场、南翔发动进攻，15日突破蕴藻浜。蒋介石急调第21集团10个师支援中央军，但是均未突破日军阵地。22日，日军突破在庙行和陈家行之间的守军阵地，26日攻占庙行和大场。苏北中央军于27日放弃阵地转移。第88师第524团团长谢晋元率第一营官兵坚守苏北四行仓库，孤军奋战四昼夜后，于31日奉命退入公共租界。

早在10月20日，日军就组建了第10集团军援沪。11月5日，日军第6、18、114师突然在金山卫登陆，策应上海派遣军迂回包抄国民党军。当时驻守杭州湾北岸的国民党军，大部已被调往上海作战，只有少数兵力驻扎。日军占领沿海地段后，以第6师攻松江，第18师进攻金山和广陈。蒋介石急调第62、79师分别阻击日军，均被击退。6日，日军占领金山。

7日，日第10集团军和日上海派遣军合编为华中方面军，由松井石根统一指挥。上海守军处于被日军合围之中。蒋介石不愿发生被围歼的悲剧，8日下令全线撤退。11月12日，上海失守，淞沪战役结束。

⊙中国军队在战壕中抗击日军进攻

平型关大捷

卢沟桥事变后，日军很快便占领平、津，之后便按照其侵略计划，分多路向中国内地进犯。其中一路便是从长城线向西切断同蒲路，然后南下，从平汉路西取正太路，会攻山西。

1937年初秋，日军板垣师团猛攻南口。同时日军东条纵队猛攻张家口。张家口守军第 29 军刘汝明部不战而退，阎锡山的第 61 军反攻不力，张家口失守。张家口失守后，日军下一个矛头便是第二战区阎锡山苦心经营的山西。

☆ 部署计划 ☆

日军占领南口、张家口后，阎锡山判断，日军为运送部队、军火，展开机械化作战，以发挥其优势，下一个进攻目标应该是大同。阎锡山为此部署了大同会战计划。

但是，9 月上旬，东条纵队和伪蒙军沿平绥线击破李服膺部防守永嘉堡、天镇间的国防工事，直抵阳高城下。李部一路逃到桑干河以南，日军于 9 月 13 日攻占大同，而其主力板垣师团指向平型关，意图抄雁门关后路，然后夹击太原。阎锡山的大同会战计划流产，之前部属在雁门关一带的兵力失去了意义，而平型关一带则兵力空虚。阎锡山被迫立即着手部署平型关会战。

此前国共两党已就红军改编达成了协议：红军主力改编为国民革命第八路军，设总指挥部，下辖 3 个师，每师 1.5 万人，并任命朱德、彭德怀为正副总指挥。1937 年 8 月 25 日，中共中央军委正式下达命令，宣布中国工农红军第一、第二、第四方面军和陕北红军等部，改编为国民革命军第八路军（9 月 11 日改称第 18 集团军），一般简称"八路军"。八路军总部直属 3000 余人，全军共有 4.6 万人。

在华北形势万分危急的情况下，中共中央在 8 月 22 日至 25 日在陕西洛川召开了政治局扩大会议。会议通过了《关于目前形势与党的任务的决定》和《抗日救国十大纲领》。这次会议用较长时间讨论了八路军出征后的作战方针问题，最后一致同意毛泽东所作的结论："基本是独立自主的山地游击战，但不放松有利条件下的运动战。"

按照和国民党政府达成的协议，八路军开赴阎锡山负责的第二战区作战。很快八路军就陆续从陕西韩城、潼关两处东渡黄河，开赴抗日前线。当八路军过了黄河时，日军已威胁到阎锡山战区的心腹地带。

当时日军的主攻方向分左右两翼：右翼一个派遣兵团和两个独立混成旅团占领大同

⊙平型关大捷　沙飞摄影

⊙日本战机

后，准备出山阴进犯雁门关；左翼第5师团企图突破平型关与大同之我军防线会师雁门关。日军的如意算盘是：两翼会师后攻占太原，以大迂回动作，迫使国民党军队撤退，达到不战而占华北5省之目的。八路军进入山西后，分兵两路迎击日军，开赴晋东北的是115师，主力在9月中旬赶到平型关以西大营镇集结。

平型关位于河北与山西交界地带，是进入山西的一个重要隘口，敌人选中这个薄弱的地方作为攻打山西的突破口。平型关东北方向有一条通往灵丘县东河南镇的狭窄沟道，沟长约十多里，两面是山，深数十丈。沟底道路仅能通过一辆汽车，尤其沟道中段，地势最为险要，是打伏击战最理想的地方。八路军115师先遣部队发现敌人大队人马正向平型关方向运动，师党委决定在这里与日军打一仗。

115师师长命令部队25日零时出发。战士们顶着狂风暴雨，涉急湍山洪，在拂晓前到达了指定地区，把全师主力布置在平型关到东河南镇10余里长的公路南侧山地边缘上。进攻平型关的敌人完全处于包围圈伏击之中。进犯平型关的日军是坂垣第5师团。坂垣师团有很强的武士道精神，战斗力非常强，自进攻华北以来，每每令国民党军不战而退。不过这次他们万万没有料到八路军这么快便东渡黄河，并埋伏好了等着他们。

☆ 战役过程 ☆

那天夜里，阴云密布，大雨如注。埋伏待敌的战士们只着单军装，又破又烂。晋北9月下旬夜间气温已很低，战士们又冷又饿，但伏于湿地、山岩上待命，士气高昂。25日晨5时半左右，日军第一辆汽车进入伏击圈，聂荣臻传令：沉住气，无命令不许开火。等敌后板垣师团第21旅团千余人及汽车、大车300余辆进入伏击圈后，115师某团5连连长曾贤生率全连首先向敌冲杀，用手榴弹炸毁敌人最后一辆汽车。敌人退路被截断。

我军居高临下，突然向敌军发起猛烈攻击，一下子把敌人打得晕头转向，指挥系统全乱了。一时间，十几里长的山沟，人喊马叫，乱成一团。我军战士一个个如猛虎下山，与日军展开了白刃战。军号声、喊杀声响彻山谷。日军由于受过严格的训练，虽指挥混乱，仍负隅顽抗。敌人首先拼命争夺公路两侧制高点——老爷庙。失败后，又企图冲破独8旅阵地逃命。独8旅把一线配备改为纵深配备，奋力阻击。

激烈的战斗持续到27日白天，敌人终未能冲破包围，板垣师团21旅遭歼灭性打击。因为敌人死不缴械，千余日军全部被击毙。

欧洲面临的难题

在第一次世界大战中，英国和法国在击败德国侵略的战事中起到了主要的作用，但是惨重的伤亡情况以及随之而来的经济、社会问题也给两国深重的打击，因而它们更加不愿意再度重复这一过程。

在两次世界大战的过渡期间，很多英国人都将第一次世界大战视为一场错误的战争。他们认为，在对外事务之中，派遣一支大规模征募部队去参战并在一场大陆战中牺牲，这在历史上并不是英国习惯于做的事情，因此也不愿意重蹈覆辙，尤其是越来越明显的事实证实，凡尔赛和约本身并没有最终解决欧洲的问题。而为了赢得第一次世界大战的胜利，英国的资源几近耗尽。在 20 世纪 30 年代的经济危机之中，英国政府也看不到希特勒在欧洲的崛起。

⊙斯坦利·鲍德温曾经于 20 世纪 20 年代和 30 年代三度担任英国首相，但是在面对希特勒的威胁时，却没有做出快速重整军备的反应。

一些参战国也越来越强烈地感觉到，凡尔赛停战协议实际上是不公平的。一些人甚至觉得，让德国恢复其国际地位，并处于希特勒的领导之下，这样至少可以促使共产主义的威胁只局限于苏联一个国家。

总体而言，在 1939 年之前，英国一直避免与法国的紧密合作关系。这带来了双重效应：一方面防止了另一种"大陆义务"，同时也保持了与帝国自治领国家的关系，后者并不愿再度被卷入欧洲的麻烦。英国与法国的合作失败在 1935 年终于展现在世人面前，同年 4 月，在斯特雷萨会议上，英国加入了法国与意大利的行列，并共同谴责德国对《凡尔赛和约》的违反行为，但在两个月之后，却单方面与德国签订《英德海军协定》，并在该协定中允许德国做出进一步的违反和约的行为。

☆ 法国的不情愿 ☆

第一次世界大战给法国带来的人口与物质代价，都是巨大无比的。虽然在战争发生前，法国的人口曾一度被德国追上，并且法国的经济也谈不上如何

⊙1920 年，国际联盟委员会举行了第一次会议，这个委员会机构相当于后来联合国的安全理事会。

繁荣。在两次世界大战间隔期间，人口与经济的继续低落进一步催生了政治上的不稳定，以至于政府组建了又下台，下台了又组建。法国于 1914 年全身心地投入到战争中去，并希望能够以此获得进攻上的优势。但是，到 20 世纪 30 年代，局势发生了转变，在危机中做出的任何

⊙西班牙民族主义者军队杀入马德里，他们经过的建筑物早已在空战中变成了废墟。

形式的军事回应都成为了不可能，除非法国能够寻求到一边倒的热忱国际援助。

☆ 侵占埃塞俄比亚与西班牙内战 ☆

1935 年，意大利对埃塞俄比亚的入侵，第一次清楚揭示了英国和法国已经变得多么软弱无能。而日本也已经证实了国际联盟的形同虚设，虽然对中国东北的吞并行为遭到谴责，但是其依然一意孤行、视若无睹。在英国和法国领导之下的国际联盟，对入侵埃塞俄比亚的意大利给予了制裁，但是在尺度上一点儿也不严苛。石油供应并没有中断，而意大利的军用运输船依然可以在苏伊士运河自由出入。不到一年，制裁又被撤销了，而那时候的意大利已经完全侵占了埃塞俄比亚。

意大利和德国曾经因为其不同举措所招致的反对声而紧密团结在一起，虽然这些措施最后被证明是毫无效果的。在某种程度上而言，这一过程得到了确证，并达到了下一个主要发展阶段，即于 1936 年 7 月开始的西班牙内战。

德国和意大利都给西班牙的右翼民族主义起义军提供了极大的援助。苏联则给西班牙的共和党人提供了相对较小的帮助，但是法国极左的"人民前线"政府则拒绝给出任何援助。英国对外部力量干涉西班牙内战作出了谴责，但是并没有对自己的言辞做出任何实际行动上的支持。

这场战争的另一个意义，就是各方都可以从中汲取很多经验和教训。法国和苏联获得的经验是，坦克在战斗中并没有像一些人原本想象的那么势不可挡；德国对局势有了不同的看法，尤其是利用西班牙作为测试的战场，从而对新式空战与地面支援技术事先予以评估。

马奇诺防线

这条防线是以法国陆战部长安得烈·马奇诺的名字命名的，他是在 1930 年开始建立这条防线的。这条防线是沿着法德边境线建立起来的，是一个既深邃又复杂的军事防御系统。这条防线的建设符合了法国在总体战略上呈现出的防守策略。对这条防线的建设持续了十几年的漫长时间，碉堡、反坦克防卫设备、据点、主要堡垒以及更多其他防御工事，共耗去了几十亿法郎。但是，其主要弱点就是，虽然这些防御工事固若金汤，但是却无法延伸到其他地方，也覆盖不到法国的北部边境线。

战争边缘的欧洲

英国首相张伯伦在从慕尼黑回来之后对外宣称"我们迎来了一代人的和平"，但现实却是，1938 年和 1939 年都见证了希特勒残酷无情的对外扩张主义，并将欧洲逼到了一场全新的恐怖战争之中。

捷克斯洛伐克是从《凡尔赛和约》下诞生的新国家。截至 1938 年，该国大约有 1/3 的人口都是说德语的人，并且主要居住在边境地区，即所谓的苏台德地区。在一段时间内，苏台德德国党在纳粹的支持下，一直在煽动与德国的联盟。到 1938 年，出现了一个新的危机，而其完全是由希特勒挑起的。

⊙张伯伦、达拉第（法国总理）、希特勒以及墨索里尼（从左至右）于 1938 年共同聚集在慕尼黑。

虽然捷克斯洛伐克官方机构不久便控制了局势，但是英国首相张伯伦却作出决定，一定要对这个问题找到一个永久性的解决方案。其实，明智的选择应该是英国和法国表现出坚定的立场，并敢冒着因帮助捷克斯洛伐克而引起战争的风险。而且事实上，捷克斯洛伐克军队在边境线的防御在当时还是十分坚固的，德国军队也尚未做好战争的准备。不过后来的局势就不再是那样了。相反，法国退出了这场战斗，张伯伦也选择了协商的方式。

⊙1939 年 5 月，英国在发布大规模征兵的消息。

☆ 慕尼黑协定 ☆

张伯伦飞往慕尼黑与希特勒会晤，并协商出一个方案，强迫捷克斯洛伐克放弃苏台德地区，因为那里的主要居民都是日耳曼人。因为没有英国的支持，法国几乎毫无选择，只得同意牺牲捷克斯洛伐克的这些领土。作为回报，张伯伦也让希特勒签订了一份态度暧昧的友好协定。在回国之后，他立即对外宣称自己已经赢得了"我们的和平时代"。他天真地以为，从根本上来看，希特勒还是一名比较理性的政客，因此会信守诺言。如果真的是那样，那么捷克斯洛伐克的问题就只是一个局部的

问题，也并不值得挑起
另一场欧洲范围内的战争。

1938年10月初，德
国进入苏台德地区，而捷
克斯洛伐克的剩余地区则
被分裂成三个自治的省区。
在匈牙利之后，波兰在接
下来的几周内也立即变成
了争议的焦点地区。1939
年3月，希特勒继续大举
入侵，并完成了对捷克斯
洛伐克的占领。

⊙1939年，纳粹党在但泽地区进行大游行。他们的标语公开宣称"但泽是
德国人的城镇"。

到了此时，英国和法国才准备有所行动，因此它们发布了一份担保书来对波兰予
以声援，因为其显然是希特勒的下一个目标。但泽（即格但斯克）这座城市的国际地
位，以及将东普鲁士从德国主要部分分割出来的"波兰走廊"，一直以来都被德国的
民族主义者们视为一种公开的侮辱。现在，希特勒强烈要求归还这些地方。

☆ 苏德互不侵犯条约 ☆

由于希特勒现在开始对东方虎视眈眈，苏联的立场变得十分重要。1939年夏季，
英国和法国又开始在莫斯科进行了半心半意的商谈。但是，这些努力并没有获得多少
进展，特别是在斯大林清楚展示出这样的态度，即一旦涉及在波兰境内的驻军问题，
那么任何形式的联盟都是有条件的。

⊙身为希特勒外事部长的约阿希
姆·冯·里宾特洛甫，在《苏德互
不侵犯条约》上签字。斯大林和莫
洛托夫在背景中面带微笑。

相反，在8月中旬，令世界为之震惊的是，苏联与纳粹德国这两大水火不容的冤
家，竟然变成了盟友，并签订了《苏德互不侵犯条约》。

世界其他国家并不知晓的，是这场交易中蕴含的惊
天秘密，即波兰被苏联和德国分割了，波罗的海国家与
芬兰也失去了对苏联的独立性。

在那个夏天的更早之前，英国和法国终于开始了军
事上的相互合作计划，而英国也开始在5月份实施征兵
活动。即便是在这个最后关头，张伯伦依然寄希望能够
从希特勒那里获得妥协和让步，从而避免战争的发生。

当《英波同盟条约》于8月25日对外公开宣布生效
之后，希特勒犹豫了几天的时间，并将德国对波兰的进
攻计划从原定的8月26日拖延到9月1日。但是，在9
月1日的黎明时分，侵略战终于打响了。

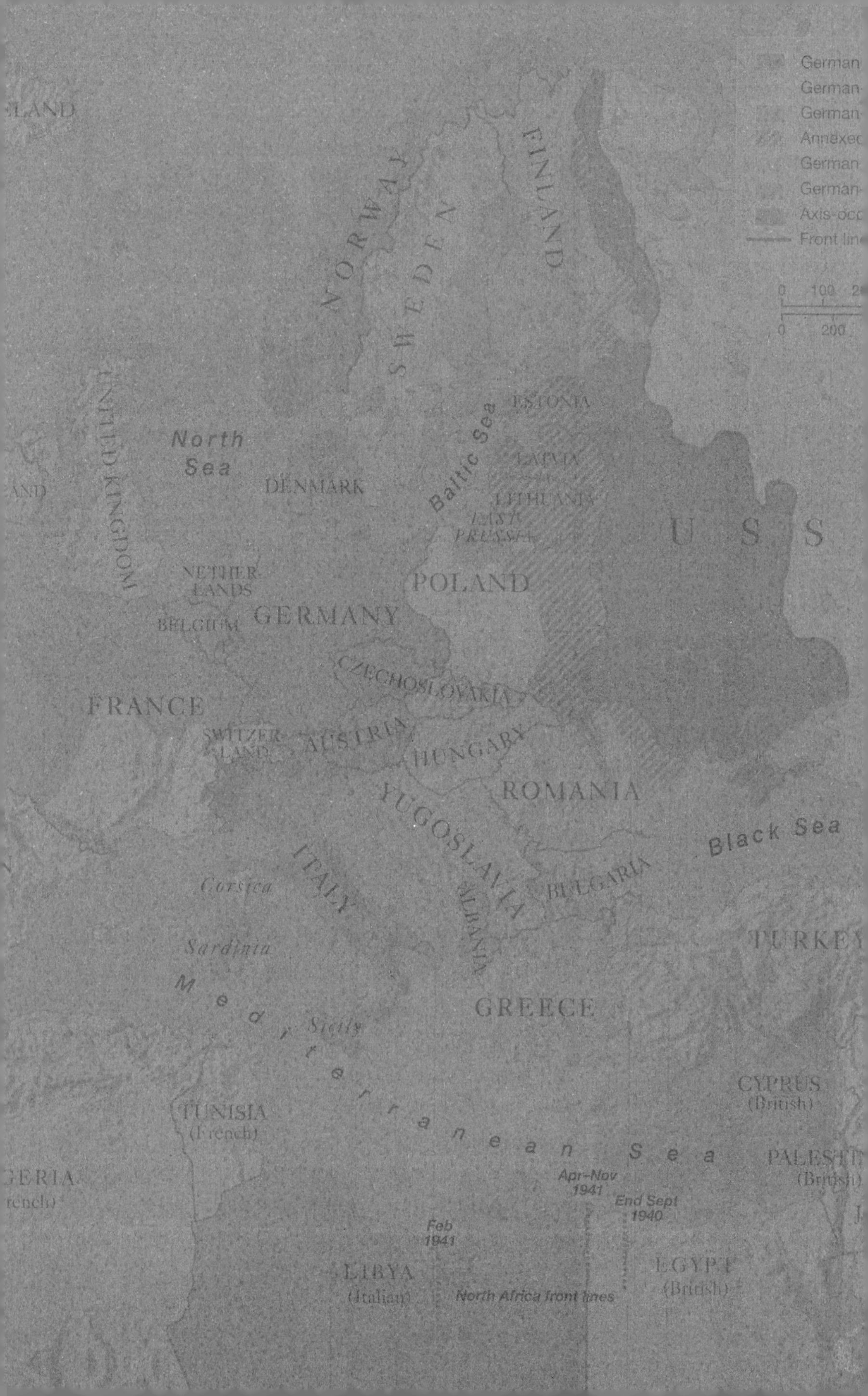

0 100 2
0 200

LAND

NORWAY

SWEDEN

FINLAND

ESTONIA

North
Sea

Baltic Sea

LATVIA

DENMARK

LITHUANIA

EAST
PRUSSIA

U S S R

AND)

UNITED KINGDOM

NETHER-
LANDS

POLAND

BELGIUM

GERMANY

FRANCE

CZECHOSLOVAKIA

SWITZER-
LAND

AUSTRIA

HUNGARY

ROMANIA

YUGOSLAVIA

Black Sea

Corsica

ITALY

BULGARIA

ALBANIA

TURKEY

Sardinia

Mediterranean

GREECE

Sicily

CYPRUS
(British)

TUNISIA
(French)

Sea

PALESTI
(British)

GERIA
(rench)

Apr-Nov
1941

End Sept
1940

Feb
1941

LIBYA
(Italian)

North Africa front lines

EGYPT
(British)

德意志的狂飙

  在 1939 年 9 月至 1941 年秋季的整个历史时期，任何一位旁观者都不会赌除了德国之外的其他国家会赢得战争的胜利。德国军事胜利的大游行似乎是接连不断的，先后有波兰、丹麦、挪威、法国、荷兰、比利时、卢森堡以及巴尔干半岛国家，最后甚至包括俄国在欧洲的领地都纷纷处于了德国的支配之下。这一系列的快速胜仗，使希特勒在国内的地位变得不可动摇，并证实了他确实是一位军事天才。

  英国在继续作战，也得到了来自于美国越来越多的支援。但是英国所作出的努力，却很难对德国造成什么实际意义上的打击。人们也无法知晓，苏联红军究竟能否从最近所遭受的毁灭性打击中恢复元气。同样，截至 1941 年年末，战争的残酷本性越来越暴露在人们的面前。纳粹德国屠杀了数以千计的波兰人，而纳粹党还在继续大规模屠杀着犹太人，以及苏联领土上的其他民族。

  但是，逆转的趋势逐渐被显露出来。美国开始快速重整军备，并一步一步参与到这场战争中来，虽然之后日本突然袭击了珍珠港。就在同一周的时间内，辛辛苦苦筹备出来的苏联预备队终于开赴莫斯科前线，并彻底阻止了德国人的进一步推进。

战争爆发

在与斯大林签订《苏德互不侵犯条约》之后，希特勒觉得自己没有必要再对侵略有所顾忌了。德国与苏联先后突袭并快速占领了波兰地区，而英国与法国则毫无选择，只得向德国宣战。

第二次世界大战在欧洲战场的最早枪声，是在波兰的海军基地打响的。1939 年 9 月 1 日清早，德国的一艘海岸防卫战列舰"石勒苏益格·荷尔斯泰因"号突然开火。希特勒的德国空军在轰鸣声中袭击了波兰的空军基地，而德国的陆军部队则涌入到其边境线上。英国和法国的回应，是向德国发出最后通牒，并要求其立即撤退。在德方不作出任何回应之后，两国只好于 9 月 3 日向德国宣战。

☆ 波兰运动 ☆

在这次突袭中，德国事先布置了 53 个师，其中包括 6 个坦克装甲师，而这些是当时德国的全部家当。陆军总司令瓦尔特·冯·布劳希奇元帅在控制着整个战事过程，并没有受到希特勒的太多干涉。一直到 8 月 30 日，波兰才开始了武装总动员，因此很多预备役军人尚在赶往所属部队的路途之中。波兰人大约配备了 23 个师，但其中的坦克数量非常之少。不过，他们拥有一支非常厉害的骑兵部队，虽然无法确定那支骑兵部队是否被用来与德国坦克相抗衡，并在不同地点都投入了这样的战斗。

在空战方面，德国的优势是相当明显的，因为其拥有大约 1600 架现代化的飞机，而波兰方面则只拥有 500 多架，并且多数都是快要被淘汰的类型。

在战斗人员、武器装备以及军事训练方面都有优势的条件下，德国人不久便占了上风。波兰军队总司令爱德华·斯密格莱·利兹元帅，下定决心要死守边境线的阵地。但截止 9 月中旬，波兰军队被迫分散为三个较小的部分，而德国人则逐渐将华沙包围起来。28 日，德军终于占领了华沙，并在一场毫无人道的炮攻与空中轰炸中结束

⊙德军闪击图

⊙德军突击波兰。德军以强大的火力和迅猛的穿插撕碎了波军的一道道防线。

了此次战事。

到那时为止，斯大林也一直在参与着当时的纵容政策。苏联军队于9月17日开赴波兰境内，这是根据其与希特勒签订的《苏德互不侵犯协定》所作出的行动；到9月末，苏联军队已经占领了多半个波兰。苏联的官方说法是，他们的介入是为了保护白俄罗斯与乌克兰的少数民族，但实际上却是在侵占

⊙德国部队跨过波兰南部的桑河，并在他们自豪无比的元首的亲眼目睹之下行进。

这些领土。29日，德国与苏联宣布了一项友好条约，并确定了对波兰的分割局势。

☆ 虚假战争 ☆

除了英国和法国及其不同的殖民地（这些殖民地在此事件中别无选择）之外，英国所谓的"旧自治领"于9月初的几天时间内迅速向德国宣战。但是，其中每一个都存在一定程度的保留。

比如说，澳大利亚政府也对德国宣战，开始招募新兵，但主要集中在国内防御方面。加拿大也是在此项议程在国会经过探讨之后才作出宣战决定的，但并没有决定进行新的征兵活动。美国则宣布保持独立，毫无疑问，在这个阶段，多数美国人依然想远离在欧洲发生的这场战争。

虽然已经站在波兰一方卷入了战争，但是英国和法国并没有采取任何实际行动去帮助波兰人。此时，希特勒也对并没有使英法两国采取进一步举措而感到满意，因为在9月的时候，德国的西部力量尚显薄弱。英国政府的部长大臣们拒绝轰炸鲁尔地区的工业基地，因为这些工程都属于私人性质的财产；法国部队则只是试探性地向前推进到萨尔河的一小片地区。这场"虚假战争"在西部战线就这样进行着，一直到德国于1940年发动了全面进攻。

⊙在"虚假战争"期间，英国家庭正在建造安德森式的掩体，从而对德国的空袭做出事先预防。

二战前期的坦克

德国在战争早期的接连胜利，主要依靠的是坦克装甲师的力量，其也使坦克在战斗中有了突出的地位，这是它们在之前从未有过的。

坦克，以及反坦克的新式武器，都属于陆战武器装备，也是第一次世界大战期间发展起来的唯一新式武器。1939 年，威力最强大的坦克多数会配备 37 毫米（2pdr）型号的射击炮弹，并可以得到厚度达 40 毫米的装甲的保护。截至 1942 年，75 毫米规格的武器以及两倍的装甲厚度成为典型的配备。这些数字在战争的后期都得到了继续发展。

☆ 早期的坦克装甲车 ☆

纳粹德国的第一辆坦克，是在 20 世纪 30 年代中期建造起来的。这批坦克的类型是装甲战车 PzKpfw1 型，这是一种轻型坦克，并有两人操作驾驶的设计，唯一的武器装备就是机关枪。不久之后，这种坦克做了轻微的改进，变成了更具威力的 PzKpfw2 型。这两种坦克装甲车都被投入到 1941 年的战斗。1939~1941 年间，坦克装甲师中最好的坦克，是这一系列在接下来被改进的后两者类型。在早期战争期间，PzKpfw3 型出现在很多不同的作战地点之中。截至 1940 年 4 月，所有此类坦克都开始配备 3.7 厘米的主要枪击武器，但这先是被 42 口径 5 厘米炮所取代，后来则是更具威力的 60 口径 5 厘米炮。

在 1940 年面对着这些装甲编队的英国和法国坦克，简直是一种混合体或大杂烩，其中多数因为被分散在小规模的步兵中而遭到额外的掣肘。不同的法国设计样式，比如索玛 S–35 中型坦克，具有良好的武器装备，但是在实际战斗中却效果一般，因为其只有单兵操作的炮塔，指挥官不得不作出战略决定，同时还需要负责装载、瞄准和炮弹射击等事宜。

在战争爆发后的早期数年中，英国先后配备了轻型、中型和重型三种坦克。轻型坦克马克 5 和马克 6，唯一的武器装备就是机关枪。因此，它们在反坦克战斗中几乎是没有任何用武之地的。但是在法国，这种坦克确实得到了广泛使用，还有就是北非的早期战场。

中型坦克（或巡航坦克）源自于马克 1 号，其最早

"马蒂尔达" 2 型坦克

"马蒂尔达"坦克，是唯一在整场战争中一直投入使用的英国坦克，到 1945 年的时候还参与了针对日本的战斗。其主要服役地点是法国和北非，时间是 1940~1941 年。（下图中的坦克出现在埃及，当时是 1940 年 12 月。）其厚厚的装甲和合理的反坦克炮弹威力，使其成为那个时候坚不可摧的战争利器，但是其在野战中的速度很慢。其总共的生产量大约是 3000 辆。

重量：26.9 吨
长度：5.6 米
高度：2.5 米
装甲：78 毫米
时速：最高 25 千米
武装：1 门 40 毫米火炮；1 挺 7.9 毫米机枪

是在 1938 年研制的，后来发展到马克 6
型或巡航坦克，后者是出现在 1942 年战
场上的最后版本。所有巡航坦克都具有合
理的武器装备和炮弹威力，但是它们的动
力引擎和奔跑传动装置却相当不靠谱。

重型坦克要显得更加优越一些。与
多数巡航坦克一样，"马蒂尔达" 2 型坦
克便装载着同样的 2pdr（40 毫米）机枪，
并装配有 78 毫米厚度的装甲，这便使其
在 1940~1941 年的全盛时期，很难被击
倒。其后继的型号，即瓦伦丁步兵坦克和

⊙这是一架三号坦克的早期模型，其配有 3.7 厘米口径
的机枪。1941 年，其在实施一次过河演练。

丘吉尔步兵坦克，则显得更加威猛和可靠，特别是在枪战之中。

美国的早期坦克，就是 M3 斯图亚特轻型坦克和 M3 中型坦克，也就是所谓的
M3Lee 坦克，其在美军中服役时极富盛名；还有就是格兰特坦克，其与英国所使用的
那种有着轻微的不同之处。斯图亚特轻型坦克装配有 37 毫米机枪和 37 毫米厚度的装
甲，在速度上更快，在性能上也更佳。在升级到 M5 型之后，其依然在 1944~1945 年
得到了广泛的应用。Lee/ 格兰特坦克是一种过渡阶段的型号，其对更早时期模型进行
了匆匆的重新设计，从而使其适应 75 毫米的机枪，但是只位于侧面的突出炮座，而不
是一个独立的炮塔。这种坦克是在 1942 年彻底停产的。

☆ 苏联的高级坦克 ☆

最令人印象深刻的盟军坦克，便是苏联红军的那些威武战车。战争早期的 BT-7
坦克，在速度上特别快，并搭载着合理配备的 45 毫米机枪。但是，苏联坦克的下一代
产品，在当时那个年代里要比其他任何型号都有着最为精良的功能表现。首先出炉的
是重型的 KV-1 型坦克，其首度投入战斗是在 1940 年的苏芬战争。1941 年，其 76.2

⊙苏联 T-34 与德国坦克的较量

毫米的机枪以及 90 毫米的装
甲厚度，要比德国人所拥有
的任何武器都要更胜一筹。
性能更佳的还有 T-34 中型
坦克，有时候这种坦克甚至
被誉为让苏联赢得这场战争
的致命武器。对德国人而言，
所幸的是他们在 1941 年终于
设计出能与苏联坦克相抗衡
但为数不多的两款坦克。

北欧的陷落

1939~1940 年，北欧的小国家继续陷入侵略战之中。1939 年 11 月，苏联袭击了芬兰，并于 1940 年吞并了波罗的海沿岸国家，而挪威和丹麦则在那年春天被纳粹德国所占领。

斯大林对其西方邻国的如意算盘，在苏联占领波兰领土的过程中首度露出了破绽。

与此同时，立陶宛、拉脱维亚与爱沙尼亚被迫在"友好"条约上签字画押，这便给了苏联在这些国家驻军的权利。1940 年 6 月，斯大林启用了这些条约，并开始派遣部队前往

⊙芬兰部队由于对冬季气候条件加以巧妙利用，从而击退了苏联在一开始发动的进攻。

这些国家。1940 年 6 月，苏联又开始吞并布科维纳南部地区和比萨拉比亚地区（之前是罗马尼亚的部分领土）。这些地方也毫无选择，只得屈服于斯大林的最后通牒。

⊙苏芬战争历时三个半月，战争最终以苏联的胜利而结束，但苏联也为此付出了高昂的代价：军事上，伤亡 20 余万；政治上，被国联开除；战略上，将芬兰推入德国的怀抱。

☆ 冬季战争 ☆

在波罗的海沿岸及斯堪的纳维亚半岛上的战斗，都属于扩张苏联势力范围大计划的一部分。与此同时，其还建立起一个防范德国人随时发起袭击的缓冲地带。在 1939 年 10 月签订的《苏德互不侵犯协定》之中，芬兰早已被列入了苏联的利益圈范围之中。斯大林开始了针对芬兰人的步步进逼计划。

他提出，芬兰让出其在南方的卡累利阿地峡以及在较远北方的领土，而作为对这些割让领土的回报，芬兰会得到它边境地区的中间部分领土。由于芬兰人作出了拒绝，11 月 30 日，斯大林开始派遣苏联红军进攻芬兰。

芬兰人只有 9 个师，却要去对抗苏联的 26 个师，而且后者在空军支援、炮兵规模、坦克装甲车以及其他每一个方面都占有巨大的优势。但芬兰部队（训练有素，并且在滑雪板上具有较强的机动性）完全击败了苏联人，并一直持续到 1940 年 2 月。

⊙在侵占挪威军事行动的早期，一辆德国坦克和德国步兵在推进之中。

后来，苏联军队换了一名指挥官，即谢苗·铁木辛哥元帅，并在之后增加了援军，最终把芬兰人给击败了。3 月 13 日，一份停火协议终于达成，芬兰人被迫割让之前被要求过的那部分领土。

这场战争经历了几次反复，其也是国际联盟的最后一根棺材钉。苏联虽然被驱逐出国际联盟，但对这一严肃处罚不屑一顾。另外表现得尤为明显的，就是英国和法国的犹豫不决态度，他们一直在考虑是否要派援军去帮助芬兰人（可能会冒着与苏联开战的危险），但是却迟迟没有付诸行动，最后也悔之晚矣。

之所以帮助芬兰的部分原因，是因为德军跨越挪威之后可抵达那里，而英法联军可以以其阻断德国来自于瑞典北部地区的铁矿石供应。而其面临的困难则是，这些中立的国家都不希望有任何外国部队踏入其领土。最后，这场战争也让世人看清了苏联红军的真正实力，比如希特勒就将其铭记于心。

☆ 丹麦和挪威 ☆

苏芬战争的结果之一，便是希特勒开始清楚认识到，英国和法国依然计划干涉通过挪威而获得瑞典铁矿石资源的如意算盘。1940 年 4 月 9 日，德国部队从陆上推进到丹麦境内，并从空中和海上同时袭击了挪威海岸线上的一系列阵地要塞。这两个国家

⊙这是一支在挪威境内的英国防空炮兵连。但是，德国人在空战中依然具有绝对的优势。

都没有相当规模的武装部队，而西部盟军则意外地完全被歼灭了。丹麦在数个小时之内便被彻底占领。挪威虽然抵抗了两个月左右，但是战争结果一开始就被预料到了，因为德国在这个国家建立了空军基地，而这便抵消了英国在海军上的优势。

小规模的英法联军来到这里帮助挪威人在不同阵地进行顽抗，但是这些远征军在组织上却显得混乱无序。最后几次增援行动在 6 月上旬被撤销了，这是对当时在西部战线发生的灾难性事件所作出的无奈之选。

重型巡洋舰

　　第二次世界大战中的重型巡洋舰，是两次世界大战期间激烈军备竞赛的产物。日本还建造了特别巨大的战舰，明目张胆地违背了条约规定的限度，其他国家的海军则只得被迫跟进。

由于战舰设计要受到华盛顿海军条约及其他相关条约的严格控制，所以先进海军国家在两次世界大战期间的竞争主要集中在巡洋舰建设上，不论是装备有 203 毫米火炮的重型巡洋舰，还是更加轻型的 152 毫米枪炮武装巡洋舰。

　　在两次世界大战期间，对巡洋舰的"条约限度"规定是 10000 吨标准的排水量。日本、意大利和后来的德国都明目张胆地违反了这个数字约束，但是其他国家则通常都会循规蹈矩地遵守着。实际上，1 万吨与 203 毫米火炮的限制性规定也是有点随意地达成的一项决定，其实很难根据这些数字建造起任何轮船，如果要实现装甲保护与引擎动力之间平衡的话。

☆ 条约型巡洋舰 ☆

　　日本和意大利是最早开始建造"条约型"重型巡洋舰的国家，时间是在 20 世纪 20 年代中期。日本的"古鹰"号，属于相对中型的设计，其有着 6 架独立的 200 毫米枪炮、合理配备的侧面装甲以及 33 节船速，而其排水量是 7000 吨（实际上大约是 2000 吨多一些）。

　　意大利的"塔兰托"号和"的里雅斯特"号巡洋舰，也是相当快的，并配有 8 门 203 毫米的火炮。虽然它们的真实排水量大约都是 11500 吨，但是它们在制造方面还是相当粗糙。后来有四种意大利 Z 级船舰倒是有了更好的武器装备，但是在速度上却要慢一些。

　　日本"古鹰"号的后继舰船也在实际上完全违背了条约的限制性规定。"妙高"级和"爱宕"级巡洋舰都完全超过了 13000 吨的标准，并承载着 10 门 203 毫米的火炮以及另一种重型鱼雷武器，其装甲厚度最高可达 120 毫米。

　　与这些相比，英国和美国在两次世界大战期间的轮船，看上去相当逊色。英国也建造了一系列类似的战舰，主要集中在所谓的"郡"级战舰上。它们都承载着 8 门 203 毫米火炮，在排水量上非常接近 10000 吨。它们还有着很好的射程和海上防卫质量，但在火力上尚显

IJNS "古鹰" 号

　　"古鹰"号在第二次世界大战中具有相对短暂的战斗生涯。在早期不同战斗中服役之后，"古鹰"号成为日本在瓜达康纳尔岛海岸萨沃岛海战中获得胜利的军事力量之一，但却在 1942 年 10 月参与埃斯贝兰斯海角战斗后被击沉。

姊妹舰："加古"号
服役：1926 年
排水量：9000 吨
时速：33 节
装甲：最高可厚达 76 毫米
武装：6 门 203 毫米主炮；4 门 120 毫米火炮；42 门 25 毫米高炮

薄弱，并且有着过高的侧影轮廓，这使其在实战中相当不堪一击。20 世纪 30 年代早期，英国也建造了两种配有 203 毫米口径枪炮的小型战舰，即"埃克塞特"号与"约克"号。但是，与其他多数海军国家一样，也没有在战争期间建造出超过 8 英寸口径标准的重型巡洋舰。

HMS "肯特"号装甲巡洋舰

HMS "肯特"号，是第一批七种"郡"级战舰系列中的一种。"肯特"号最初服役于地中海地区，但在 1940 年被摧毁。下图中我们所看到的"肯特"号是在 1941 年经过修理后的图样，当时其正效力于英国的本土舰队。

姊妹舰："澳大利亚"号
服役：1928 年
时速：32 节
装甲：115 毫米
武装：4 门双联装 203 毫米口径主炮；4 门 102 毫米口径单联装副炮

德国则在一系列不同的限制性规定中运作，但必须遵守（一直到希特勒将其废除）《凡尔赛和约》。20 世纪 20 年代下半叶，德国获准可以对旧有的海岸防卫舰船进行更换，而这些旧战舰是在《凡尔赛和约》允许之下配备的。

替换的舰船就是 PS 舰（装甲舰），其在不久之后被英国广播评论员称为"袖珍战列舰"，但是却被誉为更好的重型巡洋舰，而这也是它们最终正式被指定的用途。它们承载着两座三个一组的 280 毫米口径炮塔，船速可达到 26 节，但是在排水量上严重超过了其对外宣称的 10000 吨。据推测，它们的炮火威力早已超过了其他任何巡洋舰，并在速度上可以超过几乎所有战列舰。但是，这些舰船依然被认为是不令人满意的，因为其在开火速度上稍显慢一些，并且其动力引擎也不够可靠。

☆ 美国人的设计 ☆

美国海军建造了数个级别的"条约型巡洋舰"。刚开始是两种"盐湖城"号巡洋舰，其在前、后分别配备了与众不同的双子或三子炮塔火力，当然三重炮塔的威力要比双重的更加厉害一些；但毫无意外的是，它们当然会显得有些头重脚轻。

美国后来的战舰，都变成了三架三重 203 毫米口径的炮塔，而其也被证实是更加合理的设计。除了让无数艘 203 毫米口径巡洋舰服役海上之外，美国的工业力量也使其得以完成了十几艘"巴尔的摩"级战舰在战争期间的建造。这些都使同样的主要武器装备保持在早期的 203 毫米口径标准轮船水平，但是在排水量上则增加到 13600 吨的水平，从而使其配合额外增加的设备装置，而后者是根据战争经验不得不增添的内容。

⊙这是 1942 年 7 月的一艘"阿斯托里亚"级美国"文森斯"号战舰。在几个星期之后，其在瓜达康纳尔岛的海岸附近被击沉。

法国的沦陷

　　法国军队一直以来都是欧洲地区最强大的，但是在 1940 年，它却在短短数周的战斗中被彻底击败。其中的原因包括士气低落，以及在面对凶恶的、蓄谋已久的敌人时缺乏英明的领导。

　　1940 年 5 月以前，虽然在西部战线并没有爆发过重大战役，但却布置了许多作战计划。希特勒早就想突破这条战线，最终他也批准了一个激进的作战计划，从而避免在进攻法国马奇诺防线的事务上陷入困境。其第二支主力部队向比利时和荷兰推进，并击败了这些国家，同时将英法联军部队牵制住，迫使其前来救援。接着，德国的主要兵力，在多数装甲师的领导之下，推进到阿登地区，并将盟军的前线部队一分为二。

　　盟军的策略依然是防守，并旨在等待英国海军将德军封锁堵塞的同时，积攒起自己的力量。在遭到德军的袭击之后，其计划就是与比利时人和荷兰人组织起一道联合防线。不幸的是，其保持中立的"明智"态度与袖手旁观以刺激希特勒的做法，使比利时人和荷兰人都拒绝与英法联军并肩作战，因此整个如意算盘终于落了个空。

⊙一架 JU-87 斯图卡轰炸机在攻击中俯冲，对地面那些被当做目标遭受袭击的人来说，这是一种异常恐怖的经历。

☆ 兵力的均衡 ☆

　　总体来看，如果加上荷兰和比利时，那么双方的陆军力量在 1940 年 5 月的时候，差不多是势均力敌的，双方都有 30 个师以及 3000 辆坦克。但是，盟军的武器装备被分散到到小规模且不齐整的群体中，而德国的却集中在训练有素的装甲师部分。在空军方面，德国布置了 3000 架现代化战斗机，而盟军则只有 2000 架左右，其中很多都属于很古老的类型，这才是德军最关键的优势所在。

　　德国的大举进攻开始于 5 月 10 日。如德国人所计划的那样，他们的注意力首先被放在了北部地区。在几天之内，密集的空战袭击、伞兵部队作战以及地面部队的推进配合，将荷兰和比利时的兵力彻底粉碎。5 月 14 日，荷兰宣告投降。英国和法国则给德国谋取了方便，虽然它们推进到比利时境内的部队是增援部队，但却依然无法守住阵地。

⊙在敦刻尔克大撤退期间，英国士兵几乎将一艘驱逐舰给塞满。

☆ 越过马斯河 ☆

与此同时，德国的主力部队已经抵达马斯河地区，于 5 月 14 日与 15 日越过了马斯河，并在不久之后奔向海峡。德军于 20 日抵达了海岸线，并将盟军部队拦腰斩断成两截，完全达到了他们的预期目的。不幸的是，法国总司令并没有积攒多少预备队来应付这一紧急情况。

在接下来的两周左右，在北方的盟军作战师被迫退回到一个更小的范围之内，就在敦刻尔克港附近。截至 6 月 4 日，在那里被疏散回英国的部队人数达 34 万之多，其中包括 12 万名法国人。英国不得不将所有武器装备丢弃在身后，而好几千法国士兵被掳为战俘。到那时为止，德军已经完成了队伍重组，并准备完成最后的收尾工作。5 日，他们沿着索姆河的战线开始进攻南方地区，并在不久之后势如破竹地快速推进。虽然在刚开始的时候遭到了残余法国兵力的誓死顽抗，但到 14 日，他们已经进入巴黎，16 日，法国政府宣布倒台。

闪电战

德国在 1939~1940 年间的很多胜利，都要归功于一种全新的战斗形式，即闪电战。据说，这个词是由希特勒本人亲自创造的。其所描述的，是快速推进的坦克兵力与强大空军支持的密切配合，这也是法国之所以在数周之内被征服的原因。虽然其看似主要依赖于装甲部队，但闪电战的奥妙更多有赖于全部作战武器装备的有效通力合作。这一点，加上各个层级指挥官所展现出的高度主动权，都是德军胜利的主要原因。这样一来，德国军队才可以在这些方面保持对所有敌人的优势，并在战争的多数时间内获胜。

⊙这是在战斗期间可以看到的一号轻型坦克原型。一号坦克和二号坦克虽然战斗力稍弱一些，但在 1940 年依然是德国部队的重要组成部分。

☆ 法国的投降 ☆

新建立的政府，由菲利普·贝当作为领导者。虽然英国新任首相温斯顿·丘吉尔激励法国人要继续进行战斗，但是贝当及其内阁却决定请求停战和谈。6 月 22 日，法国正式投降。

轻型轰炸机与侦察机

　　有没有或者有多少武器配备，是这些飞机类型的特点所在。可笑的是，在这些设计中最不成功的案例当属轻型轰炸机，其是不带武器的侦察机，也是一种通用类型，因此具有非常小的杀伤力。

　　轻型轰炸机的种类，包括了很多种于 1939 年服役的不同设计，但是这些机型多数在不久之后便发现有着严重的缺陷。它们要么被更加重型的轰炸机所取代，要么就是被专门建造的地面袭击机器盖过了风头。

⊙大约 800 架 Fw 189 Uhu 的样机被用来发动地面攻击，并可以当做侦察飞机来使用。

☆ 轻型轰炸机设计 ☆

　　1939~1940 年，英国和法国都拥有这种类型的飞机。费尔雷公司生产的战斗式轻型轰炸机曾经貌似是一种实力雄厚的设计，并且于 1937 年正式服役，但是到了 1940 年，其较低的速度和装甲保护的毫无配备使其最终走进了死胡同。

　　法国的 Potez-63 系列有着同样的缺陷，而 Breguet-691 则有了略微的改进，确实配备了实实在在的防御武器。Bloch174 侦察机的速度很快（530 千米 / 小时），并可以运载 400 千克的有效载弹量。但是在 1940 年 5 月，只有 50 架 Bloch174 侦察机在战斗中服役。在某种程度上，与英国一样，相对较小的法国航空公司的繁荣，反而遏制了其充分的发展，也使其在战争前期制造出最佳设计的努力归于徒劳。

　　战争初期的苏联苏霍伊 2S 战机，与以上英法两国的类型有着类似的特征，并因为飞行员提供合理装甲保护而形成优势。但是，其中很多依然在 1941 年被更胜一筹的德国空军战机击落。

　　虽然这些"现代化"设计最后都只是昙花一现，其中一些看似也只是功能一般的飞机，不过其会在夜间发动偷袭，并执行类似的任务。这种类型的飞机还包括苏联的波利卡波夫 I-153（原本是一架战斗机的设计），以及德国的亨塞尔 123 型（专门是为执行攻击任务而建造的）。功能相对较弱一些的，是捷克 Letov S328，其可以追溯到 1933 年的时候。在 1944~1945 年期间，其依然被东部战线的一小

⊙一架 Fieseler Storch 侦察联络机展现出其在非传统飞机场登陆（与起飞）的独特能力。在此图中，地点是在柏林的一条林荫大道。

POTEZ 63–11 战机

POTEZ 63 家族，包括了好几种轰炸机、战斗机和侦察机的不同版本。在这里展示的 63–11 型，主要用来实现侦察功能，其大约被建造了 700 多架，包括为维希空军专门建造的一批。POTEZ 633 轰炸机则服役于罗马尼亚和希腊两国。

时速：439 千米
航程：1300 千米
引擎：2 台 Gnome-Rhône 14M 星型发动机，700 马力
武装：200 千克炸弹，3 挺机枪

部分空军使用着。

☆ 侦察机 ☆

很多知名的飞机类型，会做不同的改进，从而实现侦察的功能。以英国为例，喷火战斗机和蚊式战斗机都是为了实现这一功能而专门制造出来的版本。通常来说，它们都没有武器装备，但却有先进的引擎装置，此外还有精确的摄像机来实现周密安排的高级或低级任务。美国方面类似的产品，包括改装过的闪电战斗机和夜间轰击机。其中一些设计类型都会配备加压的机舱和其他装置，从而帮助它们攀升到极限高度，因为在那里它们就很难被拦截到。

只有一款以地面为基地的飞机类型，是专门为远距离侦察任务而建造的，即日本的三菱 Ki–46 "黛娜" 侦察机。超过 1700 架的这种飞机被生产出来，并可以达到超过 600 千米的时速；航程方面则是令人称奇的 4000 千米。

专门为战略侦察任务而设计的为数不多的飞机，当属德国的福克沃尔夫 189 型，其曾经在东部战线上执行过很多次的任务。虽然其飞行速度相对较慢，但却可以通过其坚韧及极高的敏捷度安全返回。

☆ 通用设计类型 ☆

多数国家都拥有小型的轻运输飞机，其也会参与各项任务，比如在敌军领地的炮兵侦察与登陆搭载任务。

这些都可以在陆军或空军的领域找到，并可根据国籍查询。德国的隆美尔就曾使用过这样的机型，即一架 Fieseler Storch 轻型飞机，并乘坐其飞行过北非战场，还不时地实施登陆，从而对滞后的下属进行追赶。英国的威斯特兰莱桑德侦察机，时常会执行隐蔽的飞行任务，并将士兵载入法国境内。美国的类似产品包括泰勒飞机 L–2 蚱蜢式侦察机。这种飞机的关键功能属性，通常就是它们可以在不利地形中实现起飞与降落操作，但其没有一架是快速的，也没有太多的武器装备。

三菱 Ki–46

三菱 Ki–46 是于 1940 年开始在日本军队中服役的。其一直使用到 1945 年，后来被当做一种不太好使的战斗机来使用（见下图），并在前端处装备有 2 门 20 毫米加农炮，以及一架 37 毫米机枪。

时速：600 千米
航程：4000 千米
乘员：2 人
引擎：2 台 Mitsubishi Ha–102 发动机，1080 马力
武装：1 挺 7.7 毫米机枪

不列颠之战

1940 年夏天，希特勒貌似是不可战胜的。但是，德国并没有彻底击溃英国，而不列颠之战可以被视为一个转折点。从那时开始，这场战争也从一场德国必胜的速战速决战，演化成一场持久战，开始有很多人相信纳粹德国最终会以失败而告终。

在敦刻尔克大撤退之后，法国被打败，英国军队实际上也接近缴械投降的现状，使希特勒以为英国早晚会投降。但是，在丘吉尔的激励之下，英国似乎早已为接下来的战斗做好了准备。7 月 16 日，希特勒下令其武装部队开始为入侵英国做好筹备工作。而德国空军则早已对英国在英吉利海峡的船只发动了袭击，其目的就是想诱使英国皇家空军卷入战斗。由于英国的皇家海军在那时依然非常强大，而且德国海军在挪威战事中遭遇了不小的损失，因此赢得空中优势成为战争胜败的关键。

⊙在 1940 年的闪电战期间，消防人员忙于给伦敦着了火的建筑进行灭火救援。

☆ 英国的死守 ☆

庆幸的是，英国早已做好了充足的事先准备。皇家空军司令部拥有 900 多架喷火战斗机与飓风战斗机，其中多数战机的生产制造是为了取代不可避免的战斗损失，不过训练有素的飞行员依然处于十分短缺的紧急状态。防御组织工作进展得十分顺利，雷达系统所提供的信息被反馈到控制站的网络，然后被用来指导战斗机投入实际战斗。

在当时，还没有其他任何一个国家拥有如此整齐划一的组织效率。德国人并没有认识到这个系统是多么坚不可摧，相应地，他们也并没有为通过对雷达与控制站的攻击来彻底瓦解敌人的力量做好足够的准备。

德国人也有数量相当的单发动机战斗机（梅塞施密特 Bf109 战斗机）来对付英国皇家空军，此外还有超过 1200 架双发动机的中型轰炸机。另外，他们还拥有梅塞施密特 110 战斗机和容克 87 斯图卡俯冲轰炸机，每一种都有 300 多架，但这两种机型在战

⊙1940年末，一群霍克公司的飓风战斗机飞行中队搭载了逃亡的捷克飞行员。

⊙在不列颠之战期间，空军元帅休·道丁是英国皇家空军战斗机司令部运筹帷幄的总司令官。

斗中都表现得不甚理想。

当英国正在使用于数月以前便做好准备的防御系统时，德国则必须展开全新类型的战斗，这与早期的战事完全不一样，特别是在陆军进攻的配合方面。他们对英国皇家空军强大实力的了解十分匮乏，因此很难设计出行之有效的应对计划。

1940年8月中旬，德军的全面大举进攻终于发动了。战斗双方均损失惨重，但是英国皇家空军在刚开始的时候占尽优势。接着，在8月末与9月初的几天时间里，德国空军改变了原有策略，专门针对英国皇家空军的前线战场逐步增加打击力度。这一转变使英国皇家空军的承受能力到达了极限，但是德军指挥官们却没有意识到他们马上就要赢得这场战争了。

9月7日，德国再一次改变了策略，开始对伦敦实施一系列大规模的日以继夜的狂轰滥炸，反而使其于15日惨遭重挫。17日当天，希特勒延迟了其原有的入侵计划。日间的攻击与空战继续维持了数周的时间，但是英国人最终赢得了胜利。

☆ 伦敦上空的闪击 ☆

伦敦所承受的严酷考验并没有就此结束。德国的轰炸机几乎每天晚上都会飞回来偷袭，数量最多可达400架或者更多，一直持续到11月末的时候。到那个时候，德军还攻击了一大群主要城市，包括考文垂、伯明翰以及其他地方。从1940年11月一直到1941年的5月，在这些进攻因为德国空军被转移到欧洲东部战场而暂时告一段落之后，主要目标变成了很多港口地区，比如默西塞德郡与克莱德赛德郡。英国人将这些进攻称为"闪电战"（其英文"Blitz"源自于德文"Blitzkrieg"）。

起初，英国的防御显得十分不堪一击，几乎没有多少对空机枪参加战斗，而配有雷达设备的夜间战斗机则只处于刚刚被开发的阶段。虽然局势随着战斗的继续有所转变，但是德军的伤亡情况依然很低。大约有4.3万名英国平民在闪电战中丧生，另有数万人变成了无家可归者，但是英国的抗战意志却几乎是不可磨灭的。

⊙不列颠之战期间，德军的一支亨克尔111轰炸机编队集结在一起准备发起一次突然袭击。

二战前期的战机

在 1940 年的不列颠之战中，整个世界的命运完全依赖于双方的喷火战斗机、飓风战斗机以及梅塞施密特战斗机的质量好坏。在这些战斗中，空战中的优势简直成了至关重要的战争决定性因素。

与其他战争装备一样，战斗机必须寻求常规对抗质量方面的平衡：速度、爬升速率、机动性、射程、武器装备、保护措施以及其他方面。在整场战争之中，多数现役中的战斗机都是单活塞引擎、限载飞行员的单翼机。为数不多的几种双翼飞机和双引擎单翼机也被设计制造出来，但是总体上并没有被当做日间战斗机投入战斗之中。

☆ 双翼飞机 ☆

1939 年，一些国家依然在行动中使用很多双翼飞机，如德国的亨克尔 51 型和英国的格洛斯特角斗士式双翼战斗机。它们的典型特点是速度都很慢，而且在武器装备上都属于轻量级的。角斗士式双翼战斗机的时速是 400 千米 / 小时，配备 4 架步枪口径的机枪。但是，意大利却拥有数量相当庞大的菲亚特 CR32 型与 CR42 型双翼飞机，其中一些甚至一直使用到意大利于 1943 年投降的最后一刻。

☆ 单翼飞机 ☆

这是那个时代的经典设计款式，就是喷火战斗机、飓风战斗机与梅塞施密特 Bf109 战斗机。它们的首度飞行都是在 1935~1936 年，并一直在战斗中持续服役。不过还是出现了经过较大改进的修改版，一直到战争结束。喷火 1 号要比 Bf109E（在 1940 年服役的主要版本机型）在速度上快很多，而飓风战斗机则要比上述两种都要慢一些。英国的这两款战斗机都要比 Bf109 型更具机动性，但是它们的 8 挺 7.7 毫米口径机关枪，要比梅塞施密特的 2 门 20 毫米加农炮和 2 挺 7.92 毫米机关枪逊色一些。梅塞施密特战机还有较高的爬升速率。

1941 年，后继产品 109F 型战斗机在性能上超越了喷火 5 号战斗机，为了弥补这一差距，后者被修改之后成了后来的喷火 9 号战斗机。不过从终极意义上来说，这两者之间的差距并没有多大，而主要由飞行员的驾驶技术与战术来决定成败。

对美国陆军航空队而言，战斗机却并非战前的首选，

波利卡尔波夫 I-16 战斗机

在战争爆发前，波利卡尔波夫 I-16 战斗机（如下图所示）在西班牙获得了成功的应用。其有着较高的爬升速率以及机动性，并且在其他一些参数上几乎是装备最好的战斗机。1941 年，其几乎组成了苏联战斗机的多半力量。

时速：460 千米
航程：440 千米
引擎：舒维特索夫 M25 星型发动机，700 马力
武装：2 门 20 毫米炮；2 挺 7.62 毫米机枪

毕竟，不太可能出现对美国本土的空中打击。

⊙这是一架配有加农炮的喷火 5B 战斗机，其专属于波兰的 303 空军中队，在 1942 年正式奔赴战场。

寇蒂斯 P–36 与 P–40 战斗机在性能上其实一般，但却在英国和法国都服过具有重要意义的兵役。英国军队将 P–40 战斗机广泛应用于北非战场，并且分别使用过"战斧"和"小鹰"两种不同的型号，但是其依然无法与 Bf109 相媲美。在后来的战争期间，美国陆军航空队的战斗机都具有较高的质量。

早期的苏联战斗机都是一种混合机型，并由于较低的生产标准和低水平的飞行员培训而使其情况十分糟糕。20 世纪 30 年代中期的波利卡波夫 I–16，在对芬兰的作战中获得了广泛使用，还有就是"巴巴罗萨"行动的早期。该战斗机具有较为合理的武器配备，但是 1941 年的生产标准依然使其速度较慢。LaGG–1 与 LaGG–3 战斗机，在建造过程有着与众不同之处，即其是由木头制造的，从而使其做工粗糙，但是在战斗中依然显得速度很慢。

苏联的米格 –1 和米格 –3 型号战机在较高海拔处依然表现出极佳的性能（对米格 –1 的开放式驾驶员座舱而言，这是一场严峻的考验），但是它们在其他地方依然让人感到失望。后来，不同款式的雅克系列战斗机开始设计建造。这一系列在 1942 年开始于雅克 –7 型新设计，其在后来战争的过程中，开始获得了更进一步较为成功的发展。

在战争早期，日本陆军的战斗机展现出与海军零式战斗机不相上下的特性（零式战斗机在陆地上也有着广泛使用）。它们优良的机动性，使其在面对更早款式战斗机时体现出较大的优势，而那些旧款是盟军在 1941~1942 年专门为太平洋地区配备的。但是，重量较轻的弱点以及对飞行员与油箱的保护不足，也在后来日益升级的对战中更加被突显出来了。其中比较出名的类型包括中岛 Ki–43"奥斯卡"与 Ki–44"东条"。

☆ 双引擎类型 ☆

或许，性能较佳的唯一双引擎日间战斗机，便是洛克希德 P–38"闪电"战斗机，它是自 1941 年投入使用的。该款战斗机的速度和较好的射程范围，意味着其将在轰炸机护航任务中有更好的表现。其他类型，比如布里斯托尔"英俊战士"战斗机或梅塞施密特 110 型战机，都缺乏日间空战所必须的机动性，但是在其他功能上却有着不俗的表现。

德瓦蒂纳 D. 520 型战斗机

时速：535 千米

航程：1250 千米

引擎：喜士伯苏珊 12Y45 同轴发动机，910 马力

武装：1 门 20 毫米加农炮；4 挺 7.5 毫米机枪

空中的较量

一些理论家曾认为，空中对战是过去的事情，因为飞机的速度变得越来越快。相反，突发的空战及其延伸的空中战斗则在很多电影中上演过，而那些空中骄子即王牌飞行员则变成了人们仰慕的英雄。

在第二次世界大战期间，飞机自身的性能并不是空中对战是否胜利的唯一决定性因素。战斗机和轰炸机都开始有了更多的重型武器装备，而随着战争的推进，更好的战略也逐渐被发展起来并投入实战。

⊙这是一挺威格士 K 机枪，它是费尔雷战役中唯一被配备在战机上的防御武器。

☆ 机枪与重炮 ☆

在 1939 年中使用的多数空对空武器，都采用步枪口径（大约是 7.7 毫米）的机关枪。一些战斗机，比如意大利的 CR–42 战机，则只配备两架此种武器装备；而轰炸机，比如德国的亨克尔 111 型，可能也只有 3 架而已，并且需要手动射击操作。战斗经验不久之后便证实，这还远远不够。空战的速度与当敌方出现在瞄准器上稍纵即逝的短暂瞬间，都使更大的火力配备成为核心要素。

英国人早已认识到，要击落德国轰炸机，必须找到更好的武器装备。起初，喷火战机与飓风战机都会配备八架机枪，但是这也被证明是不够的，因为单单一个连射圈还是在火力上显得过于薄弱。

取代步枪口径武器的，是口径达到 13 毫米级别的重型机关枪，以及威力更大但是射击速度较慢的 20 毫米航炮，此外还有更大的重炮。战争后期的美国战斗机，通常都会承载 6~8 架 12.7 毫米口径的机枪，并发现这样才足以杀敌。德国人在面对无数架盟军重型轰炸机的时候，偏爱于重拳出击，其配备的武器包括 3 厘米口径的航炮以及高达 21 厘米无人控制的空对空火箭弹。

战争后期的轰炸机，比如 B–17G "飞行堡垒" 轰炸机，可能会搭载 13 挺 12.7 毫米口径的单发机枪，并设置在一群炮塔之中。即便如此，其威力依然不够，除非这些飞机与其飞行中队成员保持紧密的队形。B–29 "超级空中堡垒" 轰炸机索性向前更进一步，即使其所有炮塔都实现远距离遥控，而不再是挨个地手动操作。

⊙1941 年，架设在机身前端的 20 毫米口径加农炮正被安装到英国皇家空军的贝尔 P–39 "空中飞蛇" 战斗机上面。

☆ 战斗策略 ☆

在战争开始之时，英国的战斗机司令部对其所属战斗机空军中队做过密切指导，采取紧密编队及其他系列策略来袭击敌军的轰炸机。不久之后，这一策略被发现是非常危险的，而且不太实用。没过多久，所有空中力量都采用德国人发明的战斗方法，特别是他们在西班牙内战中采用过的那套战术，即双人编队与指尖（四指）编队。

⊙B-17战机上的球形炮塔炮手，都是体型较矮小的人，其中的原因非常明显。

基本的单位，由一名领航员和他的僚机驾驶员组成。他们保持着相对密切的关系，领航员负责做出战术决定和多数的攻击，而僚机驾驶员的主要任务就是确保后勤不出什么差错。两组如此的双人编队，便可组成英国皇家空军所谓的指尖（四指）编队。之所以如此称呼，是因为这一编队在飞行时会摆出松散的队形，在外形上好像是一只手伸展开来参差不齐的四指。

☆ 空军王牌飞行员 ☆

如在第一次世界大战中一样，所有国家的飞行员都会记录下自己"击落"的敌机数量，表现卓著的飞行员会被誉为"王牌飞行员"，或者用更加贴切的德文词汇来表达，即"飞行专家"。不同的空军部队，对评估空战胜败的具体方法是不一样的，比较现实的情况是，飞行员往往都会虚报自己击落的敌军战机，而实际上并没有那么多。这可能也是空战速度快且混乱的一种产物，故意的误导性虚报也是由此而生。但是，也有真实的情况，即对一些王牌飞行员捷报的审查，也有对其"分数"找到客观依据的。

到目前为止，分数最高的王牌飞行员，还是那些德国人。在所有这些人当中，分数最高的是一位名叫埃里希·哈特曼的德国人，一共击落过352架战机，而另外还有其他几十个人都号称自己曾经击落过上百架战机。这些较高的总体战绩，反映出这样的事实，即德国人不会将顶尖的飞行员排除出空战，因为空军部队才是他们最能发挥才能的地方。

⊙大卫·麦坎贝尔是战争中美国海军的顶级王牌飞行员，他曾经获得过34场战斗的胜利。

这些人在东部战线的早些年间也获得了不小的战绩，不过那里的敌军战机与飞行员都相对较弱一些。在东部战线的空战之中，有一个令人好奇的事情就是，其中不少优秀飞行员竟然是女性。虽然这只在苏联出现过，但是这些女性竟然也成了为数不多的王牌飞行员。

二战早期的中型轰炸机

不论是去援助地面攻击，还是去执行更远范围的战略攻击，战争早期的轰炸机都不遗余力地去争取在各个相互冲突的方面获得平衡，其中就包括飞行速度、载弹量、射程以及防御装备等。

对于一架飞机在什么时候会变成一架轰炸机，而不再是近距离援助或地面攻击的机器，并没有一个准确的定义。但是，本节所提及的"中型轰炸机"概念，指的是双引擎或三引擎的战机设计，其在当时被所有空中部队加以利用，从而执行部分或全部的远距离军事任务。

战争之前的空中部队，几乎都会认为，每一架都只搭载三架机关枪的轰炸机编队，完全可以进行对敌方战机的自我防御，然后在日间或夜间继续执行准确的军事目标打击。但实战经验证实，这些不真实的想法是不攻自破的，除非碰到极个别的情况。

☆ 闪电战时代 ☆

在战争爆发后的前几年，德国的空军部队看似拥有世界上最强大的轰炸机群，其中包括三种主要的类型。道尼尔 17 轰炸机和亨克尔 111 轰炸机，都是在西班牙内战期间首度投入使用的，当时，它们自身的速度与敌方的缺点，简直使其成为了不可战胜的神话。但是在不列颠之战中，这一点却没有得到验证。在不列颠之战中，它们较弱的防御装备及其普普通通的载弹量，被更加突显出来。第三种类型，就是稍晚出现的容克 88 中型轰炸机以及升级后的道尼尔 217 型，这两者都是更具战斗力的空中飞行器。

同时代的英国战机设计，也存在着自身的缺陷。比如说，布里斯托尔布伦海姆 IV 型就拥有最高达 428 千米 / 小时的速度，但却只能运载 455 千克的炸药。布伦海姆及其更大型的相同系列战机，都没有很好的防御能力，虽然其中更大一些的战机还包括英国在 20 世纪 30 年代中期的新产品，其拥有动力操作的炮塔。其中最不令人满意的，当属汉德利·佩季公司出产的汉普敦式中型轰炸机，其在早期的日间战斗中损失惨重，并且在夜间的战略轰炸中缺乏足够的射程。更大一些的阿姆斯特朗－威特伍斯公司出产的惠特利式重型轰炸机，则可以承载更多一些的载弹量（最高可达 3175 千克），但是到 1943 年末的时候，其不再被投入到最前线的战斗了。维克斯公司出产的威灵顿式重型轰炸机要更好一些，其采取非比寻常的网状内部结构，从而使其获得了巨大无比的战斗力，因为可以实现合理的载弹量与飞行速度。

⊙德国 Bf.109 战机低空飞过英吉利海峡，这种低空飞行可有效地避开英军雷达，从而提高轰炸效率和生存概率。

虽然在 1939~1940 年间遭遇败仗，但盟军一方不同的空军部队都拥有具备某种潜力的战斗机，只是这些战机在数量上无法满足战斗需要而已。波兰航空工厂生产的 P-37 轰炸机飞行速度相当了得，并且实现了射程与载弹量的完美结合，但是在服役中，为数不多的该类战机很快

道格拉斯 A-20B "浩劫" 夜间轰炸机

于 1940 年首次由法国人投入使用的 "浩劫" 夜间轰炸机，后来在英国皇家空军和美国陆军航空队中效力，主要承担突袭与夜间战斗的任务。总算起来，到 1944 年，大约有 9500 架该类战机被生产制造出来。后来的 A-20G 改进版，也具有相当厚实的武器装备。

时速： 570 千米
航程： 1770 千米
引擎： 2 台 1600 马力的莱特 R-2600 飓风系列星型发动机
武装： 3 挺 12.7 毫米机枪；1 挺 7.62 毫米机枪

就因对方处于压倒性的优势而被摧毁了。法国的法尔芒 F223 战机与卢瓦尔奥利维尔 45 战机，都有着令人啧舌的不俗性能，并且在 1940 年的战斗中顽强作战。

不同的美国战机设计，也在 1941 年 12 月之前与英国或法国部队一起并肩作战过。其中最重要的，就是道格拉斯 A-20 战机，其另外的名称是波士顿战机或夜间轰击机，并且破例地在苏联军队中也有着相当的数量。

☆ 地中海 ☆

1940 年，在意大利军中服役的战机类型，基本上与之前曾经在埃塞俄比亚和西班牙战争中使用的那些毫无差别。它们在当时具有良好的性能质量，但是意大利却在缺乏资源开发出替代产品的同时，参加了这些战斗。三引擎的萨伏亚 - 马尔歇蒂 79 式 "食雀鹰" 中型轰炸机以及菲亚特 BR20 "鹳" 中型轰炸机都属于此种类型，不过 CANT Z1007 "翠鸟" 轰炸机在性能上更佳。

很多的美国战机，也出现在英国于地中海地区的军队之中，其中最出名的是马丁 A-22 马里兰型轰炸机及其后来的改进系列，即 A-30 巴尔的摩型轰炸机。但是在美国陆军航空队，这两种机型从未被投入过实战。

☆ 远东地区 ☆

日本的陆军与海军，都拥有以陆地为根据地的轰炸机。这些机型在 20 世纪 30 年代的中国战区打了不少胜仗，并在太平洋战争的较早阶段继续投入使用，但却被证实无法抵抗住盟军战斗机的炮火。这些旧式的类型包括三菱 Ki-30 "安" 轻型轰炸机与川崎 Ki-32 "玛丽" 轻型轰炸机。

三菱 Ki-21 "萨利"，是 20 世纪 30 年代后期的陆军设计机型，其在各方面都可以与西方的同时代机型相媲美，其后来的版本更被改进了防御装备。海军部的三菱 G3M "内尔" 与 G4M "贝蒂"，都有着较远的射程，但是 G4M 机型在防御上显得特别薄弱。

大西洋战争 1939~1941 年

从战争爆发的第一天开始，一直到战争的最后一刻，U 艇和盟军的反潜艇部队一直在海上较量。大西洋战争是第二次世界大战中最漫长的一场战争，如果希特勒赢得了该场战争的胜利，那么他差不多就可以确定无疑地赢得第二次世界大战的全面胜利。

⊙冈瑟·普里恩是 1940~1941 年间顶级 U 艇指挥官之一。1939 年，他曾经击沉了英国皇家海军的"皇家橡树"号战舰。

英国的大部分粮食都是靠进口，还有其全部的石油以及很多其他对战争而言至关重要的物品都是如此。此外，英国军队及其所需要的物资供应，必须通过海运完成运输，假若英国要与其敌军展开战斗的话。由于这种运输方式只能选择海运并从英国的港口出发，因此大西洋自然变成了争夺的重点。

☆ 德国的威胁 ☆

1939 年，德国的海军还处于准备不足的状态，其只有几艘威力强大的水面舰艇和一小支潜艇支队。从 1941 年春天开始，德国 U 艇的战斗力才有了巨大的提升。在战争开始的前一两年之中，德国 1/3 的鱼雷都没有顺利爆炸，这显然使很多次袭击任务失败了。

在吸取第一次世界大战经验教训的基础上，英国早已设计了一种护航制度，从而保护其商人，但在刚开始时并没有多少艘护航的舰船，并且只是在不列颠群岛几百千米的航程范围内执行护航任务。虽然这些护航舰确实配备有潜艇探测器（即后来所谓的声波定位仪）来探测在水中潜伏的潜艇，但刚开始并没有专门用来实现护航保护目的的雷达或其他有效策略。英国有几架飞机是专门用来执行海上任务的，一直到战争爆发很多个月之后这些飞机依然并没有配备雷达设备，从而也无法在海面上发现任何一艘潜艇，也没有任何武器能够给潜伏在水中的德国 U 艇以打击，因此，德国水师与 U 艇力量一直到 1940 年 6 月均大获全胜。

⊙在遭到英国反潜机的重创后，德国的 U-570 号舰艇被迫停泊在英国的一个港口。

☆ "欢乐时光" ☆

1940 年，法国的沦陷给战局带来了极大的转变。在投降的数小时内，德军 U 艇舰队的统帅卡尔·邓尼茨海军上将，便将战备演习推进到法国的大西洋港口，这要比德国之前的基地多出了更近的几百千米护航线路。U 艇船员所谓的"欢乐时光"马上就要开始了。一直到 1941 年春天的时候，一系列 U 艇的指挥官开始被誉为"王牌驾驶员"，因为德军在击沉一艘艘敌方战舰的时候，自己几乎是毫发无伤的。

那时候使用所谓的"狼群战术"，其中的第一艘舰船会观望一支护航队，会给U艇指挥中心发送信号，然后由U艇指挥中心安排一群舰队进入攻击阵势。接着，在夜间的时候，U艇会浮到水面，就位于护航队的舰船之中。由于没有雷达设备，因此几乎不可能探测到

⊙德军U型潜艇。二战期间，德国潜艇时常潜行在苏格兰和加拿大的海上航道之间，伏击来往的舰船。

一艘潜于水下的U艇。U艇可能会用鱼雷攻击敌方舰船，然后消失于黑夜之中。在这个时期，德国人还在密码破解的竞争中占尽上风，他们自己的情报依然安全无误，但是很多英国的情报却泄露了护航线路。

到1941年春天，盟军的局势有所好转。英国开始破解U艇的密码，护航战舰在数量上也有所上升。支援飞机的护卫队及其船员，开始配备有效的雷达设备。而美国也开始扮演更加积极主动的角色，虽然在表面上依然保持中立的态度。

1941年4月，罗斯福总统将泛美中立区予以扩大，并在7月的时候，下令美国海军陆战队占领了冰岛，在其间航行过的任何国家的轮船，都会得到美国海军的保护。到1941年秋，美国人在不列颠附近的战场上硕果累累，并组建起更加庞大的皇家加拿大海军。虽然在1941年下半年的时候，盟军船只的损失得以急剧下降，但是其中的明争暗斗显然并不会轻易结束。

水面袭击舰

德国海军也使用战舰和伪装起来的带武器商船，来袭击盟军的贸易线路。但德国的三艘"袖珍战舰"在总体上并没有实现各自的成功航行，其中之一的"格拉夫·斯佩海军上将"号就是在1939年12月被击沉的。1941年初，更具威力的"沙恩霍斯特"号与"格奈森瑙"号实现了更加物有所值的突击行动。1941年5月21日，规模更大的"俾斯麦"号，击沉了英国皇家海军的"胡德"号，但其自身却在三天之后被穷追直至被俘获。在1940~1941年间，还有七艘伪装起来的偷袭舰艇发起了好几次航行任务，其在实战中极难被探测到行踪，而且在太平洋、印度洋以及南大西洋战争的持久战期间，都获得了相当大的战斗胜利。

⊙一支组织有序的护航编队，可以从一架美国巡逻飞机的俯瞰视野中清晰可见，其在不久之前刚刚离港。

反潜护航舰队

专门为执行反潜任务而设计的战舰，并不需要有多大或有多快，也不需要搭载很多的武器装备。英国和美国，建造了数百艘结实耐用的小型舰船，其可以让敌军的潜艇部队付出极大的代价。

在所有国家的海军当中，主要的反潜艇舰船通常是驱逐舰。但是，这些驱逐舰造价昂贵，并且在设计上强调速度和反舰船的武器配备，而不是耐用性和反潜艇武器。在第二次世界大战中，庞大数量的小型且通常时速较慢的轮船被建造起来，其在设计和配备上主要或专门会考虑到其反潜艇的功能。

☆ 日本的落伍 ☆

在这一方面，主要的实施者们都是英国人或美国人（他们会给其他盟军海军提供舰船和设计，不过有时候也会互相使用对方的设计）。其他肩负起大型远洋航行任务的海军，如日本海军，则显然在这次较量中遭遇失败，特别是在护卫商船的安全方面。这个问题的原因有两个：第一，不论在战争发生前还是战争发生期间，日本的注意力都集中在针对敌方战舰的进攻操作方面；第二，他们在开发雷达系统和声呐设备方面投入甚少，而这却是反潜艇战争之中的核心要素。一些日本的护卫队，一直到1942年年末的时候，都还没有配备水下传感设备。而就在该年，日本海军刚下订单购买了8艘护卫舰。与此相比，英国皇家海军则建造了大约600艘护卫舰，其类型也是战争过程中的主流产品，而美国海军也生产了更多的护卫舰。

较为重要的英国护卫舰类型包括："黑天鹅"护卫艇、"狩猎"级护航驱逐舰、"湖"级和"河"级护卫舰以及"花"级与"城堡"级轻巡洋舰。"狩猎"级与"黑天鹅"级，都是根据标准的海军要求建造的，因此当然是规模更小、时速更慢的驱逐舰。"狩猎"级（共建造86艘）的排水量略微超过1000吨的标准，时速可达27节，并配有4或6

英国皇家海军"法达湖"号

1944年4月，在即将执行任务之时，英国皇家海军的"法达湖"号是28艘"湖"级护卫舰中第一个出发的。这种设计是对之前"河"级护卫舰的改进，但是其拥有表现更好的反潜艇武器与传感器。

服役：1944年
排水量：1400吨
舰员：114
时速：20节
武装：1门102毫米高炮；2门"乌贼"型反潜艇迫击炮；
1套深水炸弹发射器

门 102 毫米的火炮；其中一些还搭载 3 个鱼雷发射管。数量更少的"黑天鹅"级轮船也被建造出来，其在规模尺寸与武器装备上均类似，但是在最高时速上略慢一些（20 节），但其换来的则是更好的耐用性。

⊙美国军舰"英格兰"号在 1944 年初拥有令人啧啧称奇的战斗胜率。

其他的护卫舰级别，并不单纯继承了海军的传统，而是在设计上更加适合毫无经验的船厂来建造，并且使用商船的发动机。此外，"花"级是所有护卫舰之中数量最多的级别（共建造 267 艘），拥有船体线型，并基于平民用的捕鲸船设计。

"花"级护卫舰，只有一架 102 毫米口径的火炮，其并没有较好的反潜艇武器和传感器。缺点在于，它们的速度很慢（浮在水面的 U 艇只要达到 16 节的速度便可超过它们），而且在恶劣的天气中会让船员感觉不适，而北大西洋的冬天经常会出现恶劣天气。下一代数量较多的类型，即"河"级护卫舰，在规模和性能上非常接近"黑天鹅"型，但却适合在普通船厂中建造。美国海军的"塔科玛"级，也与其十分类似。

☆ 美国海军的类型 ☆

美国在护卫舰方面的生产，数量相当庞大。一共有着 6 个级别的驱逐护卫舰，总共建造了 400 艘，其与英国的"狩猎"级有着类似的规模与性能表现。在这些之中，自 1943 年 4 月以来一直服役于美国海军且数量最多的是"巴克利"级护航驱逐舰。这种类型的舰艇中，"英格兰"号曾经取得击沉 6 艘日本潜艇的前无古人的赫赫战绩，时间是在 1944 年 5 月。

其他美国护卫舰还包括了一大群规模更小一些的类型，通常都被描述为潜艇驱逐舰。这些之中的很多都服役于美国海岸警卫队，虽然规模较小，但它们也在战争过程中击沉过 60 艘潜艇。

英国皇家海军"金银花"号

英国皇家海军"金银花"号，是在克莱德建造的"花"级轻巡洋舰。如右图所示，"金银花"号正于 1945 年与北极护航队一起出现在科拉水湾，并停靠在护卫航空母舰英国皇家海军"小号手"号旁边。

服役：1940 年
排水量：925 吨
舰员：85
时速：16 节
武装：1 门 102 毫米高炮；2 套深水炸弹发射器

地中海战场　1940~1941 年

英军在敦刻尔克被赶出欧洲大陆之后，英国将精力集中在地中海地区，并在战争初期不断攻击轴心同盟的意大利。1940 年 6 月，墨索里尼的宣战在不久之后看似是不明智的。

1940年 6 月，由于法国即将面临崩溃战败的边缘，墨索里尼终于向盟军宣战，并决定不放过任何一份应得的战利品。1939 年春天，意大利在不费一兵一卒的条件下吞并了阿尔巴尼亚（阿尔巴尼亚曾经被英国视为当时依然尚在实施之中的绥靖政策的一部分）。

⊙意大利菲亚特 G.55 人马座战斗机。作为轴心国集团的主要成员之一，意大利在德国兵力不足的时候"慷慨解囊"，甚至出人出力出装备。

接着，在 1940 年的夏天，墨索里尼向希腊挑起了事端，而后者曾经一直试图停留在战争之外。10 月 28 日，意大利军队从阿尔巴尼亚出发，跨越了边境线，但是他们向希腊的推进在不久之后便遭到搁浅，并被希腊军队打了回去。截至 1941 年 3 月，阿尔巴尼亚的一半地区都处于了希腊的控制之中。

意大利也在北非地区拥有庞大的驻军，主要在其殖民地利比亚，此外还有在东非地区的意属索马里和埃塞俄比亚。1940 年 8 月，来自埃塞俄比亚的意大利军队占领了英国和法国共有的索马里。接着，在 9 月的时候，意大利的第十军从利比亚出发，推进到埃及地区，但是其也遭到阻挡，并在推进一小段距离之后寸步难移。

在所有这些战斗之中，意大利军队的不堪一击简直是不言自明的。整支部队在总体上并没受过良好的训练，在领导上也有失误，并且也没什么斗志。其在陆地、海上以及空中的设备，都存在很多缺陷与不足，其坦克部队也是相当脆弱，双翼飞机也早已过时，海军炮弹在射击上又不甚准确，等等。

☆ 意大利的溃败 ☆

意大利最令人瞩目的大败仗，发生在北非的沙漠地区。截至 1940 年 12 月，英国在埃及的兵力已经准备对意大利的推进行动做出回应。在两个月之内，意大利的第十军被驱赶回阿尔－阿格海拉，并付出了 13 万名战俘的巨大代价，而英国方面只牺牲了550 人。但是，英国的局势变得更加没有安全感：其部队早已撤回到东非地区；其他方面则在不久之后前往希腊地区。

☆ 击败隆美尔 ☆

在因为其盟友意大利战斗失利而遭致尴尬境地之后，希特勒于 1941 年 2 月派遣了一位野心勃勃的年轻将军，名叫埃尔温·隆美尔，前往利比亚地区，并带领一支小规模部队去堵截英军的进一步推进。

隆美尔亲眼目睹了英军前线早已变得如何不堪一击，因此在 3 月末的时候发起了进攻。在一个月之内，英军被一路追赶，并一直驱赶回埃及原地，而其破旧的坦克很容易便被德国的高级装备击溃。英国发动的两次小规模进攻，分别是在 4 月末与 6 月份，也以失败而告

⊙受损的意大利战舰停泊在塔兰托港口，图中的画面是在发动进攻之后由英方拍摄的一张相片。

终，这再度验证了德方更胜一筹的战斗能力。

对盟军一方而言，所幸的是，在他们发动的战斗中，有一场战役取得了伟大的胜利。在 1941 年 1 月至 2 月期间，早已驻扎在苏丹和肯尼亚地区的英国、印度以及非洲部队，继续向埃塞俄比亚和意属索马里发起进攻。意大利部队的多数，都在 5 月时被击败。不过，其最后的投降一直到 11 月才最终实现。

在海上，英国的士气也得到了提升，因为在与强大的意大利舰队的交战中，英方也大有斩获。早期的遭遇战都发生在英国那边。1940 年 11 月 11 日，一场由位于意大利在塔兰托基地之航空母舰战机所发动的夜间空袭，严重挫败了三艘英国战舰。英国位于马耳他根据地的部队，接着就可以进一步向意大利与北非之间的物资供应线路发起频频进攻，这在很大程度上要归功于英国人在沙漠地区的胜利。

1941 年 3 月，马塔潘角海战再度证实了意大利舰队的不堪一击。三艘意大利的重型巡洋舰被擒获，并在试图逃脱海军上将安德鲁·坎宁安爵士那支地中海舰队的时候，沉船殒命。虽然英国海军的实力在接下来的数月之中有了急剧的下滑，但是意大利人已不可能在海上制造大麻烦了。

⊙1940 年 12 月，英国在利比亚地区擒获了意大利几万士兵中的多半部分。

巴尔干与北非战场 1941~1942 年

1941 年，希特勒在巴尔干半岛地区建立了一个看上去像一个安全控制区的军事地区，从而保护其南部的侧面不会遭到苏联方的偷袭。在北非战场的形势转变，使英方重新在 1942 年年中的时候在埃及进行了誓死的抵抗。

希特勒在 1941 年的主要计划，就是向苏联发动进攻，但是他也希望能够确保德国对于南欧地区的控制大权。1940 年至 1941 年冬天，匈牙利、罗马尼亚和保加利亚等国都在实际上与德国结成联盟。但是，希腊却在与意大利的交战中逐渐占据上风，并开始获得英国方面越来越多的援助。这给英国在希腊根据地的空军带来了一丝希望，并且在打击范围上也相对较为容易，而罗马尼亚的油田在当时是德国的主要依赖。

自 1940 年末开始，德国人只好准备一场针对希腊的战争。在 1941 年 3 月末，当南斯拉夫政府在多重压力之下，似乎要准备加入德国的集团组织时，一场军事政变彻底使局势发生逆转，暴怒的希特勒立即下令发动对南斯拉夫的进攻。

⊙ 1941 年 4 月，对南斯拉夫的入侵快速而顺利，德国部队很快便进入南斯拉夫北部地区。

无论在空中，还是在地面，德国人都为他们的进攻布置下几乎不可阻挡的兵力。对南斯拉夫的打击，在 4 月 6 日的贝尔格莱德呼啸空袭声中揭幕。而全面的陆上进攻则从罗马尼亚发起，时间是 8 日当天，在接下来的几天中，来自于匈牙利和奥地利两国的集中进攻也加入到其中。没有发起多少抵抗，南斯拉夫很快被迫同意于 17 日达成停火协议。德国方面在这场战事中的伤亡人数，都没有超过 200 人。

截至 1941 年 4 月 6 日，英国的战斗师与支援部队早已被派往希腊地区，这便使北非地区的英国兵力遭到严重削弱。但是，由于多半希腊军队已经投入到阿尔巴尼亚的前线，而剩余力量相当薄弱，所以不太可能组成联军而对德国人形成长期的抵抗。截至 4 月末，希腊大部都已经被侵占。这次运动的最后一项行动，便是德国空军于 5 月 20 日 ~31 日对克里特岛的占领。

⊙ 盟军战机在执行战斗任务间隙。相对于德军补给的严重不足，盟军的补给则要好得多。

☆ 沙漠战争 ☆

⊙1941 年，在北非围攻战期间，澳大利亚士兵组成了托布鲁克要塞的绝大部分兵力。

1941 年上半年，在多次战败之后，英国驻扎于北非地区的部队一直到 11 月，才开始准备好新的进攻。他们开始了横跨国境线的推进，并于 18 日从埃及进入利比亚地区。

在接下来的三个多星期内，一系列令人困惑不已的战略调动与坦克战接连发生了。盟军在数量上的优势，由于指挥失当而遭到削弱，但是疲惫不堪的德国军队及其意大利友军最终不得不撤退。跟以前一样，这意味着放弃所有通往苏尔特湾阿尔－阿格海拉地区的线路，而隆美尔就是在 12 月底抵达那里的。

但是，战争的天平不会轻易偏向任何一方。德国在地中海战场的空军实力又一次开始增强，而英国的海军实力则到达低谷，同时，隆美尔的物资供应很快得到了改善。在陆上，多半英国兵力被分散开来，而其原本应该运往北非战场的资源和部队，却被派去抵抗日本在太平洋战场中的进攻。在一个月不到的时间内，在隆美尔结束其撤退之后，他又再度发起了进攻。

☆ 德国的新推进计划 ☆

在第一阶段，即以 1942 年 2 月初为终结点的阶段，英军被迫退出了他们刚刚占领不久的多数阵地。接着，在一场开始于 5 月 26 日并维持了三周的战役中，英国人在所谓的甘扎拉防线上的防御完全被摧毁，虽然其由精良的兵力把守着。托布鲁克曾经在隆美尔的第一次进攻之后从长期的围攻战中幸存下来，但这一次却很快被占领，因为良好的物资供应帮助隆美尔的"非洲军团"顺利突破了埃及地区。在一次杂乱无章、惊慌失措的撤逃之后，英军在一个无名的铁路站稍作停顿，那个地方就是阿拉曼地区，时间是 7 月初。隆美尔最后丧心病狂地发动进攻，在阿拉曼的第一场战役以双方都付出很大代价而暂时告一段落。现在，双方都需要驻扎下来重整一下自己精疲力竭的军队。

埃尔温·隆美尔

陆军元帅隆美尔（1891~1944），在 1941~1942 年间，变成了北非战场著名的德国指挥官。隆美尔最初的成名，是其在 1940 年被授予一支坦克装甲师指挥官的头衔。1941 年，他受命统领德国人在非洲的部队。他在之后展现出相当不俗的军事才能，但到 1942 年夏季晚期被盟军击败。1944 年，他指挥了阻止盟军诺曼底登陆的战斗，但在不久之后的一次盟军空袭中受伤。在 1944 年末，他被迫自杀，因为他被牵涉到针对希特勒的"炸弹刺杀计划"之中。

⊙1941 年，隆美尔（最近的一位）与意大利在北非战场的指挥官伊塔洛·加里波第元帅（中）在一起。

鱼雷艇与袖珍潜艇

这两种战舰分别是服役于任何海军之中最快与最慢的两种类型，但它们都有一个共同的性能：都能击沉敌军任何规模大小的舰船。

袖珍潜艇的受害者，包括太平洋战场与欧洲战场之中的数种战舰与巡洋舰。鱼雷艇也摧毁过很多的巡洋舰与小型战舰，更重要的是，在所有战争中针对不同种类的运输船的战斗里，其都取得过无数胜利。

☆ 鱼雷艇 ☆

鱼雷艇的长度从24米至34米不等，曾经在第二次世界大战期间服役，主要用来搭载一对鱼雷发射器及一系列20毫米口径或类似的机枪及其他轻型武器，可以达到40多节的最高速度。多数海军战舰主要使用汽油发动机，但是德军却独树一帜地使用柴油发动机。德国人还与众不同地设计出一种船体线型，而多数其他鱼雷艇则都跟风一种平底的风格设计。

德国的鱼雷艇，称为"快艇"，它们的船体外形在更加恶劣的条件中被证实具有更佳实力，而这是鱼雷艇经常会遇到的一个问题。它们的柴油发动机也没有什么噪音，因为其可以将废气排放到水底下，并且在任何情况下都不会意外起火，即便是在战斗中遭到破坏亦是如此，这是汽油发动机所不能比拟的。还有其他不同类型，全部都要比多数的盟军设计显得更大些，并且在战争后期配备了一架双2厘米与另一架单3.7厘米机枪，此外还有一些机枪和标准的一对鱼雷。

美国的同等武器（也在英国得到了广泛使用），即"鱼雷巡逻艇"（简称"PT"），主要来自于希金斯与爱尔科公司。

在数种稍有不同的爱尔科公司舰艇之中，最常见的是24.4米长，搭载4个鱼雷发射器、一架20毫米或40毫米步枪与无数架机枪的型号。希金斯公司的的舰艇，在长度上稍短一些，并且在速度上也慢一点，但却是适合海上航行的舰艇。它们最伟大的优点并不在于对大型战舰的猛烈攻击，而是在针对日本物资运输船与太平洋

美国 PT-174 鱼雷艇

如下图所示，一艘PT-174型鱼雷艇于1944年1月离开伦多瓦岛。自1943年年中一直到战争结束，PT-174型鱼雷快艇一直服役于太平洋战场。PT-174型鱼雷快艇是爱尔科公司生产的，一共建造了326艘。这些木质轮船的排水量是56吨，可以在服役期间搭载不同的武器。

长度：24.4米
时速：41节
引擎：3台1500马力的帕卡德4M-2500型发动机
武装：1门40毫米口径的火炮；4挺12.7毫米口径机枪；4枚533毫米鱼雷

⊙在诺曼底，英国的机动鱼雷艇在海峡中巡逻。

⊙一艘日本袖珍潜艇，开到了太平洋西南部的一处沙滩搁浅地。

浅岛中类似舰艇时，所展现出的灵活优势。在那些地方，更大型的盟军轮船根本进不去。

☆ 袖珍潜艇 ☆

英国、德国、意大利和日本，都是袖珍潜艇的主要使用者。意大利和英国曾经成功使用过"人体鱼雷"，即让"蛙人"骑上鱼雷似的小艇，然后缓慢接近一个敌军的抛锚地点，从而将炸药系在目标物之上。英国还额外拥有一种X侏儒潜艇（X-craft），其外形更像小型的传统潜艇，并搭载着大量的炸药，足以放置到抛锚敌军战舰的底下。德军战舰"提尔皮茨"号，于1943年在阿尔滕峡湾的一次类似攻击中便遭到了这种侏儒潜艇的轰炸。

其他袖珍潜艇完全依赖于火力威猛的鱼雷。其中最小的，是德国的"貂"型和"黑人"型，其实际上属于有人操作的鱼雷，并且还有悬挂于底部的武器装备。更大一些的，是"海狗"型，这是一种双人驾驶轮船，其有着两颗悬吊的鱼雷。这些以及其他几种德国类型，也有着小规模的数量，并且也获得过零星的战斗胜利。

1941年，日本有40多架袖珍潜艇，其中就有甲标的特战潜艇。它们大约24米长，并搭载有两颗鱼雷。它们在珍珠港不太成功的攻击中使用过，并且还在澳大利亚的悉尼投入使用过。但是，它们确实给破旧的英国战舰"拉米利斯"号造成过损伤，那是在马达加斯加的一处港口。它们会被更大的潜艇（"母舰"）运载到所有这些目标物的近距离处。

☆ 自杀式武器 ☆

日本建造过无数的自杀式水面与水下潜艇。超过6000艘"神鹰"号摩托艇被建造完成，并投入针对不同美国军队的战斗之中。但是，这些小型的舰艇依然没什么用，其中很多都被鱼雷巡逻艇追击并击沉。能够投入使用的唯一一种潜艇武器，当属"回天"，其是一种"长矛"型鱼雷弹，在经过改进之后可以由一名船员来控制，并可以从一艘更大型潜艇发射出来。这种武器制造了好几百只，但战绩平平。

"海狗"型 XVIIB 潜艇

"海狗"型是德国方面最成功的潜艇。大约有138艘于1944~1945年投入使用。它们应该击沉过9艘轮船，但自己却损失了35艘。它们体积较小的好处，就是在面对深水炸弹的时候，可以只是被掀翻，而不会遭受实际的损害。

排水量：17吨
乘员：2名
时速：7节
引擎：60马力柴油发动机，电子发动机
武装：2枚533毫米鱼雷（在外部携带）

美国的"租借法案"

在希特勒攻击波兰的两年时间内，美国方面一直保持中立的态度，不过，其一直以来都在给英国和其他盟军国家提供越来越多的援助。即便如此，希特勒依然作出了宣战的决定，从而确定美国是否会跟德国正面作战。

⊙先锋飞行员查尔斯·林德伯格，是孤立主义"美洲优先"运动的领导者之一。

自第一次世界大战结束之后，美国曾经回归到其传统的外交政策，即退出海外冲突，并且保持适度从紧的军事计划。截至 1939 年 9 月，这一"孤立主义"得到了严格中立法案的支持，从而防止美国政府或私人组织向战争中的任何国家销售武器或者提供贷款。多数美国人都对德国发动战争的行径表示谴责，并希望英国和法国能够赢得这场战争，但是他们却非常清楚，美国只会袖手旁观的。

在罗斯福总统当政期间，美国社会发生了一些不同的变化。美国人都认识到纳粹政权的邪恶本质，还有日本军国主义的本性，还有就是，它们最终还是会给美国利益构成实际的威胁。但罗斯福不希望战争，因此他的政策是帮助欧洲盟军，保持在"战争以外的其他所有方式"框架之内。同时要对日本人持足够强硬的态度，但是又不希望激怒他们来进攻美国。这一政策的细节，随着时间的推移发生了一些变化，但是其总体原则却一直维持到 1941 年 12 月。

☆ 并非完全中立 ☆

第一步发生在 1939 年 11 月，当时的"现款现运"法案被顺利通过。参战的国家用现金（而不是信贷）购买了美国的武器装备，条件是他们用自己的船只将其运送回国。地理上的现实与英国较强的海军实力，意味着这将有利于盟军方面，而这原本就是初衷所在。

⊙这是 1940 年 9 月英国获赠美国的旧海军舰船，英国将用这些驱逐舰来抵抗德国 U 艇的威胁。

⊙罗斯福将一些优秀共和党人纳入他的内阁，其中包括法兰克·诺克斯，图中他正宣誓成为海军部长。

⊙1940 年 10 月，美国的男性公民根据最新《选征兵役制法》的规定，在征兵处进行登记。

这足以确保英法联军胜利的希望，在 1940 年 6 月法国投降后破灭了。美国的重整军备方案立即被提上议程，尤其是在 7 月两大洋海军法案签署以后，这使美国海军部队有了大幅度的扩增。这一法案的目的，依然是防备德国的威胁，但是其也使日本人忧心忡忡。要建造起那些轮船，大概要花几年的时间才行，如果真的到了那个时侯，日本人恐怕无法与之匹敌，除非他们先发制人、先下手为强。

接下来，在 1940 年秋，美国政府出台了《选征兵役制法》，从而第一次在美国历史上建立了征兵制度，但当时它还尚未参战。

☆ 租借法案 ☆

罗斯福继续帮助英国，不过这也会带来一些危险。向英国派送武器装备，可能意味着希特勒一旦打赢战争就可以免费加以使用。但是，那时候又出现了一个新问题，即英国的现钞马上就要用光了，那么极可能根本无法继续维持战斗，更不要说对美国商品的支付能力了。解决的答案就是"租借法案"，并自 1941 年 3 月开始实施。英国，以及包括苏联在内的后来的其他盟国，都会得到美国派送来的大量武器与其他商品的供应。生产成本都是让美国人先垫付，但前提是这些东西在战争结束之后需要被买单或者归还。

罗斯福也清楚地知道，光给英国生产武器是不够的，因为德国人会在它们途经大西洋的过程中将其击沉。因此，在 1941 年，美国海军在大西洋反对德国 U 艇的战斗中扮演起积极主动的角色。但是，这一行动究竟会延伸到何等程度，对美国人民来说并无法清楚知晓。到秋天的时候，美国在西大西洋的战舰，与英国人和加拿大人的一样，都在做着同样的事情。虽然同样清楚的是，美国人依然希望能够避开战争。1941 年 8 月，《选征兵役制法》在美国国会的一次投票之中被简单地重新续展了一下。

在经过所有这些之后，希特勒开始警惕起来了，但他还是满足于与其现有敌人之间的作战。不可思议的是，在珍珠港偷袭事件发生四天之后，他竟然改变主意并向美国宣战，而这个决定使其政权遭致了最后失败的厄运，它与等待日本的那个命运一样无法更改。

富兰克林·D.罗斯福

自 1933 年直至最后逝世，罗斯福（1882~1945）一直担任着美国总统。当丘吉尔的战争领导才能几乎得到全世界人的崇拜时，罗斯福却一直是备受争议的焦点人物。虽然他并非好战者，但是他清楚地认识到德国和日本所构成的威胁，并一直致力于对这两国的遏制。但是，他的反对派则说，他欺骗了美国人民，因为他并没有让美国人民知道他究竟已经走了多远。他还曾遭到这样的批评，说他在处理与斯大林的关系时显得幼稚无知，还有就是与中国国民党的关系问题。在另一方面，他的宏图大略在租借政策中体现得淋漓尽致，如果没有这一政策，那么英国及其他盟军，几乎不可能将抗战持续下去。

⊙ 罗斯福正在进行他非常著名的"炉边谈话"广播节目。

纳粹在占领区的统治

在纳粹占领之下的国家，老百姓的生活处于极端的水深火热中。饥荒配比、奴隶劳役以及其他残酷政策，是司空见惯的日常现实，这在所有占领国家和地区都是如此，只不过犹太人和反抗者过着更糟的生活而已。

种族主义，是德国在欧洲统治的全部基础。任何要做的事情，都要在同时符合德国及其人民的利益的条件下进行组织，而其中"人民"的定义，则是由希特勒及其纳粹党来设定的。在这个系统之内，依然有着各种不同的级别层次。在其金字塔的顶层附近，是那些类似荷兰人或挪威人的民族，他们当然被视为二等公民，但是却能够得到某种尊重，而在金字塔底层附近的，是那些斯拉夫民族，他们的生命被认为是毫无价值的，即使有时候他们的劳动依然值得肯定。犹太人则被视为所有民族之中最为低劣的。

⊙来自罗马尼亚比萨拉比亚地区的德侨，正在赶往德国的再安置居住地区。

对被征服领土的统治方式，自然会在这个等级制度之下存在一定的变化。在波兰或者乌克兰，纳粹党的残酷性在纳粹党卫军的组织和领导之下，显得十分公开和极端。在另一些地方，如在那些诸如挪威的国家，那里的当地纳粹党支持者可以在政府中拥有发言权。最后，还有一些类似法国的国家，至少在政府层面并没有与德国为敌，因此获得了控制全国或国家某个部分的权力。

但是，贝当·维希政权的"独立"，是在付出极大代价的基础上获得的。超过一半以上的政府税收，都要用来支付德国占领部队的成本费用，而法国工业产值的一半左右，都被收入德国人的口袋中。

食物配比也很严厉，官方的规定是每天不足 1200 卡路里，而很多最为穷困的人甚至都达不到这个水平。很多食物辗转流入到居高不下的黑市。其他西欧国家的经历，与这些都十分类似。

⊙一位德国军官和一名英国警察在海峡群岛相遇，那个地方是唯一被英国占领的地区。

☆ 强制劳役 ☆

随着战争的进行，德国变得越来越依赖于外国劳动力，否则就无法维持其经济的正常运转。这涉及到大约 150 万战争因犯，而到 1943~1944 年，大约有 500 万人被迫在德国进行强制劳役，并且其中很多都被当做奴隶

海因里希·希姆莱

希姆莱（1900～1945），是从 1929 年直至希特勒政权灭亡期间，德国纳粹党卫军的头目。是他一手建立了纳粹党卫军。党卫军原本只是一个相对较小的纳粹党组织，后来却发展成国家级别的一支队伍。希姆莱负责德国的全部政策以及安全机器，特别是武装党卫队或武装党卫军。虽然他个人专门负责过无数次骇人听闻的残酷事件，但他同时又相当羞怯。在战争结束之时，他被英国部队擒获，当时他伪装成一名步兵战士，但被识破了。

⊙党卫军全国领袖海因里希·希姆莱在阅兵。

来对待。在战争的后期，德国大约有四分之一的劳动力都是由外国人组成的。

这个过程开始于 1939～1940 年的过渡时期，当时很多波兰人被带到了德国，并成为农场劳动力。后来，在东欧地区，男人、女人以及很多年幼的孩子，都被集拢起来，然后被派送到德国需要的地方。在维希政府的法国，男人被征募去服国家的各种劳役，但却是德国人的劳动力。

☆ 德侨 ☆

德国人的后裔（对纳粹党人而言就是德侨）居住在东欧的很多地方，纳粹统治最为极端怪异的方面之一，就是将这些人再同化为德国人的计划。几十万人被带回到德意志帝国境内。其中很多是从他们原本在波罗的海国家的老家那里被运送过来的，或者来自于苏联西部地区，这些人原本要被重新安置居住在占领区之内，从而使那里彻底变成德国的领土。在战争结束后，多数人最终沦为数以百万计的无家可归者中的一员，并在中欧地区游荡。

或许，这一政策最丧心病狂的一面，当属"生命之源"计划。作为这一计划的目标之一，便是提升德国的民族，纳粹党卫军代表会在占领区中游历，以找出"具种族价值的"孩子，强迫他们让德国人领养。据说，大约有 30 万名儿童在这个计划中被从自己的家庭诱拐，而其中 80% 的人再没有重返家园。

⊙在沦陷的挪威，希特勒正和一位投降的挪威官员交谈。

⊙1940 年，在法国战领区，许多德国军官早晨喜欢在巴黎的路边咖啡馆中消磨时光。

"巴巴罗萨" 计划

德国对苏联的入侵，是有史以来场面最宏大的军事行动。其结果将决定着整场战争的走向，而这场交战也会在双方之间展开殊死搏斗，这是在其他地方很少看到的。

甚至在不列颠之战爆发之前，希特勒就早已命令他的将军们制定出进攻苏联的作战计划。最终来讲，纳粹依然旨在占领苏联在欧洲的全部领土，铲除掉所有的犹太人和共产党人，并奴役所有幸存下来的"低人一等"的斯拉夫民族。

虽然德国人布置了大约300万的大规模兵力、3300辆坦克和2700架飞机，但是他们所面临的任务依然十分严峻。他们在人数方面依然被驻扎在苏联西部的红军人数所超越，并且他们极大地低估了苏联在远东以及其他地区的预备队力量。他们完全忽视了苏联的武器及其战斗效率，对苏联更加精良的武器，比如 KV-1 和 T-34 坦克知之甚少，而后两者早已投入使用。

☆ 德国的麻烦 ☆

正所谓"强弩之末，势不能穿鲁缟"，德国人强行将分散于每一个被征服国家的机动车辆投入军用，但是依然需要60多万匹马才能满足他们的运输需要。多数普通士兵不得不强行进军。每一个地方的道路都没有被修好，或者条件十分恶劣，而苏联的铁路系统完全是另一种规格，因此那些小路小道必须在可以使用之前进行一番改建才行。在这些地区出现的问题，将随着推进的继续而逐渐凸显出来，而且在秋天和冬天来临之后，天气条件也会每况愈下。

☆ 战斗终于打响 ☆

德国人的进攻，即"巴巴罗萨"作战计划，开始于1941年6月22日清晨。在数小时之内，带头的坦克部队早已渗透到苏联毫无防备的防线的数十千米之内，而超过1000架苏联飞机在其停靠的机场被摧毁。不到一周时间，中央集团军的推进便在明斯克以西形成了一个庞大的包围圈；截至7月上旬，30万苏联红军在那里缴械投降。其间，此次进攻还冲击到斯摩棱斯克，这个地方距莫斯科有320千米的距离。

⊙德军入侵苏联。借助装甲部队的来回穿插，德军在战争开始阶段得以长驱直入。

在其他主要进攻前线的推进，

⊙德军炮击苏军阵地

也是一帆风顺，北方集团军群早已侵占了波罗的海国家，并开始靠近到列宁格勒的周边。但是，相对较弱一些的南方集团军群，却在基辅以西地区因为遭到苏联红军的抵抗而停止了前进的步伐。希特勒及其属下将领都曾无法确定出一个最佳的战斗计划，从一开始就是如此，现在希特勒只得下令对原有计划作出调整。古德里安的第二装甲师集团军，准备进攻南方地区，从而帮助实现对基辅地区的完全占领，而不是立即继续向东推进到莫斯科地区，虽然古德里安与其他将军曾经作出这样的建议。

　　结果似乎证实了这样的决定是英明的。截至 9 月中旬，超过 50 万的苏联红军在基辅以东被擒获。疲惫不堪的德国部队重新作出部署，准备在月末的时候奔赴莫斯科前线，从而获得他们原本希望的最终的决定性胜利。

　　但是，随战机的延误而来的又是恶劣天气的开始。在更加激烈的战斗过后，德军终于在 12 月初抵达了莫斯科的郊区，但却无法继续往前推进了，所有士兵们都在经受着严寒天气所带来的残酷煎熬。速战速决的胜利曾经看似如此确定无疑，因此对冬装的物资准备根本就没有任何的事先计划，而在东部战线的一场持久而恐怖的鏖战，现在显然是不可避免的。

海因茨·古德里安

　　古德里安（1888~1954），是德国陆军装甲师部队的缔造者之一。他的战前名著《注意！坦克！》详细解释了坦克如何在全新的快速移动战争中得到巧妙的运用。在 1939~1940 年间，无论在波兰还是在法国境内，他都相当成功地指挥着一支坦克装甲师部队。这些成功在"巴巴罗萨"作战计划开始的前几个月里，也不断重复着，但在那个冬天他被希特勒解职了。在战争的后期，他继续在参谋机构效力，但到那个时候，古德里安的建议已几乎不太会被采用了。

⊙1940 年，古德里安与其下属的装甲集群在一起。

二战前期的反坦克炮　1939~1942年

随着坦克装备的不断升级,步兵和炮兵专门用来对付它的反坦克炮也随之而升级。第一批反坦克炮其实非常小,可操作性强,且容易被隐藏起来,但是随着其规模的增大,这些特性都开始改变。

当坦克第一次在第一次世界大战中投入使用的时候,用来对付它们的武器,要么是标准的加农炮,或者是火力特别猛的步枪。虽然反坦克步枪一直到1939年依然被多数部队所使用,但是很显然,在20世纪30年代,步兵以及其他部队越来越迫切地需要更加威猛的特制反坦克武器。

37 毫米 PaK36 式反坦克炮

37 毫米 PaK36 式反坦克炮（如下图所示,其于1940年在荷兰境内的一次过河作战中出现）,是德国陆军在战争开始时期的标准武器。到 1942 年,其在很多部队中被其他武器所取代。一种类似的武器被安装到 3 号坦克之上,还有其他很多不同的战车。

口径: 37 毫米 L/45

初速: 762 米

穿甲力: 500 米以外的距离,以 30° 角击穿 31 毫米厚的装甲

弹重: 0.68 千克

德国的标准反坦克炮,在战争开始时是一种口径 37 毫米的武器,它是从 1936 年开始由德国莱茵金属公司生产制造的。这种炮会被安装在一种有轮的炮架之上,其总重量可达到半吨左右,在实战中很容易实现人工操作。其可以发射出 0.68 千克的穿甲（简称"AP"）炮弹,足以在 500 米以外的距离,以 30 度角击穿 31 毫米厚的装甲。

☆ 苏联和美国的类型 ☆

苏联 1930 年型 37 毫米炮,最初是由德国莱茵金属公司研发出来的,并且与 PaK36 型十分接近。日本也有 PaK36 型的授权制造版本。美国陆军的 M3A1 型 31 毫米式,是在 1940 年首度引进的,在规格上略有不同之处,不过德国炮弹的样本也曾被美国设计师研究过。虽然其在 1942 年末早已被新型号所超越,但是这种炮弹依然在太平洋战场对抗日本较弱坦克部队的过程中继续服役。

1939 年,英国的标准武器是有着类似性能的 2pdr（40 毫米）款式,不过它需要安装在更加重型且更加精密的炮架之上。苏联拥有 45 毫米的 M1937 式,其在火力上更加猛烈,而其后来被炮筒

⊙一门苏联 45 毫米 M1937 式反坦克炮正在猛烈开火之中。

⊙德国 37 毫米反坦克炮战斗状态。

更长一些的 M1942 版本所取而代之。

☆ 更加重型的武器 ☆

至 1939 年，更加重型的武器也在一些国家被开发出来。德国开始将 PaK38 式提升到 50 毫米的标准，这相当于原有 PaK36 两倍的穿甲能力。

英国的下一种新设计类型，便是 6pdr 的款式，但是其很晚才被投入使用，因为其从 2pdr 转产而来，在敦刻尔克大撤退之后需要对军队做出重新配备时才被投入使用。美国的 57 毫米 M1 型，其实是在违背租借政策基础上生产的 6pdr 款式。此外还有苏联 57 毫米的 M1943 式武器，其根据苏联的标准生产，但是在数量上相对比较有限。所有这些国家，在后来的战争期间，都开始生产越来越大型的炮弹。

德国在战争初期却有不同寻常的选择，其在通常反坦克炮的使用上，同时拥有小型与大型口径的武器装备。更大类型的武器，是 88 毫米炮，原来生产的目的是防空用的，比如 FlAK 18 和 36 型。作为防空炮，这些武器都已经有了较高的炮口射出速率，因为这是防空功能所必须的。而与其他军队防空武器所不同的是，它们被配备了十分合适的弹药，并专门为了实现此任务而做了特定的设计。

更小口径的武器，是一种所谓的"锥膛炮"设计。在这种设计中，由枪炮后膛至炮口逐渐变细的炮管被做了特别的压缩圆形设计，并随着其从炮管内射出而布置。结果，其积聚的压力产生出一种非常之高的炮口射出速率。

在这种类型之中，唯一有过重要服役经验的武器，当属德国的 sPzB 41 型，其有着逐渐变细到 2 厘米的设计。其有类似于 PaK36 的穿甲弹性能，而专用于空军部队的那款重量只有 118 千克。其不足之处在于，需要钨心的弹药，而当时钨在被封锁的德国是十分稀缺的金属，因此这些炮弹的生产在 1943 年被迫停工了。

但是，这也成为未来发展的一个指向针。多数战争初期的反坦克弹药都是相对简单的实心弹设计，大约自 1942 年开始，改进的设计和更加复杂的制造工艺开始逐渐替代原来的生产，并且开始广泛应用于后期战争的武器之中。

东线战事

在东部战线进行的战争，完全具有在野蛮中进行的，在第二次世界大战期间的其他地方很难见到如此的情景。纳粹将他们的敌人视为毫无价值的劣等民族。

随着德国人向莫斯科地面推进的步伐在 1941 年 12 月初因为零下 40 多度的天气而停下来之后，在东部战线上体现出的战争的残酷无情模式，早已经非常明显地展现在世人面前。数百万的平民与战俘（简称"POW"）在这条战线的附近地区或后方纷纷死去，这都是其中一系列的战斗所致。

⊙在莫斯科战役期间，一支苏联红军反坦克炮分队在想尽办法向前推进。

☆ 大规模屠杀 ☆

在"巴巴罗萨"作战计划实施之前，希特勒早已下令，任何被擒获的共产党官员必须被处决。正如其在侵略波兰期间所做过的那样，纳粹党卫军组建了"特别行动队"来跟随在推进部队的后面。这些屠杀小分队（大约有 3000 多人）受命去铲除所有犹太人和共产党人。根据他们自己的记录证实，截至 1941 年末，这些小分队在进攻苏联期间，屠杀了超过 60 万名犹太人。

⊙1941~1942 年的冬天，一名德国士兵向苏军举手投降。但在当时，德国战俘多数因为受虐待而死去。

双方的战俘都面临着残酷的命运。超过 500 万的苏联红军士兵被德国人在战斗期间掳为战俘，仅仅在 1941 年就有 380 万人左右；其中仅有 35% 左右的人能够侥幸存活下来。双方对战俘都不会给太多吃的东西，他们能够接受到的医疗照料便是从他们自己擒获的医务人员手中拿到的东西，还有他们身上所有的东西。

据可靠记载，这种虐待情况产生的原因，既来自于资源的稀缺和不足，纳粹核心理念之中的极端民族主义以及斯大林主义对人类生命的漠视，也在其中扮演着重要的角色。当然，很多试图投降的人，经常直接被立即枪决。武装党卫队或武装党卫军（在战争后期其实是一支实实在在的德军部队）在东部战线几乎是从来不接纳战俘的。

在德军占领的领土之中，大约有 1/5 的人口，要么沦为逃犯，要么由苏联机构疏散出来。其中很多被送往新工厂进行劳动，而这些工厂都是在乌拉尔河东面建立起来的。在那里，生存和工作的条件都是极端艰苦的。那些留在后方的一大部分人，可能会受到德国人的优待，但他们的生命财产也一直处于危险之中。因为整个村庄经常会在游击队的报复活动中被一把火烧个精光。

⊙1942 年初，在东部战线上，一名精疲力竭的德国士兵正在布满泥土的战壕中熟睡着。

☆ 莫斯科的反攻 ☆

其中最为残酷无情的一些战斗，都发生在 1941~1942 年的冬天。12 月 6 日，苏联军队对莫斯科前线发动了一场成功的反击战，并动用了来自于远东地区毫无战斗经验的预备队兵力。与德国人不一样的是，苏联军队拥有良好的冬季服装和武器配备，从而可以经受得住苏联境内极端严寒的气候条件。

希特勒的反应，竟然是下令进行"狂热抵抗"并不得撤退。他下达不后退的命令在这种情况下可能是正确的，一定程度上可以保持属下部队的团结，但是他最亲信的很多将军都不同意这样做，并因此被解职。希特勒亲自担任陆军总司令，并亲自制定在东部战线上的所有主要军事部署。虽然在很多地方，德军被击退到 160 千米外的地方，但到 1942 年初，他们又再度向前推进了，并且一直持续到东部战线解冻时期来临，而原来的所有的计划只得被迫暂停。

⊙苏军在冰雪中作战，严寒成了抵挡希特勒大军的最坚实的屏障。

⊙德国士兵在其他人的观看下，在对一名俄国村民进行殴打。

U S S R
MONGOLIA
CHINA
KOREA
JAPAN
TOKYO
East China Sea
PACIFIC OCEAN
BURMA
FRENCH INDO-CHINA
THAILAND
Saipan
Guam
PHILIPPINES
Palau Islands
Truk
MALAYA
DUTCH EAST INDIES
New Guinea
PAPUA
The Coral Sea
7–8 May 1942
AUSTRALIA

日军豪赌太平洋

  日本偷袭珍珠港后，其间逐渐征服了很多英国、美国、法国以及荷兰的殖民地，从西部的缅甸一直到东部和南部的一大群太平洋岛屿。除了在陆上获得胜利并对美国太平洋舰队予以重创，英国和其他国家的海军部队实际上也在整个运动战之中被清除掉，而盟军的空军力量在很大程度上依然保持着对日本的中立态度。

  日本领导人曾经有着这样的希望，即对这些领土的征服可以使其获得其极端渴望得到的自然资源，并建立一个防御的边界，以顺利抵抗敌人所发起的任何进攻。但是，他们被卷入到太多的战争之中，而这也证实了原来很多敏锐的日本指挥官曾经认识到的局面：在进攻美国之后，同之前在中国一样，他们所吐出的，要比他们所吞下的还要多。

  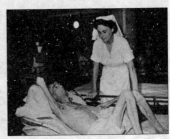

太平洋战争爆发

1939~1941 年，日本和美国的关系日趋紧张。日本在中国地区的军队逐渐陷入困境，因此决定向南方推进，以寻求本国急需的自然资源和新的殖民地。

1939 年初，日本法西斯开始对究竟应采取何种战略的问题产生了动摇，因为他们必须克服在中国地区的难题，并解决与其相关的经济问题等。一些人希望向北进攻苏联，但其他人则主张向南推进到欧洲在东南亚地区的殖民地，掠夺那里丰富的石油、锡、橡胶及其他更多的丰富自然资源。

⊙美国国务卿科德尔·赫尔和日本大使野村在 1941 年的最后战前协商间隙。

☆ 战争的酝酿 ☆

日本对苏联长期以来就有敌意。20 世纪 30 年代，在日本控制的中国东北部地区以及苏联所属的近东省区，经常爆发冲突。1939 年夏季，在卡钦戈战役中爆发了极为猛烈的战斗，就在苏联支持的蒙古国与中国的边境线上，结果日本方遭到惨烈失败。

这些不太知名的战役，却成为决定性的转折点。日本政府开始迫不及待地指望向南方推进。1941 年 4 月，日本与苏联签订一中立协定，并决定坚持这个协定，即便是在希特勒于 1941 年 6 月向苏联发动进攻的时候也未曾动摇过。

日本与美国的紧张关系以及欧洲殖民力量在中国事件中的影响力，都在 20 世纪 30 年代开始突出起来。日本确信，通过缅甸和法属中南半岛地区抵达中国境内的物资，在维持中国战区战斗力方面事关重大。接着，在 1940 年夏，新的可能性又开始冒了出来。希特勒的胜利使得法国与荷兰的殖民地陷入毫无防备的状态，英国在亚洲的力量也遭到严重削弱，而美国的重整军备计划还需要一段时期才能完成。

1940 年 7 月，日本政府决定实施一个双子政策：首先，通过堵塞前往中国之物资供应线路的方式，

⊙德国、日本和意大利于 1940 年 9 月签署了《三国同盟条约》。

来赢得他们现有的战争；其次，为了能够获得来自东南亚地区的急需原材料，如果在必要的情况下可以发动一场全新的战争。这场新战争，是在日本和美国之间的战争越来越有爆发可能的前提下发起的。9月，日本采取了这个计划的第一步，开始向中南半岛北部地区派遣军队，而且还获得了法国维希政权的同意。作为报复，美国人对日本实施了一项在钢铁方面的出口禁运惩罚措施。

⊙苏联军人对其在1939年针对日本的卡钦戈战役的胜利进行庆祝。

　　对全新军事推进的外交准备，促使日本于1940年和意大利及德国签订了《三国同盟条约》。从日本方面来看，这一条约的目的是不言自明的，其旨在限制美国在太平洋地区作出的回应，并同时发出威胁信号，即如此的回应可能将美国卷入一场欧洲战争。

☆ 进入中南半岛地区 ☆

　　1941年7月，日本政府作出决定，要进入南部中南半岛地区，并将之视为进一步向南推进迈出的第一步，即便这一举措将会引发战争。但是，与此同时，日本将继续与美国进行协商。

　　美国的密码破译者拦截到这次会议的报告内容后，美国领导人当机立断，决定逐步在经济上向日本施压，并切断几乎所有的日本石油供应。这使好战的日本人再度确信，美国已经显露出反战的意图，与此同时，他们也开始发现他们的战略物资库存正在陷入困境。

　　并非真心实意的所谓谈判，在11月依然继续着。但到那个时候，日本首相东条英机及其政府内阁都已经确信，不能在这个问题上犹豫不决太久。情况似乎是这样，如果日本方面不从中国地区撤军，那么不太可能和美国人达成具有实际意义的协议。日本依然拥有战斗的机会，或者他们是这样以为的，但是他们却必须当机立断才行。11月29日，日本军部终于作出决定，继续投入战争。

⊙1941年8月，日本部队进一步扩展到法属中南半岛的殖民地之内。

偷袭珍珠港

在珍珠港事件中，日本似乎要赢得一场完美的胜利，但是从长期的角度来看，在没有作出宣战的条件下对美国领土发起进攻的行为，对日本的利益而言几乎并没有任何好处。因为此举将迫使美国投入战斗，并一直到获得最终的胜利。

1941 年 12 月 7 日，来自日本六艘航空母舰的飞机，对美国位于夏威夷珍珠港地区的太平洋舰队发起了突然袭击。在偷袭事件发生的时候，日本并没有发起任何事先的战争宣言；美国在第二天立即向日本方面宣战。

事件重点
时间：1941 年 12 月 7 日
地点：夏威夷瓦胡岛
结果：美国的太平洋舰队遭受重创，美国和日本开战

☆ 为什么选择珍珠港？ ☆

日本作出偷袭珍珠港的决定，主要是基于一种迂回的思路。日本想要的，是对英国和荷兰两国在东南亚地区自然资源的控制。

作为美国殖民地之一的菲律宾，就位于这次推进的侧翼，必会遭到攻击，因此与美国的战争显然已被预料到了。

在英国忙于投入欧洲战争、其他殖民地的宗主国本土处于德国占领中的条件下，日本的主要威胁来自于美国的太平洋舰队。虽然美国陆军并不怎么强大，但美国海军却是坚不可摧的。因此，在一开始就对珍珠港发动进攻的做法，将为日本赢得时间，可以趁机去占领觊觎已久的领土。接着，日本会在周围铸起一道坚固的防线。日本人相信，这将会是令人畏惧的，而虚弱无力、颓废的美国人将不敢发动进攻，只会祈求和平。

☆ 美国的预防措施 ☆

在偷袭事件发生前的几周时间内，美国政府从破译的密码信息中获知，日本准备发动的一次军事袭击极可能一触即发。他们以为，最有可能的目标应该是菲律宾，而对于夏威夷的主要威胁是日本间谍的破坏活动。但是，既然战争已经被预料到了，

⊙在日本发动突然袭击的不久之前，珍珠港依然处于一派和平的景象之中。福特岛的飞机跑道（中间）及其左边的"战舰编队"，将会是主要的攻击目标，但更靠左边的石油储油罐却被遗漏了。

⊙日本的全体空勤人员都登上他们的飞机，准备于1941年12月7日向珍珠港发起突然袭击。

⊙日本偷袭珍珠港

总统罗斯福及其政府也就知道了日本的计划，不过却并没有采取妥善的防范措施。

在那个周日早晨的7点45分左右，两拨日本飞机突然袭击了海军停泊地点以及瓦胡岛的很多机场地区，并持续两个小时不断攻击。这次突袭，有2403名美国人在其中丧生，停在港口的8艘战舰中的6艘被击沉，此外还有其他很多舰船，以及188架飞机被摧毁。

日本方则只失去了29架飞机、5艘袖珍潜艇和一架大型的潜水艇。在美国方面，因为一大堆错误而使得日本的这次军事行动顺利实施：雷达警报被忽视；反空袭弹药箱被锁住；而飞机在地面上成为最脆弱的攻击目标，因为它们被停放在一起，据说是为了防止被破坏。

面对突袭，在罗斯福总统提出的"丑恶的一天"的总结之下，被激怒的美国人民将会投入战斗，并且会一直继续他们的战斗，一直到他们具有绝对优势的资源为之带来最后胜利。所幸此次偷袭并未完全摧毁美国海军的实力，太平洋舰队的航空母舰当时碰巧在那个礼拜天离开了港口，而这次意外的幸存也有利于反攻的顺利实现，最终使日本被击败。

不但日本人偷袭了珍珠港，1941年12月11日，希特勒也向美国人宣战。美国现在不得不同时参与到亚洲和欧洲的战争中去。

山本五十六

海军上将山本五十六（1884~1943）在第二次世界大战期间是日本的主要海军指挥官，他的这个职务一直持续到他于1943年死亡的最后一刻。当时，他的飞机被美国战斗机拦截，后者正在执行一项密码破解的任务。在战争前，他对日本海军的发展，起到了极大的推动作用，并且是珍珠港偷袭事件的"设计师"。

⊙正在海图桌上忙碌的山本五十六。

但是，他也曾反对向美国发起战争，并声称，他的舰队可以在刚开始的几个月内赢得胜利，但是在此之后，日本显然只会被击败。

战舰与巡洋舰

这些大型军舰，有着最重型的枪炮和最厚实的装甲，在海战中通常都被视为决定性的武器。第二次世界大战期间，没有多少战舰与战舰之间进行过短兵相接的搏斗，但是它们依然起着至关重要的作用。

主要国家的海军在参与第二次世界大战的时候，都会使用原本在第一次世界大战期间建造的战舰混合列队，此外还有20世纪30年代及以后建造的更加现代化的舰船。

在两次世界大战的过渡期间，在军中服役的战舰数量，以及新轮船的最大规模，要受到1922年《华盛顿海军条约》的约束和限制，此外还有其他在后来签订的协议。英国、美国和日本的允许保有量分别是15艘、15艘和10艘，而法国和意大利的数字要更低一些。德国也愿意加入海军装备的竞赛，其在战争接近时变得更疯狂。

从第一次世界大战时代幸存下来的轮船，主要有两种类型：战舰（所有主要国家的海军都拥有的）以及巡洋战舰（英国和日本独有）。这两者都配有类似的武器装备，并且在规模上几乎不相上下，但是巡洋战舰用略显薄弱的装甲换来更快的速度，这种结合在第一次世界大战之中被证实并不总是无往不利的。在第二次世界大战期间服役的轮船，将较高的速度与厚重的装甲结合在一起，相应在规模上也有所增大。

美国军舰"密西西比"号（"新墨西哥"级，建成于1917年），是于1939年开始服役的典型"一战"军舰。其排水量达到33000吨，搭载了一种12门355毫米口径的炮，其蒸汽发动机可以达到21节的速度，保护其侧面的装甲也厚达355毫米。

⊙美国军舰"北卡罗来纳"号，其于1942年驶离美国海岸，不久便加入到美国的太平洋舰队之中去了。

"约克公爵"型战舰

英国的"乔治五世"级五种战舰中的第三种，即"约克公爵"型，最值得一提的功绩是在1943年末击沉了德国的"沙恩霍斯特"号。该级别不同寻常的主要炮弹设置，即两座四重炮塔以及另一架双子炮塔，在刚开始的时候带来不少麻烦，但最终被证实还是行之有效的。

服役：1941年
排水量：37500吨
时速：30节
武装：10门355毫米主炮；16门133毫米副炮

⊙美国军舰"印第安纳"号（"南达科他"级）在 1945 年向日本海岸线发起了猛烈炮轰。

所有在 1939 年投入使用的更早时期的大型军舰，都曾经在某种程度上于两次世界大战过渡期间做过现代化的改进。这些变化主要用来提高它们的防空作战能力。更多的防空枪炮被配备，其中一些新式双功能设计，更加适合投入到针对水面舰艇的战斗中去。比如说，英国皇家海军的"伊丽莎白女王"号，在开始投入战争的时候具有 20 × 114.3 毫米的双功能二级炮，这与 1915 年战舰开始服役时期安装的 2 × 76.2 毫米 AA 炮形成鲜明的对比。甲板装甲通常也得到了提高，并在炸弹和远程炮火的防御方面有所改进。这些变化都旨在提高排水量，且在某种程度上都得到了更加轻型但更具威力之发动机的弥补。

☆ 最后的条约型军舰 ☆

随着战争的接近，英国和美国都开始建造更加现代化的战舰，这间接反映出此阶段的趋势所在。两国都试着遵守条约的限制性规定。

美国海军的两艘"北卡罗来纳"号和四艘"南达科他"号军舰，搭载有 9 门 406 毫米和 20 门 127 毫米的 DP 火炮，排水量达到 37000 吨（在建造时已达到），最高时速则是 28 节。英国的"乔治五世"级（英国在战争中服役的最后级别类型）几乎完全可以与之相媲美，只不过有着更加轻型的主力炮弹和相对较薄的装甲。美国在战争后期的"爱荷华"级（第四种军舰）替代了之前的第三种，并具有更轻型的设计和更高的时速，足以给航空母舰提供护航。

☆ "轴心国巨人" ☆

德国的"俾斯麦"号和"提尔皮茨"号，虽然在战争之前便开始投入使用，但却没有任何遵守条约限制性规定的意思。两种战舰都有超过 42000 吨的排水量，并有着极佳的保护性装置，不过却只有旧式的二级武器装甲和 AA 炮弹。

但是，日本最为现代化的战舰却比它们要大很多。65000 吨排水量的"大和"号战舰与"武藏"号战舰（其两种姊妹型号的战舰也被设计过，但并没有被建设成战舰的样子），都搭载有 9 门 460 毫米口径的主炮，并配备了一大堆二级武器，还拥有 406 毫米厚的装甲。

⊙"俾斯麦"号战列舰

美国强大的战略补给

与其他任何交战国相比，战争对美国而言已经相当温和了。这个国家以最低的参战士兵伤亡率结束了这场战争，而美国人则在战争所带来的经济繁荣中基本上处于日趋上升的好势头之中。

1940 年末，罗斯福总统说出了自己的希望，即美国可以变成"民主的武库"。在珍珠港事件之前，这个愿望很快就要变成一个现实，但这一事件改变了美国本身及其与世界上其他国家之间的关系。

⊙制造飞机发动机是很多新行业之中的一个，并且向美国妇女开放。

到 1945 年，很多事情都发生了改变。在战争的过程中，美国总共制造了 30 万架军用飞机，还有 8.6 万辆坦克以及数字同样庞大的其他各种军事设备。美国的军队拥有世界上最为奢华的武器配备。

战争期间，大约 1500 万男性在美国军队服役，另有 35 万名妇女，这个数字仅次于当时的苏联。自 1942 年以来，该国庞大的军工事业受到来自于五角大楼的控制。

在五角大楼的核心处，是另一个全新的机构，那就是参谋长联席会议，它是军队首长委员会，主要负责协调美国的军事计划并同英国进行有效的联络组织。虽然那里曾经有过很多的争议，但是英美联合计划有着更多的成效，这要比混乱的德日联盟好一些。参谋长联席会议组织其实在盟军后来的大获全胜中是一个主导性的因素。

1941 年 12 月，美国国会通过了《战争权力法》，授予总统更多的执行权力。更大规模的政府机构在不久之后被纷纷建立起来，从而掌控着战争经济的各个重要方面。其中的战时生产委员会与战争动员办公室是最重要的两个。人力或许是当时处于第一位的问题，但是，美国境内的征兵活动却没有像其他很多国家那样，搞得甚嚣尘上、如火如荼——比如说，已婚的男子几乎不太会被招募到军中。未被征召入伍

⊙这是位于底特律的克莱斯勒军工厂，其在 1942 年大量生产 M3 型坦克。

的男子，并不一定非得接受与战争有关的工作，而妇女也不会以任何形式被强迫去劳作或服役。

大型企业以及普通百姓，在战争期间都过上了富裕的生活。公司的业绩节节飙升，农业也不落人后。实际上，那时候的工资水平平均上升了50%左右。参加家庭之外工作的妇女数量，大约增加了三分之一，并达

⊙美国在1941年施行的限额配给政策是如此宽松，以至于这名驾驶员在给其坦克加满油之后还可以给其空余的铁罐装满。

到劳动力总数的22%左右。之前，参加工作的妇女基本上都是年轻女子，包括未婚的或者没有孩子的母亲，但是在战争期间，大部分妇女都参加到各种工作之中。

虽然妇女干"男人活"的思想早已被接受，但是在现实中，并没有多少妇女会真的去接管之前由男性干的粗活，她们更多的是去参加新工作，经常是那种在以前从来没有过的类型。

电影《传奇的铆工罗西》中的人物原型，就在不太常见的一家造船厂工作，这似乎是因为造船业在当时正迅速引入更加现代化的焊接法建造工艺。其实，战争期间生产繁荣的核心，是生产率的大规模提高，新技术、新机器、新生产方式的更多应用。

虽然很多妇女开始参加工作并日趋兴盛，但是她们的工资依然只是男性的1/3左右。类似的情况也发生在非洲籍美国人，以及其他处于种族劣势的人群身上。在战争期间，他们的工资要比那些白人涨得更快，但依然保持着很大的差距，而种族主义依然在日常生活和军队中无所不在。军队中也会出现种族隔离的现象，并没有多少非白人可以获准加入到战斗编队之中，更没有几个非白人可以晋升为军官。

日籍美国人

1941年，大约有12万名日本人（其中超过60%都获得了美国国籍）居住在美国本土，另外，夏威夷超过三分之一的人口都是日本人的后裔。在紧密监控之下的那些夏威夷日本人，依然获得了正常的生活权利。但是，在1942年初期，几乎所有居住在美国西部海岸的日本人，都被驱逐到内地的隔离营之中，并一直被拘禁到1944年末。对于间谍与破坏行为的担忧，是给出的官方理由，但其中真实的动机，种族主义是唯一的解释。对于其日本籍的人口，加拿大也施行过类似的政策。

⊙1942年，大约有11万名日籍美国人被遣送到隔离营。德国籍与意大利籍的美国人，却没有遭到如此的差别对待。

日本的南进

日本最初的海战胜利，在不久之后被陆上的胜利所超越。马来半岛与英国在新加坡的庞大海军基地，在1942年2月中旬被轻而易举地征服，而盟军在菲律宾的最后堡垒也没有持续多长的时间。

⊙虽然根据欧洲标准已经过时，但是日本的这些坦克，比如这种在吕宋岛中投入使用的95型，在1942年的军事推进中却能所向披靡。

在对珍珠港发动突然袭击的同时，日本军队也开始了针对菲律宾和马来半岛的军事行动。日本在马来半岛的登陆，是在1941年12月8日凌晨1点发动的（当地时间）。其实，这就在12月7日对珍珠港发动偷袭的不久之前，不过由于国际日期变更线而造成了时间差。对菲律宾吕宋岛发起的第一轮空袭，在数小时之后也全面发动了。

除了这些主要目标之外，日本人还开始了一场快速征服香港地区的军事计划，而其他部队则迅速掌控了关岛、威克岛以及其他由美国把持着的小岛，不过在那里遭到了盟军部队的顽强抵抗。

☆ 遭到突袭的马来半岛 ☆

由山下奉文率领的第二十五军，有着6.5万多名战士，其开始在马来半岛北部的中国南海海岸线以及暹罗地区（现在的泰国），发起了登陆进攻计划。他们遭到了9万多英国、印度和澳大利亚联合军队的抗击，而这支混合部队的总司令官是罗伯特·布鲁克·波帕姆空军上将，此外还由阿瑟·帕西瓦尔将军担任陆军指挥官。日军很快占据了空中优势，并在击沉英国皇家海军的"威尔士亲王"号和"反击"号之后，完全控制了海上的局势。

日本部队中的很多人，都是在侵华战争中打过硬仗的老兵，虽然他们并没

⊙马来亚战役中被摧毁的英国皇家空军战斗机。

有接受过专门的丛林战训练。他们用坦克来突破任何在进攻线路上碰到的防御阵地，还有具有机动性的自行车。相比之下，盟军部队则没有接受过良好的训练，并且在每一个层级都处在混乱的领导之下。结果就是，盟军部队在慌乱之中被迫撤退，并且不只一次落得这样的结局。

☆ 新加坡的沦陷 ☆

1942 年 1 月底，盟军部队撤退到新加坡这个岛屿国家，那个地方离日本最初的登陆地区有着 950 千米的距离。新加坡原本被认为有着坚不可摧的堡垒，但是其防御能力主要是在针对海上攻击的基础上建立的，并不能适应横跨北部柔佛海峡的军事进攻。

2 月 8 日至 9 日夜间，日本人如潮水般涌入，不久便将防卫者赶到新加坡城的边缘地带。帕西瓦尔决定有条件投降，虽然当时他的部队（在不久之前刚刚被增援过）在数量上要比进攻者的人数还要多。

在整场马来半岛的战斗中，日本方面的人员伤亡不超过 1 万人，盟军方面有着与其接近的伤亡人数，不过另外竟有 13 万人被日本人残酷囚禁起来，其中很多人没有幸存下来。

"Z 字特攻队"

1941 年末，随着与日本关系的逐渐恶化，英国政府决定派出海军增援部队（即"Z 字特攻队"）前往新加坡，去阻击日本在那里的军事行动。两艘战舰，即"威尔士亲王"号与"反击"号，被派遣前往，根据原计划要发动的航空母舰却并没有真的前往。负责行动的海军上将，是英国皇家海军之中较无能的一位，他作出了一次大错特错的决定，即在没有空军掩护的条件下，试图拦截日本登陆部队并使其离开马来半岛。结果，在 12 月 10 日，英国舰船被追捕到，并被日本飞机毫不费力地击沉。

☆ 菲律宾沦陷 ☆

日本对菲律宾的征服，几乎是以迅雷不及掩耳的速度。道格拉斯·麦克阿瑟率领着 11 万名菲律宾军人以及 3 万名美国军人，武器装备和训练相当不足，好在他们拥有超过 200 架美国飞机的支援。但是，麦克阿瑟的无能使得这些人中的很多都在珍珠港新闻播报之后当场受到了惊吓。自此以后，日本控制了空中局势。在预知不会有美国海军部队抵达这里支援的情况下，日本也在海上掌控了主动权。

由本间雅晴率领的第十四军，于 12 月 10 日登陆吕宋岛的主要地区，同时还有更大规模的部队来自于第二十二军。麦克阿瑟下令将占优势的盟军部队撤退到巴丹半岛，当时已经是 1942 年 1 月初了。

他们在那里一直待到了 4 月 9 日，部分原因是日本的进攻部队早已撤退，去参加新的行动。一直到 5 月 6 日，靠岸的小行政区域堡垒岛屿才最终宣布投降。再一次地，很多盟军将士又被残酷囚禁起来。

与此同时，麦克阿瑟已经受命于 3 月中旬离开，去指挥盟军在澳大利亚的部队。在离开的时候，麦克阿瑟发下誓言："我一定会回来的。"

日军的节节胜利

在马来半岛和菲律宾沦陷之前，日本军队便已涌入到缅甸地区，并在荷属东印度群岛实施了全面登陆。他们在那里的军事行动非常之快速，与之前的推进不相上下。

⊙当日本侵略者经过的时候，忧心忡忡的缅甸人在路边等待着。

1941年12月14日，日本军队开始进入缅甸地区。1942年1月20日，新的进攻再次发起，当时饭田祥二郎麾下的第十五军率领两个师的兵力，从泰国边境越过，一直向毛淡棉地区进发。盟军部队在刚开始时也做出了有效的还击，但后来逐渐开始撤退。2月23日当天，色当河上的一座重要桥梁被很多印度士兵炸毁，但是却炸错了边。在那之后，原本的撤退直接变成了溃败。

日本人又得到了来自于马来半岛的增援，仰光于3月8日沦陷。接着，更多的日本军队从泰国杀到这里，并将剩余的英国军队向北赶到印度地区。中国军队在美国的约瑟夫·史迪威将军的指挥下，也加入了这次战斗，但同样被击败。盟军的最后残余部队，在5月初抵达印度地区。

☆ 关键性油田 ☆

荷属东印度群岛，是日本此次军事行动的最大战利品，因为其有着巨大的石油储量，并且主要集中在苏门答腊岛，而其铁矿及其他重要商品的产量也非常巨大。日本的空军和海军优势，是其军事上胜利的关键。

那里一共有三条主要进攻线路，并配合着来自于今村均麾下第十六军的不同部队，

⊙1942年4月，日本步兵团占领了缅甸境内的仁安羌油田。获得外国的石油资源，是日本的一个主要军事目标。

其提供了主要的地面兵力。第十六军早已从日本占领的加罗林群岛撤出来，来到了菲律宾南部的棉兰老岛地区。1月初，其开始向婆罗洲和西里伯斯岛进发，并同时使用伞兵部队和从海面登陆的部队，然后再向南跳到帝汶岛和爪哇东部地区。与此同时，其他部队在婆罗洲的北部海岸线登陆，并在2月末、3月初的时候来到苏门答腊岛和爪哇西部地区。当地的荷兰人和其他盟军部队，均于3月8日缴械投降。

☆ 新的海战胜利 ☆

在此次作战期间，双方海军进行过很多次的短兵相接，在盟军方面有荷兰、英国、澳大利亚和美国的海军战舰，其领导者是荷兰海军上将卡雷尔·道曼。1942 年 2 月 27 日，盟军部队在爪哇海战役中被击败，并在接下来两天的战斗中被歼灭。

⊙盟军战俘在爪哇为日本人修桥铺路。

澳大利亚地区也相继沦陷。1942 年 1 月，日本人占领了新不列颠的腊包尔地区（部分是由澳大利亚新几内亚掌控下的领土组成），并在那里筹建起一个主要的基地。2 月 19 日，他们进一步证实了自己在这个战场上的海军优势，当时有四艘来自于珍珠港的航空母舰部队对北澳大利亚的达尔文地区发起了一场毁灭性的袭击。3 月 8 日，日军在新几内亚的莱城和萨拉马瓦地区登陆，并按照推进计划，进军到巴布亚岛南部海岸线的莫尔兹比港。

曾经帮助日军进行过多次登陆行动的航空母舰部队，接着又在 3 月继续向西前行，并向锡兰（今斯里兰卡）和英国的印度洋贸易线路发起了进攻。英国和日本的主要海军兵力并没有直接交战过，但是此次两艘英国巡洋舰和一艘小型航空母舰确实被击沉了。哥伦布港和亭可马里港也遭到了严重的袭击，而另一支增援的日本军队还袭击了无数艘在孟加拉湾的商船。

日本在较大的区域范围之内，均在混乱之中获得了一系列胜利，但是野心勃勃的陆军将军和海军上将们依然计划发动更进一步的进攻。首先，他们计划去进攻新几内亚，然后（曾因为美国对日本本土的空袭东京事件而被掣肘）进一步横跨太平洋中部地区，来到中途岛。

杜立特空袭

1942 年初，美国航空母舰开始对日本在太平洋地区的很多岛屿发起了小规模的突袭反击战。4 月，一次更具野心的计划，即对东京的突然袭击，被付诸实施。4 月 18 日，"大黄蜂"号航空母舰发动了 16 架空军部队 B-25 轰炸机，其在空军上校詹姆斯·杜立特的率领下，飞离 1000 千米之遥的海岸，对日本首都东京和其他三个城市发动突袭。这次突袭对美国国内的士气而言，起到了较大的提振作用，同时也促使日本领导人实施了中途岛作战计划，但其最后被证明对日本人来讲是灾难性的。

⊙美机空袭日本的消息轰动了整个世界，给日本军国主义者当头一棒，也给反法西斯主义者国家以信心。杜立特也因为此战而名扬四海。

珊瑚海与中途岛战役

这两次战役都是历史上少见的海军作战，然而作战双方的战舰却从头到尾都没有出现在对方的视野范围之内。它们都再次证实了一点，即航空母舰已经成了海上战争的最主要武器。

在1942年5月来临之际，日本方面的指挥官们都计划进一步扩展他们的征服范围，依靠在巴布亚岛南部莫尔兹比港的登陆，他们的航空母舰可以直接威胁到在澳大利亚境内的目标地点。

领导盟军部队的，是美国的航空母舰"列克星敦"号与"约克镇"号，并有美国和澳大利亚两国巡洋舰与驱逐舰护航。与他们作战的，是日本的三大兵力：莫尔兹比港侵略军，主要负责运输和护航；另一支掩护部队，其中包括一艘小型航空母舰"祥凤"号与四艘巡洋舰；另一支航空母舰打击力量，其基地在"瑞鹤"号航母和"翔鹤"号航母附近。此外还有另一支小规模的特遣部队将在所罗门群岛的图拉吉岛地区登陆，并在那里建立起一个军事基地。

☆ 珊瑚海战役 ☆

在最初的遭遇战之后，主要的军事行动终于在5月7日拉开了序幕。美国飞机击沉了"祥凤"号；作为报复，日本航母也击沉了一艘美国油轮和一艘驱逐舰。全面的航母对战于8日正式展开。日本人在一开始便旗开得胜，并击沉了"列克星敦"号，且给"约克镇"号造成了严重的破坏。但是，"翔鹤"号也遭到了沉重的打击，"瑞鹤"号的很多架飞机也被摧毁。这两艘航空母舰都无法参加中途岛的作战计划，即后者下一步的战斗部署，而对莫尔兹比港的侵略计划也被迫取消了。

⊙日本航空母舰"翔鹤"号，在珊瑚海战役中遭到攻击并因此而着火。

☆ 中途岛计划 ☆

同时兼任日本海军主要指挥官的海军上将山本五十六，一直以来就认识到，他们在珍珠港的胜利是远远不够的，除非能够彻底摧毁美国海军的航母兵力。他计划去占领中途岛地区，他信心满满，觉得这

⊙日本"加贺号"航空母舰

⊙中途岛海战。美机俯冲掠过日军航母，投下炸弹后迅速飞离，日军防空炮火在美机周围呼啸而过。

次行动一定会逼迫美国人卷入战争。

日本人的计划相当错综复杂，有一支运输和掩护部队靠近中途岛地区，并从各个方向聚集。两艘小型的航母和其他大型战舰，都投入行动并牵制住了阿留申群岛，而其主力部队则包括了四艘航母、一艘战舰及另一支巡洋舰集群。

让日本人深感不幸的是，他们的意图再一次被美国密码破译部队识破。因此，美国人就可以忽略阿留申群岛的兵力（因此日本人颇具战斗力的航母就被浪费了），将主力集中在他们靠近中途岛的最强大部队上，而当日本人知道这一切时早已为时晚矣。美国人部署了"大黄蜂"号和"企业"号航母以及其他支援战舰，后者在最后一刻加入战斗，并很快修复了"约克镇"号（日本人原本以为这艘航母肯定会在很长一段时期内无法再度投入使用）。

主要行动开始于6月4日，日本空军突袭了中途岛地区。由于海军上将南云忠一认为这些进攻尚未达到满意的结果，而且不知道美国航空母舰处于隐秘行动中，所以他下令日本航空母舰准备发起对中途岛的另一次进攻。

在此次进攻发起的时候，来自于中途岛的强击机和来自于美国航空母舰的战斗机及时抵达。其中多数被日本战机很轻易地击落，但是来自于"企业"号的最后一拨俯冲轰炸机集群给"赤城"号、"加贺"号以及"苍龙"号（三艘在后来全部沉没）造成了致命的打击。第四艘日军航空母舰"飞龙"号，也发起了最新一轮的攻击，并严重破坏了"约克镇"号，但是后来"飞龙"号自身也遭到了致命的攻击。山本五十六最终放弃了中途岛的作战计划。

虽然"约克镇"号在6月7日被一艘日本潜艇所击沉，但是中途岛战役却给美国人带来了一场意外的胜仗。日本舰队的中坚力量被摧毁，他们不仅损失了很多战舰，更重要的是，很多训练有素的飞行员的阵亡是无法弥补的。

⊙在中途岛战役中，一支名为"大力神"的鱼雷轰炸机空军中队准备在"企业"号航母上起飞。

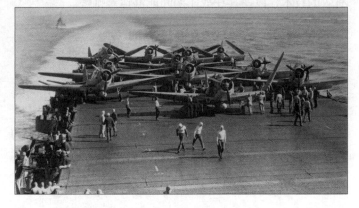

航空母舰

自 20 世纪 20 年代以来，制空权狂热者们一直在声称，航空母舰在不久之后将取代战舰，成为终极的海上武器。至少在太平洋的广袤空间之中，这显然被证实是一个真理。

对于运载飞机类型的军舰实验，在第一次世界大战前便有了动静，而第一艘因空中打击而屈服的军用战舰是一艘德国舰艇，它是在 1914 年被一架日本飞机击沉的。但是，真正意义上的在两端都具有飞行跑道甲板的两艘航空母舰，是在这场战争结束后不久开始效力于英国皇家海军的。

到第二次世界大战开始的时候，英国、美国和日本都拥有了重量级的航空母舰部队，并随着战争的继续而建造了更多的航母。其他国家唯一的航母，便是在 1939 年服役的法国实验战舰"贝亚恩"号，但其并没有在实战中投入使用。德国正在建造一艘航母，而意大利后来也开始了两艘航母的建造计划，但是这两艘都没有竣工。

三支在当时居于领先地位的海军，都在两次世界大战过渡期间萌发了建造航母的念头。日本人和美国人都朝着最后被证实是最正确的方向前进着。他们都认识到，航母的最佳防御及最佳的进攻方式，就是其运载的战斗飞机，并且数量越多越好。

日本和美国都建造了很多航母，其中的飞机库就位于飞行甲板底下，相对而言有一些拥挤，但是各边都是开放式的，方便通风，从而使战斗机获得了最大空间。

他们早期军舰中的几种，比如日本的"赤城"号、"加贺"号，美国的"列克星敦"号与"萨拉托加"号，在重量上都超过了 3 万吨，并且每一艘都可以运载 120 架飞机。在空军部队更加庞大的条件下，他们也研发了有效的技术，以使其在战斗期间能够运筹帷幄。

☆ 英国的设计类型 ☆

在早期的航母发展过程中，英国一直处于遥遥领先的地位，但却在两次世界大战过渡期间逐渐落后了。其中的主要原因是，皇家空军，而不是皇家海军，在控制着海上飞机及其飞行员的储备量，而这些并没有得到较高的优先发展考虑。海军还选择建造那种拥有"封闭式"飞机库甲板的航母，这便降低了飞机的战斗能力，

"加贺"号航空母舰

在第二次世界大战开始的时候，处于服役之中的最大型航空母舰便是那些像"加贺"号那样的轮船改装版，它们原来是要在第一次世界大战之后被制造成战舰或战列巡洋舰的。在 1936 年的改建计划中，包括了一种不常见的烟囱的安装。"加贺"号参加过珍珠港的偷袭事件，并袭击过达尔文地区，但却在中途岛海战中被击沉了。

服役：1939 年

排水量：38000 吨

时速：28 节

武装：10 门 200 毫米主炮;

16 门 8 座 127 毫米高射炮;

22 挺 25 毫米口径机枪

⊙ "约克城号"航空母舰。该航母在中途岛海战中被日机击沉。

虽然其在火力控制防范方面得到了极大的提高。

20世纪30年代后期，在知道他们自己逐渐过时的飞机无法彻底保护航母本身的条件下——特别是在地中海地区，因为那里以陆地作为基地的飞机总是处在打击范围之内——英国在这一工序上迈进了一大步，并给他们的新航母配备了飞行甲板装甲。但是这进一步也降低了航母的战斗力。英国皇家海军的"卓越"号是于1937年投入使用的，不过"卓越"号的战斗力及其5艘后继航母都在战争期间得到了提升。

☆ 太平洋航空母舰 ☆

日本和美国的海军，都是在1941年时投入战争的，除了已经被提及的最大型军舰之外，其中的航空母舰数量并不多。多数都是18000吨级别的，可以运载70~80架飞机。这一种类的军舰，包括"约克城"号、"企业"号、"飞龙"号和"苍龙"号等。其他著名的战舰，包括25000吨的"翔鹤"号和"瑞鹤"号，以及规模更小一些的"黄蜂"号和"突击者"号。

在1941~1942年间，日本引进了一大批小型航母，其中几艘是对其他类型轮船的改进版本。总共算起来，日本在战争期间完成了17艘航母的建造（大型和小型加到一起）。但在这些航母之中，没有一艘起到过决定性的作用。这并不是因为它们战斗力不强，而是因为到它们开始服役的时候，日本训练有素的海上空军骨干已经被歼灭完了，又无法在短时间内被补上。

美国海军却不存在这样的问题。其27000吨级的"艾塞克斯"级军舰，可以运载一百多架飞机；自1943年以来，其中有24艘投入使用。此外，美国海军还拥有9艘"独立"号轻航母战舰，其可以搭载40多架战斗机。在训练有素飞行员和优秀战机数量均较为充足的条件下，这些战舰领导着美国在太平洋战场的军事行动，并最终击败了日本。

"皇家方舟"号航空母舰

在战争早期，英国皇家海军的"皇家方舟"号应该是最著名的英国军舰，但是其却不只一次被德国宣传机构错误地报告说被击沉了。"皇家方舟"号主要效力于地中海地区（包括在斯巴提芬托角不远处的军事行动），而"皇家方舟"号的"剑鱼"武器则可以发起鱼雷攻击，并导致"俾斯麦"号的重创。"皇家方舟"号最终在1941年11月被一艘德国U艇击沉。

服役：1939年
排水量：22000吨
时速：30节
舰载机：最高达60架
武装：16门115毫米口径火炮；2挺20毫米机枪

局势的逆转

自 1942 年年中以来，在所罗门群岛与新几内亚盟军的殊死顽抗，首次见证了日军推进步伐的放缓甚至回退，而盟军方面则在残酷的丛林战以及一系列重大海战当中，开始占据优势。

⊙一名受伤的澳大利亚士兵在布那附近，正接受一名巴布亚人的帮助，这个人也是许多多援助盟军部队的当地人之一。

在轻而易举地占领东印度群岛之后，日本接着试图占领在巴布亚岛南部的基地，并作为对澳大利亚以及所罗门群岛其他地方可能袭击的序曲，从而威胁到澳大利亚和美国之间的联系。除了澳大利亚和美国的地面和空中部队之外，这场战斗将日本和美国海军的战斗主力都牵制进来了。

☆ 新几内亚 ☆

日本海军在珊瑚海战役遭到阻击之后，堀井富太郎麾下的南海支队，于 1942 年 7 月开始自巴布亚岛北部海岸线发起军事行动，并越过险峻的欧文斯坦利山脉，朝着莫尔兹比港进发。虽然条件非常艰苦（战斗双方均是如此），但是日本人不久之后便将虚弱的澳大利亚部队逼退回去，而那是麦克阿瑟将军麾下西南太平洋战区司令部的一支部队。盟军的空中兵力以及一些增援部队，于 9 月份阻挡住堀井富太郎前往莫尔兹比港的进军步伐，日本人最终开始撤退（由于物资的奇缺，一些日本人甚至开始吃人肉）。

与此同时，盟军的空中和海上兵力开始推进，并包围了巴布亚岛的最东端。到 11 月的时候，澳大利亚的部队在科科达小道沿线发起了进攻，而美国部队则沿着他们已经包围起来的北部海岸线前进，从而对日本人在布那和哥那地区建立起坚强堡垒的滩头阵地形成威胁。剩余的日本部队，至 1943 年 1 月末，都已经被彻底清除掉了。

瓜达康纳尔岛是此次战斗的焦点地区之一，那里的各种条件也是相当恶劣。5 月，日本方面在图拉吉附近建立了一个水上飞机基地，而另一支小规模的部队则在瓜达康

海岸监视员

澳大利亚海军会使用海岸监视员，这些人在所罗门群岛战役以及其他战斗期间，向盟军提供着至关重要的信息。这种服务是在战争之前设立起来的，目的是掩护一大堆特定区域，而那些地方都是西南太平洋中鲜有人居住的地方。身居孤独且与世隔绝的岗哨之中，这些海岸监视员会报告空中和海上的最新动静，同时也提供天气预报，而这些经常都被证明是极为重要的。虽然他们不得不防范日本人的巡逻，但他们的主要职责并不是与其交火。海军上将哈尔西曾经说过，如果没有这些海岸监视员的帮助，瓜达康纳尔岛之战就不会赢得胜利。

纳尔岛的一个机场上把守着。1942 年 8 月 7 日,第一支美国海上师级部队登陆了瓜达康纳尔岛,并占领了那里的机场,还使其效力于盟军方面,将其命名为亨德森机场。起初的时候,海上部队并没有从海上得到很好的支援,而日本的增援部队开始进攻海上部队的滩头阵地。在长达六个月的顽抗期间,日本部队一直猛烈地发动着进攻,但是他们的进攻并没有得到很好的配合,因此在一系列严酷的战斗之后依然被击退了。1943 年 2 月初,日军最终还是从这个岛屿撤退了。

☆ 海战 ☆

双方对获取物资供应和增援部队的努力,导致了六次大型海战的爆发,还有极大范围内的小规模交火。起初,日本方面占据着上风。1942 年 8 月 9 日,在萨沃岛战役之中,夜间战斗的技术和更胜一筹的鱼雷设备,帮助一群日本巡洋舰和驱逐舰击沉了四艘盟军战舰,而自己却没有多少损失。

8 月 23 日至 24 日,东所罗门群岛战役在主要的航母兵力之间展开,日军获得险胜;在接下来的几周时间里,两艘美国航母被潜水艇击沉。到那个时候,来自亨德森机场的飞机在白天主宰着瓜达康纳尔岛的周边水域地区;但是在夜间,日本的战舰则在海军上将田中赖三的率领下占据着优势,而这些战舰在海军之中有着"东京特快"的美誉。

10 月 26 日,第二次航母大战爆发,那就是圣克鲁兹之战。虽然这场战役的结果并不是决定性的,但是战斗局势却在 11 月 12 日至 13 日以及 14 日至 15 日夜间发生的瓜达康纳尔岛战役中发生了逆转。到那时,美国军队开始学着如何使用他们更加先进的雷达设备来赢得夜间的战斗。双方战舰之间的战斗,绝不是一边倒的,但是好几艘日军运输船被击沉了。11 月末,日本在另一场夜间遭遇战(塔萨法隆格之战)中

获得了小胜。但是到此时,日军海军兵力的消耗已十分严重,因此到 1 月初,"东京特快"部队最终陷入被动,最后只得撤离这座岛屿。盟军在太平洋战争中的反击战,现在终于算是上了道了。

⊙瓜岛战役中被击沉的日军战舰

轻巡洋舰

在战斗中能够给己方提供良好保护的轻巡洋舰，简直是各种战役的女仆，另外它们也用来实施远距离的贸易保护任务、海岸炮轰以及其他不同任务。

搭载有大约 150 毫米口径炮弹的巡洋舰，应该是战斗之中最无所不在的战舰了。它们在海军作战部队中构成了一个核心部分，不论其规模大小，几乎在每一场战役中都是如此。

第二次世界大战的轻巡洋舰可以被分为如下三类：较大一些的军舰通常至少是符合《华盛顿条约》1 万吨或更多一些的限制性规定，并搭载着 12 或 15 门主炮，通常是三重炮塔；较小一些的通用军舰则是 6000~8000 吨的标准，通常配备着 8 枚主要炮弹，就在双子炮塔之中；此外，6000 吨的对空巡洋舰装配着 10~12 门多功能炮。

☆ 大型的轻巡洋舰 ☆

这种类型在很大程度上是战前太平洋军备竞赛的结果之一，开始于日本于 20 世纪 30 年代建造起的 "最上" 级战舰。它们的最高时速是令人震惊的 35 节，并有着 15 门 155 毫米口径的主炮，并且有着相对适中的 8500 吨的排水量（但实际上它们早已超过了 1 万吨的水平）。

美国海军用其 "布鲁克林" 级来作出回应，而英国则是 "南安普敦" 级。它们的战时升级版，分别是 "克里夫兰德"（美国）级、"爱丁堡" 以及 "斐济"（英国）级。它们的排水量大约都是 1 万吨，并配备了 12 门 152 毫米口径主炮，并配置在三重炮塔之中（"布鲁克林" 级除外，其有着 15 种炮弹规格）。在战争期间，一些军舰将原来的炮塔卸掉，并用更小口径的 AA 武器来取而代之。

⊙ 美国军舰 "亚特兰大" 号（"圣地亚哥" 级）于 1942 年服役于南太平洋，但是却在瓜达康纳尔岛海岸附近被击沉了。

"科隆" 号巡洋舰

20 世纪 20 年代晚期，德国海军建造了三种 K 级的巡洋舰。通常来说，在其 9 挺主力枪炮之中，有 6 挺是在船尾的位置。在服役期间，"科隆" 号及其姊妹系列战舰被发现在恶劣的气候中缺乏稳定性。1940 年，"科隆" 号参加了入侵挪威的战斗，但在此之后就很少出战了，1945 年在港口遭到空袭之后被击沉。

服役：1930 年
排水量：6700 吨
时速：32 节
武装：9 门 150 毫米口径主炮；6 门 88 毫米副炮；12 套 533 毫米鱼雷发射管

多数日本的大型巡洋舰，都属于重巡洋舰的类别。截至珍珠港事件发生之时，"最上"级已经被装备了 203 毫米口径的火炮。

⊙ "加里波第"号搭载有 10 门 152 毫米口径的火炮，并可以达到报告过的 34 节时速。

☆ 小型的轻巡洋舰 ☆

自 20 世纪 20 年代以来，美国和日本海军都拥有这种类型的很多艘巡洋舰，其中包括美国"奥马哈"级的 10 艘战舰。这种类型的巡洋舰，英国皇家海军在两次世界大战期间便想建造了，因为其将较远射程和威猛的火力完美地结合在了一起。比如说，20 世纪 30 年代中期的"利安得"级，就搭载着 8 门 152 毫米口径火炮，并可以达到 32 节的速度，还有 7200 吨的排水量。法国、德国和意大利都有与其差不多的军舰。

于 1935 年开始服役的德国最现代化战舰"纽伦堡"号，其搭载有 9 门 150 毫米口径火炮，在其他方面与英国皇家海军的战舰都非常接近。

法国和意大利海军则稍稍有着不同的侧重点。20 世纪 30 年代，意大利人建造了非常快速的战舰，而法国人也作出了相应的回应。意大利的"都卡德奥思塔"级（8500 吨，8 门 152 毫米口径火炮），据说可以达到 37 节的速度。

☆ AA 巡洋舰 ☆

在上述提及的巡洋舰之中，很多都相对限制了其 AA 的战斗力，因为它们的主要武器装备以及控制系统最适合于对水面目标的反击。随着战斗的进一步深入，各国海军之中的战舰都获得了额外的轻型 AA 枪炮，但是英国和美国也开始发现需要对巡洋舰配备经过极大改进的重型 AA 炮。美国海军的"圣地亚哥"级和英国的"狄多"级与"女武神"级，都开始搭载双功能枪炮的大型火力装置；"狄多"级的是 10 门 133 毫米口径火炮，而"圣地亚哥"级的则是 12 甚至是 16 门 127 毫米的配备。所有这些也都是快速的军舰，能够达到 33 节或 34 节的速度，从而可以与快速的航空母舰并驾齐驱。

英国皇家海军"阿贾克斯"号

在英国五种"利安得"级轻型巡洋舰之中，"阿贾克斯"号拥有非常重要的战斗生涯。1939 年，"阿贾克斯"号 4 即"埃克塞特"号和"阿基里斯"号，去一同追逐"施佩伯爵"号。在 1944 年的诺曼底登陆日，"阿贾克斯"号也是多数战舰中的一艘。这一行动记录，证实了这种相对较小类型的巡洋舰也有着用武之地。

服役时间：1935 年
排水量：7200 吨
时速：32 节
武装：8 门 152 毫米主炮；8 门 102 毫米副炮；8 套 533 毫米鱼雷发射管

日本法西斯的暴行

日本的军事征服，残酷无情地剥削着被征服土地之上的人民和资源，给无数人带来了沉重的灾难。

1938 年，日本首相近卫文麿说出了日本的目标应该是在亚洲建立"新秩序"。1940 年，在一段时期的离职之后，近卫文麿重新担任首相职务，并宣布日本的计划是建立起一个"大东亚共荣圈"。

☆ 军国主义 ☆

自 20 世纪 20 年代晚期以来，日本变得更加军国主义化，军部非常有效地控制着政府。除了在中国扩大其侵略战争之外，在军队内部，不同派系毫不犹豫地暗杀政敌并开始筹备军事政变。当时日本的经济日趋工业化和军事化，商业和贸易联盟也开始处于政府的控制之下。

⊙一名日本士兵骄傲地展示着从一名中国男子身上砍下的脑袋，时值 1937 年，上海。

教育系统更加强调军事和民族价值观，比如说，学校教科书中的地图显示着，东南亚的多数地区乃日本帝国的组成部分。在这种背景下，特工或者特殊高级警察应运而生，他们会用酷刑以及其他高压手段来确保公民的行为完全符合政府的意愿。

☆ 在海外的暴行 ☆

日本在海外的统治现实，暴露了近卫文麿口号的实质。在西方国家眼里，更加一目了然的是日本对战犯的虐待。日本部队有着这样的教化，即缴械投降是可耻的，因此他们会蔑视这么做的任何敌人。很多于 1942 年在菲律宾被擒获的美国战俘，都因为遭受虐待而死于非命，这就是所谓的"巴丹死亡行军"，其中大约有 1.2 万名英国人和澳大利亚人忍饥挨饿、遭受鞭笞并一直干活干到死，最后抛尸于暹罗至缅甸的铁路沿线，其中臭名昭著的例子

⊙自 1941 年开始，日本的高校学生都必修军事训练课程。

⊙一幅描绘日军大败美军的宣传画

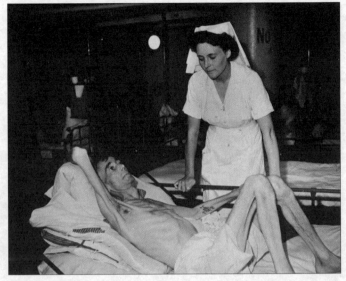

⊙一名身形极度消瘦的英国战犯在接受治疗，1945 年，他在一度被日本占领的香港获得了解救。

简直举不胜举。

但是，相对于较少的西方人被置于日本人的股掌之下，发生在亚洲人身上的暴行才令人发指。比如说，其中就有 90 万名马来西亚人、泰国人和其他亚洲劳工死在了缅甸铁路线上。日本对其他亚洲人的态度显得更加残酷无情，并且要比任何其他殖民者都更加丑恶。

西方世界对这种现象的首度认识，是发生于 1937 年 12 月的臭名昭著的"南京大屠杀"，这一暴行在其他地方得到了广泛的报道。当日本军队占领了这里后，开始实施大规模的屠杀暴行，此外还有强奸、掠夺和纵火焚烧，杀害了 30 万人。在中国的整个战争期间，日本对平民和军事敌人并没有制定出区别对待的政策，他们的口号是"三光"政策，即杀光、烧光和抢光。

其他方面的手段也是更加阴险毒辣。比如说，在伪"满洲国"的傀儡政府之中，日本权威机构鼓励并极大扩大了鸦片的生产。他们将鸦片吸食者带到了那里，并将其带到中国的其他地方，然后让其使用更加危险的吗啡毒品和海洛因复合物。这是他们精心策划的阴谋之一，目的是为了豢养起温顺的"良民"。来自于这个阴谋计划的收入，则被用来犒赏日本的关东军。

慰安妇

慰安妇是日本军队于第二次世界大战期间征召、为日本军人提供性服务的女性，当中许多是被强迫或者是被诱骗而沦为性奴隶。日本著名词典《广辞苑》对"慰安妇"一词的解释为"随军到战地部队慰问过官兵的女人"。但大多数历史学者将此词定义为"被迫充当日军性奴隶的妇女"。这些女性有的来自日本本土有的来自占领区，如中国、朝鲜等地，还有部分东南亚。

欧洲的绝地反击

1941年12月，在其部队被迫从莫斯科撤退回来之后，希特勒确信了他在东部战线的失败。至1944年中，轴心国部队已经从苏联境内被驱赶出来，同时也从非洲地区被迫撤退；意大利实现了和平；英美轰炸机从空中对德国发起连续的轰炸；盟军的陆军兵力做好了横跨海峡往返作战的准备，并发起诺曼底登陆战。但是，在这些具有划时代意义的重大事件之间，依然还有很多艰苦卓绝的战斗，以及更多恐怖的痛苦经历。

东部战线经历了列宁格勒和斯大林格勒极其残酷的保卫战，还有在库尔斯克地区的最大规模的坦克战。西部盟军逐渐获得了自信和力量，起初是在北非地区的胜利，接着是在海面上和空中日益加强的战斗力，这些都第一次使希特勒的德国海军和空军部队，只留下曾经势不可挡的虚影。

在战后的回忆录中，丘吉尔这样写道：盟军的胜利，自美国加入战争的那一刻起，早就注定是不可逆转的。虽然不免有后见之明的嫌疑，但也不失为一种客观陈述。

目标斯大林格勒

虽然在东部战线第一次冬季战争中遭到了极大的损失，但是德国人依然准备在1942年再度发起疯狂的进攻。他们依靠先进的战略战术赢得了早期的胜利，但是最后一场决定性的胜利还是与之失之交臂。

在 1941年12月的反击战中，在将德国人从莫斯科逼退之后，苏联人试图在东部战线上开展一次全面进攻。但春天的解冻期使这些作战计划全部泡汤，很显然的是，德国人将会在那个夏天再度发起猛烈的进攻。

虽然德国部队得到了来自于匈牙利、罗马尼亚、意大利甚至西班牙增援部队的大力支援，但是他们已不再拥有在整条东部战线发起全面进攻的实力。希特勒决定将重心放在南部。他选择了两个目标：一个是推进到高加索地区，并最远抵达里海海岸线，然后控制那里的油田；另一个则是推进到斯大林格勒（即伏尔加格勒），并建立起一条防线，从顿河以北开始，一直延伸到沃罗涅什地区。

⊙1942年6~7月，罗马尼亚军队在克里米亚半岛地区活动。

☆ 最初阶段的进攻 ☆

春末夏初的时候，德国人获得了新的胜仗。在埃里希·冯·曼施坦因的率领下，德国人于5月在克里米亚半岛的进攻，将位于刻赤半岛的苏联部队予以歼灭，并在7月初期接管了塞瓦斯托波尔。5月中旬，在哈尔科夫附近地区，苏联向北发起的一次进攻，遭到了毁灭性的打击。总共算起来，这些战斗使大约45万名战囚落入了德国人之手。

德国人的大规模进攻，开始于6月28日。沃罗涅什在数天之内沦陷，而苏联前线在德国人的进攻之下土崩瓦解。截至7月下旬，德军又攻占了罗斯托夫地区，并向南一直推进到高加索山脉地区。

⊙1942年5月下旬，在哈尔科夫附近取得成功的反击战胜利之后，德国步兵继续在推进之中。

但是，希特勒已经准备改变其当务之急的作战计划，并对其部队作出重新部署。7月中旬的时候，弗里德里希·保卢斯的第六军得到密令，朝着斯大林格勒突然向东极速推进，而很多属于第四坦克装甲师的坦克部队，也转而加入到第六军大举进攻的右边侧翼，这支部队原本就是要率先冲进高加索地区的。为了完成这两个存在冲突的战斗目标，希特勒下令曼施坦因节节胜利的部队从克里米亚半岛撤出，继而向北推进到列宁格勒地区，从而完成对在那里誓死顽抗之苏联红军的毁灭性打击。

☆ 苏联人的回应 ☆

斯大林对德国人的进攻方向作出了错误的判断，因为他害怕对方会从南部向莫斯科发起进攻，因此他并没有事先部署好他的预备队兵力。

但是，苏联的总体组织效率却得到了极大的提高。新的生产被用来组建空军和坦克部队，而更多的权力被授予那些指挥官，一群有成效的将领，开始在高级岗位中占据要职。

在那个时刻，德国人的推进依然在继续着。截至8月上旬，第六军正在斯大林格勒以西的顿河一带摧毁着苏联的兵力。到8月末的时候，这支部队已经抵达伏尔加河一带，并与第四装甲师连成一片，就聚集在这座城市的数千米范围之外。与此同时，由于物资供应和空中支援都已经到达了斯大林格勒战区，在高加索地区的军事推进行动也只得被迫暂时停顿下来。无论对希特勒还是对斯大林而言，占领或者守住斯大林格勒，在当时是唯一事关重大的军事目标。

⊙1942年夏末，德军在向迈克普地区推进。撤退的苏联人索性将油井给点着了。

⊙德国的辎重部队正向前线开进

大屠杀

在带有许多残酷暴行的战争之中，一系列恐怖行动逐渐开始受到人们的关注。在希特勒的命令之下，纳粹德国试图将欧洲的所有犹太人全部屠杀掉，仅仅是因为他们的民族和信仰缘故。

⊙犹太人家庭从他们的华沙聚居区中被驱赶出来，应该会被送往特雷布林卡的死亡集中营。

在第二次世界大战中，被纳粹屠杀的犹太人中，至少有250万波兰籍犹太人，另有75万人来自于苏联，来自于匈牙利和罗马尼亚的犹太人也差不多是这个数字，另外还有人几乎来自于欧洲被占领的每一个国家。仅靠这个名单，还无法对其中涉及的惨无人道和卑劣行径作出阐释。

☆ 早期的迫害 ☆

虽然在战前德国以及 1940~1941 年西欧占领区的犹太人也曾遭到过迫害，但是并没有出现多少大规模屠杀事件。以纳粹的观点来看，东欧出现了一个不同的问题，他们旨在使自己的领土实现"无犹太人化"，而在这里却有着更多需要被清除的犹太人。1940 年，很多波兰籍犹太人被迫居住在各大城镇的"犹太人区"。这些地方都被故意弄得拥挤不堪、毫不卫生，并且每天典型的食物配比额都不到 200 卡路里。截至 1941 年中期，在华沙聚居区的 50 多万犹太人，每天的死亡数接近 2000 人。

即便如此，也依然无法令纳粹人的变态心理得到满足。紧密跟随在侵略苏联之军队后面的，是特别行动队，即纳粹党卫军的暗杀小分队，他们的任务就是杀掉犹太人和共产党人。截至 1941 年末，至少有 60 万犹太人被围捕、枪毙或者活埋。这些恶行都是在光天化日下干的，经常会有很多德国陆军士兵和其他人员在一旁拍照留念。

⊙1941~1942 年，一名特别行动队（Einsatzgruppen，一般称为"移动杀人团队"）的杀手正在执行任务。

☆ "最终解决" ☆

到了这个阶段，居领导地位的纳粹开始寻找"犹太人问题的最终解决方案"，即找到屠杀欧洲所有犹太人的更简单方法。这个过程开始于 1941 年的秋天，并在一次纳粹高层会议上达到了高潮，那就是于 1942 年 1 月召开的"万湖会议"。

屠杀行动多数都是在波兰占领区专门建立的死亡集中营中进行的。从 1941 年末开始，来自于波兰犹太人聚居区的犹太人，成批地被运送到集中营，而后则是从德国控制的欧洲其他地区被运送到那里的犹太人。多数集中营会在犹太人一抵达的时候便将其杀死，但是最大的"奥斯威辛集中营"，则只会立即派送其中一部分犹太人前往毒气室，剩下的多数都会在各种工厂中干苦力，一直到最后死亡。集中营的幸存者于 1944 年向西行

⊙1945 年，一些幸存者从布痕瓦尔德地区获得解放，其中包括诺贝尔奖得主埃利·威塞尔，他在图中的中铺位置，从左开始的第七位。

进，而随着苏联红军的挺进，他们依然需要忍受更多的苦役。1945 年，少数几个身形憔悴的受害者终于被解放了。

德国、波兰以及苏联西部的多数犹太人，都惨遭死亡的厄运，但是在其他地方，他们的命运却并不完全一样。比如说，保加利亚政府拒绝将任何犹太人遣送到集中营，墨索里尼政权基本上都对他们不闻不问，而差不多所有在丹麦的犹太人都会偷渡到瑞典境内。

在所有国家之中，很多人都甘愿冒着生命危险来拯救犹太人，这在大范围和小范围内都有出现。相比之下，法国维希政府中的一些人则愿意在驱逐出境的过程中助他们一臂之力。而多数国家都会有一些合作者，他们专门帮助纳粹去干这种丑陋的勾当。

⊙阿道夫·艾希曼是一名冷酷无情的纳粹党人，他曾经执行过"最终解决"方案中的很多任务。

自 1942 年中期开始，英国和美国对正在发生的事情有了清楚的认识，但是，除了一些零星的言语抗议之外，他们并没有采取过能够减缓或阻止刽子手的措施。虽然对这种种族迫害作出了谴责，但无法改变这样一个骇人听闻的事实，即竟然有 600 多万犹太人已经被屠杀了。

安乐死

很多针对犹太人的大规模屠杀技术被开发出来，并运用在纳粹的安乐死计划之中。在 20 世纪 30 年代，超过 30 万有遗传精神病病史的人或身体残疾的人，被进行了细菌试验。自 1939 年以来，超过 10 万名"低等德国人"也被残酷无情地屠杀了，其中很多都是由医院中专门负责"照看"他们的医务人员来执行的。受害者包括年老的病人、精神病人以及带有身体残疾或遗传病（如唐氏综合征）的婴儿。

战地炮兵

虽然坦克和飞机都有着引人关注的特大威力，但是第二次世界大战依然是一场由炮兵来主宰着的战争。在所有战线上，超过一半的伤亡都来自于炮兵火力凶猛的致命打击。

每支军队的火力核心，都来自于战地炮兵部队的中型口径炮弹。各个师团都会配备一支炮兵部队，专门用来援助师团部队的进攻，而其通常都是在一支炮兵连基础上建立起来的（炮兵连可能有六门大炮），其存在于每一个步兵或坦克营的编队之中。战地炮兵的大炮，通常都发射 75~105 毫米口径的火力炮弹，重量在 10~15 千克间，而射程则是 12~15 千米。

☆ 武器类型 ☆

炮兵部队的典型武器，便是美国陆军的标准 M2A1 型 105 毫米榴弹炮，这一模型自 1943 年以来便开始投入使用，并一直使用到越战时期。与多数类似武器相同的是，M2A1 型可以发射出不同类型的炮弹，其中包括高爆弹（简称"HE"）、高爆反坦克榴弹、白磷弹、烟雾弹甚至是"传单炸弹"。不同的火药装药方式，也专门因射程不同而设计好了。

德国的标准武器，即 105 毫米 leFH 18 以及经过轻微改进的 leFH 18/40 型，基本上是完全相同的。英国的主要野战炮，是 25pdr 规格、87 毫米口径，其发射的是稍微小一些的炮弹。但是，其在射程上并没有任何损失，并得到了快速开火功能的弥补。苏联军队的炮兵武器，是一种小型炮的混合体（76.2 毫米口径的 M1936、M1939 或 M1942 型炮及其他）和更加重型的 122 毫米类型（M1931 枪炮和 M1938 榴弹炮以及其他）。122 毫米口径的榴弹炮，有着与上述野战炮类似的射程，并可以发射 21.8 千克的炮弹。

意大利和日本都拥有不同的 75 毫米和 105 毫米口径的武器，而其在性能上与前面

⊙德国 88 毫米榴弹炮

提及的类型完全可以媲美。但是，这两个国家都没有在战斗中非常有效地运用自己的炮兵部队。

◎英国炮兵在缅甸战斗中使用的是一种 94 毫米驮载榴弹炮。自第一次世界大战以来，这种炮弹得到了装备改进，可以发射 9 千克的炮弹。

☆ 组织 ☆

令人惊讶的是，与第一次世界大战相比，第二次世界大战中军队所使用的炮兵武器要更少一些。这主要是因为，炮兵战略已经发生了改变，而用来控制炮兵火力的技术已经得到了极大的提高。

第一次世界大战炮兵都主要致力于准备阶段的轰炸任务，这是在战斗推进过程中的炮轰计划，专门用来摧毁敌军阵地，并旨在瓦解敌军的兵力。德国和西方盟军在第二次世界大战中并没有给这种类型的行动给予太多的重视，因为他们都认识到，这在效果上非常有限，并经常会起到相反效果。相反，在一次行动正在实际进行之中的时候，他们更加强调中和一些火力，其目标就是压制敌军火力及其调动的能力。

虽然苏联红军组建了一支大规模的炮兵部队，但是其运用起来却显得不够老道，特别是在战争爆发后的最初几年中。炮兵连的指挥官，可能是唯一一位能够对更加精确的射击计划作出设计的人，但他们的下级甚至可能是文盲，并且都没有用来设定转换目标时间的手表。

通信联络也在其中起着至关重要的作用。西部的炮兵连部队，通常会配备前沿观察官（简称"FOO"），此外还配备了引导和调整火力的无线电设备，并且还拥有在炮兵连部队之间准确互相联络的方式。一名前沿观察官可以要求开火，这不仅仅限于他自己所在的炮兵连，在某些场合，也可以在极短时间内对数百架其他战炮发出这一指令。这个过程需要得到不同标准模式和开火时间表的辅助，这样就可以很快被应用于无数个炮兵部队。先进的英国和美国炮兵组织，是在 1943~1945 年间建立的，其在盟军获得胜利的过程中也是一个举足轻重的因素。

M3 型 105 毫米榴弹炮

M3 型 105 毫米榴弹炮，是标准 M2 型野战炮的轻型版，装备有更短一些的炮管。其专门用于空中部队，同时也应用于步兵部队的增援（图中是在 1943~1944 年的新几内亚战场上的战斗情形）。其大约是 M2 型射程的三分之二，但可以发射类似的炮弹。第二次世界大战期间大约有 2500 架此类大炮被生产制造出来。

口径：105 毫米
重量：1135 千克
长度：3.94 米
射程：7600 米
炮弹：15 千克高爆弹

斯大林格勒保卫战

斯大林格勒保卫战，一般被认为是第二次世界大战的转折点。在此之前，德国所遭到的任何败仗都是微不足道的，充其量只是一些轻量级的挫折而已，但是在斯大林格勒遭遇惨败之后，希特勒开始声嘶力竭地对其属下将军大声咆哮，因为他就此而输了这场战争。

1942年夏，随着德国向斯大林格勒地区的地面部队推进，战争开始引起当地人民的热切关注。起初，斯大林禁止平民的任何疏散行动，这是为了防止出现这座城市可能要沦陷的谣言。在工厂之中的工作也在继续进行之中，它们需要生产立即可以投入使用的武器。之前的一些拖拉机工厂也开始生产可以直接投入到战斗之中的武器，有些枪炮非但没有刷漆，而且经常连瞄准器都没有。

事件重点

时间：1942 年 9 月 12 日 ~ 1943 年 2 月 2 日

地点：斯大林格勒

结果：德国第六军并没有占领这座城市，而其自身却被歼灭

☆ 向这座城市发起进攻 ☆

9 月 12 日，第一支德国部队向这座城市进发。德国人选择直接攻击市区，不久之后便卷入到极其残酷的巷战之中。苏联方面的战术，是尽一切可能在靠近德国防线的地方建立起前沿阵地。因为在这里，是可以免遭德国空军和炮兵轰击的最安全地方。

在 8 月末的时候，斯大林派出了他的顶级将军格奥尔吉·朱可夫，专门去监督巡视整条南部前线。而现在一名新的司令官，即瓦西里·崔可夫，接管了在这座城市之内的第六十二军。当朱可夫准备发起最终的反击战时，崔可夫也将其部队投入到战斗中去。一支稳定的增援部队被运送到前线，并越过伏尔加河来到这里的废墟，并且非

⊙配备着冲锋枪的德国步兵，准备在斯大林格勒的废墟之中发起进攻。

⊙德国炮兵小组正准备发动攻击。

◎斯大林格勒保卫战经典一幕

常及时地赶到（虽然出现了数次的危机），其至少守住了这座城市的部分领地。

苏联方面的损失是巨大的，但是德国人的伤亡人数也在上升。9月末一直到10月中旬，德国人开始越来越接近胜利，但是保卫者们仍顽强地守护着这座城市北面工厂区的一小部分地方。

☆ 德国人的软肋 ☆

对斯大林格勒的推进，也给轴心国带来了其他后果。在那个夏天，希特勒开除了好几位手下的顶级将领，因为他们在战略计划上持有异议。现在，他亲自执掌指挥决定权。向斯大林格勒的推进，极大拉长了德国人的战线，因此，两只罗马尼亚部队和一只意大利军队，也被带入到第六军和第四装甲师的侧翼。罗马尼亚军队的战斗士气非常低落，并且也未受过专门的训练，武器装备上亦非常落后。他们将成为苏联反击计划中首当其冲的目标。

11月19日，苏军袭击了斯大林格勒的北部地区，并在第二天推进到南部。罗马尼亚军队，开始遭到毁灭性打击。在一周之内，两支进军的苏联红军部队顺利会师，并将斯大林格勒剖成两半。保卢斯开始请求突围的获准权，而在那个阶段，大概也只能出此下策了。但是，希特勒作出了回绝，并承诺会给被围困的军队提供空中支援。埃里希·冯·曼施坦因将军就这样介入进来，并领导了一次解救尝试，其几乎将手伸进了被包围起来的口袋，但却在圣诞节前被迫撤退回来。

与此同时，对斯大林格勒被冻结机场的空中支援，也使德国空军付出了数百架运输飞机的代价，并只运送了一部分必需物资。由于燃料和弹药短缺，加上逐渐严重的饥荒，德国第六军现在面临着四面受敌的困境，而对方占据着更大的优势，失败的结局不可避免。1943年2月2日，德国的最后一支部队在这座城市缴械投降。

◎德国斯大林格勒驻军的最后幸存者，被押往苏联的战俘营。

步兵武器

在陆地战中的战斗，非常依赖于步兵团士兵个人武器的质量。美国海军陆战队的士兵都被教导过："我的步枪是我最要好的朋友……枪在人在，枪亡人亡。"

在第二次世界大战之中，所有军队中最常见的个人武器，便是手榴弹、冲锋枪和步枪。

在各个战争的实战场地之中，手榴弹在每一次交火中都是最关键的武器，并且在使用数量上非常庞大。一些手榴弹还同时拥有进攻型和防御型的不同款式，前者主要依赖于爆炸的效果，而后者则还会额外迸发出碎片或榴霰弹。特制的手榴弹，还包括烟雾弹和燃烧弹两种类型。从外观上看，手榴弹有着两种主要的类型：鸡蛋型的，比如英国的 No.36 系列手榴弹，其是在第一次世界大战蛋形手榴弹的基础上改进的；长柄形的，比如德国 24 型柄状手榴弹。

⊙在一次演习之中，一名德国战斗工程师在清除一条布满了带刺金属丝的前进道路。

☆ 步枪 ☆

1939 年，如之前数十年来一样，各国军队士兵使用的标准武器，是一种弹仓式的单发步枪，其射出的子弹大约为 7.7 毫米口径。这样的一发子弹是致命的，在理论上也可以达到精确的射击，而射程可以远远超过 1000 米，如果有人在那个射程的三分之一距离处遭到精确瞄准后的射击，那么绝对是一次不幸的阵亡。

这种武器的最佳款式就是美国的标准步枪，即 7.62 毫米的 M1 加兰德型。这款步枪的优点在于，其有着半自动的设计。多数其他主要步枪都是旧式的螺栓步枪（即手动步枪）。英国的 7.7 毫米李－恩菲尔德 No.4 系列步枪，或许是其中的佼佼者，因为其机械操作可以更加快速地予以实现。但是，其他类型，比如德国的 7.92 毫米毛瑟 98K 步枪，也是相当结实耐用的，并且射击精确，安全可靠。

⊙一名美国新兵正在接受枪法指导，其使用的是一支 M1 加兰德 7.62 毫米的步枪。

☆ 冲锋枪 ☆

一直到第一次世界大战最后几个月的壕沟战斗之中，冲锋枪才开始投入使用。它们具有比步枪更高的远距率射击速

⊙苏联步兵正在发起进攻。离摄像机最近的那名战士，用的是 PPSh-41 式冲锋枪。左边的那个战士携带着莫辛－纳甘 M1891 式 7.62 毫米步枪，这是一种旧式的设计，配备装有五发子弹的弹夹。

率（只要弹药供应得上就行），但很难让训练有素的士兵作出精确的点射，而且射程范围也很有限，因为其装载的是火力较弱的手枪子弹。

苏联红军和德国陆军都在极大范围内使用了冲锋枪。其中最常见的苏联设计（大约有 600 万支被制造出厂）是 7.62 毫米的 PPSh-41 型。这种武器造价低廉，但是结实耐用，其弹匣中装有十分管用的 71 发子弹。德国也生产了一系列冲锋枪，主要基于 9 毫米口径 MP38 式和 MP40 式（其被误认为是施迈瑟式）的设计，因此不但效果甚佳，而且得到了极为广泛的应用。

在战争的早期，英国和美国所使用的主要设计，是 11.4 毫米的汤普森式，其更加精确，并且要比其他冲锋枪更加安全可靠，但是非常笨重，而且比较昂贵。英国和美国也都生产了实用的战时武器设计，即美国的 1134 毫米"M3 黄油枪"，和英国的 9 毫米斯特恩式轻机枪。英国的斯特恩式轻机枪，射击精确度不高，在可靠性上也是褒贬不一，但是它们的造价非常低廉，并且容易制造。所以在敦刻尔克大撤退之后，当需要给一支大规模部队配备武器的时候，便开始郑重考虑到它，其中很多也被派送到反击团体。

☆ 突击步枪 ☆

在战争的后来几年中，德国人开始引进很多种半自动式的突击步枪，其包括了很多优点，并避免了传统步枪和冲锋枪经常出现的一些缺陷。最重要的设计，就是"风暴步枪 44 式"，其使用的是一种全新的 7.92 毫米弹夹。这种弹夹在战后的几年中，可以被 AK-47 卡拉什尼科夫冲锋枪继续使用。

除了上述这些之外，在所有国家的海陆空部队中都会使用手枪（既是左轮手枪，又是自动手枪），并且在设计款式和口径上都有非常大的选择范围。这些武器在战斗中经常被用来当做一种近距离的作战武器，并且是最后的防身武器，但很少会被当做第一选择的战斗武器。

斯特恩式轻机枪

斯特恩式轻机枪，是在 1941 年首度投入使用的，其价格便宜，生产速度快。当时有超过 400 万支此类机枪被制造出来，并被打上了几种略微不同的记号。除了英国陆军使用过之外，其还被派送到一些反击部队。这种轻机枪还可以使用德国人的弹药。

编号：斯特恩式马克 2
口径：9 毫米
长度：762 毫米
重量：2.96 千克
枪管长：196 毫米
初速：381 米 / 秒
弹量：32 发

苏联的冬季攻势 1942~1943 年

在围绕斯大林格勒保卫战而展开的一系列胜仗鼓励下，苏联人的进攻在 1942~1943 年的冬季继续延续着。现在，他们要比之前更加强大，并且有着更好的武器配备，因此也重新获得了在 1942 年曾经失去过的所有领地。

⊙一堆德军在冰天雪地里生火取暖，恶劣的气候、食物的短缺、过长的战线、战略的失策，注定了德军的最后失败。

1942 年至 1943 年的冬天，对斯大林格勒的收复以及对德国第六军团的彻底摧毁，都只是苏联发起之全部攻势中的一部分。

从 1942 年 12 月 12 日开始，德国的曼施坦因意图重新解救斯大林格勒，并首先展开了经过周密安排的推进计划，不过当时的气候条件非常恶劣。数天之内，苏联军队对德军侧翼发起了进攻，并对其构成威胁。开往北部地区的意大利第八军遭到摧毁，即便是奔着斯大林格勒推进的那支部队，也因为遭到猛烈的抵抗而被迫放缓下来。截至该年年末，曼施坦因的部队不断退却。在南部，苏联的斯大林格勒前线部队对罗斯托夫发起了进军，并在高加索地区将德国第一集团军拦腰斩断；顿河前线越来越缩进了斯大林格勒的包围圈；西南前线正将顿河大弯道以西的整片区域予以解放。

☆ 新的苏联攻势 ☆

1943 年 1 月，苏联的攻势开始延伸到北方地区。再一次地，一个德国附属国的军队成为了最初的目标。沃罗涅什前线以摧枯拉朽之势突破了匈牙利的第二军，后者与

东部战线的罗马尼亚人

1941 年，罗马尼亚军队在"巴巴罗萨"作战计划中并没有起到多大的作用。罗马尼亚政府的首领扬·安东内斯库于 1942 年同意扩大罗马尼亚军队数量。在苏联人将轴心国集团军在斯大林格勒周围予以摧毁之后，超过 10 万名罗马尼亚人被杀害或者被擒获。即便如此，罗马尼亚军队依然继续在德国人身边一起顽抗，并一直坚守到 1944 年 8 月。而就在那个时候，罗马尼亚国内发生了政变，其领导者是国王迈克尔，他还罢免了安东内斯库。从此，罗马尼亚改变了自己的立场。接着，罗马尼亚军队跟随苏联红军一起推进到匈牙利和捷克斯洛伐克地区。

⊙1942 年下半年，罗马尼亚战俘在斯大林格勒附近。

意大利和罗马尼亚的军队一样，不但实力薄弱，而且配备低劣。在几天之内，匈牙利军队就被彻底摧毁，而奔赴北部地区的德国第二军，也被击退回去。

在南部不远的地方，希特勒授权第一集团军从高加索地区撤退回来。第一装甲师的机动部队，于1月末成功从罗斯托夫地区穿越后逃离。但是，第十七军

⊙苏联战士经常骑在坦克上投入战斗，这种做法其实非常冒险，很可能发生较高的伤亡率。

缓慢移动的步兵，被推往东部地区，并进入克里米亚半岛对面塔曼半岛的一个桥头堡。

苏联的指挥官们现在心中有了新的目标。在北部侧面，他们同时向库尔斯克和哈尔科夫地区推进，并在南部准备跨过顿涅茨克，然后冲往第聂伯河，将曼施坦因的兵力隔离开来。这些进攻都是在1943年1月的最后几天时间里发起的。

苏联人计划加强这些进攻，但需要转移部队，这支部队占领了斯大林格勒，现在需要让它奔向主要的战斗前线。这一行动所花的时间要比原来计划的更多一些。

☆ 最后的推进 ☆

苏联人在2月初顺利占领了库尔斯克和罗斯托夫，并开始在该月中旬通过了哈尔科夫，但是这支部队也逐渐开始变得疲惫不堪。在2月中旬，希特勒对他的兵力作出了重新部署，并让他手下最精明能干的曼施坦因负责率领所谓的南路集团军。与此同时，苏联的进军也开始暴露出一些弱点，而德军的撤退则缩短了他们的防线。所有这些加到一起，都为德国人的还击制造了一次机会，而这次还击就在2月中旬发生了。

⊙苏联红军步兵在发起进攻。拿着步枪的士兵常在轻型冲锋枪的火力掩护下发起进攻。

突击炮

坦克炮塔造价比较昂贵，很难建造起如此重型的装甲战车，因为其要在更加简单、横截面有限的顶上承载威猛的枪炮。不过在第二次世界大战期间也有了很多数量的生产，并在东部战线得到十分有效的应用。

⊙1945年初，一名美国士兵正在检查一辆被击毁的猎豹坦克。

这种类型的武器，几乎就是德国和苏联两国军队的专属配备。它们要有一定程度的装甲保护，可以用于支持进攻部队和坦克的直接火力支援。（英美联军中的自力推进枪炮，在机动式的炮兵和反坦克枪炮种类中有所提及，与其一起的还有其他苏联和德国的设计。）

即便有着很多局限性，属于这种类型的战车数量依然十分庞大。苏联方面的类型包括SU–45、SU–57、SU–76、SU–85、SU–100、SU–122与SU–152，以及JSU–122与JSU–152设计等（其中的数字主要显示其配备大炮的口径）。德国也生产了类似的不同设计。

☆ 第一设计 ☆

德国的三号突击炮，是在三号装甲车底盘的基础上改进的，是这种类型武器中最出名的。这一设计的不同版本，自1940年以来，便在整个战争中服役。实际上，其也变成了德国生产最多的装甲战车（简称"AFV"），数量高达9000辆。

起初的时候，三号突击炮只是为步兵增援部队而专门设计的，其有着较短的7.5厘米口径的大炮，并安置在向前的超级结构之上。后来的模型先是增加了一个7.5厘米的大炮，后来则是更大口径的，从而获得了颇为有效的反坦克能力。还曾有过另一种类似的四号突击炮，以及适合105毫米榴弹炮的版本。具有同等能力的改进战车，就是"追猎者"坦克歼击车，这种设计是在PzKpfw 38（t）底盘的基础上改进的，同样也搭载有75毫米口径的大炮。

属于不同种类的，是其他"坦克歼击车"战车，这种类型的三种战车，都是值得一提的。

首先是"象"式坦克歼击车，或称"斐迪南"坦克歼击车，是在"虎"式坦克基础上的一种选择性设计。

"猎虎"坦克

"猎虎"坦克是于1944年开始服役于军中的。这一战车的基础部分是二号"虎"式坦克底盘的变种，但是动力欠佳，因此很容易被击溃。有两支营队被配备过"猎虎"坦克。

重量：70吨
长度：7.39米
高度：2.95米
武装：1门128毫米火炮；1挺机枪
装甲：最厚达250毫米
时速：38千米

其搭载有最坚不可摧的著名的88毫米口径主炮，并位于厚重装甲的后面。由于其在机械运动上不甚可靠，并且缺乏防御步兵攻击的二次装甲，因此其并不是一种成功款式。

"猎豹"坦克搭载着同样的主炮，并有着良好的装甲和机动性，总而言之，其应该是战争中最具威力的坦克歼击车。其有着更大型的同时代款式，即"猎虎"坦克，顶上装载着一架巨型的128毫米口径的炮，是战争

⊙1944年，在波兰的战斗期间，一辆三号突击炮经过一辆被击毁的T-34式战车。

中威力最猛的反坦克枪炮，而其后方的装甲厚度厚达250毫米。其缺点是比较笨重，并且也不甚可靠。补充说一点，虽然火力威猛，但这些类型的总体产量大约是90辆"象"式、390辆"猎豹"式以及80辆"猎虎"式，这完全不足以避免德国的溃败。

☆ 苏联的回应 ☆

苏联的第一款重要设计，便是SU-76式。该战车载有M1942型76.2毫米主炮，并且是在轻型坦克底盘的开放式顶端之上。这一设计是为了对德国三号突击炮做出回应，超过12000辆此类战车被生产出来。火力更加威猛的是于1943年被引入的SU-85式，以及于1944年末的SU-100式。与德国的坦克歼击车相比，这两款都没有同样级别的装甲，但是SU-100式还特别配备了专门对付德国AFV战车的威猛火力。相比之下，到1945年年中，至少有1500辆SU-100式被建造完成。

最重型的苏联突击炮类型，载有122毫米和152毫米的主炮。这些武器并不是专门为反坦克而设计的，但是它们的重型炮弹却意味着，它们依然有着同样重要的反坦克能力，并且经常在实战中扮演起这种角色。

SU-100 式

与SU-85式一样，SU-100式也是在T-34式车身的基础上改进的，但却有着火力更加威猛的100毫米口径的D-10主炮。其全面的生产开始于1944年9月，1945年时在军中起到了极大的作用。

重量：32.5 吨
长度：5.92 米
高度：2.54 米
武装：100 毫米火炮
装甲：外壳前部 75 毫米
时速：48 千米

SU-85 式

与T-34/76式相比，SU-85式在设计上提供了更好的反坦克性能。它是在1943~1944年生产的，但在T-34/85式投入使用之后逐渐被淘汰了。下图展示的样品，是被擒获的德国战车。

重量：29.4 吨
长度：5.92 米
高度：2.54 米
武装：85 毫米 D-5m1943式火炮
装甲：最厚达 54 毫米
时速：55 千米

战时的宣传艺术与流行文化

由于第二次世界大战实际上是一场全面的战争，因此每一个地方的作家、艺术家、电影拍摄者、记者以及广播公司，都在战争中扮演起一定的角色。

⊙《信号》杂志是德国人发行的，并有着好几种语言的不同版本。这是法语版的样品。

在一些国家中，艺术、娱乐以及大众信息只是国民生活中的一部分，但都要吻合国家的利益，不论是在战争或和平时期都是如此。在另一些国家中，这种局势相对并没有那么旗帜鲜明，但总体而言，不论是流行还是严肃艺术家以及媒体人，都会肩负起一种使命感，并要给各自的战争努力作出一些贡献。

☆ 绝对的控制 ☆

在美国和德国，甚至是在日本，在局势上都存在很多的相似性。在这三个国家中，审查制度是十分严格的，如果未获官方的正式批准，不得公开出版或发布任何信息内容，而对统治政权任何形式的批判也是不能容忍的。纳粹对无线广播的威力，有着特别清楚的认识。他们确保了那些廉价无线广播设备在德国境内的广泛使用，但是也查没了很多被占领国家的无线广播设备，并在他们的控制之下禁止任何人收听盟军的电台。

德国和苏联对他们敌人的描写，都是极富贬低意味的。纳粹将共产党人和犹太人予以妖魔化，而且不需要任何的细说；而在苏联方面，众所周知的公开材料都包括着类似的字眼："杀死他"和"我所憎恶的"。

在英国和美国，对轴心国力量的描述相对温和一些，不过也有一些颇具知名度的战时电影，比如《百战将军》，就遭到某种程度的批判，因为其将德国人描述成大方得体的人。交战双方的共同点就是，差不多所有好战国家的报纸发行量都得

约瑟夫·戈培尔

自希特勒于1933年执掌大权开始，戈培尔（1897~1945）就任纳粹宣传部长一职。1945年4月，在亲手杀死自己六个孩子之后，戈培尔与妻子在希特勒的地堡中自杀身亡。他控制着德国境内的所有媒体和艺术产品。他利用无线广播来巩固纳粹政权，并将希特勒塑造成一名伟大的领袖，还一直维持着这种形象。他从始至终都对希特勒十分效忠，他的努力也在促使德国人积极投入战斗的过程中起到了极大的作用，虽然其后来的战败是不可避免的。

⊙1934年，约瑟夫·戈培尔在一次纳粹党集会上滔滔不绝地演讲。

到大幅的攀升。

☆ 广播媒体 ☆

在英国和美国，出版业和广播媒体的所有者和经营者，通常都乐意遵守官方的意愿，即他们不会向敌人泄密，即便他们心存不满，也只会将对政府的批判采取缓和的方式。而政府也不会寻求对印刷业或广播业的独裁。

⊙这是 1942 年的一幅德国海报，名为《躲在敌人后面的犹太人》。

⊙波茨坦会议中的三国领导人，前排左为艾德礼，中为杜鲁门，右为斯大林。

在欧洲，很多人都会偷偷收听 BBC 节目，部分原因是他们知道这个节目的新闻一直以来都比较客观，即便其并不能将所有事实都大白于天下。但是，德国人的英语广播则在英国遭到嘲弄，因为其主播威廉·乔伊斯（被称为"呵呵勋爵"）的风格过于虚假，而他经常给听众讲述的故事都显得非常滑稽可笑。

电影应该是最有力度的文化媒体了。除了主流题材的作品之外，来自于好莱坞和德国的电影，包括了很多制作简单、逃避当时困难时期现实的娱乐节目。具历史意义的史诗性作品，主要回忆过去在德国和苏联时常出现的爱国者与英雄，其中就有《俾斯麦》和《伊凡雷帝》等。在英国，劳伦斯·奥利弗主演的《亨利五世》也是类似的题材。

对很多人来说，流行音乐和流行歌曲都是舒适和快乐的源泉之一，其还可以跨越国界。1943 年，在非洲战场发生了一次意外事件，其中一支英国士兵组成的编队在突尼斯境内发起了他们的胜利大游行，并经过了轴心同盟的一支纵队，这两支部队却都在吟唱着《莉莉玛莲》这首歌。

⊙劳伦斯·奥利弗在其 1944 年的电影作品《亨利五世》中，扮演国王的角色。

阿拉曼大捷

虽然在规模上无法与东部战线的大规模战役相比，但是阿拉曼战役一直被看成英国对德作战的转折点。更多艰苦卓绝的战斗依然继续着，但是在阿拉曼战役之后，对盟军的形势开始越来越有利了。

虽然对埃及的冲击在 1942 年 7 月的阿拉曼第一次战役中遭到搁浅，但是隆美尔依然急切地希望再度发起进攻，只要他的部队得到增援。与此同时，英国首相丘吉尔也委任了一个新的指挥小组前往守卫着埃及的英国部队，并让伯纳德·蒙哥马利将军负责第八军。

☆ 英国的新计划 ☆

在接管军队之后，蒙哥马利便开始调整英国兵力，而首当其冲的就是重整士气，因为其在当年早期的几次灾难性战斗中遭到了挫败。他比以往任何时候都更加清楚地指出，绝不能后退，并将其部队作出了新部署，从而将火力集中起来，而不是跟着德国人的步伐走。因此，当德国人后来于 8 月 30 日发起进攻的时候，英国部队一直坚守着。9 月 6 日，德国人已经被迫撤退到他们之前出发的地方。在这场哈尔法岭战役中，盟军部队获得了全胜。

德国人被击败的首要因素，是因为物资短缺。他们是从几百千米之外发起行动的，而欧洲和北非之间的线路，一直遭到盟军空军和海军越来越猛烈的攻击。这些突袭，很多都来自于马耳他岛，而其在当年曾遭遇到非常严重的轰炸。

在哈尔法岭战役之后，丘吉尔希望蒙哥马利能够发起直接的攻击，但是后者却拒绝了，并坚持认为，他应当获准先对自己的部队进行一番实实在在的重整。然后，他于 1942 年 10 月在阿拉曼发起了进攻，而第八军也拥有二对一的人数优势，坦克和枪炮以及空中的极大优势也是存在的（轴心国兵力的多数，则都是由战斗力微弱的意大利军队组成）。

隆美尔早已通过利用

⊙这是在阿拉曼战役期间的一辆十字军"马克三号"坦克，这种坦克在机械上存在安全性不够的问题。

布雷区和其他防御手段的方式，建筑了一个坚不可摧的阵地，但是蒙哥马利也非常小心翼翼地重整了属下的部队。他可以确信的是，他的步兵、坦克部队以及炮兵连等，完全可以相互协作，而这在之前的沙漠战争中是非常罕见的。

⊙在阿拉曼之战中的猛烈轰炸期间，一架英国的140毫米大炮正在全力开火。

☆ 阿拉曼之战的胜利 ☆

在盟军最初的推进之后，又发生了接连几天的消耗战。逐渐地，给轴心国防御提供主要支持的德国坦克部队，被消耗得够呛。11月2日，隆美尔向希特勒发信说，他不得不作出撤退的决定。希特勒的回应，又是他通常不太现实的"不准撤退"命令。但是将在外军令有所不受，在开始投入这场战斗的时候，隆美尔曾经率领着500辆坦克，而现在只剩下几十辆了，因此他也毫无其他选择。11月4日，他最终放弃了他的整个防御阵地。

在某种程度上，可能是因为蒙哥马利并没有穷追猛打，因此轴心国剩余的多半兵力都得以逃之夭夭。紧跟着的是更大规模的撤逃，此时对隆美尔来说甚至是十分必要的，因为自11月8日开始，英美的"火炬"计划开始实施，他们在非洲的西北部登陆了。

在短暂的停顿之后，物资供应终于得到补给，第八军在大约推进了1500千米之后，于1943年1月23日占领了的黎波里。尽管德国人不断进行破坏，但是英国人依然能够在某种程度上继续使用港口设施，并持续到那个月的月末。

⊙英国第八集团军司令蒙哥马利。

⊙阿拉曼战役中的英军阵型分布图

轻装甲车

随着战争总体机械化程度的日益提高，自然而然的结果便是，侦察与其他辅助功能也开始由装甲车来填补空白。装甲车及其他运载工具，也开始在欧洲战场的所有部队中激增起来。

在第二次世界大战中，军队都开始使用装甲车来实现侦察和支援任务。几十种不同类型的装甲车被制造出来，其中的多数都有着完全不同的变化款式，因此本节自然也只能选择其中一部分进行讨论。

⊙一辆美国 M8 装甲车在为 1944 年诺曼底登陆日的"英国某个地方"行动而加紧训练。

☆ 英国和美国的类型 ☆

最初，生产量最多的装甲车是英国陆军的布伦式，这一款式总共生产了 10 万多辆。其可以运载一架机关枪或迫击炮，以及用于军事行动的弹药，并带有一架轻型反坦克炮，或用于侦察，或用于其他很多任务。

英国也是有轮装甲车及侦察车的忠实用户。产量最多的类型，当属"戴姆勒·野狗"侦察车和霍博侦察车。有 6000 多辆双人"野狗"侦察车被生产出来。其有着 30 毫米的装甲，以及防爆安全轮胎（即"漏气续行"），还有着 5 前 5 后的传送设备。霍博和戴姆勒也生产了最常见的装甲车，这两种类型都是于 1941 年开始投入使用的。重型装甲车包括了本地产的，以及美国制造的 T17"猎鹿犬"装甲侦察车。英国也依赖于美国产的不同（通常都是半履带车）军队运载车和类似的其他机动车。

与英国不同的是，美国建造并使用了相对较少的装甲车类型，其最重要的类型是 M8 式，其在英国军队中的大名是"灰狗"战车。这种款式搭载有一架 37 毫米口径的主炮，并在一开始就被设计成坦克歼击车的款式。最重要的美国侦察车，是怀特 M3 式，其总共生产了 2 万辆。这一款

⊙一辆英国的霍博装甲车，于 1944 年在法国北部行驶着。

SdKfz 251 半履带车

SdKfz 251 半履带车在最初设计的时候，是用来运载步兵装甲师的，但是其为了实现其他功能又出现了 20 多个变种，其中包括防空战车、反坦克战车以及指挥机动车等。总共算起来，一共生产了 13500 辆 SdKfz 251 半履带车。

重量：	7.9 吨
长度：	5.8 米
高度：	1.75 米
宽度：	2.1 米
时速：	53 千米
装甲：	最厚达 15 毫米

⊙1945 年，一辆 M3 半履带式战车在德国境内搭载着一支美国纵队的士兵。

除了驾驶员之外，还可以运载 7 个人。

美国和德国的军队都广泛使用了半履带式机动车。这些都有着全履带式机动车的很多越野性能，但是建造工序简便，造价更低廉，因为它们有着更加简单的有轮操作。美国的模型包括更小一些的 M2 和 M9 式，还有更大一些的 M3 和 M5 式。M3 和 M5 式是 9 吨重的战车，其可以运载一整支步兵分队。所有这四种都广泛应用于日常的前线运输任务之中。此外，还有很多不同款式，都搭载着防空、反坦克以及密接支援的武器。很多美国的半履带式战车和侦察车都被供应给了苏联。

☆ 德国的设计 ☆

在德国半履带式的级别之中，体型最小且最不常见的，当属 SdKfz 2 型摩托履带车，它其实就是一种半履带式的运货摩托车，总共有 8000 辆的生产量。更重要的是更加常规的 5.9 吨 SdKfz 250 型及其衍生型号，此外还有更大型的 7.9 吨 SdKfz 251 型及其不同的变种款式。这些类型在机动性上都要比美国的 M2 或 M3 式稍差一些，多半是因为前轮部分并没有安装动力驱动，但它们也可以服务于差不多类型的部队人员、运输任务和武器运载任务。很多都被用来当做指挥战车，并在战争早期配备了大而显著的"床架"天线，专门为它们运载的无线电设备所用。

德国也有一大堆 4 轮、6 轮和 8 轮的装甲车。其中 4 轮的 SdKfz 221 型是一种 4 吨重的机动车，可容下 2 名机乘人员，还配备了一架机枪。而 6 轮的类型则是战前的设计，大概在 1941 年从军中被大规模撤换下来。自 1937 年起，它们就被 8×8 的类型所超越了。

8 轮的 SdKfz 232 型，运载着一架 20 毫米口径的加农炮，还有一架机枪（令人不解的是，另外还有一种 6 轮的 SdKfz 232 型以及其他重叠的名称）。这是一种 8.8 吨的机动车，可载有 4 名机乘人员，其中包括一名副驾驶员，其负责以相反方向驾驶这一战车。最重量级的款式，当属 SdKfz 234 "美洲狮"，其载有 75 毫米口径的反坦克炮。

布伦炮车

通用运输车（其标准样品是从 1940 年开始出名的）是英国的主要多用途运载车。其经常搭载着轻型武器，比如博伊兹反坦克步枪和布伦机枪，其式样可参见下图。

规格：通用运输车
重量：4.3 吨
长度：3.75 米
高度：1.6 米
宽度：2.1 米
时速：32 千米
引擎：85 制动马力伏特 V8 型
装甲：最厚达 10 毫米

火炬行动与突尼斯之战

1942 年，在火炬行动中，美国军队在欧洲战场打响了第一次战斗。在遭到挫败和更多艰苦战斗之后，盟军于 1943 年 5 月获得了北非战场的胜利，而对德国形成的包围圈也开始收得越来越紧。

自1941 年年初以来，美国的参战，开始使欧洲战场的形势渐渐有了改观。从一开始，美国陆军的领导者们便确信，击败希特勒的途径就是要通过一次自英国出发的跨海峡作战。罗斯福总统下令，美国部队必须在1942 年期间被派遣到对德作战的行动中去，因此最后的决定是，要在摩洛哥和阿尔及利亚地区登陆，从而清除轴心国在北非的兵力部署。

摩洛哥和阿尔及利亚是法属殖民地，其控制者是贝当·维希的政权。英美关系在 1940 年出现了一些尴尬，因此美国人率先引导了登陆前的协商，并试图说服维希政府在非洲大规模兵力的领导人不要对盟军的推进做出抵抗，而是要加入到更小规模的"自由法国人"部队——后者早已在盟军一方投入战斗了。在此事件中，法国人确实并没有对登陆做出顽抗，但是花了几个月时间的政治口角才组建出一支联合的"自由法国人"部队。

☆ 火炬登陆行动 ☆

这次被称为"火炬行动"的战斗，是于 1942 年 11 月 8 日打响的，正好是盟军第八军在阿拉曼获得胜利的四天之后，这次行动最终将意大利人和德国人驱逐出了埃及地区。如果顺利，这次进攻应该深入到突尼斯，但是这个计划遭到拒绝，因为这样太危险了。相反，登陆地选择在摩洛哥的大西洋海岸，靠近卡萨布兰卡，并位于阿尔及利亚的阿尔及尔和奥兰地区周围。英美联军，即第一陆军，立即开始朝着突尼斯前进，但是此时未免也太晚了。

德国陆军元帅阿尔布雷希特·凯塞林，是非常精干的总司令官。11 月 9日以后，他开始将军队、坦克和飞机从西西里岛转

⊙1943年春天，一门美国M2式105毫米榴弹炮，出现在突尼斯的南部阵地。

⊙在火炬计划开始之后，美军在奥兰地区登陆，画面中两个士兵正在操作一架轻型对空突击炮。

移涌入到突尼斯境内，与盟军展开了对抗，并使其停顿在突尼斯西部崎岖不平的山路之中，展开了一系列艰苦的战斗，时间从当年11月一直持续到1943年的1月初。

☆ 突尼斯之战 ☆

1943年2月，轴心国在突尼斯的兵力已经跟隆美尔的军队会合，而这也顺利完成了其从埃及的撤退行动。盟军第八军依然使出浑身解数来充分利用的黎波里港口，因此还并没有充分准备好进一步推进到突尼斯的南部地区。这给了德国人一次机会，让他们对第一军发起进攻，这次进攻是在2月14日发起的。

在凯萨林之战中，经验不足的美国军队成了轴心势力进攻的首要目标，因此遭到惨败。美国和英国的增援部队，冲击到被威胁的地区，从而防止了一次关键性的突围，接着逐渐于2月下旬收复了失地。乔治·巴顿将军接管了美国在突尼斯地面部队的指挥权，而他的领导很快提高了军队的作战效率。

3月初，第八军粉碎了德国的一次尝试性进攻，而在当月的后来时间里，即在艰苦卓绝的马雷特战役中，将轴心国兵力驱逐到了他们在突尼斯南部主要防线的外面。

4月，第一军和第八军继续发起进攻，最终于5月推进到比塞大港口和突尼斯地区。经过一场决战，最后剩余的大约25万轴心国兵力终于在5月13日缴械投降，非洲完全置于了盟军的控制之下。

⊙北非战场上被摧毁的德军坦克，"火炬行动"的实施，使盟军顺利战领了卡萨布兰卡。

德怀特·D. 艾森豪威尔将军

艾森豪威尔（1890~1969）在"火炬行动"中被任命为盟军的最高指挥官，并继续在西西里岛和意大利担任着这一职务，一直持续到1944~1945年的欧洲西北部战场。与其他顶级盟军指挥官相比，他更加清楚地认识到在英美关系中保持良好合作的极端重要性。虽然他也有一些缺点，比如与巴顿和蒙哥马利一样有点儿我行我素，但是他的领导使盟军的努力一直处于正道之上。

⊙艾森豪威尔对盟军内部的团结起到了极大的作用。

库尔斯克大会战

在哈尔科夫的反击战失利促使希特勒下令对库尔斯克发起新的进攻。然而一支德国在俄罗斯的主力进攻部队竟然突围失败，这便清楚地表明，苏联人现在开始赢得他们伟大卫国战争的胜利。

1943年1~2月，苏联的军事进攻已经推进到德国占领土地的深处，占领了哈尔科夫地区，并威胁着第聂伯罗彼得罗夫斯克。在这一突破口的北部地区，德国中央集团军在奥廖尔附近地区坚守着，而在南部地区，曼施坦因的南路集团军也拥有较好的防守阵地。曼施坦因现在已经拥有几支坦克装甲师，其中包括配备精良的强大的纳粹武装党卫军。他已经准备对位于这些阵地工事之间的苏联进攻者发起转败为胜的反击战。

☆ 攻占哈尔科夫 ☆

在2月份的下半月中，曼施坦因的坦克部队对苏联在第聂伯罗彼得罗夫斯克附近的先头部队发起了攻击。到月末，苏联的四个坦克机械化军团（其中每一个都相当于一支德国装甲师）都被彻底粉碎，而其中的幸存者也被逼退到顿涅茨克地区。

在春天解冻之前，在利用了最后几天结冰地面之地理优势后，曼施坦因的坦克部队接下来奔向了哈尔科夫地区，并在3月16日占领了这个地方。希特勒因为这次重大的收复失地而感到精神振奋，即便是在后来哈尔科夫沦陷之前，他仍然下达了发起新一轮进攻的命令，并在北部以库尔斯克为中心的苏联较大突出部地区与苏军做殊死搏斗。

埃里希·冯·曼施坦因

在第二次世界大战期间，最具战争天赋的将领之一，就是德国的陆军元帅埃里希·冯·曼施坦因（1887~1973）。他在很大程度上成就了德国人的辉煌，比如在1940年的侵占法国事件。虽然他在1942年晚期并没有解围斯大林格勒，但是他在接下来几个月中的领导，稳定了东部战线，并赢得了德国人在哈尔科夫的胜利。在库尔斯克，他的进攻也堪称德国所有进攻之中最成功的部分。此后，曼施坦因也在撤退之中进行了足智多谋的战斗，一直到希特勒在1944年3月解除了他的职务。

⊙德国陆军元帅冯·曼施坦因及其参谋人员在研究一张地图，策划他们的战略调动。

☆ 库尔斯克会战 ☆

虽然德国人可能已经在冬季付出了50多万人的伤亡代价，但是希特勒依然相信他们能够重新收复在东部战线上的战略要地。与此同时，还要为东南欧在该年间随时可能发起的英美联军进攻做好防范准备。很显然，德国部队，特别是其坦克部队，在战斗中依然要比苏联红军更胜一筹。希特勒也相信，如果新的虎式坦克和猎豹坦克投入使用，那么就会给德军筑起一道更加坚固的战斗防线。

德国对第九军的计划安排是，让陆军元帅古恩特·冯·克鲁格的中央集团军，向苏军突出部的北面侧翼发起进攻，而来自

⊙在库尔斯克战役期间，德国 4 号装甲坦克在开阔地面径直推进着。

曼施坦因麾下南路集团军的第四装甲师打入南部侧翼。最初，希特勒准备于 5 月才发起进攻，但他一直将这个计划一拖再拖，一直到更多的新坦克全部配备完毕。

对斯大林方面来说，朱可夫与总参谋长亚历山大·华西列夫斯基（实际上是一个指挥小组）决定首先要做好防守，同时也准备在库尔斯克的北方和南方发起进攻。在间谍和其他情报机构的帮助下，苏联人对德国人的计划有了充分的了解，因此他们大规模加强了其受威胁地区的防守。

德国的进攻于 7 月 4 日开始，但从一开始就遭到了猛烈的抵抗。在北部地区，第九军以及七个坦克装甲师率先发起进攻，但只是取得了一点点的进展。接着，苏军开始投入使用他们的预备队兵力。7 月 9 日，克鲁格告诉希特勒，他无法实现突围。12 日，苏联人开始了他们在奥廖尔北部的进攻，而克鲁格只得被迫撤退。

在南部前线，对德国人来说，局势似乎有转好的迹象。在最初的几天里，德军的第四装甲师向前推进了大约 35 千米，虽然损失惨重，但却给敌人造成了更多的伤亡。在 12 日当天，发生了一次较大的坦克战役，地点就在普罗霍夫卡的小镇附近地区。再一次，虽然苏联人在战役中损失更加惨重，但是他们从一开始就在人数上占优，因此完全经受得起这样的结果。

7 月 13 日，在并没有实现突围且英美联军对西西里岛的进攻逐渐深入的形势下，希特勒取消了更进一步的进攻计划。紧接着，在东部战线的主动权最终且永久性地落入到苏联红军的手中。

⊙库尔斯克会战是德军最后一次对苏联发动的战略性大规模进攻，双方共投入总兵力超过 268 万，另有 6000 辆坦克和 2000 架飞机，战斗空前激烈。

对地攻击机

靠近前线的进攻计划，应该是对空中力量作出最行之有效的运用。斯图卡型轰炸机标志着德国战争初期的胜利，而盟军的回击则是在斯图莫维克、"台风"以及"雷电"号的领导下进行的。

⊙ 德国 BF.109 战斗机

1939年，只有德国和苏联的空军重视地面打击。德国在 1939~1941 年间的闪电战中，将地面和空中力量予以紧密的结合，这也证实了，这样的作战计划可以做到非常有效果。英国和美国则在战争的过程中逐渐培养起这种作战能力。

德国的容克 87 斯图卡俯冲轰炸机，最后变成了闪电战的标志形象，令对方军队十分害怕。其实，这种轰炸机的速度非常缓慢，并且也没有多少自卫装置，这可以从不列颠之战期间其首度遭到严重反击的过程中予以见证。但是，其继续在东部战线的早期战役中顺利服役，而容克 87G 的款式，是从 1943 年才开始出现的。其被配备了一对 37 毫米口径的加农炮，专门肩负起坦克毁灭者的任务。其在这项任务中表现得十分突出，并且在汉斯·乌尔里希·鲁德尔这名王牌飞行员的手中更加引起众人的注意，据说他曾摧毁过 500 辆苏联坦克。

其他的德国地面攻击战机还包括福克尔－沃尔夫（Fw）190 战斗机的不同款式，以及福克尔－沃尔夫 189 式——其也被用来承担起侦察的功能。亨舍尔 129 型也有小规模数量投入使用，其武器装备则包括 75 毫米口径的大炮。

☆ 苏军的空中部队 ☆

到 1945 年，苏联人建立了世界上最具威力的空中部队。虽然苏联的领导人已经决定要将注意力集中在战略空军上，但是他们的飞机设计款式以及人员训练都无法跟得上这一变化。

在进攻任务中，还有着很多架业已过时的战斗机仍在服役之中，其中包括了伊留申（Il）153 型和更加现代化一些的苏霍伊 2 号战机。投入军中服役本身，就是一

P-47D "雷电" 号

共和国 P-47D "雷电"号，是第二次世界大战中机型特别庞大的重型战斗机，但是其十足的战斗力意味着，其可以运载相当厚重的进攻负荷。P-47D 的飞行员声称，在 1944~1945 年的欧洲战场，他们曾经击毁过几万辆德国坦克和卡车。

乘员：1 名

引擎：普莱特和惠特尼 R2800 星型发动机，2535 马力

时速：697 千米

武装：8 挺 12.7 毫米机枪；10 枚 127 毫米火箭炮或 1130 千克炸弹

⊙地面部队在给一架"台风"号战斗轰炸机装上炸弹。其带有的"诺曼底登陆日斑纹",表明其是在 1944~1945 年间使用的。

个更佳的选择。Il–2 布罗尼洛瓦尼 – 斯图莫维克("装甲攻击机"),最终成为了产量最大的军用飞机。

斯图莫维克相当于一架飞行中的坦克,因为其对机组人员的驾乘间以及其他重要部位,都有着相当厚实的装甲保护。其配备着颇具威力的加农炮和机枪(具体配备根据不同款式而定),并得到大量火箭弹和炸弹的满负荷配备。斯图莫维克的战斗编队经常会在德国阵地或坦克部队上空周旋,并发起一次次的不停攻击,其目标会被彻底击碎,而这种战术被称之为"死亡盘旋"。在苏联人的眼中,这是战争中最重要的飞机。

居于第二位,但在产量上依然有相当规模的(超过 11000 架),当属"佩特雅柯夫 2"号飞机。这一双引擎的设计,曾经被按照高海拔战斗机来构造,但却担当起了进攻的任务。其非常强大并且快速,还可以运载 3 吨重的炸弹。

☆ 西部盟军 ☆

1940 年,在缺乏合适战斗机的情况下,英法联军的地面进攻计划简直是灾难性的。相应地,英国开始在作战任务中使用"飓风"号和 P–40"基蒂鹰"号战斗机。这些都可以运载相当有用的炸弹,并拥有威猛的加农炮和机关枪,其中包括"飓风"号战斗机中一对 40 毫米口径的机关炮。但是,在如此装备的条件下,其在性能上十分欠缺。

"布里斯托尔英俊战士"号战斗轰炸机以及德·哈维兰公司产的"蚊"式战斗轰炸机,也被投入使用,并获得了相当的成功。这些既大型又威猛的飞机,可以运载坚不可摧的武器,但是在攻击的精确性上稍显不足。

自 1943 年开始,英国和美国的进攻飞机,都开始使用火箭弹。虽然这些都缺乏击毁坦克的精确打击力度,但具有火力强大的优势。

最出名的两架英美进攻飞机,是英国的霍克"飓风"战斗机和美国的共和国"P–47 雷电"号。这两者起初都是纯粹的战斗机设计("雷电"号是比较成功的一架,而"台风"号则不然),其在进攻任务中具有极强的实力和耐久力。它们在 1944~1945 年英美联军于欧洲战场的战斗之中,都起到了至关重要的作用。

密码与解码

对敌军信息的破解努力，是战争中每一场战役的另一个重要方面。情报能促成很多场胜仗，但并不是赢得战争的根本优势所在。

在第二次世界大战中，所有主要的作战部队都会付出相当的努力去破解对方的无线电信息。总体来看，英国和美国曾经获得过最大的成功，并对有效信息作出了最佳的利用；在保持自己的信息安全方面，美国和苏联是最成功的（虽然苏联方面在这一方面所作出的努力，并没有太多被公诸于众）。

☆ 密码系统 ☆

在第二次世界大战中使用的加密方法包括手动系统（基于随机数字的印刷组合）和机器系统。从一些机器上发送出的信号，被认为从未被人破解过，这包括美国的SIGABA 密码机和英国 TypeX 密码机。安全性差一些的机器包括德国的恩尼格玛（德语：Enigma，又译哑谜机）和紫密码机，日本的紫密码机，还有美国的 M209 密码机（用来发送级别较低的交通信号）。破解信息的努力，带来英国和美国不同形式的计算设备的发展，其中包括现在被承认的第一台电子计算机。

英国获得了不同程度的成功，特别是与德国和意大利的系统相比。但轴心国力量也能够破解很多皇家海军的信息内容，一直到 1943 年的时候都是如此。

⊙1940 年，在古德里安的指挥车上，一台德军的恩尼格玛机器（下方左边）正在使用之中。

☆ 破解谜团 ☆

英国系统是在战前法国人和波兰人工作的基础上建立的。被破解的第一批信息，来自于德国空军的恩尼格玛密码，时间是 1940 年 5 月，然后其他的破解工作也接着发生了。这个过程绝不是连续性的。主要的 U 艇密码是在 1941 年中被破解的，但是 1942 年的密码却非常难破解，而这两个时间段都是大西洋战争中具有重大意义的。英国的强大实力之一，便是其对于在布莱切利公园政府加密解密学校的中央集权化，那个学校的不同部门可以相互协作，提高相互的技术并分享信息。

相比之下，德国、意大利和日本都在这一工作上部署了极大范围的间谍组织，

⊙美军谍报员招募海报

⊙盟军收发报机

而这些组织之间经常会展开相互的竞争。甚至当信息内容在服务机构或轴心国合作伙伴之间进行分享的时候，其接受者并不一定会予以采信。意大利早已警告过德国人盟军对密码的破解事宜，而德国人也警告过日本人，但在这两次事件中均没有获得多大的成效。

一直到1943年之前，德国海军的电子侦听部，对英国皇家海军的军事密码都有过不少次成功的破解，而盟军商船使用的系统是在1944年才开始的。自1943年下半年开始，手动系统被皇家海军的服务所取代，那就是安全性更高的TypeX密码机，其早已在其他英国服务机构广泛应用。

在太平洋战场中，美国领导的盟军力量，在第一次截获日本外交密码的过程中就获得了极大的胜利，接着就是日本的海军密码以及最后的陆军系统。令人好奇的是，在最具价值的多次破解之中，最体现远见卓识的，是对德国计划的关注。日本在柏林以及其他地方的外交官，发送了有关新式德国武器与防御工事的详细报告，而这些都被盟军悉数截获。

对日本海军JN-25密码机的破解，铸就了美国在中途岛战役中的一次重大胜利，而这也逆转了太平洋战争的大局。后来的密码破解信息，还能帮助盟军指挥官决定对哪一个驻地要塞发起进攻，以及如何回避。但是，并不属实的是（如有些时候被人提及到的那样），被美国、英国或荷兰机构方面成功破解的紫密码机和JN-25译码，早已发出警告，即日本可能要偷袭珍珠港。

⊙一艘德军U-505潜艇停靠在美国军舰"皮尔斯伯里"号旁边。1944年的这一次擒获，是在对密码信息的破解基础之上实现的。

"园艺"

在战争期间，英国皇家空军的轰炸机经常在德国控制的港口附近，投掷下海洋水雷炸弹。这一活动就是通过代号为"园艺"的译码获知的。但是，这一行动并不只是为了击沉敌军战舰。很多诸如此类的行动信息，都是故意被德国人拦截到，这样他们的当地总部就会向其部队发送出警告。接着，盟军的译解密码者就会使用如此信号的可预测内容，来设计出密码机在白天的工作设置。然后，他们会使用这些设置来破解更重要的信息。

帝国海军的溃败

针对德国 U 艇的作战，一直持续到 1945 年，但在 1943 年春天盟军就获得了决定性的胜利，这靠的是对空中力量、科学研究、密码破解技术、工业实力等的完美结合。

至1941 年 末，德 国 U 艇和盟军商船及护卫舰之间的战斗，早已在数个月的时间里变得十分惨烈。虽然威胁非常严重，但是英国人依然没有倒下。配比制已经极大减少了消耗和新建设，而英国对一些被占领盟军国家（如挪威和希腊）的军舰控制，

⊙1943 年初，一艘英国重巡洋舰在前往俄罗斯的行动之中，随同的还有一艘北极护卫舰。

则帮助抵消了各种损失。希特勒于 1941 年 12 月对美国的宣战更给英国带来了新的机会。

在 1942 年前六个月里，德国 U 艇在美国东海岸以及加勒比海地区打了很多次胜仗。这一胜利的主要原因，是美国指挥官令人惊骇的战术失误，他们非要建立一个护航编队系统，并对空中部队予以支援。与那些在跨大西洋线路联系在一起的护卫舰，自 4 月开始逐渐被卷入进来，但一直到 10 月才刚刚开始覆盖整个墨西哥湾地区。虽然局势到夏天时终于得到控制，但是盟军在 1942 年 6 月的运输损失却是战争中最严重的。

☆ 德国方面的优势 ☆

在德国方面，局势得到了密码破解的帮助，并使英国的密码破解者自 1942 年 2 月开始一直到当年的年末，对 U 艇的主要交通信息一无所获。U 艇部队的规模，也在与日俱增，并从 1942 年的大约 100 多艘增加到一年之后的 200 多艘。最终，他们还是在这场生产竞赛中发起了一场失利的战斗。1942 年 7 月，是这场战争开始的第一个月，当时的新军舰给盟军方面造成了极度的损失，而美国的造船工作却依然在快速扩展之中。

⊙1942 年 7 月，商船"宾夕法尼亚太阳"号在被 U-571 击中之后起火。

虽然德国赢得大西洋之战的任何可能性和时间点已经过去，但是一场对盟军来说更加深入的危机即将来临。这是由盟军方面的物资不当分配造成的。当时分配给大西洋之战的兵力相对太弱了。在至关重要的远程飞机类型上，这一点显得尤为真实，英

⊙ 希特勒视察他的"帝国海军"。

国的轰炸就使用上百架此类远程飞机，而美国在太平洋的海军也是如此。一直到 1943 年，才只有一小部分被分配给这条护航线路。

☆ 战斗的高潮 ☆

1943 年 3 月，在一系列如火如荼的护卫舰战役之中，德国 U 艇获得了最后的重大胜利，并在整个大西洋中击沉了五分之一的军舰，而自己在当时却并没有造成太多的损失。但是，在数周时间之内，局势发生了转变。到 5 月份，41 艘 U 艇被击沉，而海军上将邓尼茨也放弃了他对护卫舰密集攻击的战略计划。

这一突如其来的局势转变，有着很多的因素。更多的盟军飞机被投入到战斗中去，不论是护航航空母舰还是以地面为基地的战舰都不例外。盟军战舰和空中雷达都得到了大幅提高，而在反潜艇武器方面也是如此。护航军舰的战术和训练都变得越来越精密复杂，至少在最低程度上，英国的密码破解者再一次读懂了德国人发送的信息内容。

海军上将卡尔·邓尼茨

从战争一开始，邓尼茨（1891~1980）就是德国潜艇部队的领袖，并且从 1943 年 1 月开始，他还担任起德国海军的总司令。当希特勒于 1945 年自杀身亡后，邓尼茨立即变成了他的继任者。邓尼茨在第一次世界大战中曾经是一名德国 U 艇的船长，并且在整个"二战"过程中都一直足智多谋地指挥着德国 U 艇部队。邓尼茨认为他的 U 艇本能够为德国赢得这场战争，只是这种 U 艇的数量实在太少。

盟军本可以在所有这些方面居于领先地位，并一直持续到战争结束时，虽然德国人在竭尽全力地用新式武器和新战术来逆转局势。虽然无数艘德国 U 艇依然服役到 1945 年 5 月，但到了最后几个月的时候，多数新的 U 艇都被击沉，甚至都来不及完成它们第一次的战争巡逻任务。

⊙ 海军上将厄尔尼斯特·金是 1942~1945 年间战绩斐然的领袖人物，但却并没有很快在美国海岸线建立起有效的护航系统。

护航航母

1939 年，还不存在什么护航航空母舰。但是到了第二次世界大战的末期，英国和美国都拥有了一百多艘护航军舰，保护着大西洋物资运输的重要线路，且给太平洋的水路两栖作战计划提供支援。

第二次世界大战中最简单的教训之一，便是空军力量在每一个战场区域之中都是至关重要的，在海上战区和陆地战区是同样的道理。美国、英国和日本是用它们主要的海军部队对庞大"航母舰队"进行操作的少数国家。也就是这三个国家，对有时候看似更加平凡的"护航航空母舰"做出小规模的部署。

☆ 护航队的空中掩护 ☆

在于 1940 年夏天愈演愈烈的大西洋之战中，英国权威机构不久便作出决定，他们的大西洋护航队必须得到空中掩护。由于航母舰队数量太少，而这次任务完成的价值很大，因此不同的战舰和技术都被设计出来。在那个时间点上，此类战舰的主要任务就是要与德国的福克尔－沃尔夫飞机作战，并会追踪德国 U 艇集群。

自 1941 年 4 月开始，首要的权宜之计就是要给商船安装一个弹射器，使其能运载一架战斗机。在完成任务之后，飞行员要么选择向陆地前进，要么选择在护航队附近逃脱飞机，并希望被选上。很显然，这一危险的过程有时候还真的管用——据说，有六架德国飞机被弹射飞机商船上的飞机击落，不过也有很多艘战舰被德国 U 艇击沉。

美国军舰"长岛"号

于 1941 年 6 月开始服役的"长岛"号，是美国的第一艘护航航母。与英国皇家海军的"大胆"号一样，也是经过改装的一艘商船。"长岛"号主要用来执行第二线的任务，比如空勤人员的训练（见下图），或者将飞机运输到战斗区域之内。1942 年，其将第一架飞机运送到瓜达康纳尔岛。

排水量：13500 吨
长度：150 米
横梁：21.2 米
舰员：970 人
飞机：大约 20 架

第一艘真正意义的护航航母，是英国皇家海军的"大胆"号，其是于 1941 年 6 月投入使用的。"大胆"号只进行了三次护航任务，最后于 1941 年 12 月被一艘德国 U 艇击沉，但是其已经清楚地证实了自身价值。

到那时为止，美国海军也已经投入了第一批护航航母，并正在建造更多的，不光自己用，也为英国皇家海军额外建造。总共算起来，一共有 130 艘护航军舰被建造完成，或者从原来的商船或辅助巡洋舰船转变而来。

"博格"级和"卡萨布兰卡"级，是主要的设计类型。它们通常可以操作 20~35 架飞机，并时常混合三分之一的战斗机和另外 2/3 的轰炸机或侦察机。它们的速度要比航母舰队更慢一些，并只有轻型的建造结构，但是其原本从未想到过，它们也可以在战区中担任起这样的任务，而这些战区的空中或水面攻击都是非常重要的执行任务。

由于多种原因，护航航母一直到1943年才开始投入到大西洋护航线路的战斗中去。但是，自那时开始，一直到战争结束，它们执行了很多次护航任务，追击、击沉过无数艘德国U艇。1944年6月，美国的"瓜达康纳尔"号甚至帮助俘获了一艘德国潜水艇U-505。

自1943年中期以来，还曾经出现过19艘商船航空母舰（简称"MAC"军舰），商船军舰会提供一个非常基本的飞行甲板，而三四架箭鱼飞机会专门作出配备，以完成反潜艇的任务。其也会运载正常的货物，并与护航队一起航行。只要有商船航空母舰出马，

⊙1941年10月，CAM类型的"浪花帝国"号在其弹射器上搭载着一架"海洋飓风"号战斗机。

任何一次护航任务都不会在德国U艇的攻击下损失一兵一卒。

☆ 太平洋战斗 ☆

一些护航航母被用来专门培训航母机组人员，但是其中很多也在太平洋战场有过广泛的服役范围。随着美国反击战的发展，护航航母集群被用来向多股登陆部队提供近距离增援，而主要舰队航母集群都会消耗掉日本的空中力量，并使日本舰队无法顺利介入进来。

但是在莱特岛湾的实战中，它们也曾犯下离谱的错误。在一次意义重大的任务中，护航航母集群成功击退了由日本海军最强大军舰发起的进攻，但在这次任务中，一架护航航母被炮火击沉，而另一架则被神风特别攻击队的飞机击中。

⊙战争后期，日军已无力与美军大打消耗战，于是他们改用"拼命"战术，以特攻机、特攻艇携弹撞向美舰，与美舰同归于尽。

舰载武器与设备

在第二次世界大战中，并没有完全一新的海军武器被引入进来，但当时的枪支军械库、鱼雷以及深水炸弹都获得了新的精确度，并通过控制系统和侦测系统的发展而获得了更强的打击力度。

在第二次世界大战海上战场服役的枪炮，包括"大和"号战列舰配备的 460 毫米口径的庞然大物，和 20 毫米以上的轻型对空武器。后者几乎出现在所有国家海军的每一艘军舰之中。

○在英国皇家海军"尼尔森"号战舰的弹药库中，人们正在处理 929 千克、406 毫米的炮弹。

除了发射真正令人敬畏的射弹（如"大和"号战列舰的是 1460 千克规格）之外，大型的枪炮还有着相当远距离的射程，枪支甚至可以击中移动中的目标，如 24 千米以外的目标。举例说，1940 年 7 月，英国皇家海军"厌战"号战列舰在与意大利"朱利奥·恺撒"号的交战中，就实现了这样的先例。

☆ 鱼雷 ☆

所有海军使用的枪支，在性能上基本都是差不多（不过制造粗劣的意大利炮弹是出了名的不够精确）。但是，若论及其他主要的反军舰武器，如鱼雷，就不是那么回事了。

就鱼雷推进系统而言，主要有两大类。更加常见的那种，使用的是压缩的气体和汽油或者酒精燃料，使其驱动鱼雷发动机。这实现了最佳速度和射程的完美结合，但是在鱼雷后面也会留下痕迹，而这会使目标得到足够的警示，从而予以躲避。在鱼雷之中，最好的当属 610 毫米的日本 93 型鱼雷，其通常都被冠以"长矛"的绰号。这种鱼雷使用的是压缩的氧气，而不是空气，从而获得更好的性能表现，使其远远超过其他类型。

○这是 1943 年的一艘美国军舰"考佩斯"号。从图中可见，SC、SG 以及 SK 的航空雷达，都是其配备的设备之一，这充分说明了雷达的重要性。

德国以及后来的美国海军，也使用电池驱动的鱼雷设备。这些类型虽然射程较近，但是却不会留下水中痕迹。

战争初期的鱼雷，在设计上主要实现直线轨迹中某个固定深度的快速发射，从而实现接触引爆或者在敌军战舰下方引爆的功能，后者使用的是一种磁影响设备。德国人和美国人都在引爆点不稳定上遇到了很多问题，但是在几个月之后，他们终于加入了战争，而所有国家都发现，他们

⊙1939年12月，在柏拉特河海战之后，"斯佩伯爵"号清楚显示出坏损的迹象。在画面的顶部位置，我们可以看到这艘战舰的空中海拍雷达。

⊙一枚深水炸弹正从一艘美国护卫舰上发射出去。

的磁影响弹头确实有点儿"喜怒无常"。

在战争期间的新发明，就包括德国的鱼雷，其可以走"Z"字形的线路，或者说是迂回的线路，从而提高了击中的概率。而声学原理的自导引鱼雷，是由德国人和盟军共同研发制造的，主要用来对付潜入水中的潜艇或其他目标物体。

主要的反潜艇武器，是非制导的水下炸弹，而这就是所谓的深水炸弹。这些武器会简单地沉到水域中去，然后在预设的深度予以引爆。一般来说，它们都会在潜水艇的10米范围内引爆，从而将其击沉，因此其中几种通常都会在某种"模式"下投掷，但会有略微不同的装置。在战争期间，深水炸弹也得到了改进，主要靠的是给其填入越来越强大的爆炸化合物。

深水炸弹也会得到小型武器的补给，要么是接触式的，要么是深水导引式的，其可以被投掷到攻击军舰的前方。其中最成功的，当属英国的刺猬型和乌贼型。

☆ 电子设备 ☆

使用中的主要水下传感器，是声呐（一直到1943年，其在皇家海军的官方名称还是潜艇探索器）。这种设备使用声波来找到某个目标的范围和方位，但并不能确定潜艇的深度；军舰下方的区域，则是其探测的盲点（因此也有了前射武器的应用）。

雷达自然在海上战争中扮演着举足轻重的角色，它能探测敌军战舰和飞机，同时在恶劣天气和夜间也能给出射击变动范围。德国的海拍型雷达，是于1939年服役的，其是战争初期比较高效的电子设备。战争后期的盟军设计，比如英国的271型以及其他设计，都可以探测到小到一部潜望镜的细微目标。

与目标探测同样重要的射程系统也被安装完毕，从而将这种信息或其他信息翻译成开火的数据。特别是美国海军，还研发了有效的对空控制系统，而安装在潜艇之中的美国鱼雷数据计算机，则要比其他海军使用中的同类设备胜出一筹。

⊙1943年，在美国军舰"艾奥瓦"号战舰的前甲板上，安装着一挺20毫米口径的对空高射机枪。在图中，我们可以看到这艘军舰上406毫米口径的主炮。

盟军的宏伟战略

在第二次世界大战期间，英国和美国从未达成任何正式的同盟条约，并且两国有着完全不同的政治制度与生活方式，但它们依然团结协作，共同击败了纳粹德国。

在整场战争之中，丘吉尔和罗斯福及其高级顾问之间曾经有过很多次高峰会议，有时候也包括其他盟军将领，比如法国和中国的高层领导。此外，他们还与斯大林有过三次高峰会晤，丘吉尔还曾经在 1942 年单独前往莫斯科。

⊙罗斯福和丘吉尔，在当时共同出现在卡萨布兰卡会议的杂志封面上。

☆ 军事计划 ☆

在英美之间发展出的友好和睦、紧密合作关系之中，更重要的是一个整体性军事计划系统的出台。英国和美国都让其顶级陆军、海军以及空军的总参谋长来亲自参与国家军事计划的制定过程。但是，一个新的机构，即"联合参谋长团"，在美国参战之后由第一次盟军会议产生，那次会议就是于 1940 年 12 月 ~1941 年 1 月期间在华盛顿召开的"阿卡迪亚"会议。

联合参谋长们聚集于华盛顿地区，其中包括美国联合参谋长以及英国参谋总长的代表们，他们将一直恪守这一义务。这一机构对主要军事计划的重要细节达成了一致意见，并对资源作出了相应的合理分配。

在较低的级别中，英美两国在欧洲战场的所有主要作战计划，从诺曼底登陆之后，都由充分一体化的司令部小组作出计划安排和人员分配。身为盟军最高指挥官的艾森豪威尔将军，最引人注目的成就之一，就是尽可能确保在各国战线中出现的分歧逐一被解决。

首脑会议也包括了联合参谋长（虽然在这种情况下英国的参谋长们是以个人身份参加的），在这里，不可避免地会出现更多的国与国之间的分歧。有两次盟军会议是在魁北克召开的，还有一些会议在卡萨布兰卡、开罗以及马耳他举行。每一次会议

⊙这是 1945 年的丘吉尔及其参谋总长们。前排从左开始，分别是空军元帅波特尔、布洛克将军、丘吉尔以及海军上将坎宁安。

都会商讨复杂的问题，在这里对其细节不予赘述。但是，特别重要的主题都被得到了强调。

⊙1943 年，在德黑兰第一次会议期间，斯大林、罗斯福以及丘吉尔在一起。

☆ 跨越海峡的进攻 ☆

美国领导人始终如一地坚信，击败德国的最佳办法就是最直接的迎头痛击，因此必须在英国境内建立部队，发起跨越海峡的进攻并径直冲向柏林腹地。有过痛苦经验教训的英国，对德国陆军的战斗实力实在是了解得太清楚了，因此如果跨越海峡作战的计划尚未成熟，那么他们就不愿意冒这样一个大风险。他们还相信，将注意力集中在这一个目标之上的做法显得有点儿"偏心眼"，因为这会忽略了在地中海的重要利益，进而会使盟军无法对可能出现的任何机会做出及时的反应。

总体而言，英国人在 1942~1943 年间的观点采纳中显得更成功一些，他们的战争贡献要比美国更多一些，不过到后来，美国的的影响力不断增长、扩张，而英国的影响力则处于下滑、缩减之中。在现实中，这意味着，在 1942~1943 年间对北非战场的清除和对西西里岛以及紧随其后对意大利南部的入侵，最初并没有得到美国参谋长们的欢迎，而后来从意大利军事行动中抽调很多资源的建议，也遭到英国人的强烈反对。

与斯大林的高峰会晤（在德黑兰、雅尔塔以及波茨坦地区，在最后一次会议中，哈里·杜鲁门和克莱蒙特·艾德礼取代了罗斯福和丘吉尔），除了对军事计划达成一致意见之外，还更加关注战后欧洲的秩序应该如何构建的问题。最终，一个真理开始大白于天下：这场战争将以苏联红军对东欧地区的控制为结束，而斯大林将会在他认为合适的时候对其予以控制，不论他对自由选举与其他类似事件有关的问题作出什么样的战时承诺。

斯大林最终信守了他在 1943 年德黑兰会议中许下的诺言，并在欧洲战争结束后不久加入了对日战争。

⊙与这些新起航的美国"自由"号军舰一样，对运输的掌控是英美联军协作的一个重要方面。

二战后期的中型坦克 1942~1945 年

虽然越来越遭到空军、炮兵以及步兵武器的遏制，但是坦克依然在战斗中扮演着决定性的角色，特别是中型坦克，大批地出现在多数欧洲战场上。

随着坦克的发展，改进配备的枪炮的战斗力与厚重装甲上的竞争自然继续存在着，但是其中更重要的还是数量之争。

☆ 大规模生产 ☆

⊙苏联 T-34 与德国坦克的较量

虽然德国的 PzKpfw 5 号"猎豹"坦克是本书谈论过的最坚不可摧的战车，但其只有 6000 多辆被生产出来，而苏联的 T-34 型的产量是 4 万辆，美国的谢尔曼坦克则有 5 万多辆（其中型与重型坦克之间的区别并没有确切的界定，都服役于标准的装甲师军团之中，而不会是独立的中型坦克部队里面）。

在 T-34 型于 1943 年第一次投入重大战役期间，这种坦克为未来的设计设定了基准。其继续以略微有所改进的版本服役于军中，并一直持续到 1944 年。到那时为止，其 76.2 毫米口径的大炮早已不足以对付最新的德国新式武器。自 1944 年早期开始，效果更好的一个版本，即载有 85 毫米大炮的 T-34/85 型开始投入生产。除了在正常射程范围内发射足够火力摧毁猎豹坦克之外，这一款式还有着一座三人操作的炮塔。之前的 T-34 指挥官同时也是炮手，但现在他可以将精力集中在主要任务之上，而这就可以极大地提高战斗效率。

在战争后期，英美方面的主力坦克是 M4 谢尔曼战车。当其第一次于 1942 年出现在战场上的时候，其完全可以与同时代的 T-34 或 PzKpfw 4 的后来版本相媲美（后者一直服役到战争结束）。接着，其 75 毫米的主力炮拥有了足够的火力，并在具备优秀的机动性和可靠性基础上配备上了合理的装甲。其被认为拥有上乘的质量，并在一段时间内，美国权威机构停止了更新型号的研发，将精力集中在这一设计类型的大规模生产上（不过也有很多略微的调整变化）。

☆ 更好的谢尔曼坦克 ☆

改进的版本在 1944~1945 年间投入使用。一些美国的谢尔曼坦克，被装配了更加威猛的 76 毫米坦克炮，并开始拥有更好的弹药装载容量，而这便部分解决了原来的火力问题。但是，真正有着足够火力的唯一典型，则是英国的谢尔曼"萤火虫"号，其还配有 17pdr 款式的反坦克炮。但即使是这一款式，也存在着不少缺点，如开火的速率太慢，因此其经常被德国坦克列为优先攻击的目标。

英国也有过本土的设计类型，其是在战争初期的巡弋坦克系列基础上发展而来的。"克伦威尔"号曾经在 1944 年时得到过广泛的使用，其速度非常之快，而且与之前的"先辈"不同的是，其具有相当的可靠性。但是，其与谢尔曼坦克一样，都配备着 75 毫米的坦克炮，并拥有与其类似的装甲厚度。其后来发展成为"彗星"号，并于 1944 年秋天投入使用，其有着类似的优点，并配备了 17pdr 规格的坦克炮，这便使其成为战争中第一辆全部由英国制造的坦克，同时具备足够的火力。

至战争后期，猎豹坦克成为了坦克的典范。从其重量（45 吨）来判断，这是一种重型坦克。其可能有着更好的精确度，并在战后被描述为"主力战斗坦克"，因为其同时具有厚重的装甲、合理的速度以及最猛烈的火力。其坦克炮是极具潜力的 75 毫米 KwK 42 式，并拥有非常厚重的倾斜状装甲。虽在机动性和可靠性方面都存在着缺陷，但其依然是一个坚不可摧的对手。

"彗星" A34

"彗星" A34 是英国系列巡弋坦克之中的最后一种战车，其在整个战争期间一直处于服役之中。其是对"克伦威尔"号坦克的改进版本，并有着基于 17pdr 之上更优越的枪炮配备，威力更猛，还有更可靠的悬挂。

重量：33.2 吨
武装：1 门 77 毫米大炮；2 挺机关枪
装甲：最厚达 101 毫米
乘员：5 名
时速：50 千米

T-34/85 型

在 1944~1945 年间，大约有 22500 辆 T-34/85 型坦克被生产完成。除了拥有一架高级的坦克炮和改进的内部设置之外，其继续保持着原有的宽履带设计以及良好的越野性能，这些都是较早时期 T-34/76 型坦克的特点。

重量：32 吨
武装：1 门 85 毫米 ZiS S-53 式坦克炮；2 挺机关枪
装甲：90 毫米
乘员：5 名
时速：50 千米

谢尔曼"萤火虫"式坦克

"萤火虫"式坦克是一款改进的样式，而并不是全新的设计。其中最主要的变化，就是用更大型的炮塔，来适应更加威猛的坦克炮，但是车体机枪和无线电操作设备依然被忽视了，还有就是用来装弹药的空间。

重量：32.5 吨
武装：1 门 76 毫米坦克炮；1 挺机关枪
装甲：76 毫米
乘员：4 名
时速：39 千米

西西里岛与意大利之战　1943~1944年

　　1943年7月，盟军进入西西里岛，之后又于9月份登陆了意大利本土。这些战事都使意大利备受战争煎熬，但是德国盟军的继续顽抗却意味着，盟军并不会很快获得胜利。

1943
年初，在于卡萨布兰卡召开的会议之上，英美领导人作出决定，在北非战事结束之后，便立即转战西西里岛。相应地，哈士奇行动也于1943年7月展开。但这次行动因为计划的多次改变而显得命运多舛，地面部队总指挥哈罗德·亚历山大也无法调遣他麾下的两员大将：指挥英国第八军的蒙哥马利和领导美国第七军的巴顿。结果，对于这个岛屿的占领，无法达成一个清楚明确的行动计划，而快速、果断赢下这场战役的机会就这样白白浪费了。

　　虽然很多随行的空军部队都登陆了，但却因为飞行员蹩脚的驾驶技术和恶劣的天气条件而失败，只有盟军最初在西西里岛南方和东南方的登陆才是成功的。数量庞大的意大利军队并没有发起顽强的抵抗，很多人都纷纷缴械投降。但是，德国军队依然造成了极大的麻烦。他们在一系列拖延时间的战斗中，极其巧妙地利用了当地崎岖不平的地形，而盟军指挥官则在为如何进行下一步战斗而争吵不休。最后，德国人于8月中旬跨过墨西拿海峡实现撤退，这次撤退实际上并不是因为不敌盟军的空军和海军部队而败下阵来的。

☆ 在西西里岛之后 ☆

　　至1943年初，有很多部队和资源都投入了地中海的战斗，而在1944年之前组织起跨海峡的行动几乎是没有可能的，因此盟军领导人面临着一个两难的境地。1943年5月，美国人终于同意在西西里岛战役之后，对意大利的内陆发起进攻。再一次地，在作战计划和优先权的问题上又发生了意见分歧，而这将继续影响着在意大利境内的作战进程，并一直持续到战争结束。

　　7月，墨索里尼一度被罢免掉意大利政府首脑的职务，而新的政权开始与盟军发起了秘密的和平谈判。9月3日，第八军从意大利的"脚趾部位"西

⊙1943年7月，一艘美国货船在西西里的沙滩附近遭到德国空袭之后爆炸。

西里岛横跨，而意大利则于 8 日当天宣布投降。但是，德国人已经做好了准备，并将增援部队开进了这个国家，而且予以接管。9 日，由马克·克拉克领导的德国第五军，在实施主要登陆计划之后，开进到萨勒诺附近地区，这个地方就在那不勒斯的南边。但在刚开始的几天，他们几乎被重新驱赶回海边。

⊙德国的伞兵给卡西诺山的防御带来了物资供应。

☆ 缓慢的撤退 ☆

在 1943 年的剩余时间内，德国人从一条防御坚固的河流防线那里开始，逐渐缓慢撤退到下一条防线。第八军向意大利的东边推进着，而第五军则向西前行。至该年末，盟军的推进已经抵达了德国的古斯塔夫防线，而其中最著名堡垒阵地的中心，就位于卡西诺山上——这个地方就在罗马的南边。

在一次试图打破僵局的军事行动中，盟军部队在安其奥实现了两栖登陆，而安其奥就在德国防线的后面，时间是 1944 年 1 月 22 日。但这支部队在不久之后便发现自己已经完全置于敌人滩头阵地的包围之中。对古斯塔夫防线的不断进攻，在接下来的几个月时间里也以失败而告终。

在 1944 年 5 月，盟军对意大利的前线发起了最后一次协同作战，这一次他们终于顺利占领了卡西诺地区，并打破了古斯塔夫防线。但到那个时候，蒙哥马利和很多老兵部队已经准备离开并为诺曼底登陆做准备，而意大利也因此而退出了盟军的优先进攻计划。罗马于 6 月 4 日被盟军占领，但是到 1944 年秋天，德国人再一次发起了顽抗，这一次是在佛罗伦萨北面的哥特防线地区。

⊙在卡西诺山下面，一架英国的博福斯式高射炮在一片废墟中发射。

步兵支援武器

虽然步兵战士都会携带自有武器，但是在战斗中的胜利，经常来自于他们的重型武器设备。从火力小组到火力大队的步兵火力，完全依赖于机关枪和迫击炮。

在步兵部队之中使用的主要支援武器，是机关枪和迫击炮。这两者都包括了更加轻型的武器，其在设计上就便于在两个不同地点之间的快速机动，而更加重型的类型则用于更远距离的阵地，不论进攻与防守都可以。

⊙1944年初，一位英国的布伦枪手正在对意大利卡西诺山上的德国阵地开火。

☆ 轻型机枪 ☆

在所有军队之中，步兵的方队大约都是十个人左右，外加一架以上的轻型机枪，从而为其进攻和防守提供方队的主要火力支持。这种类型的武器，包括苏联7.62毫米捷加廖夫DP1928式、英国7.7毫米布伦式和美国7.62毫米勃朗宁自动步枪（BAR）等，这些通常都是由两脚架支撑的，并且配有弹夹装置。具有较高精确度和可靠性的布伦机枪以及捷加廖夫机枪，配有一个非常管用的47发弹夹。这两者都是比勃朗宁自动步枪更加成功的设计类型，后者在战斗中显得十分笨重，并只有更少的20发弹夹。更小型的武器还包括法国的7.5毫米夏特罗式。

☆ 重型机枪 ☆

多数军队都有大队的支援连队，并配有机关枪，从而在持续性的火力任务中发挥作用，这是为了不使地面地区在进攻或防守中落入敌人之手。这些武器通常都是三脚架支撑的，并且在重量上要比小分队的轻型机枪更重一些，但并不一定是以大口径规格出现的。

实际上，德国陆军使用的MG34和MG42，既有双脚架的，也有三脚架的，其都可以完成连续开火的任务。美国陆军将后者装配上了7.62毫米的布朗宁M1917式（也被用做轻型机枪）；英国的是7.7毫米的威格斯款式；而苏联使用的是7.62毫米的PM1910式和郭留诺夫SG43式。所有这些都是有背带的，不过PM1910式有点儿过

⊙1941年，一挺具有三角架支撑的德国MG34被当做重型机枪来使用。

76.2 毫米口径迫击炮

英国的 76.2 毫米迫击炮，在整个战争过程中一直使用着，不同版本都在生产时配备不同的炮筒长度，但其中 130 毫米才是标准的规格。更加轻型的 76 厘米炮筒，在设计时主要用来应付丛林战斗，但在实战中却发现其精确度不甚理想。

口径： 76.2 毫米

重量： 57.2 千克，其中枪管 20 千克，底盘 16.8 千克，双脚架 20.4 千克

射程： 2560 米

弹重： 4.5 千克

重了。

其他国家的设计，则经常差强人意。意大利的布雷达 6.5 毫米 MODELLO 1930 轻机枪和重型的菲亚特 - 列维里 MODELLO 1935（同样口径）则都容易发生堵塞。

许多军队也会使用大口径的机关枪，经常在地面和对抗作战任务中投入使用，也经常在装甲战车上装配着。其中较出名的类型是苏联 12.7 毫米 DShK1938 式和美国的 12.5 毫米勃朗宁 M2 HB 式。

☆ 迫击炮 ☆

步兵迫击炮有两种主要的口径规格：50 毫米的和 80 毫米的。日本的 50 毫米 89 型是小型武器之中的典型款式，其可以将 0.8 千克的炸弹射击到 650 米远的地方，盟军部队将其称为"膝盖迫击炮"，并错误地以为其可以平衡地放置在战士的腿上进行安全的火力射击。

另一个简单的设计就是英国的 50 毫米迫击炮，其可以将 1.1 千克的炸弹发射到 500 米远的地方。在更大口径的设计中，几个国家则使用一种法国勃兰特的不同版本设计，其包括美国的 81 毫米 M1 式，其可以将 4.8 千克的炸弹发射到 2250 米远的地方。苏联 82 毫米的 PM37 式和日本的 81 毫米 99 型都有着类似的性能表现。在这一级别之中的多数迫击炮，主要由三个个人携带型的部分组成（但是依然非常笨重）：炮筒、底盘和双脚架。

☆ 火焰喷射器 ☆

每一支主要的军队，都会使用个人携带型的火焰喷射器，并将其当做攻克碉堡任务的专家级武器。这些武器都有着类似的性能和差不多的不足之处。所有这些武器都比较笨重（大约有 40 千克重），并在射程上十分有限（40~50 米），最后在燃料储备上也一般（持续 10 秒甚至不到 10 秒的时间）。

⊙一名德国士兵在使用三五型火焰喷射器，这是第二次世界大战初期特别笨重的火焰喷射器款式。

对这些武器的操作，具有极高的危险性，不光是因为火焰喷射器士兵在被敌人擒获时会遭到残忍的对待。对这种火焰喷射器武器使用最广泛的，当属美国的海军陆战队，他们在太平洋群岛的战斗中大量使用过这类武器。

夜间轰炸

在法国投降之后，空中突袭是英国可以直接对德国做出回应的唯一手段。英国皇家空军领导人亟待一场全面轰炸计划的开始，他们认为自己可以为英国赢得这场战争。

英国的皇家空军（简称"RAF"）是在 1918 年专门组建的，用以对德国进行轰炸，并在 20 世纪 30 年代战争越来越逼近的时候帮助实现这一目标。在虚假战争期间，少数几次日间的突袭证实，轰炸机在战斗机面前的不堪一击十分令人失望。同时也确认了一点，即当战斗在 1940 年真正打响的时候，它们主要都是在夜间执行任务。

在第一阶段，也就是在 1942 年年初，英国皇家空军并没有获得多大的成就，虽然其损失与战斗中后期相比并不算很惨重。轰炸机被派去攻击特定的目标，比如说个别工厂或铁路连接点。但在实际上，它们的航行技术非常低劣，因此几乎打不中这些目标。

⊙一幅德国海报在宣传断电时人们需要作出的防范措施。

☆ 区域轰炸 ☆

1942 年早期的时候，空军元帅——"轰炸机"哈里斯——在英国皇家空军轰炸机司令部接任领导职位，并开始改变战略。在那个阶段，他也得到了来自于部队以及政治高层们的全力支持。在任职整个期间，哈里斯认为，对敌人城市中居民区的"区域轰炸"是其部队唯一明智的选择，如果得到正确的实施，那么就可以赢得战争的胜利。

这个目标，是通过打击对方士气的方式，来挫败德国的战争努力，不但可以杀掉一些人，而且至少可以将很多其他建筑予以摧毁。并没有多少人去思考这种做法在人道主义上是不是说得过去。

⊙这是一架兰喀斯特式轰炸机的经典画面，其在接到任务命令后开始起飞。

在这一思路下开展的最初有效的攻击，开始于 1942 年春天，其中比较著名的是一小撮"千型轰炸机"的突袭行动，该行动除了动用作战部队之外，还使用了轰炸机司令部的所有训练用战斗机。这些突袭行动正好赶上了"Gee"雷达的首度使用，而这种雷达是很重要的电子导航辅助设备，因此，打击的精确度得到了极大提高。但是，哈里斯竟然愚蠢地反对组建"导航部队"去帮助发起突袭并将目标标识出来。不过，他的意见最后被否决了。

⊙一架兰喀斯特式轰炸机正在飞经汉堡上空，其在火焰和地面火力的照射下轮廓背影十分突出。

在1942年这一整年之中，轰炸司令部所使用的飞机也得到了极大的改善，其四发动机的哈利法克斯和兰喀斯特式都具有较大的炸弹负荷量，并在1943年初期便开始占据支配地位。因此，大约有5000架轰炸机在1942年6月投入飞行，扔下了6950吨炸弹。到一年之后的1943年6月，这5000架轰炸机却投掷下了15500吨炸弹。

为了对这些破坏力日益加剧的进攻做出回应，德国人组建了一支坚不可摧的夜间战斗机部队和控制系统。起初，其完全依赖于地面站点，并由其指挥着重型战斗机，从而实现与目标战机的近距离接触，因为他们的雷达系统可以完成拦截任务。后来的单引擎日间战斗机则被派遣到受攻击城市的上空中去，并可以实现视觉拦截任务。

作为回应，英国皇家空军除了干扰雷达并使用电子和其他干扰手段来迷惑控制器或骗过这些设备之外，还会将其战斗机集中躲避在系统的特定区域之内。

1943年，轰炸司令部摧毁了德国全境的很多城市，但是在哈里斯预料之中，真正接近其目标的时间点，发生在7月份对汉堡发起的一系列攻击中。这些都受益于盟军在电子战竞赛中的暂时优势，除了这个之外，还有其他不可复制的特殊环境。

☆ 柏林战役 ☆

1943~1944年的冬天，哈里斯发起了他所谓的柏林战役。但是，从各方所遭到的损失来看，对德国首都以及其他城市的这一系列攻击，最终还是以轰炸机司令部的失败而告终的，而德国的经济和士气却从未被挫败过。虽然哈里斯不断地抱怨，但是对轰炸机司令部而言，在接下来的几个月里在某种程度上转向法国境内的目标不失为一个缓兵之计，因为他们要为在欧洲的登陆做好准备。

空军元帅亚瑟·哈里斯

自1942年2月一直到战争结束，哈里斯（1892~1984）一直领导着英国皇家空军的轰炸司令部。哈里斯自信满满地认为，只要得到妥善的增援，那么他的指挥就可以为本方赢得战争的胜利，并对德国城市实施疯狂的轰炸。他的领导无疑提振了士气，并使轰炸机司令部的成效有所提升，因为在他刚刚接管的时候，其正处于低潮。但是，到1943~1944年的过渡时期，他的部队也遭到了越来越惨重的损失，只有转向法国增援行动的部分计划没有遭到更加惨重的败仗。

⊙空军元帅哈里斯（坐着的那位）与其轰炸机司令部的高级参谋成员在一起。

夜间战机

在第二次世界大战期间，雷达的发展逐渐克服了夜间空中作战的黑暗障碍。开始于 1940~1941 年间闪电战的夜间战机，开始大有用武之地。

夜间战斗机在第二次世界大战开始的时候，几乎出现在每一个地方，而夜间的空中防御，依赖于探照灯和防空炮的交叉结合。但是，至 1940~1941 年闪电战的后期阶段，英国已经引进了第一批有效的夜间战斗机，它们都由地面雷达引领到一个目标飞机附近，然后发起进攻，同时还使用它们的空中雷达设备。在战争的剩余时间里，多数夜间战斗机都是遵循这一模式的，不过其中使用的雷达在射程和精确度上都有所提升，而击溃它们的反制措施也变得越来越精密复杂。

☆ 英国的设计 ☆

布里斯托尔"英俊战士"战斗机是英国第一款成功的夜间战斗机，与战争期间多数的夜间战斗机一样，这款战斗机也有着双人双座、双引擎的设计。双引擎的设计，使机身前端可以为雷达设备空出地方（通常还可以装下重型枪炮），并为克服通常因在空中体积庞大而造成的飞行缓慢问题提供了重组的动力；第二名机组人员则是雷达操作员。这款"英俊战士"战斗机大约是在 1940 年 9 月首度投入军事行动的，并在次月获得了第一次的成功。

从 1941 年开始，"英俊战士"战斗机被一系列德·哈维兰"蚊"式战斗机的不同款式所融合，并最终取而代之。这一新款式速度很快，并且具有厚重的装甲，通常是 20 毫米的加农炮和 4 挺机关枪，并配备了成功改进之后的

诺斯洛普 P-61 夜间战机

P-61"黑寡妇"战机的首度飞行是在 1942 年，在 1944 年 6 月第一次被部署到军事战斗计划中去，不论是太平洋战场还是欧洲战场都有。该设备有一座完全可调整的炮塔，并有 2 挺或 4 挺机关枪。

乘员：2 或 3 名
引擎：2 台 2250 马力的普塔特惠特尼 R-2800-65 发动机
时速：589 千米
高度：10100 米
武装：4 门 20 毫米航炮；4 挺 12.7 毫米机枪

亨克尔 219 式夜间战机

德国混乱的空中截获系统，在亨克尔 219 式出现之后开始变得局势明朗，其是在制造商得到重大一笔私人投资之后开始生产的。时速和飞行高度等性能在总体上都要比德国以前的类型更胜一筹，但与"蚊"式或 P-61 相比还是逊色一些。

乘员：2 名
引擎：2 台戴姆勒 - 奔驰 603 型
时速（A-7）：616 千米
高度：9300 米
武装：4 门 30 毫米航炮；4 门 20 毫米加农炮

雷达设备。战争后期的版本，开始运载"锯齿系统"去追踪德国夜间战斗机的雷达信号。到那时为止，对敌方领空的夜间入侵是盟军夜间战斗机部队的主要任务。

由于对美国发起夜间突袭的可能性不大，而且美国的轰炸机部队主要在白天行动，因而美国夜间战斗机的发展相对较慢。起初，美国的夜间战斗机部队都使用"英俊战士"战斗机和 A-20 "浩劫"夜间轰炸机，但是它们从 1944 年中期开始作了改进，并变成了诺斯洛普 P-61 "黑寡妇"战斗机。这是唯一一种为特定目的而建造的夜间战斗机，在战争期间被许多国家投入使用，其实际上与"蚊"式战机有着完全相同的性能、特征和武器装备。

美国海军也使用了很多"海盗船"和"悍妇"型单座、单引擎的夜间战斗机，并在机翼位置配备了雷达设备。

☆ 德国的回应 ☆

由于要面临战争中最持久的夜间轰炸攻击，德国自然要做出重大夜间战斗机发展的回应，不过这些都因为德国飞机在电子研究等方面的混乱组织而遭到掣肘。

早期的类型包括梅塞施米特式（Me）Bf 110 战斗机和容克（Ju）88 式轰炸机的不同款式。这两者都可以携带沉重的武器装备，其中包括"爵士乐"向前开火的加农炮，其可以在目标飞机的下方盲点处开火。但是，其体积过大，速度过慢。

不同的其他型号也被使用起来，其中包括 Me 210 式、容克 188 式和 388 式。其中性能最强的，也是在生产数量上十分有限的（不超过 300 架），当属亨克尔 219 型，其是在 1943 年夏天首度投入使用的。

德国也广泛使用了未经改装的单引擎夜间飞机来执行夜间军事任务。由于英国的夜间轰炸机是在集中的流水式的战斗中投入使用的，所以参加流水作战的一架战斗机都有机会在视觉上看到目标，特别是在接近轰炸目标的时候，因为火焰和地面火力会提供极强的照明。在战争的剩余时间里面，这种战术一直得到成功的运用。

日本也只有为数不多的夜间战斗机部队，在部分原因上是因为日本精密雷达设备的不足。海军的中岛 J1N "欧文"型，在日本本土和其他地方都打过几次胜仗。而陆军的川崎 Ki-102 型，则是颇具潜力的较佳战机，只不过在数量上不多。

布里斯托尔"英俊战士"战斗机

从"博福特"式鱼雷轰炸机发展而来的布里斯托尔"英俊战士"战斗机，是于 1939 年 7 月首度投入飞行的。自 1940 年秋天以来，其作为一种具雷达配备的夜间战斗机开始服役，但后来逐渐被"蚊"式战斗机取而代之。鱼雷轰炸机及其攻击款式，在战争即将结束时都曾有过广泛的使用。

乘员：2 名
引擎：2 台 1400 马力布里斯托尔大力神 Ⅲ 型发动机
时速：540 千米
航程：2400 千米
高度：8800 米
武装：4 门 20 毫米加农炮

美军的战略轰炸 1942~1943 年

1942 年,美国"空中堡垒"和"解放者"轰炸机的飞行编队,开始笼罩在欧洲的上空。它们的领导人希望将德国空军以及德国的经济拖垮,但其最初努力却遭到了血淋淋的惨败。

与英国皇家空军一样,美国的陆军航空队("USAAF")是根据远程战略轰炸的计划投入到战争中去的。与 1939 年的英国皇家空军一样,美国陆军航空队也深信要对精确目标做出日间的进攻,并完全依赖于其轰炸飞机的重型防御武器以及他们对抗敌军战机的紧密飞行编队。与英国皇家空军一样,他们也逐渐发现,轰炸精确度从未达到过设想中的良好效果,而且轰炸机编队无法在战斗机的进攻前做出有效的防御。

⊙B-17"孟斐斯美女"号及其机组人员,在完成他们的飞行任务之后,返回美国本土,这是第一批完成任务的机组人员。

在整个战斗过程中,美国陆军航空队的主要重型轰炸机组织就是第八航空队,其基地在英国。第九和第十二航空队的基地,在 1942~1943 年间则在北非地区,其中也包括了重型轰炸机部队,而其后来被转入到第十五航空队,后者在 1943 年 10 月末主要服役于意大利的南部战场。

完全由美国部队来执行的对西欧地区的突袭任务,是在 1942 年 8 月 17 日开始的,目标是在法国北部的鲁昂地区。在该年的剩余时间中,所有被袭击的目标差不多都是短程的,而轰炸机部队则被提供了较强的战斗机护航编队,后者有来自于英国皇家空军的,也有来自于美国部队的。美国轰炸机的建设速度非常缓慢,至 1942 年末,只有大约 1550 架次投入飞行,其中损失了 32 架。

☆ 进攻德国 ☆

⊙美国 B-26 轰炸机

对德国目标的第一次袭击,是 1943 年 1 月 27 日对威廉港的大举进攻;发起进攻的有 91 架飞机,其中 3 架在飞回途中被 6 架德国战斗机击中。这对美国人来说,已经是相当不错的伤亡损失比率了。

在接下来的几个月时间里,其他德国港口以及法国港口也被列为打击目标,因为其都是德国 U 艇的基地。对法国港口的突袭,与同时

⊙这些是从一架 B-17 轰炸机上投掷下的炸弹，其发生在针对不来梅的一次突袭事件之中。其他突袭战斗机则在下方留下了密密麻麻的飞行轨迹。

⊙一支 B-17 的飞行编队在一次突袭任务中飞过德国上空。在云团密布的欧洲上空，轰炸精确度从未达到过理想的效果。

期英国皇家空军执行的那些任务一样，都遭到了惨败的结局。它们将当地法国人的家园夷为平地，但却并没有击中德国 U 艇基地厚重混凝土的要害。

1943 年 6 月，第八航空队出动了 2000 架次飞机，到 1944 年 1 月则达到了每月出动 6000 架次的记录。基地在英国的部队也加入了这些突袭任务，自 1943 年夏天初期开始，他们的突袭目标主要是意大利以及北非的其他地方。

虽然一直到 1943 年年中的突袭并没有使集中性攻击渗透到德国的领空中去，但却导致了德国本土防御部队的重大增强，其从原来的 450 架战斗机上升到 1100 架。虽然英美联军致力于对飞机制造厂的轰炸，但是德国战斗机的生产在 1943 年全年一直到 1944 年 9 月都在增长之中。

☆ 损失惨重 ☆

美国指挥官作战思想的第一次冒险尝试，是让他们的轰炸机直接一路飞行到目标地点，而不需要任何的护航编队；这次尝试的时间是 1943 年 8 月。在 8 月 1 日当天，地中海部队在突袭罗马尼亚普洛耶什蒂的油田过程中，遭到了惨重损失。8 月 17 日，大约 376 架美国轰炸机突袭了位于雷根斯堡的梅塞施米特工厂以及位于施韦因福特的滚球轴承制造工厂，结果 60 架轰炸机在战斗中被击毁，而施韦因福特却并没有遭到多大的破坏。

虽然轰炸机护航队的部分是由 P-47 雷电战机组成的，并配备有远程的燃料箱，但多数损失都发生在这次任务中没有护航队的远途之中，在返程的途中也是如此。

对于远程护航队战斗机的极端需求终于在 10 月变得更加明显。一系列的突袭事件，包括在 14 日当天对施韦因福特再度袭击，都使第八航空队付出了其一半战斗实力的代价。美国指挥官只得放弃了进一步的渗透进攻计划，德国空军赢得了第一轮战斗的胜利。

防空炮

虽然一颗步枪子弹足以击落一架飞机，但是有效的防空火力通常依赖于自动武器与火力较慢中型武器的结合，因为后者具有更大的摧毁力和射程。

在第二次世界大战中，各方都有几千架飞机被来自于地面的火力所击落。在高空中飞行的重型轰炸机或者远程的战斗机以及低空的地面攻击战斗机，其实都是十分脆弱的，虽然其要视不同的地面武器而定。服役中的防空（AA）炮弹类型在1939~1945年期间并没有发生太大的变化，不过其弹药和控制设备确实有了长足的进步。

☆ 轻型防空炮 ☆

由于低空飞行的战斗机对地面的侦察者而言具有较快的飞行速度，因此试图击落这种飞机的武器必须具备很高的速度，并能快速发射出很多发弹药，因为目标出现的时刻可能就只是那么一小会儿。在实战中，这便意味着大约为40毫米或更小口径的武器配备，其一般可以发射出重量低于1千克的炮弹，并在有效射程上达到3500米的最高限度。

虽然士兵们可以、也确实能够尝试用各种枪炮去射击飞机，其中包括经过特殊调整后的标准机关枪，但军队中使用最多的最小的的专门防空系统则是美国的Quad 50防空炮。这是一种四联武器，其搭载的是四架12.7毫米M2布朗宁重型机枪设备，这种装备同时出现在牵引炮和不同的自动推进式武器上。但是，这依然并不能令人获得完全的满意度，因为其单发的炮弹缺乏足够的打击力度，所以也无法有效地将敌军战机击落下来。

德国人还有一种20毫米的武器（也发展出四联的炮弹装备），但是这存在着同样的缺陷。日本、意大利和英国，都有着类似的单炮筒20毫米武器。英国和日本的一些武器，是在瑞士欧瑞康公司产品原型的基础上改进的。德国和美国的下一批产品，就是37毫米的型号，这种口径也被苏联人所使用。英国的主力轻型防空炮弹是40毫米的，其是在瑞士博福斯公司的授权下制造的，这种武器也被很多国家所使用。这种武器可以发射0.9千克的高爆弹，实际速率可以达到80~100发每分钟。

与这一级别的多数炮弹一样，博福斯的这款产品通

M3型76.2毫米防空炮

M3型76.2毫米炮弹，是标准的美国中型防空炮弹，其出现于战争的早期阶段。但是，其后来逐渐被M3型90毫米的规格所取代了。这两款大炮都曾经参加过地面作战任务，就像下图中这门防空炮一样，当时是在1943年的新几内亚地区。

口径：76.2毫米
弹重：5.6千克
射速：25发/分钟
射高：9100米
初速：853米/秒

常也会配备有简单的视觉瞄准器，而其经常是唯一被使用过的。与其他炮弹一样，其也有着不同的机械预测瞄准器（具体类型视国家而定），在设计上专门帮助炮手在快速飞行的目标面前实现"游刃有余"的瞄准。

☆ 重型防空炮 ☆

127毫米左右的一部分防空炮被很多国家投入使用，其中包括德国的128毫米 FlaK 40型、美国的120毫米 M1型以及英国的135毫米口径型号。但是，这些武器在最高射限上其实非常接近，而来自于更大口径的火力也开始被较慢的速度和行动的笨拙所抵消。

⊙一门英国的94毫米高射炮在夜间投入战斗。与多数其他英国防空炮一样，这一门也有着混合的不同补充设备。

更加常见的是轻型武器，比如与德国"88"式类似的武器，其不同版本的88毫米高射炮都可以将9.4千克的炮弹发射到8000米的高空。英国的94毫米以及美国的90毫米武器则在很多方面都相差无几。与88式一样，M2上的90毫米武器能够被用来当做一种反坦克武器。

☆ 击中目标 ☆

在战争初期，所有防空炮都依赖于机械预测瞄准器，即用人眼的瞄准方法来估计飞机的高度、速度和飞行线路。

后来，这些都逐渐被雷达系统所取代，而这一优势可以在夜间或者穿行于云间的时候得到充分发挥。重型的防空炮弹最初依赖于时间或者大气压力计熔丝，其在设定时便使用雷达信息，并可以在实战中获得极为精确的效果。

效果更好的是英美联军的新发明，即低空爆炸信管，其实际上就是一种雷达设备，可以在炮弹中设定，且可以在接近目标的时候被引爆。在战争后期，这一技术得到了极成功的运用，特别是在针对日本神风特别行动队和德国 V-1 导弹的作战中。

博福斯 40 毫米防空炮

40毫米的博福斯防空炮是在20世纪30年代初设计的，它被很多国家所使用，不光在陆上，也被当做一种海上武器。一架英国陆军的样品就在下图中展示着，但是其在海上使用时还生产过双联和四联的炮管款式。

口径：40毫米
弹重：0.9千克
射速：最高160发/分钟
射高：6800米
初速：880米/秒

重型轰炸机

英国和美国空军的四引擎重型轰炸机，是战争中最有威力的武器之一。它们将高科技的电子设备与残酷的杀伤力结合起来，并可以将数以吨计的炸弹运送到敌国的腹地。

从第一次世界大战的最后几年开始，不同国家的空军官员都开始探讨如何得到适当的武器配备和增援，因为这样他们的部队就可以通过对敌对国家工业区以及平民的空袭来赢得胜利。这种突袭就是所谓的战略轰炸（将其区别于在陆地战线上实施的战略行动）。

在第二次世界大战中，英国和美国是唯一制定了这种作战计划，并希望通过其实施来赢得战争的国家。战略轰炸计划的核心，是在这里描述到的不同型号的四引擎轰炸机。

这一类型中第一架投入使用的飞机，是波音 B-17 空中堡垒，其是在 1935 年首次飞行的，并从 1939 年开始进行了系列生产。但是这种轰炸机只有五架手动操作的机关枪，并缺乏自动密封的燃料箱和机组人员足够的装甲保护，这便预示着其将很难有大作为。重大的改进体现在 B-17E 款式上，其是在 1942 年投入使用的；最后的 B-17G 型，则配备着 13 挺防御机关枪。

乍一看，B-17 型的同时代战机，即联合 B-24 "解放者"（于 1939 年首度投入飞行），显得更胜一筹。其速度更快，并有着更远的射程，不过炸弹运载量是一样的，并且在防御武器上也相差无几。但是，在实战行动中，其被证实不太适合高空中的紧密飞行编队，而这是在德国上空进行作战的必需条件。与 B-17 型一样，其有很多不同的款式，最后才获得了最佳的版本款式，即 B-24J 型。

波音 B-17G "空中堡垒"

战机是这类飞机的最主要款式。在 12700 架 B-17 战斗机中，大约有三分之二都属于这一款式。在最初款式基础上的改进，包括加长了的机舱、更大的机尾，以及机头和机尾炮塔

时速： 462 千米
引擎： 4 台 1500 马力怀特飓风 R1820 星型发动机
航程： 3200 千米
武装： 13 挺 12.7 毫米口径机枪；2000 千克常规炸弹

⊙1944 年，一对 B-24 "解放者" 号战机，在一次北太平洋战场的任务中得到了 P-40 战斗机的护航。

☆ 昼间轰炸 ☆

在欧洲的整场战争之中，美国的战术就是在白天实施突然的战略轰炸，从而希望达到较精确的打击度。这便要求，要给 B-17 型和 B-24 型配备厚

重的防御武器，同样也会带来相对一般的炸弹运载量，即大约为 2.5 吨左右。结果，在欧洲云团密布的条件下，轰炸精确度要比美国本土的试验结果差一些。这一状况一直持续到 1944 年远程护航战斗机的出现，而之前的轰炸机损失十分惨重。

☆ 英国的战略 ☆

英国的皇家空军在开始这场战争时便早已确信，其轰炸机可以在白天与敌人展开激烈的战斗。但是，痛苦的经历在不久之后便证实了这是错误的，而轰炸机司令部也转向对德国发起夜间的袭击。

虽然双引擎的类型在这些袭击中是主角，并一直持续到 1943 年，但是四引擎的设计终于还是取代了这些，并于 1941 年初开始投入使用。在夜晚黑幕的掩护之下，所有战机的防御武器都要比美国的类型差一些，但是却有着更大的炸弹运载量。在战争的初期阶段，其轰炸精确度相当低，但到了后来，特别是随着电子导航辅助设备的引入和改进，这一方面也得到了长足的进步。

其中的第一种类型，即肖特斯特林轰炸机，只在前线使用过，并只使用到 1943 年。由于上升高度较低，所以使得其在防御上不堪一击。后来出现的汉德利－佩济公司的"哈利法克斯"式轰炸机，在技术上得到了巨大的改进，特别是后来的马克 3 型战机一直服役到战争结束。但毫无疑问的是，英国最好的重型轰炸机，就是阿芙罗公司的兰开斯特轰炸机，其是从 1942 年早期开始服役于航空中队的。这一结实、可靠的飞机，一共建造了 7000 多架。

日本在参战之后，需要更加远程的飞机，这要比在欧洲部署的战机要求更高一些，而这一设计努力最终促使了波音 B-29 "超级空中堡垒"的诞生，其在战争之前便开始生产了。最初型号的第一次飞行是在 1942 年，在其首度投入战斗的 1944 年之前，出现过很多问题，并作出了不少的改进。这在极大程度上是因为，除了其庞大的体型之外，这一战机的设计相当复杂，而在技术上也是非常先进的。

比亚乔 P.108B 战机

意大利的 P.108B 战机，是英国和美国空军之外投入军事行动的少数重型轰炸机之一。这种 P.108B 战机威力很猛，效果很好，而且有着很多先进的特征，其中包括可以实现遥控的火力炮塔。

时速：430 千米
引擎：4 台 1500 马力比亚乔 PXIIRC35 星型发动机
航程：3540 千米
武装：6 挺 12.7 毫米口径机枪；2 挺 7.7 毫米口径机枪；3500 千克常规炸弹

⊙1942 年，几架肖特斯特林轰炸机在训练飞行之中。这种轰炸机是英国三种四引擎设计之中最差的那款。

肃清乌克兰

1943 年仲夏至 1944 年晚秋，一系列进攻将德国人赶出了乌克兰，并将他们赶回到战前的波兰和罗马尼亚地区。在北部地区，德军对列宁格勒长达 900 天的围攻也开始消解。

自库尔斯克进攻终止，一直到战争结束，在不到两年的时间内，苏联红军进行了大规模的推进，并几乎一直都在取得胜利。

在战斗的第一阶段，苏联人沿着前线一直在向前推进着，最后到达并跨过了第聂伯河，并重新收复了很多主要的大城市，比如斯摩棱斯克、基辅以及第聂伯罗彼得罗夫斯克等。在第二阶段，也就是在 1943 年冬天~1944 年初春，在北部地区和南部地区同时发起了进攻。在北部地区，德军对列宁格勒的围攻最终被解除；在南部地区，乌克兰的剩余地区均被占领。

⊙1944 年 3 月，德国士兵在东部战线冬季的寒风和暴雪之中。

☆ 第聂伯河 ☆

这一过程是由苏联对库尔斯克北面突出部发起进攻作为序曲的，时间是 1943 年 7 月 12 日。到 8 月 3 日，苏军又对突出部的南部侧翼发起了进一步的进攻。虽然德国人对这些进攻都作出了极为巧妙的防御，但是他们不得不放弃奥廖尔。

⊙苏联红军在重新占领基辅地区之后，受到了当地人民的热烈欢迎。

截至 8 月末，苏联兵力已经在莫斯科南部的每一个地方发起全面进攻，但其中最成功的是库尔斯克以西的广袤区域，还有就是在顿涅茨克南部的另一个地区。

由于事先知道意大利可能会投降（这在 9 月 8 日变成了事实），希特勒早已开始加强其在意大利的增援部队。盟军于9月早期在意大利本土的登陆,使这一军事行动变得更加急切。因此,他授权在乌克兰东部的德国军队撤退到第聂伯河一带。在撤退的时候,他们还集中在不同的主要城镇,而那些地方在河上都有桥梁。苏军推进到这些地方,并在月底的时候临时准备了过河设施,地点分别在基辅的北部和第聂伯罗彼得罗夫斯克的西部。基辅是在11月初被收复的。

☆ 奔赴边境线 ☆

到1943年12月,虽然陆军元帅埃利希·冯·曼施坦因和埃瓦尔德·冯·克莱斯特在防守指挥上十分英明,但是德国的前线依然存在着很多脆弱的突出部分,并在希特勒的命令下一直死守着。苏军的进攻一直持续到1944年3月,但这些攻势都先后

遭到失败。后来,曼施坦因和克莱斯特被希特勒解职,原因就是他们做出了撤退的举动,并经常与他们反复无常的"元首"意见不合。

当这个阶段的战斗在4月中旬结束之后,前线开始从普里佩特沼泽地,经由喀尔巴阡山脉,一直延伸到敖德萨以西的黑海沿岸地带。

⊙1944年春季融雪期,在乌克兰境内的德国军队开始从泥泞的道路上撤退,同时还带着马拉的50毫米 PaK 38 式反坦克炮。

列宁格勒保卫战

从整个第二次世界大战的过程来看,列宁格勒保卫战规模并不大。但却造成100多万平民丧生,且有多半是因为饥饿、疾病和寒冷而死于非命,因此这次战役是一次大规模的人间惨剧。

1941年9月上旬,德军的第一次推进将列宁格勒与苏联的剩余部分切断联系,而希特勒也决定通过飞机轰炸、炮轰与断粮的方式来彻底消灭这座城市。苏联没有实现多达250万平民的疏散工作:其中1/3是在1942年被疏散的;另外1/3的人口留在了这座城市之中,他们在那里投入战斗或在工厂中继续干活;最后的1/3人口则在第一个恐怖的冬天中死去了。

在一年多的时间里,虽然双方都展开了进攻和反击战,但是稀少的物资供应都是在跨过拉多加湖之后抵达这座城市的。在夏天,物资供应是通过船运抵达的,而在冬天是在冰上通过卡车运送的。但是,不论在什么时候,这些运输任务都是在德国猛烈的炮火和空袭中展开的。

于1943年1月开始的新一轮苏军攻势,开出了一条狭窄的地面线路,并直通这座城市,使最为恶劣的物资条件得到缓解,但却并没有出现新的转机。最后,到1944年1月,新一轮的进攻才迫使德军开始全面撤退。27日,斯大林宣布这座城市被解放。

重型大炮

重型大炮是第二次世界大战地面战争武器中最令人恐怖的武器之一，且以成百上千的架势出现在战场上。1945 年，苏联军队就在他们最后于柏林的战斗中使用了各种口径规格的 16000 多门大炮。

据说，约瑟夫·斯大林曾经将大炮描述为"战争之神"。在任何主要国家军队中，只要曾经遭受过这种重炮轰击的士兵，都不会对这种说法提出异议。重型大炮通常都会分配给级别较高的武装编队（军、团、师或类似级别）。

☆ 大炮战略 ☆

与其他类别的大炮一样，苏军是重型大炮最频繁的使用者。英国和美国都有着极为复杂的组织结构，并可以发动精密的压制性轰炸计划，从而对具有惊人火力集中性的战斗做出快速反应。

在这一级别，还有很多种武器都在使用之中：德国拥有 200 多种大炮（有各种不同的口径规格），都在军中服役着。苏联则至少拥有五种型号的 152 毫米榴弹炮和两款 152 毫米的重炮。因此，在这里我们只能说说其中较具代表性的例子。

多数军队都有着与前面提及的苏联设计款式相媲美的武器，并可以将大约 45 千克重的炮弹射击到 15 千米的射程范围，而这只是榴弹炮的数据，而平坦弹道的炮弹则可以射击到 27 千米远的地方。具有不同火力特点的榴弹炮，在总体上依然属于轻型武器，通常具有更好的机动性，价格一般也更便宜，生产流程上也更容易些，但绝不能小看这种武器。

英国的 140 毫米大炮也是最典型的。其可以将标准的 45.4 千克的炮弹发射到 14.8 千米远的地方，或者将 37 千克的炮弹发射到 16.6 千米远的地方。超过 6 吨重的大炮在军中服役，其最大的发射速度可能是 1 分钟 3 发。美国的 155 毫米 Gun M1 可以将稍微轻一些的炮弹发射到 23 千米远的地方。知名度较低但同样有效的类型包括，意大利的 149 毫米加农炮 149/50 M35 和法国的 155 毫米 M1932 施奈德型。

⊙这是一架美国 155 毫米 M1 型"长汤姆"大炮，其在 1944 年 11 月于莱特岛战役中参加战斗。其分离双炮尾拖架结构的设计，使其具有一个非常稳定的发射平台。

英国 140 毫米大炮

　　英国的 140 毫米大炮，是在 1940 年首度被引入的，但却有着广泛的使用（右图中所示的样品是于 1943 年出现在意大利境内的）。其实还有稍轻一些的更远射程的 114 毫米大炮，其安装在同样的拖架之上。

口径：140 毫米
炮重：6.3 吨
弹重：45.4 千克
射程：15 千米
初速：最高达 619 米 / 秒
炮班：10 名
射速：3 发 / 分钟

☆ **超级重型武器** ☆

　　多数国家也会将更加重型的大炮和榴弹炮囊括到他们的军械库之中。美国的 203 毫米 Gun M1 式就是在战争中期投入使用的。其可以将重达 109 千克的炮弹发射到 35.5 千米远的范围，并实施远程的轰炸计划和反炮兵任务。更大型的依然是其同时期的 240 毫米榴弹炮 M1 型，其可以发射 157 千克的炮弹，而射程则可以达到 23 千米。

　　铁路大炮是德国人特别制造的武器，其有极远的射程和最大的口径，并在战争期间投入了战斗。

　　在这些之中，最著名的当属 28 厘米的 K5（E）型，它曾经在抗击盟军的安其奥的滩头阵地中使用过。这种大炮可以将 255 千克重的炮弹发射到 63 千米的地方，或者在火箭助推器的推动下发射到 86.5 千米远的地方。一架 28 厘米口径的大炮，可以改装成 31 厘米的口径，并进行测试性火力发射，而其炮弹发射的稳定性很好，甚至可以将射程增加到惊人的 150 千米远。

　　而在所有最大型的武器中，一种大规模的 80 厘米口径的大炮是绝对的第一。有两架这种规格的武器被建造过，但是据说其中只有一架被使用过（就在 1942 年德国围攻塞瓦斯托波尔的战役中）。这架投入使用的大炮，重量大约是 1350 吨，并且是在两条铁路轨道上移动的，其可以将重达 7 吨的高爆弹发射到 47 千米远的地方。这一设计款式及生产这一武器所需的工业努力，对其极度有限的战斗价值来说，完全是不成比例的。

⊙德国超级大炮。这种火炮射程远，火力大，但因为准确性差，因而实际的战时用途并不大，更多是作为一种威慑武器存在。

LAND

Under
Neutral
Front lir
Front lir
Front lir
Front lir
Front lir

0   100

0   20

NORWAY

SWEDEN

FINLAND

ESTONIA

Baltic Sea

LATVIA

LITHUANIA

North
Sea

DENMARK

E.S.S.
PRUSSIA

U S S

UNITED KINGDOM

NETHER-
LANDS

POLAND

BELGIUM

GERMANY

CZECHOSLOVAKIA

FRANCE

SWITZER-
LAND

AUSTRIA

HUNGARY

ROMANIA

Black Sea

YUGOSLAVIA

ITALY

Corsica

ALBANIA

BULGARIA

Sardinia

M
e
d
i
t
e

GREECE

TURKEY

Declared war on
Germany February

Sicily

CYPRUS
(British)

r
a
n
e
a
n   S e a

TUNISIA
(French)

PALESTI
(British)

ERIA
nch)

LIBYA
(Italian)

EGYPT
(British)

欧洲的光复

至 1944 年初，希特勒的德国海军实际上已经在大西洋战争中遭到了实力上的削弱。而德国空军也在一系列大规模空战中遭到了决定性的溃败。但是，从 6 月份开始，德国士兵又开始站在外国领土的每一个地方，甚至还依然保持着战前苏联境内的小小立足点。到 1944 年秋天，西部盟军已经解放了法国，而希特勒在东部的军队也饱受了摧毁性溃败的打击。在德国以前的同盟之中，罗马尼亚早已"叛变"，而芬兰则宣布和平中立。

希特勒本人也在名为"炸弹阴谋"的刺杀行动中受伤，因此他已经心力憔悴并开始动摇。他越来越失去对现实的操纵，而德国经济及其工业也面性着最后的崩盘。不过，虽然面临所有这些不利因素，德国陆军依然保持着坚不可摧的组织纪律,并能够发起最后的誓死顽抗。纳粹政权的真实面貌，在 1945 年春天，随着集中营的解放而大白于天下。但是，欧洲战争并没有就此结束，其一直持续到德国所有领地都处于盟军控制、希特勒死于柏林废墟之中才画上句号，而柏林当时是希特勒自诩为"千年帝国"的首都。

诺曼底登陆

自 1942 年以来，"霸王行动"是英美联军军事计划的核心，也是历史上最伟大的陆海空三军联合行动计划。

1944 年 6 月 6 日，盟军已经在诺曼底登陆了 15 万人。所有五个登陆沙滩都是安全的，并且在每一个地方的部队都在向内陆地区推进，虽然这并不是原先所预料和计划过的。至少可说，"霸王行动"的第一天，还是获得了相当大的成功。

☆ 战斗计划 ☆

虽然盟军在空战和海战上占有绝对的优势，但是实际的登陆部队并没有压倒性的优势，因为毕竟登陆的船艇和伞兵飞机数量依然有限。有几个策略专门解决了这个问题。数个月的密集性空中突袭一直在实施之中，并继续对公路、铁路线以及法国境内的桥梁进行打击，其目的就是不让德国人对诺曼底进行军事增援。

◎艾森豪威尔上将

与此同时，一个精心策划的欺骗计划已经出炉，其要让德国人更加确信，盟军的计划是在加莱海峡地区的东北面登陆。在诺曼底登陆之后，真正的加莱海峡行动计划依然要予以实施。这两个阶段的行动最终都是极其成功的。

盟军最高指挥官德怀特·D. 艾森豪威尔，同时领导着带有 13000 架飞机、2500 艘登陆艇、1200 艘战舰和很多新设备的 300 多万人。这包括了用来实施障碍跨越和碉堡攻克的英国第 79 装甲师的坦克，此外还有所有攻击编队所用的水陆两栖坦克。跟进的部队也从墨贝瑞港的登陆中受益匪浅，并从普路托（PLUTO，越海管道，"Pipe Line Under the Ocean"的缩写）那里获得燃油物资供应。

◎德国军队在诺曼底登陆日之前建造起沙滩防御工事，这可以用来当做避开盟军飞机轰炸的掩体。

虽然德国人也清楚地知道，对方必然会发起一次总攻，但是对其位置或兵力并没有精确的情报。德国陆军元帅埃尔温·隆美尔现在开始在法国北部地区指挥

⊙这是英国境内最大的武器堆存处之一，是盟军在准备诺曼底登陆之前开发的。

德国部队。他认为，他唯一的机会就是在盟军登陆上岸之前击退他们。他还试图将其预备队在海岸线上部署开来，这样他们才能立即对任何登陆的部队展开反击，因为他知道盟军空中部队将很难对更多的远程部队作出重新部署。

隆美尔的上级——西部总指挥官兼陆军元帅格尔德·冯·龙德施泰特想要组建一支强大的中坚预备队，并计划将其派遣到战斗中去，尤其在局势变得明朗，即在大规模盟军登陆行动即将发生的时候。德国人最终选择了一个妥协的方式：一些预备队被部署在诺曼底海岸附近，但是他们在没有得到希特勒允许的条件下不得做出具体的部署安排。

☆ 登陆行动 ☆

登陆地点一共有五个，分别是犹他滩（Utah Beach）、奥马哈滩（Omaha Beach）、金滩（Gold Beach）、朱诺滩（Juno Beach）、宝剑滩（Sword Beach），这五个地点按照从西到东的次序分布。在前两个点登陆的包括了美国第一军的部队，而后三个则牵涉到英国第二军的英国和加拿大士兵。两支美国空中师部是通过降落伞来实现登陆的，并从犹他滩那里滑行到内陆地区，而其中一个英国空中师部则登陆在宝剑滩的东侧岸边。

空中师部占领了他们的多数目标地点，并成功瓦解了敌军的反击。德国人的抵抗是最猛烈的，而盟军的伤亡也极为惨重，特别是在奥马哈滩上。曾经在一段时间内，似乎这次登陆行动即将失败，但是到了当天的最后时刻，整个沙滩还是被盟军肃清了。犹他滩是其中最容易的，其他三个则处于中间难度。

对盟军部队而言，从一开始就非常有必要占领尽量多的领地，即便这样做只是为了让庞大的后继部队获得空间。但是，当天后来时期的内陆推进行动，都基本拿下了诺曼底登陆计划的目标阵地，只有卡昂和巴约两个地方除外。更加艰苦卓绝的战斗进一步在滩头阵地上延伸开。

⊙在诺曼底登陆日当天清晨，美国陆军部队登陆在要经历艰苦鏖战的奥马哈滩上。

特种装甲车

从传统意义来说，清除障碍和破坏敌军防御工事，是陆军工程师们的主要任务。改装过的坦克和其他战车，在设计时就是专门用来执行这些任务的，其在诺曼底登陆以及其他战役中都是一个重要的因素。

对敌军精密防御工事的攻克之战，是一次地面军事行动的一部分。清除雷区、跨越壕沟和河道，以及摧毁敌军坚固阵地等，都是任务中必需的。用来着手完成这些任务的特制装甲车开始投入意义重大的服役期，其中最著名的

◎德国三号装甲抢修车，在援助一辆坏掉的猎豹战斗坦克。

就是英国第 79 装甲师的"滑稽"坦克，其是在诺曼底登陆后的战斗中投入使用的。

☆ 地雷清除 ☆

有两种主要的扫雷坦克被开发出来，分别是扫雷铰链和扫雷滚轮。扫雷绞链装有一个会旋转的鼓形圆桶，安装在扫雷器的前端铰链上，其在坦克向前突进的时候敲击地面，并将其行进道路上的地雷予以引爆。1942 年 10 月，这些武器在阿拉曼战役中第一次投入到"玛蒂尔达蝎子"编队中去，而在后来的战争期间，这些武器还出现在改进了的"谢尔曼·螃蟹"扫雷坦克编队之中。美国陆军又发明了 T1 型扫雷滚轮，其特征就是安装了一排钢铁圆盘，并在坦克前面推进着。

☆ 障碍清除 ☆

壕沟和墙壁是前进的障碍。一些坦克在装配时可以运载柴捆或者类似的材料，并将其投入到有缺口的地方，或者也可以提供自造的斜坡坡道。其他坦克，比如最著名的丘吉尔 ARK，可以直接开进壕沟或者推倒墙壁，接着在前面或后面铺设坡道，这样

◎这是 DD 谢尔曼坦克在训练演习期间的身影。第二辆坦克并没有降低其浮幛，但是其他坦克却已经放低了，并立即准备投入战斗。

⊙1944 年，一辆美国 T1 型地雷引爆装甲车出现在法国境内。

⊙这是一辆在 1944 年晚期出现的英国皇家装甲工程车，图中还展示出其超大口径迫击炮和清除障碍的柴捆。

一来，后继的汽车就可以从其顶上直接开过去。"地毯"坦克和"卷盘"坦克，可以在沙滩或沙漠上摊开一条"席子"，而这能给后面的有轮车辆铺设下一条道路。

欧洲战争中所有主要的军队，也都有着不同形式的桥梁铺设设备。

在这些设备之中，最重要的可能就是英国的"丘吉尔"号皇家装甲工程车（简称"AVRE"）了。这种战车可以运载并布置下柴捆或较短的桥梁，还可以额外安装一门超大口径迫击炮，从而对碉堡或者其他敌军阵地发起摧毁性的冲锋。总共有 500 多辆皇家装甲工程车被建造完成，1944~1945 年间，这些战车得到了最广泛的使用。

☆ 登陆战中的特种坦克 ☆

有一种改装版的装甲车使用频率相对较低，但在诺曼底登陆时，这种改装版则发挥了相当重要的作用，这就是所谓的"水陆两用坦克"。这种坦克可以实现水陆两用的功能，并可以与帆布幕配套使用，从而将战车车体提升起来，而另一个推进器则可以使它们在水中行进，并达到 7 千米 / 小时的速度。在它们登陆到沙滩之后，这些坦克便可以直接将从水中开动起来，并投掷下幕布，然后就可以进行完全正常的战斗。水陆两用的概念，是从 1941 年开始在瓦伦丁坦克的测试基础上发展而来的。但到 1944 年，谢尔曼坦克还一直在使用着。

水陆两用坦克在诺曼底登陆战究竟有没有带来不同的效果，这依然是一个颇具争议性的问题。但是，在数周之后，一种临时做过调整的版本被投入到美国第一陆军的多数坦克编队之中，这可能会带来完全不同的效果。这就是"犀牛"坦克，这款坦克在前面焊接了一个象牙状的叉子，可以将灌木树篱剪掉，且不会受到很多较高土堆的限制——在诺曼底登陆的道路上到处都是这些东西。

⊙这是诺曼底登陆演习期间的一辆"丘吉尔地毯"号坦克。这种"地毯"坦克的席子，可以帮助有轮的战车顺利越过布满倒钩的障碍物。

诺曼底之战

　　盟军部队整整经过了两个月的艰苦鏖战，才最终突破了他们的诺曼底登陆地区。盟军已经获得了压倒性的优势，并在空战中占据主导地位，但是德国人的实战技术使他们的推进也并不容易。

　　"**霸**王行动"的成功或失败，并不会在 1944 年 6 月 6 日决出。盟军做了充分而细致的准备，从而确保诺曼底登陆可以一帆风顺，但在接下来的几天乃至几周时间里，事关紧要的是组建起盟军的战斗部队以及在其控制之下的战斗区域，并且在速度上要超过德国人，因为后者要将其预备队集中起来并作出范围限定策略。

⊙在 1944 年 7 月的战斗期间，一门美国的陆军大炮在战斗，地点就在卡灵顿的诺曼底镇。

☆ 蒙哥马利的计划 ☆

　　所有的盟军地面部队，包括英国的、美国的和加拿大的，都处于蒙哥马利将军第二十一集团军的指挥之下。与盟军其他任何一位将军相比，蒙哥马利更加清楚地认识到，如果诺曼底进军能够获得成功，那么盟军必须要对从沙滩开始向内陆地区推进的事项作出一个清楚明晰的计划安排。蒙哥马利制定了这样一个计划，并且予以了彻底执行。由于其效果十分理想，所以在整个战斗过程中，德国人绝大部分时间里都跟着他们的节奏走。但他的失败在于，在这个计划出现变数之后，还死不承认。因此，他与其他盟军高级将领的关系开始破裂，而他在媒体面前对事件的陈述也难以令人信服。

　　蒙哥马利的计划是让英国和加拿大的军队在盟军左侧发起进攻，这样就能将德国预备队引诱进来，而同时让位于右面的美国部队更加快速地推进。但实际情况显然不可能完全"按计划"发生，不过蒙哥马利对外宣称的时候却不是这么说的。

　　卡昂这座城市及其弹药库的中心，其左侧（即东面）部分注定要在诺曼底登陆时被占领，但是从沙滩处开始的推进只抵达了一半的路程。卡昂并没有完全被收复，其一直坚持到 7 月份的第三周，直

⊙7 月下旬，英国部队在卡昂的碎石堆中观察着德国狙击手的动静。

到后来英国第二军发起了几次全面的进攻，其中最著名的就是6月末的埃普索姆行动和7月份的古德伍德赛马会行动。

在其右侧部分，首要的任务就是将犹他滩和奥马哈滩登陆军与其他沙滩连接起来，而这一目标在6月10日获得了成功。下一

⊙在诺曼底的一座村庄中，美国步兵在小心谨慎地通过一辆燃烧起火的猎豹式坦克。

步是向西推进，并跨过科唐坦半岛，然后挥军北上，去占领瑟堡（法国西北部港市），这一行动就在7月27日开始展开。但是，港口的设施早已经在德国人投降之前被完全毁坏掉了，将这一港口予以重建并使其恢复到之前的原貌，需要花上好几个星期的时间。

☆ 德国人的顽抗 ☆

所有的盟军兵力都开始发现，德国武装部队在战斗中是多么强悍，不论是最好的陆军部队，比如装甲教导师，还是希特勒青年团中年纪尚轻的纳粹党卫军狂热信徒们，都是如此。在所有初级和中级军官的水平上，德国军队领导的标准在总体上要更胜一筹，并且德国部队在战斗时清楚地知道，他们的坦克要比盟军所拥有的坦克有着更大的优势。但是，盟军的将军们显得更加稳定，还特别部署了一部分炮兵连和空中火力部队，这让德国人无以应对。

从6月一直到7月，美国的第一军稳固地占领着地面领土，而英国的第二军则在卡昂地区陷入困境。蒙哥马利非常希望能够在短时间内占领卡昂地区，然后从那里指挥军队向内陆地区进发。但即便不能实现这一目标，他的计划也照样可以实施。德国的装甲师部队，是其火力的中坚力量，几乎所有的德国装甲师部队，现在都开始在英国战区上战斗着。这为盟军最终突破德国防线做好了准备。

⊙在向科唐坦半岛推进期间，美国军队在佩里耶附近地区开火。

战争中后期的中型轰炸机

战争快结束的时候，盟军空军部队早已获得了空中的作战优势，但这绝没有比数千架英美中型轰炸机在欧洲和太平洋战场上所进行的作战计划更具说服力。

英国和美国在 1942~1945 年间的中型轰炸机，包括了当时那个时代中最著名的一些飞机。但是，与其对阵的轴心国的战斗机却不大为人所知。这绝不是巧合所致，这只是反映出德国和日本对盟军的空中打击不力。（苏联的中型或重型轰炸机也不多，但这主要是因为他们把全部的重点都放在了地面攻击的飞机和战斗机，而并不是缺乏雄厚的空中力量。）

☆ "木制奇迹" ☆

在中型轰炸机方面，英国只制造过一种飞机，却是其中最好的，那就是德·哈维兰蚊式轰炸机。在战争期间，英国差不多建造了 7000 架此类飞机，其中包括照相侦察、地面突袭以及夜间战斗的不同款式，以及其他轰炸机等。

所有这些战机飞行速度都很快，并可以运载数量相当巨大的炸弹、枪支或其他设备，而且，它们主要都是用木头制造的。效力于英国皇家空军轰炸机司令部的"蚊"式战机，可以支持主要的重型轰炸机部队，并可以在飞行中牵制敌军的攻击，同时锁定目标。

> ### 蚊式 B 马克 16 战机
> "蚊"式轰炸机可以运载 4000 磅炸弹（如下图所示），或者特定范围的燃烧弹以及目标识别器。马克 16 型一共建造了 1200 架，而这也是其中数量最多的款式。
>
> 时速：668 千米
> 航程：2400 千米
> 乘员：2 名
> 引擎：2 台劳斯莱斯引擎
> 武装：1800 千克炸弹或燃烧弹；无枪支配备

☆ 美国的主要类型 ☆

美国的中型轰炸机，包括道格拉斯 A-20 "浩劫" 或波士顿夜间轰炸机（其是从战争初期开始服役的）、北美 B-25 米切尔、马丁 B-26 "劫掠者"号以及道格拉斯 A-26 "入侵者"号。A 类的飞机曾经专门为执行地面攻击任务做过优化，而 B 类则主要用来执行不同的中型轰炸机任务。在实战中，还是存在着交叠的地方。B-25 型在美国卷入战争之后一直处于服役之中，这与前面提到的所有美国飞机

⊙这是一架三菱 Ki-67 "飞龙"号轰炸机，其被盟军称为"佩姬"。其是从 1944 年晚期投入使用的，这种战机速度很快（537 千米/小时），并有着更好的装备，比日本之前的轰炸机都更胜一筹。

一样，并且有相当数量都根据租借法案提供给盟军的。美国大概总共生产了1万架中型轰炸机，有很多不同款式，其中就包括几种专门为突袭任务而制造的类型，有的最多在机身前端安装12挺机关枪和一门75毫米的加农炮。纯粹的轰炸机版本，可以运载重达2700千克的炸弹。

⊙一架B-25H"米切尔"在飞行之中。这是"米切尔"攻击机不同款式中的一种，其机身前端要比釉面的轰炸机外壳更加坚硬一些。这架战机配备着8挺向前开火的机关枪和一门75毫米的加农炮。

从性能或服役生涯来看，B-25和B-26之间其实并没有什么明显差别，不过在4700架专门为美国陆军航空队而建造的B-26型战机之中，多数都被运送到欧洲地区。最后，在所有主要的美国陆军航空队战斗飞机中，B-26的损失率是最低的，但是当其第一次被引入的时候，确实发生过很多意外事件，不过这些都在后来的改进版中被避免了。

B-25和B-26是从1942年开始投入战斗的，A-26则到1944年年中才开始投入战斗，有1000多架A-26一直被使用到1945年，在战后还继续服役了好些年。其给"米切尔"和"劫掠者"运载类似的武器装备，机组人员有3人，即驾驶员、导航员（或投弹手）以及战斗机枪手，后者可以对背后以及腹部的炮塔实施遥控操作。

马丁B-26"劫掠者"号

于1940年首度投入飞行的B-26，在1942年参加了南太平洋的第一次战斗。但其多数都是在欧洲地区服役。这种战机大约生产了5300架，主要都是在美国部队中服役，也有一些被配备到英国的空军部队。

时速：462千米
航程：1850千米
乘员：7名
引擎：2台1900马力的普拉特惠特尼R2800型
武装：1800千克炸弹；12挺机枪

☆ 德国和日本的类型 ☆

在战争中期，德国的飞机生产计划实际上已停滞了，多半的力气都花在了已经快要淘汰的机型身上，以及对很多原型设计的改进方面。当其研制计划开始步入正轨的时候，时间已经是战争末期了，显然已经为时晚矣。此时的轰炸机生产其实已经被荒弃，而开始转向战斗机生产了。道尼尔战机，应该算是战争中德国最好的轰炸机，但该类战机在1943年晚期退出了生产线。

投入战斗中的一款著名类型，就是亨克尔177型。这种不常见的设计好像是双引擎的，一对发动机分别位于两个机翼处，并驱动着独立的推进器。总体而言，其有着相当不错的性能表现，但是早期的类型非常容易遭到灾难性的发动机起火事故。

日本的飞机工业从未达到过与其对手相抗衡的地步。战争后期的轰炸机类型，包括横须贺P1Y"法国"号、中岛Ki-49"海伦"号以及三菱Ki-67"佩姬"号。每一种轰炸机的生产量都没有超过1000架。

占领区人民的抗战

在欧洲占领区，很多人都认为为击败纳粹德国而抗争是值得他们冒生命危险的一件事情。他们的勇敢和牺牲显然在确保盟军最终胜利的事业上，起到了极大的推动作用。

从性质上来说，很多抗战都属于秘密的活动，因此并没有多少历史记录，很多英雄行为无疑也无法对其效果作出量化的计算。

反抗显然是一种危险行为。有反抗嫌疑的人通常会遭到酷刑折磨，如果不被处死，也会被送到集中营。针对反抗团体的凶残报复行为，也是十分常见的。但随着德国的战败可能性变得越来越大，更多的人开始参与到抗战中去。

⊙在1944年的华沙起义期间，波兰本土的反抗战士们正在作战之中。

抗战有很多不同的形式。比如说，挪威的历史教师们，就曾拒绝讲授经过纳粹批准的教学纲要，并坚守着他们的立场，虽然其中有一些人被遣送到集中营去了。其他更重要的形式，往往是默默无声的英雄主义行为，如很多人会将犹太人从纳粹党卫军的魔掌下拯救出来，单单在波兰和荷兰地区，就有好几千这样的无名英雄。

一些非暴力方法也具有比较明显的军事效果。法国的铁路工人故意放缓了他们的工作进度，这是为了拖延德国部队及其物资供应在法国境内的运输，从而给盟军轰炸机以及抗战人员的反击赢得时间。同样，大约有2000多名被俘虏的英美空军人员，也获得了暗中救助，从而能够从德国占领区中逃出来，这是对盟军实力的大力援助。

⊙在刚刚被解放的马赛城中，反抗者们在挥舞手中的武器。在敌后反抗战线中，女战士在其中扮演着非常重要的角色。

☆ 联合抵抗 ☆

西部盟军有很多组织专门来援助抗战。美国的战略情报局（简称"OSS"）不但牵涉到情报收集工作（显然在反抗工作中起到了重要作用），也对军事反抗予以援助。英国将这些功能予以分化，变成了英国秘密情报处即军情六处（简称"MI6"）和战时特别行动委员会（简称"SOE"）。英国的军情九处和美国的 MIS-X 组织就曾帮助过脱逃者和那些曾经帮助过他们的好心人。战略情报局和特别行动委员会都训练过很多特工，专门在被占领国负责情报工作，并拥有广泛的技术分工，主要负责设计和制造特种武器、伪造身份文件以及执行很多类似任务等。

⊙查尔斯·戴高乐将军是"自由法国运动"的领导人，他正在向他的国民发布一次广播演讲。

☆ 南斯拉夫的抵抗运动 ☆

反抗战斗在南斯拉夫地区是最为密集的。战争后期，游击队的运动在约瑟普·布罗兹·铁托的率领下继续进行着，后来又得到了苏联和西方国家的支持，最终在持续四年之久的浴血奋战中使这个国家从德国人的手中获得了解放。在这场实质上属于切特尼克（主要是塞尔维亚的民族主义者）与乌斯塔沙（多数是克罗地亚的法西斯主义者）之间的内战过后，游击队员成为了胜利者。在不同时期，其中每一个团体都相互对抗并与入侵的德国人和意大利人作战。加上在战争期间死亡的南斯拉夫人，总体阵亡人数可达 100 多万人，其中多数都是被其他南斯拉夫人杀死的。

在西欧地区的局势从未变得如此极端，从法国这个例子中可窥一斑。几乎所有的反抗运动组织都在协同作战，并处于"自由法国运动"领导人的指挥之下。1944 年，开始制定出既广泛又成功的作战计划，并与诺曼底登陆行动携同发起抵抗运动。很多抵抗者都是年轻人，他们进入高山和森林之中，从而躲避德国的强制劳役服务。这些马基（Maquis，"二战"中抵抗德军的法国游击队）组织，在协助法国南部的盟军战斗过程中，起到了相当重要的作用。大约有 10 万名法国人在抵抗运动中阵亡，或者在德国人的报复行为中死于非命。

⊙约瑟普·布罗兹·铁托（右一）是南斯拉夫游击队的领导人，他正与切特尼克集团的陆军上校米哈伊洛维奇会晤，后者曾经得到过盟军的很多支援。

通敌者

"通敌者"有很多种不同的动机。其中一些人真的是出于对纳粹的效忠；一些人只是为了想尽办法在几乎毫无生存条件的环境中存活下去；还有一些人则将自己视为忠诚的爱国者，他们的所作所为都是为了效忠于他们的国家。

究竟什么样的人才是通敌者呢？在战争初期，决定在占领区内与德国人通力合作的政府官员可能被视为通敌者，或者他们只是比较现实而已，是暂时妥协以确保他们能够实现最好的安排来帮助国家赢得最终的胜利？工厂主们可能让自己的工厂为德国人生产物资，同时也给他们自己赚到些钱，但他们也为自己能获得像样的身份工作，并防止自己被当做奴工送到德国境内。农村地区的地方长官或者警察，也毫无选择，只能服从德国人的命令，但是他有没有暗地里为抗战付出热忱的帮助呢？而从最简单的视角来看，一名与德国士兵发生过关系的妇女算不算一名可耻的叛国者呢？也许她们只是做了一件人道主义的事情，因为这名年轻德国战士由于远离家乡而感到心理恐惧。这些问题一直都无法找到简单的答案。

⊙一张德国武装党卫队的海报，当时他们在征募挪威人去与共产党人作战。挪威人和丹麦人都是纳粹党卫军积极征募的对象。

几乎每一个国家都有着本土的法西斯主义分子和反犹太主义者，他们都心甘情愿地为纳粹党效忠，因为他们都忠实地认为，他们自己是在进行爱国主义的行为。比如说，在荷兰的安东·马瑟特党就拥有5万多成员，但与其他地方的同僚一样，他们并没有被德国人授予真正的权力。

⊙与德国人发生过关系的女性，被迫在巴黎的街道上游行示众。在巴黎被解放之后，她们被剃了光头，并只穿着内衣。

在波兰，通敌卖国的人应该是最少的，但即便在那里，也可以看到另一种形式的通敌行为。自1944年以来，很多支持共产主义的波兰人，都曾帮助苏联人巩固他们的控制力，但却被他们的多数同胞视为"通敌卖国者"。

☆ 加入纳粹党卫军 ☆

在多数人的眼里，穿上德军的军装并为德国人奋战，当然是一种通敌的行为。实际上，很多列在纳粹党武装精英部队及武装党卫军名单之中的人，都是在德国境外出生的。他们包括了从海外征募来的德国少数民族，即德侨（这是纳粹对他们的特称），还有很多外国人，比如挪威和丹麦人。在战争后期，这张网被撒得更远，许多乌克兰人、克罗地亚人、拉脱维亚人、爱沙尼亚人以及其他人群都被接纳到其中。最后，超过一半的武装党卫军士兵都不是本土的德国人。

⊙荷兰籍的纳粹领导人安东·马瑟特，被纳粹党卫军长官海因里希·希姆莱接见。

数量庞大的苏联市民，最终只得为德国陆军干活，有时候甚至与德国人并肩作战。至1942年，很多德国军都包括数量巨大的辅助人员，即俄罗斯志愿兵。这些人中的很多都是之前战争的俘虏，他们之所以出此下策，是为了摆脱穷困的境地，同时也是为了防止因被捕而死于非命。起初，他们主要充当起非战斗的支援作用，比如驾驶员、厨师以及其他类似角色，但到后来，他们开始加入到战斗部队之中。在1944年的诺曼底地区，德国陆军军团通常会配有一支"东方营"部队，其中的组成人员就是这些人，有一些人在战斗中还颇有战绩。

☆ 俄罗斯的民族主义者 ☆

其他由德国人组建的部队，试图利用反苏维埃的情绪。这些人包括哥萨克人、亚美尼亚人等，他们经常在反游击队的战斗中参加行动。诸如此类的俄罗斯人，也有参与其中的。在布良斯克地区，还筹建过一支"俄罗斯民族解放军"。其中更出名的，当属"卡明斯基"旅，这支部队曾经因凶残而出名，主要指其在1944年华沙起义期间的行径。

一名苏联红军的高级军官，即安德烈耶维奇·弗拉索夫将军，是在1942年被德军捕获的，他组建起一支规模庞大的反斯大林俄罗斯部队。德国高层的支持有点儿缺乏热情，而最后只组建了两支师级的部队，却并没有投入使用。在战争的最后几天中，这些部队中的一支直接背叛了德国人，并与捷克抵抗组织并肩作战，时值布拉格之战期间。

在战后身份被暴露的通敌者的命运，往往是悲惨的。数以百万计的苏联市民，由西部盟军转交给苏联机构。其中相当多数被送往古拉格集中营，而弗拉索夫及其下属军官则被活活处死。

⊙武装党卫军"弯刀"步兵师的很多新兵人员，都是波斯尼亚和克罗地亚的信教者。

苏联乘胜追击

1944 年的夏季战役，在开始阶段就被苏联历史学家们称为"中央集团军的崩溃"，而到了该年年末，罗马尼亚和保加利亚都开始与苏联人并肩作战，并将前线推进到波兰和匈牙利的腹地。

1944 年春，在苏联向罗马尼亚推进的误导下，希特勒及其将领以为苏联人会继续将重点集中在前线的南部地区，并准备发起他们下一步全面的进攻。因此，希特勒将多半坦克予以转移，并调用了其他很多原本在白俄罗斯的德国中路集团军的重型武器，而当时苏联人已经筹集了两百万人的部队及充足的资源准备对其发起进攻。

⊙1944 年，一支由马牵引的苏联 45 毫米反坦克部队，正朝着波兰境内推进。

☆ 进军白俄罗斯 ☆

苏军的进攻是在 6 月 23 日打响的，部分原因是由于陆军元帅恩斯特·布施做出了令人意想不到的指挥（他后来很快被撤换），并在短时间内取得了胜利。三支德国军队，即第三装甲师、第四和第九军团，都损失了其主要兵力，总计大约是 40 万人。作为这次进攻最初目标的明斯克，是于 7 月 11 日被占领的。

在北面，于 7 月 4 日发起的苏联方面进攻，将德国人从拉脱维亚的多数领土中击退，到 8 月末，又将其从立陶宛驱逐出去。到 11 月，实际上所有的波罗的海国家都已经落入了苏联人的手中，除了库尔兰半岛之外。在库尔兰半岛，大约有 20 支德国军队一直坚守到战争结束。自 1941 年开始曾与德国结盟的芬兰，也在 1944 年 6 月被攻占，而芬兰人也接着在 9 月与苏联人达成了停火协议。

⊙战斗最后阶段，一名苏联红军高举胜利的旗帜，德军已成困兽之斗，战败是迟早之事。

7 月，苏联人的白俄罗斯前线在继续有条不紊地推进着，并得到了南方乌克兰前线新发起进攻的接应。布雷斯特－立托夫斯克和利沃夫，都是在当月下旬被占领的。至 8 月 15 日，苏联军队已经踏上了华沙对面维斯瓦河的东岸领地。

☆ 华沙起义 ☆

波兰本土军队的抗战战士

⊙1944 年夏，在波兰东部地区，苏联步兵的突击队正通过一辆燃烧起火的猎豹坦克。

们，早已经在暗中帮助苏联人发起进攻，到 1944 年 8 月 1 日，他们开始在华沙发起一次全面的起义行动。他们一直战斗到 10 月初，但截至此时，已有超过 20 万名波兰人被杀害了。

苏联人并没有做出任何帮助他们的努力，只是对外宣称他们需要重新补给前线的兵力，因为刚刚在最近发起了很多进攻，之后才可以想办法跨过维斯瓦河。同样，当斯洛伐克人在 8 月下旬发起针对德国人的起义时，苏联人也并没有给予多大的帮助。到 10 月下旬，这次起义基本上也被镇压下去了。

☆ 进入巴尔干半岛 ☆

在其北部军队驻扎在维斯瓦河边之后，苏联红军开始在 8 月 20 日向遥远的南部地区发起新一轮的进攻。在数天之内，德国第六军的多数部队都在基什尼奥夫附近地区被击溃。罗马尼亚的国王迈克尔，在 8 月 23 日发动了一次政变，而他的新政府则将国家（及其庞大的军队）卷入到战争中去，并站到了苏联一边。

由于在后方遭到军事进攻，德国部队开始撤离希腊和南斯拉夫地区。南斯拉夫的游击队，在 10 月 19 日解放了贝尔格莱德，并在该年年末的时候控制了国内多半地区。来自意大利的英国部队也抵达了希腊，并在 10 月占领了那里。

1944 年 12 月，德国人再度成功构筑起一条防御战线。主要的战斗在匈牙利境内打响，布达佩斯在 12 月 26 日遭到包围，并一直处于痛苦不堪的围攻之中，一直持续到 2 月中旬。

二战后期的重型坦克

在令人恐怖的战争武器中，重型坦克几乎是坚不可摧的，在极强火力的掩护下，一些重型坦克可以在一千米以外将敌方的坦克给轰翻。

在第二次世界大战中，重型坦克的主要使用者是英国人和苏联人。英国的术语"步兵坦克"恰到好处地描述了这两国此类坦克的功能所在，而那就是伴随步兵发起攻击并予以支援。在战争的第二阶段中，更加坚不可摧的此类武器，继续担当着其原有的角色，但它们的反装甲性能开始变得越来越重要。

英国的最后一种步兵坦克，就是"丘吉尔"坦克，其不同款式是从 1941 年开始广泛投入使用的。最初的版本在投入使用时不太好使，其所配备的也是低劣枪炮，显得极不可靠。后来的标准是 6pdr（57 毫米）规格，接着是 75 毫米规格。所有这些版本都有着良好的装甲配备，但就是速度慢一些，不过它们在爬坡和跨越障碍物方面则有着良好的表现。所有标准加到一起，一共建造了 6500 多辆，此外还有几百辆专门用来执行工程任务的战车。

☆ 苏联的重型坦克 ☆

苏联 KV-1 重型坦克在 1941 年服役时的表现，令德国人十分恐惧，但是随着德国枪炮技术的逐步改进，其自有的 76.2 毫米武器已不足以与更新的德国坦克类型相抗衡。一部分过渡期型号 KV-85，配备的是 85 毫米的大炮，其是在 1943 年下半年生产的，后来逐渐濒于停产。

取代它们的是"约瑟夫·斯大林"系列型号。这款设计的一些样品先被制造出来，其中每一款都配有 85 毫米以及 100 毫米的武器，而最后被确定下来予以生产的是 122 毫米的 D25 主炮。这一款要比 100 毫米的那种有着

⊙德军的"虎"式坦克准备在东部战线发起一次进攻。

"约瑟夫·斯大林 2"号

"约瑟夫·斯大林 2"号坦克，是故意被设计成相对较小的规格的，这种坦克都没有 KV 坦克或德国"猎豹"坦克那么庞大、沉重。即便如此，它还是可以发起令人恐怖的攻击，并有足以用来达到良好保护功能的装甲设备。

重量：44.7 吨
长度：8.33 米
高度：2.72 米
宽度：3.12 米
装甲：120 毫米
时速：37 千米
武装：1 门 122 毫米火炮；4 挺机枪

稍差一些的装甲穿透性能，但得到了更具威力高爆弹的弥补，这是坦克功能中最重要的一个因素。但是，其中确定无疑的劣势便在于，其 122 毫米口径主炮的开火速度实在太慢，而且最多只能携带 28 发炮弹。大约有 4000 辆 JS-1 和 JS-2 的不同款式投入服役之中，而另一款 JS-3 则是到 1945 年才开始生产的，不过从未参加过实际战斗。

☆ 投入战斗的虎式坦克 ☆

在德国的设计款式之中，第一款超越 KV-1 型的，当属著名的 PzKpfw 6 型 "虎" 式坦克，其是在 1942 年 9 月首度引入到东部战线的。"虎" 式坦克的设计，在 "巴巴罗萨" 行动计划开始前便已完成。在被引入之后，"虎" 式坦克马上安装了当时世界上最威猛的坦克炮（88 毫米的 KwK36 式），并且有着极为雄厚的装甲保护，其很快就因为猛烈的炮火和防御能力而赢得了一个令人心惊胆颤的名声。机动性和可靠性从来都不是其优点，但其依然是不好对付的对手，其最后的 1355 辆是在 1944 年 8 月份制造出来的。

其替代产品是 "虎" 式 2 型坦克（也被称为 "虎王" 式重型坦克，截至 1945 年一共生产了 454 辆）。其第一次投入战斗，是在 1944 年 7 月的诺曼底登陆行动之中。重达 70 多吨的这款坦克，具有厚重结实的装甲保护，而其 88 毫米的 KwK 42 式实际上要比 "虎" 式 1 型的火炮具有更加威猛的火力。由此可知，其弱点也就在于其机动性上，但在主要由德国陆军发起的防御战中，这并不一定就是一个极大的劣势。

在战争中期的数次拖延之后，M4 式谢尔曼坦克的不足在德国的 "虎" 式和 "猎豹" 式坦克相比之下更加明显，最终促使了美国陆军更好产品的生产，而时间已经是 1944 年年末了。M26 潘兴坦克首次投入战斗是在 1945 年 2 月，有几百辆在欧洲胜利日之前被运送到欧洲地区。其搭载一门火力威猛的 90 毫米 M3 主炮，并在防护能力和引擎动力两方面达到较好的平衡。

"虎王" 式重型坦克

尽管有着极强的战斗力，但只有 454 辆 "虎王" 式坦克被建造完成，并仅仅服役于一小部分的重型坦克战斗营之中。下图中所示的坦克群，是在 1944 年夏天专门为一部宣传电影所拍摄的画面。

重量：69.4 吨
长度：7.23 米
高度：3.07 米
宽度：3.73 米
装甲：180 毫米
时速：35 千米
武装：1 门 88 毫米加农炮；2 挺 7.92 毫米口径机枪

⊙ "虎" 式坦克

德国空军的战败

1944 年初，美国对德国的空战胜利，使英国和美国的轰炸机部队能够腾出空来，对德国的许多重要设施予以粉碎性的打击。在数量上居于弱势并实际上耗尽了燃油的德国空军，这时候早已在反击上无计可施。

两个至关重要的指挥决定，确保了 1944 年初对德国空军的摧毁。虽然美国轰炸机部队的领导人，对于进攻部队的战斗机护航并没有予以高度重视，但在 1943 年 10 月下旬，阿诺德发出命令，在接下来的三个月里，所有 P-51 "野马"战机的生产都转向对第八航空部队的支援任务。第二个大决定是在 1944 年 1 月实施的，当时的詹姆斯·杜立特将军及第八航空队的新晋指挥官，命令属下的战斗机不再承担近距离护航任务，只要负责寻找并摧毁掉他们的德国对手即可。这两个加在一起，开始为一系列的大规模空战揭开了序幕，而美国陆军航空队在德军面前赢得了空中的战略优势。

1944 年初，英国皇家空军的轰炸机司令部继续在柏林战役中遭受重创。这在于 3 月 30 日~31 日夜间对纽伦堡发起的灾难性突袭中达到了顶峰，795 架轰炸机中的 96 架都在战斗中损毁。空军元帅哈里斯极端反对这个决定，并在他的能力范围之内对德国目标做出了很多次"区域轰炸"，不过后来他的属下主要都被派去法国，并在接下来的几个月里对即将来临的诺曼底登陆行动给予支援。

⊙这是对多特蒙德的埃姆运河附近炸弹弹坑的一幅侦察照片。这条运河曾经用来运输德国 U 艇部件，它在 1944 年年末因为英国皇家空军的突袭而变得空无一物。

☆ "重要的一周" ☆

对美国军队来说，第一个将新政策投入实施的真正机会，出现在 1944 年 2 月中旬，当时一系列针对德国工业区的突袭行动被称为"重要的一周"。与当时盟军原本所想的完全不一样的是，这些突袭战几乎没有任何作用，德国的飞机产量竟然处于增长之中，并一直持续到 1944 年 9 月，原因就是德军改进了组织结构。在空战方面，任何一方都没有取得一边倒的胜利。美军方面损失了 250 架轰炸机，而换来的是击落德国战机 355 架的战绩，还有 100 多名德国飞行员被炸死。在美国方面，战斗机飞行员的培训和经验水平都在提高，而不是顶级王牌飞行员队伍的逐步缩减。

⊙战争后期，英军战机与德机在空中激战。此时的德军无论就战场形势还是士气来说，都已经明显处于下风。

这一过程继续进行着，其中比较著名的是 3 月时对柏林所进行的攻占。即便美国的重型轰炸机与英国皇家空军轰炸机司令部一样，于 4 月 1 日开始处于艾森豪威尔将军的控制之下并为诺曼底登陆紧张筹备着，但它们还是继续对德国和中欧地区的目标发起了一些猛烈的轰炸。

☆ 石油攻击 ☆

自 5 月开始，美国陆军航空队与英国皇家空军司令部都开始对德国合成石油基地发起了越来越频繁的攻击。虽然哈里斯曾经适时地嘲笑过之前对德国主要目标的进攻尝试纯属毫无效果，但在这一事件中却被证实并非如此。截至 1944 年 9 月，德国空军的燃油生产大大降低，这逐渐妨碍到各种军事行动，并使现在的新飞行员训练无法进行。那些离开训练系统的人，简直成了为盟军战士准备的到嘴肥肉。

8 月，或许是随着局势的明显变化，英国皇家空军司令部又转向对德国的日间军事行动计划。自此之后，一直到战争最后几周数次进攻的发起，英国和美国的重型轰炸机几乎可以任意遨游在德国的上空，它们将城市夷为平地，并用破坏性的打击力度和精确度摧毁了工业区。

⊙在 1944 年 8 月进行的一次突袭中，一架受损的 B-17 "空中堡垒" 战机将其炸弹投掷到柏林城中。

轰炸德累斯顿

自战争发生以来，不断有一些人开始质疑重型轰炸机轰炸的道德问题，并开始怀疑它们是否是对资源进行有效利用的一种方式。1945 年 2 月 13 日～14 日，英国皇家空军对德累斯顿的轰炸，开始越来越引起人们的争议。在这座城市中，根本没有什么重要的军事目标，里面有的只是拥挤的难民，但是这座城市却遭到了 700 架轰炸机的粉碎性打击，其中有 7 万或者更多的人被炸死。

⊙袭击之后，尸体四散在德累斯顿的街道之中。

二战中后期的战斗机 1943~1945 年

截至 1944 年年末，幸亏有英国、美国和苏联的精锐战斗机部队及其表现更佳的射程，盟军的重型轰炸机才能在德国和日本上空称雄，而对地攻击的飞机则在所有前线主宰着轴心国的地面部队。

自1943 年年中以来，盟军在每一个战斗前线的空中优势变得越来越明显。到 1944 年，这一优势进一步延伸到德国和日本本土，并且不分白天和黑夜。而实现这一优势的，当然是盟军的战斗机集群。虽然德国和日本都继续生产高效的活塞引擎战斗机，但总体而言盟军还是拥有质量上的优势（并不是针对德国喷气式飞机而言），并给他们巨大的数量优势锦上添花。

⊙战争后期的 P-47 "雷电" 型，被安装了 "泡型" 座舱盖，从而提高了飞行员的能见度。

☆ 盟军的设计类型 ☆

在 1944~1945 年间，美国陆军航空队是世界上最强大的空中部队，拥有相当重量级的战斗飞机。其中主要的类型是北美 P-51 "野马" 型与共和 P-47 "雷电" 型，这两者都是从 1940~1941 年开始服役的，不过更早期的 P-38 "闪电" 型也依然在使用之中。

一开始，P-47 似乎是更有前途的设计类型。它是在一种特别庞大而威猛的星型发动机基础之上制造的，因此具备了一种较高的爬升与俯冲的速率，虽然其体型和重量都相当令人窒息。P-47D 版本是所有战斗机之中建造数量最多的一款，总共有 12000 架被生产出来。

虽然一开始不太被人看好，但 P-51 "野马" 型在西欧的空战中赢得了比其他战机更多的胜仗。最初配备有艾里逊发动机的 "野马" 型，却在飞行任务中表现得令人失望，特别是在飞行高度上。1942 年，一款配有劳斯莱斯－默林式发动机的战机被投入了测试，而 "野马" 型则被进行了改装。在配备了装有额外燃油的副油箱之后，这款新式飞机可以护送着轰炸机从英国飞往柏林甚至更远的地方，并几乎要比抵达那里的所有德国空军战机都更胜一筹，其是航程与性能的完美结合，并且是之前从未预料到的。

P-51D "野马" 型

"野马" 型被认为是最具决定性的战机版本。与其 B 和 C 型号的前辈一样，其也配备着美国制造的帕卡德－默林式发动机，但是只有两支额外的机关枪和一个为改善飞行员视线而设计的 "泡型" 座舱盖。超过 8000 架 P-51D 和 大 约 16000 架全部具 P-51 标志的其他战机被建造完成。

时速：703 千米
航程：2655 千米
乘员：1 名
引擎：1 台 1695 马力的帕卡德－默林式 V-1650 发动机
武装：6 挺 12.7 毫米机枪

⊙一架配有"狮鹫兽"引擎的喷火式马克 14 型战斗机在飞行之中。马克 14 型的最高飞行时速是 721 千米／小时。

在战争的最后阶段,很多英国的战斗机部队继续使用着喷火式马克 9 型,而其是在 1942 年首度被引入的。这其中也加入了很多不同款式,其中最著名的就是马克 14 型,这款之中的默林式发动机被更加威猛的劳斯莱斯"狮鹫兽"引擎所取代。这些在速度与机动性上都不同于其他同时代机型,比如更早时期的喷火式战机,但是在航程上却乏善可陈。

与坚不可摧之盟军阵容相匹敌的,是相当数量的苏联设计款式,其中最好的就来自于雅科夫列夫和拉沃契金设计局。于 1942 年首度投入使用的 Yak-9,是更早时期 Yak-7 型的有效升级版,并配备了一个更加威猛的发动机和更佳的武器装备。其于 1944 年升级到 9U 的版本,并且具有了更加令人惊叹的战斗力。战争中最为惊人的 Yak 战斗机,是最容易让人混淆的 Yak-3。这款战斗机速度极快,并且是操纵性很好的设计款式,应该是战争期间东部战线上最好的战斗机了。La-5 和 La-7 型,是从之前 LaGG 的设计款式发展而来的,即使不能与 Yak 类型相提并论,但至少具有相当的战斗力。

☆ 轴心国的回应 ☆

德国的福克尔-沃尔夫 190 式,在 1941 年首度投入使用的时候,便已远远超过了英国皇家空军的喷火式战机。这一设计的不同版本以及梅塞施米特式战斗机,到战争结束一直都是主要的德国战机类型。到 1944 年,Bf 109 式与 Fw190 的星型发动机版本,都试着要与最好的盟军战机争个高下。配有内置发动机并于 1944 年晚期面世的 Fw 190D,飞行速度更快,并且在战斗力上更加令人生畏。

在太平洋战争期间,日本的飞机工业也并没有持续推出新式的设计款式。作为其中标志性版本的,是川崎 Ki-61 "托尼"(战争后期最重要的日本战斗机之一),其也是日本几种依赖于德国授权制造发动机中的唯一一款。在第二次世界大战中,最好的日本战斗机就是中岛 Ki-84 "法兰克"号,其是从 1944 年 4 月开始投入使用的。

福克尔-沃尔夫 190 式

福克尔-沃尔夫 190 式的不同款式版本,一共制造了 2 万架,其中包括完全不同的 D 型和同轴发动机(而非星型发动机)的后继款式。福克尔-沃尔夫 190 式,一开始便以战斗机的身份出现,其中一些具有重型装甲和武器装备,并用来执行轰炸攻击任务,因此化身为战斗轰炸机。

型号:福克尔-沃尔夫 190A-3 型

时速:640 千米

航程:800 千米

乘员:1 名

引擎:1730 马力的 BMW 801 型 D-2 发动机

武装:2 门 20 毫米加农炮; 2 挺 7.92 毫米机枪

机载武器与装备

如果没有火力威猛的武器装备和引导飞机锁定目标的系统设备，那么空中打击便是毫无意义的和徒劳的。炸弹、火箭、雷达以及拦截或追踪敌军信号的导航辅助设备等，都在战争期间经历了长足的发展。

众所周知的是，第二次世界大战期间在雷达以及航空电子设备等方面都涌现了很多新发明，但是在貌似普通领域（比如炸弹设计）中的新发展也具有同等重要的意义。

⊙这是一架"槲寄生"组合飞机。这对飞机能够在战斗机飞行员的导引下飞向目标，飞行员接着便可以投下无人操作但却具备高爆效力的炸弹，从而完成攻击。"槲寄生"飞机在战绩上表现平平。

☆ 炸弹和导弹 ☆

很多不同的炸弹被投入使用，从被投掷过数百万颗的 1.8 千克的燃烧弹，到英国皇家空军 9980 千克的"大满贯"炸弹都有，后者有 41 颗在 1945 年被投入使用。到了战争的后期，一种典型的英国重型轰炸机炸弹专门对德国城市发起进攻，其中包括一种"Cookie"巨型炸弹（一种体型较大、威力较猛的高爆弹），其可以将很多建筑物直接炸开，并用许多燃烧弹使其着火燃烧。1945 年，美国对日本城市展开袭击，而燃烧弹就是其中使用的主要武器类型。截至 1945 年，在美国、英国和苏联军中服役的地面攻击和反军舰战机，也开始使用无导航的空对地导弹，并将其作为军械库的主要构成部分。

虽然很多炸弹都属于"哑巴"的自由落下式武器，但是不同款式的导航式动力炸弹逐渐被开发出来。德国的类型包括导弹驱动的 Hs 293 和自由坠落的 Fritz-X（或弗里兹 -X），美国的阿松炸弹则与 Fritz-X 的性能十分类似。这些都要从空投飞机上进行雷达控制，其必须使炸弹和目标一同处于视野之中，不但比较棘手，而且充满了危险。美国的蝙蝠系列在实力上更胜一筹，因为其包括了自有的雷达设备，并可以用来锁定目标。德国的成功类型曾在 1943 年 9 月击沉了意大利战舰"罗马"号，当时所用的就是 Fritz-X 炸弹。

⊙这是一架梅塞施米特式夜间战斗机，其配备着明钻雷达设备。

☆ 电子战争 ☆

1939 年，所有主要国家都拥有某种程度的雷达先进设备，但是英国、美国和德国这三个国家才是唯一在这个领域取得长足进步的国家。雷达设备的精确度在战争期间取得了实质性的提高，而诱惑雷达的方法也随之发展起来，相应的躲避雷达设备也被开发出来。

最常用的反雷达设备是金属薄片条，它会从一架飞机上被投下，给敌军显示屏发射出很多的错误信息。不过，其条件是这些条片要根据雷达的波长来切割成适当的尺寸。其第一次使用，是在 1943 年 7 月的英国军队中。而其升级后的款式还给英国和美国飞机提供了重要的保护作用，从而使其一直到战争结束之前都有助于针对德国和日本的作战计划。

德国空军是 1939 年时唯一一支一战飞行员参加战斗的空中部队，但是在寻找夜间轰炸目标或恶劣天气条件下都经

⊙地面机组人员正在将 1815 千克的高爆弹装载到一架兰卡斯特式战机之上。

历了很多困难。后来，拥有不同的无线电电波设备（如"弯腿"、X- 设备以及 Y- 设备等），在其投入使用之后便可以解决上述麻烦。在 1940~1941 年的闪电战期间，这些设备都在使用中获得了极大的成功。但是，在英国科学家研究出其工作原理之后，这些系统便能相对容易地被拦截到了。

于 1942 年首度投入使用的英国"Gee"雷达，遵循的是类似的三角测量工作原理，但同样也在使用数个月之后遭到拦截。后来出现的"双簧管"使用雷达来测量飞机与不同地面站点之间的范围。所有这些产品中的一个不足之处，就是它们的射程都相对有限，范围大约是 450 千米。

稍后出现的依然是 H2S 系统（美国部队使用的是 H2X 系统，而其改进的型号是APS-20），这种地面绘图雷达可以用任何地面站来实现飞机的独立操作。如果下面的地形具有河道或海岸线等地势，那么其工作效果将会是最好的。在这些设备的帮助下，英国皇家空军的重型轰炸机在 1944~1945 年间至少可以在夜间发起相对精确的攻击，而美国轰炸机集群只能在白天工作。

但是，所有这些设备都存在着一种缺陷，即可以利用飞机上的任何无线电和雷达发射器来追寻到其行踪。比如说，战争后期的英国"蚊"式夜间战斗机，就配备了名叫"Perfectos"（一种雪茄名称）和"Serrate"的有效设备，从而对德国敌方实现这些功能。

从诺曼底到莱茵河

　　1944 年 7 月底，盟军在诺曼底最终突破了德国的防线。在一个月之内，盟军部队解放了法国和比利时的多数地区，但是在 1944 年赢得战争胜利的希望却在不久之后化为了泡影。

7月 25 日，美国第一军开始启动"眼镜蛇"计划，从诺曼底这个桥头堡开始作出突破。在接下来的几天时间里，进攻取得了较大的进展，并向南越过了阿弗朗什地区。至 8 月 1 日，德国在该地区的防线已经被摧毁，而一支新的盟军部队，即在乔治·巴顿将军领导下的美国第三军开始杀开血路，进入大众视野。第三军的部分兵力清扫了西面的布列塔尼，最终占领了圣马洛和布雷斯特这两个港口，其他部队则向东南方向推进到法国的勒芒以及内部腹地。

　　希特勒现在开始介入进来。虽然所有其他盟军部队也在开始全面推进，但是希特勒依然下令发起进攻，并穿过莫塘推进到阿弗朗什地区。8 月 7 日～8 日，德军的进攻开始陷入停顿阶段，而在诺曼底的全部德国兵力都陷入了较大的麻烦之中。

☆ 佛雷斯包围圈 ☆

　　大约有 20 支德国师团在北部地区英国人和加拿大人的包围圈中被擒获，在南部的则是美国人。德军毫无选择，只得向东疯狂撤退，经过佛雷斯地区，同时还要继续抵抗盟军的进攻。虽然很多德国部队在佛雷斯包围圈中确实顺利出逃，但是他们已无法组建起有效的军队阵型了。并且，为了在诺曼底彻底获取胜利，盟军部队已经跨过巴黎以西的塞纳河。

　　对德国人来说，还有更坏的消息在等着他们。8 月 15 日，法国和美国的兵力在戛纳和土伦之间的地中海登陆了。在法国南部的德国部队已经非常微弱，根本无法构成任何威胁，同样也遭到了法国抵抗战士们的严重骚扰。至 8 月底，盟军稳步推进到罗讷河谷地区，并且在 9 月 12 日与来自诺曼底的部队顺利会师。

　　在诺曼底经过漫长的艰难行进之后，战局终于

⊙盟军的谢尔曼坦克，在通往阿纳姆的路途中，正在跨越奈梅亨桥。

发生了逆转。巴黎在 1844 年 8 月 25 日获得解放。截至 8 月末，法国的多数地区被解放，而比利时的多数地区也在接下来的几天时间内相继获得了自由。但到此时，盟军部队早已用完了他们的物资供应，而其将领们则开始对接下来的策略产生了争议。安特卫普港拥有卸载军队所需的物资，但却在 9 月 4

◎美军 M4 谢尔曼中型坦克在战场上大发神威。

日重新沦陷了，而其入海口也依然落到了德军的手中。最好的计划应该是立即发起一场作战计划将入海口的地方清空，并解决物资供应的问题，但这在 10 月之前一直都没有实现，而第一批物资也是在 11 月下旬的时候才被运到这里的。

☆ 一架太远的桥梁 ☆

蒙哥马利说服了艾森豪威尔，指出最好的计划就是跨越一系列的河流障碍，因为它们堵塞着进入德国的线路，办法就是发起一次空中和地面部队的联合袭击。在"市场花园"计划行动中，盟军占领了几座主要的桥梁，但是最后位于阿纳姆莱茵河之上的那座桥，却无法被攻克下来。盟军的地面进攻在前线停顿下来，此时已是 9 月末。

当英国和加拿大的联合军队最终正忙于清除斯凯尔特河入海口的时候，美国军队正在奋力战斗着，并在南部的亚琛和摩泽尔地区附近打了几场小胜仗。而德国人又在快速收复他们诺曼底惨败之后的失地，并开始为新一轮的进攻紧锣密鼓地筹备着预备队。

乔治·巴顿将军

巴顿（1885~1945）应该是第二次世界大战中最能干的美国将军，不过他的天赋也因为哗众取宠和喜欢显摆而大打折扣。他在北非战场成功指挥了美国部队，但接下来却在一段时间中退出了人们的视线，因为他曾经殴打过两名住院的士兵，原因是他误以为他们是在装病逃避。1944~1945 年间，他负责指挥美国的第三军，并在 1944 年 8 月的推进期间展现出卓越的领导才能，在 12 月的突出部战役中他也表现突出。

◎这是巴顿在西西里岛战役之前的摄影照片，在此期间，他曾经与蒙哥马利进行过激烈的争吵。

自行火炮

在快速移动战中，装甲部队需要机动性较强的大炮，这样才跟得上他们的坦克，因此很多种自行火炮被发明出来，从而填补了这一角色。其中很多设计都是基于标准的野战炮，但是另一些则属于中型火炮级别。

属这一类别的武器，就是那些自行火炮，这些武器在设计时主要或专门是用来发射高爆弹或者类似弹药的。但这种武器通常都缺乏装甲保护。

在英国和美国部队中属这一级别的设计，被认为是纯粹的炮兵武器，而在美国军中服役的则被称为"装甲野战炮军团"，还有就是具有额外机动性的牵引野战炮部队。对苏联和德国军队而言，这一类型和那些被描述为突击炮的武器一直都无法找到清楚的界限。

⊙这是一架德国的"黄蜂"式 105 毫米火炮，其车身部分被刷白了，这是为了制造一种冬季的保护色。

☆ 西部盟军类型 ☆

最早的英美联军类型，是在 1942 年的沙漠战争中首次登上历史舞台的。英国的第一种设计类型是"主教"自行火炮，一架 25pdr（87 毫米）的炮筒安装在瓦伦丁坦克底盘上一个像盒子一样的超级结构上。这并不是一个成功之作，因为还有其他很多缺陷，从而极大地限制了炮火的仰角，并在射程上十分一般。

产量最多的美国设计类型，在 1942 年首度投入到阿拉曼战役之中，那就是 M7 式 105 毫米 HMC（或者在英军中服役的"牧师"类型）。在 M3 Lee 坦克的底盘之上，安装着一挺标准的 105 毫米 M2 榴弹炮（仰角范围有限，不过并不比"教父"那款差劲），1945 年期间，其继续处于使用之中。英国军队使用了一种类似的战车，其配有一架全仰角 25pdr 火炮，而那就是萨克斯顿自行火炮。

其他美国的设计类型包括两款轻型战车，并都安装有 75 毫米的火炮。M3 GMC 被安装在一条改装的 M3 半轨道之上，而 M8 HMC 则安装在 M5 斯图亚特坦克底盘上。但这两款都不是非常成功的设计。

一小部分 M12 系列 155 毫米的 GMC 型，配备有一架第一次世界大战时代的 155 毫米枪炮，其曾经在

"教父"型自行火炮

生产炮兵武器来跟进沙漠战争中快速移动坦克的需要，导致了"教父"型自行火炮匆匆投入使用。大约有 100 架此类火炮在北非战场投入军事行动，下图所示的这一款，于 1943 年出现在突尼斯境内。

重量：17.4 吨
长度：5.53 米
高度：2.76 米
宽度：2.61 米
装甲：最厚达 60 毫米
时速：24 千米
武装：1 门 87 毫米马克 2 火炮；配备 32 发炮弹

1944~1945 年的欧洲西北部地区使用过。其他新开发的设计则使用更加现代化的 155 毫米枪炮和榴弹炮，不过没有被及时生产出来以投入战斗。

⊙1944 年 8 月，在法国第二装甲师成功解放巴黎期间，M7 系列 105 毫米自行火炮出现在圣母玛利亚教堂的前面。

☆ 东部战线类型 ☆

在这里提及的苏联设计，包括几种 152 毫米规格的安装版本。在战争早期的 KV-1 重型坦克之后，是一款 152 毫米装甲的 KV-2 型。这一款式装甲精良，但是其又高又窄的外形使其显得非常笨重且脆弱。下一款类型，即 SU-152 型，也使用了 KV 底盘，但却具有更好的性能表现，从 1943 年的库尔斯克战役开始投入使用。大约有 700 多架此类武器被建造完成。1944 年，其生产被 JSU-152 型所取代，后者搭载着同样的武器，但是却基于重型坦克 JS 系列的设计。所有这些武器都具有相当的反坦克作战能力。

德国设计在类型上更加多样化。"黄蜂"式基本上可以与美国的 M7 系列相媲美。其运载的是标准的 105 毫米 leFh 18 榴弹炮，而其底盘是 2 号装甲车的设计，并且是给装甲师炮兵部队配备的专门武器。大约有 700 辆被建造出厂，从 1943 年开始服役。在装甲车部队之中，更加重型的系列产品是"野蜂"式自行火炮，其安装的是 150 毫米的 sFH 18 火炮。

此外，还有一部分基于不同底盘之上的战车也被建造起来，并搭载着 sIG 33 式 150 毫米火炮。更进一步的设计就是Ⅳ式突击炮，有时候也被称为"灰熊"突击炮，这一款式装甲精良，并搭载着 150 毫米的 StuH 43 式的火炮。

在其他方面的极品便是卡尔巨炮，这是一种 600 毫米的攻城迫击炮，并且安装在车轨之上。六架卡尔巨炮被建造完成，它们还被装配了备用的 54 厘米炮管，进而实现更远的射程。卡尔巨炮的炮弹重达 2170 千克，可以发射到 6580 米的远处。

Ⅳ 式突击炮 "灰熊"

"灰熊"突击炮属于步兵增援炮，其配备于Ⅳ式突击炮的底盘之上。其 150 毫米规格的榴弹炮可以发射比之前更早的 StuG 3 型更重的（38 千克）炮弹。1943 年，其成功投入使用，并有大约 300 架被建造过或改装过。

重量：28.6 吨
长度：5.93 米
高度：2.52 米
宽度：2.88 米
装甲：最厚达 100 毫米
武装：1 门 150 毫米 StuH 43 式火炮；配备 38 发炮弹

非装甲战车

　　战斗部队会消耗大量的燃油和弹药，而战士自然也需要给养。实现这些任务的运输战车，因此也要比战斗设备本身更显重要。

至1944年6月末，盟军部队已经在诺曼底登陆了15万辆战车，这些战车和85万战士都需要补给物资。这些中的很多都是装甲类战车，但是其中更多的则是毫无装甲的运输卡车、炮兵牵引车、修理车以及其他种类的车辆。另一个生动的统计数据显示，在1941年入侵苏联的战斗期间，德国共投入了2000多辆不同类型的战车，而他们的军队则只有部分具有机械化配备，除此之外便是几十万头运力牲口。机动车辆的重要性由此不言自明，因此也不可能将其中所使用的种类逐一进行细数。

　　其中最著名的战争期间的运输车，应该是吉普车，其原本是由威利斯设计的，而制造却主要由福特公司来完成。在美国陆军方面，超过60万辆吉普车被制造完成，其中很多供应给差不多每一个盟国，当然也配备给美国部队使用。除了这些之外，还有数量庞大的1/2吨和3/4吨规格战车，其分别来自于福特、道奇、雪佛莱以及其他公司。

　　其他国家也有着类似的设备。苏联人建造过吉普车的GAZ–67型仿造品，从而给他们的物资供应提供车辆。德国人则有"桶车"型军用车辆，其是在战前大众的原有设计基础上建造的。即便是意大利人也有一种菲亚特508型，其在北非战场上获得了较好的战绩。

⊙德国的辎重部队正将物资运往前线。

☆ 火炮牵引车 ☆

　　吉普车经常用来牵引反坦克炮，但是所有国家都拥有专门实现火炮牵引任务的设计类型。英国的25pdr火炮经常由莫利斯C8"QUAD"火炮牵引车来牵引，而更加重型的武器则由AEC的"斗牛士"军用卡车来牵引。美国重型炮兵部队使用好几种全轨道的车辆来实现同样的功能，其速度之快令人咋舌，并具有良好的越野能力。这些车辆中的很多都是由艾利斯－查默斯公司生产的，其之前比较出名的是其农用拖拉机。

　　苏联重型火炮部队也投入使用了一些由拖拉机制造厂生产的战车。德国的重型牵引战车包括SdKfz 8和SdKfz9半轨式，其

⊙在 1942 年的阿拉曼战役之中，斯凯默尔坦克运输机在带领着一支英国纵队向前推进。

⊙1945 年初，拖拉机在进军柏林期间正拉着苏联的重型火炮。

可以实现坦克修复任务。

战斗区域的坦克的运送和拉回，以及在战地中修复破损坦克的事项，是极其重要的增援任务。美国的坦克运输车类型，也被英国人使用过，其包括由 Diamond T 和 Mack 公司生产的战车，而英国本土的类型则包括来自于 Albion 和 Scammel 公司制造的产品。

☆ 货运战车 ☆

对简单的货运任务来说，美国的 2.5 吨型号可谓相当杰出。大约共有 80 万辆此类战车被制造出来，其中多数都是由通用公司生产的，供给盟军作战部队。苏联军队在东部战线使用着更多的美国卡车，数量上超过了他们自己的产品。

很多国家都有大约为 3 吨标准的类似设计产品，并且都由本国著名的机动车制造公司生产。还有另一部分数量较小的大型战车，规格在 10 吨或 12 吨的级别上。此类战车包括英国的 10 吨规格"Heyland Hippo"和苏联的 8 吨规格"YAG–10"。

在战争中最出名的运输货车，当属法国的所谓"红球快递计划"战车，其是由盟军在 1944 年于法国境内装配起来的，旨在确保其推进部队的持续物资供应。此计划使用了好几千辆卡车，奔跑在圣洛至沙特尔之间的单行道上。但是，即便付出了如此之大的努力，依然无法在 1944 年 9 月中旬时使军队继续运转下去，那时候盟军已经位于诺曼底沙滩上游的 700 千米处，而诺曼底沙滩原本就是他们的物资登陆地点。

运力牲口

军队的机械化程度，存在着极大的差异。英国和美国都尽可能实现了机械化运输，但是，比如说在 1941 年，德国陆军还让超过 60 万匹马投入到"巴巴罗萨"作战计划之中去。在战争的过程中，苏联方面可能损失了 1400 万匹马，不过其中很多并没有与苏联红军一起作战。即使是英国和美国，也大量使用了运力牲口，其中主要是骡子，特别是在西西里岛、意大利以及缅甸等比较复杂的地形之中。在缅甸的盟军，还使用过 1000 多头大象。

⊙德国运输队正在利用畜力跨过一条俄罗斯境内的河流。

攻入德国

苏联红军在 1945 年的前几个月中从华沙出发，一直推进到奥得河地区。而从 3 月开始，又开始了对捷克斯洛伐克和奥地利的攻克战斗。

至 1945 年 1 月，苏联人已经做好准备，要对德国发起全面进攻。大约有 400 万的士兵和无数坦克、枪炮及飞机等，都开始沿着战斗前线推进，从波兰南部一直朝着立陶宛的波罗的海沿岸进发。

斯大林非常清楚地表明立场，即他一个人在执掌着大权。朱可夫从其中央参谋部转移到了战斗前线，虽然他在进军柏林的过程中还领导着第一白俄罗斯前线；身为参谋总长的华西列夫斯基，也在 2 月接到了一次行动命令，并被另一个更加年轻的军官所取代了。

苏联的进攻是在 1 月 12 日发起的，其最猛烈的攻击先从维斯瓦河西面的桥头堡发起，在一个星期内，这些部队就顺利推进到西里西亚地区，而华沙则在 17 日被攻占。

⊙ 苏联炮兵在布雷斯劳（波兰西南部城市弗罗茨瓦夫）的郊区展开战斗。这座城市在 1945 年 2 月被苏军包围，但德军在希特勒的命令下一直死守着不投降，并坚持到 5 月。

随着德国人在前线的崩溃，进攻开始加速起来。在一段时间内，惊慌失措的希特勒甚至让纳粹党卫军的头目海因里希·希姆莱这个毫无军事才能并缺乏领导天赋的人负责指挥维斯瓦河陆军集团军，而这道新命令显然是意图能够力挽狂澜。但是，到 1 月初，朱可夫的坦克已经抵达奥得河地区，而那里离柏林仅有 65 千米之遥。

☆ 占领东普鲁士 ☆

到 1945 年 1 月初，德国东普鲁士省的多半地区都已经被占领。而第二与第三白俄罗斯前线部队，就在维斯瓦河进攻发起的时候，同时从南面和东北方向发起了进攻。2 月初，南部的进攻一直推进到埃尔宾（埃尔布隆格），并切断了东普鲁士与德国其他地区的联系。这一省区的几乎所有剩余部分都在 4 月初被占领，而首府柯尼斯堡（加里宁格勒）也宣布投降。

在这个历史时期，曾经出现过一次

⊙ 在 1945 年初对易北河库斯特令（科斯琴）发起进攻的时候，苏联的工程兵正在使用火焰枪。

◎苏联的进攻引发了德国的难民潮。

大规模的海上大撤退行动，并导致了很多的伤亡，不光有德国军队，还有来自于但泽湾和基尔港地区的平民，他们都试图安全撤离到西部地区。海岸线上的一些矿区，在5月德国正式投降之前，仍一直处在德国人的控制之中。

☆ 易北河会师 ☆

到1945年2月，苏联的先头部队似乎已经做好了向柏林推进的准备，并完全可以轻而易举地完成此次进攻。但是，出于很多而今无法考证的原因，斯大林并没有选择这样的作战计划。相反，苏联军队花了数周的时间去控制波美拉尼亚和西里西亚的南部地区。最好的解释似乎是，斯大林并不希望在他尚未完全控制波兰和德国其他领土之前结束这场战争。而在这个阶段，西部盟军依然缓慢地向着莱茵河地区推进，他们似乎并不希望抢先到达柏林地区。

在波兰南面的苏联军队在1945年最初几个月里并没有发起多少进攻，只是在2月结束了对布达佩斯的围攻。接下来的是德国在此阶段战争中最重要的一次进攻。在突出部战役失败之后，希特勒将第六纳粹党卫军装甲师的精锐部队都转移到匈牙利前线，而其发起的进攻则只是在巴拉顿湖地区取得了有限的战绩，时间是3月份的最初两个星期。在3月16日苏联的进攻恢复之后，这些地方立即被苏军重新收复了。到了4月，苏军攻占了奥地利的多数地区，并在5月初挺进到捷克斯洛伐克的腹地。

3月，英美联军在莱茵河成功会师，并在那时对主要前线制定了紧急的作战计划。3月末，斯大林终于下令对柏林发起决定性的进攻。

◎德国国民自卫军的成员们，在纳粹头目珀森面前列队走过。

重型迫击炮和炮兵火箭弹

德国的烟雾发射器和苏联的"卡秋莎"火箭炮,是第二次世界大战陆军武器中最令人震撼的类型。重型迫击炮也可以带来令人敬畏的集中火力,并造成巨大的伤亡率。

⊙在战争即将结束的柏林街头,一支苏联120毫米迫击炮的炮兵连正在投入战斗。

重型迫击炮和地对地火箭弹,可以造成战争中最具摧毁性的突然轰炸效果。火箭弹和迫击炮具有比传统炮兵武器更好的优点,它们可以迅速带来较强的火力,并对目标进行相对精确的打击,其炮弹所走出的线路,确保了其爆炸效果是非常不错的。比如在1944~1945年间,英军在欧洲西北部地区的伤亡率中的一多半,都是由这些武器所造成的。

除去这些专门用于步兵支援的迫击炮之外,很多军队也会使用一些更加重型的武器类型,尤其是德国和苏联。苏联120毫米的HM38(基于法国勃兰特的设计),可以将16千克的炮弹发射到6000米的远处。其他的苏联武器还有160毫米和240毫米的设计。德国120毫米规格的设计,其实是苏联HM38的复制品。美国和英国也都使用过107毫米的武器。美国的类型具有类似步枪枪管的与众不同设计,多数其他迫击炮则属于无膛线炮。

☆ 火箭炮 ☆

与其他军队相比,苏联和德国有着更加广泛的火箭炮使用率。德国的烟雾发射器类型,包括6管150毫米和5管210毫米的设计,此外还有其他更大口径的规格。苏联的"喀秋莎"经常是由卡车运载的,包括可发射32×82毫米火箭弹的M8式,以及可以发射16×132毫米火箭弹的M13式。这些后来的类型都有着18千克弹头的设计,并可以实现8500米的射程。

火箭弹经常在发射的时候发出比较特殊的响声,因此英美联军给德国烟雾发射器取的外号是"爱哭鬼明妮",而苏联红军则将他们自己的"喀秋莎"火箭弹称为"斯大林的大嗓门"。

"骡"式半履带装甲车

SdKfz 4式,是德国标准3吨级别卡车的半履带式设计。这款设计主要用来应付东部战线的复杂地形。其大约建造了300多辆,从而将烟雾发射器及42式火箭弹发射器运载到战场。

重量:7.1吨
长度:6米
高度:2.5米
装甲:8毫米
时速:40千米
武装:10门150毫米烟雾发射器 42式火箭弹

V型武器

希特勒以为凭一些"复仇武器"可以为德国赢得战争的胜利，但是，虽然它们有着极其凶恶的名声，但效果依然十分有限。这些武器的制造，付出了数千名被奴役者的生命代价。

巡航导弹和弹道导弹，是21世纪日常军事专业词汇中不可或缺的一部分，但它们的"祖先"其实是德国的Fi-103式和A-4型，其在第二次世界大战中有着广泛的使用。这两种武器都有着很多的代码名称和特定名字，其中多数都被称为V系列（其中的"V"所代表的是德文中"复仇兵器"的意思），最早是由德国宣传机构提出的，后来得到了希特勒的正式批准。

☆ V-1 火箭 ☆

Fieseler的103式，或者V-1的火箭，都属于小型的无人驾驶飞机，而其驱动力来自于脉动式喷气发动机，其可以配备一名自动驾驶员来引导其飞向目标物体。从1942年开始测试的这款产品，是在1944年6月首度投入军事行动的，当时正好是诺曼底登陆之后几天。

在初期阶段，多数此类导弹的发射目标都在伦敦。在法国基地被盟军部队控制之前，大约发射了8600枚此类武器，其中大约有四分之一抵达了目的地。在战争后期，安特卫普和其他比利时城市都被瞄准作为目标地，但此种导弹在精确度上依然表现平平——大约有一半左右的火箭落在了距目标十几千米的范围之内。

⊙V-1 火箭

☆ V-2 火箭 ☆

A-4/ V-2弹道导弹也是一种在总体上属高科技类型的武器。其液体燃料的火箭弹，可以将其运载到80千米的平流层，然后以超音速的速度坠落到目标物之上。与V-1不同的是，V-2火箭可能会被战斗机或对空火炮拦截到。

从1944年9月开始，伦敦和其他城市总共被发射了3500枚此类武器，但是在同一时期，其所产生的爆炸威力还不如盟军对德国发起的一次大规模突袭火力。越来越多的被奴役者在制造V-2火箭的过程中死在了纳粹工厂之中，这个死亡数字要比V-2火箭攻击所造成的伤亡数字还要大。在这款武器方面，有人曾经计算过，V-2火箭的研发成本几乎相当于美国在制造原子弹方面所支出的费用。

喷气式战机

虽然在 1944~1945 年间服役的活塞发动机飞机在很大程度上要比那些在战争初期投入战斗的更胜一筹，但是它们显然又被新式的涡轮喷气飞机超越了，虽然所有这些都存在着安全可靠性及其他种种问题。

虽然活塞发动机飞机的动力在第二次世界大战中得到了实质性的提高，但是很显然，涡轮喷气式发动机在未来会有着巨大的发展潜力。所有主要国家在 1945 年之前一直都忙着研究此类设计，但是只有德国和英国在第二次世界大战结束之前的战斗中使用过喷气式飞机。美国也有喷气式飞机效力于军中，但是在各种作战计划中并没有做出过具体的部署。

☆ 第一批喷气式战机 ☆

第一批可投入使用的喷气式发动机是在 1937 年生产的，那是在英国和德国各自的研究项目中诞生的。在那个阶段，由法兰克·惠特尔发明的英国设计类型，在当时更加先进一些，但是海因兹·冯·奥海因的发动机则是投入实际飞行的头一个，那就是在 1939 年的亨克尔 178 式之中。惠特尔的格洛斯特 E. 28/39 型，是在 1941 年时第一次投入飞行的。这两种类型原本都不是作为战斗机来制造的。还有两款设计都在 1941~1942 年间升空，那就是梅塞施米特 163 式和 Me 262 式。

Me 163 式有完全不同的发展历程。由于其有着截然不同的箭头形状设计，使用的是瓦尔特公司的火箭发动机动力，因此其可以达到令人难以置信的 960 千米 / 小时的飞行速度。在缺点方面则是，其自身只能携带大约 10 分钟的燃油储量，而这些

格洛斯特 "流星" F1 型

格洛斯特 "流星" 系列，是第一批投入战斗的盟军喷气式飞机。图中所示的样机，便是一架 F1 战机，其在 1944 年 8 月飞行在肯特郡的上空，是在其首度投入战斗的几天之后。后来的 F3 型，配备了性能更佳的德文特发动机，并有着改进的空气动力学设计。

时速：670 千米
航程：880 千米
乘员：1 名
引擎：2 台劳斯莱斯 W2B 韦兰涡轮喷气式发动机
武装：4 门 20 毫米加农炮

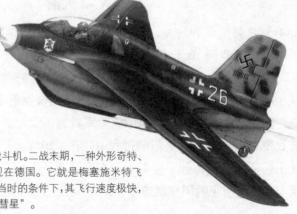

⊙德国梅塞施米特公司研制的 Me.163 战斗机。二战末期，一种外形奇特、集 3 个 "世界第一" 于一身的飞机出现在德国。它就是梅塞施米特飞机公司研制并生产的 Me.163 战斗机。在当时的条件下，其飞行速度极快，飞行中尾后拉着一股烟雾，所以绰号 "彗星"。

⊙德国 Ar-234B 喷气式轰炸机

燃油本身又极易发生爆炸；另外，在其简短的飞行之后，飞机必须折返飞回基地并采取刹车方式进行着陆，而不是正常的起落架降落方式。这种飞机是在 1944 年年中开始投入飞行的，但在针对盟军轰炸机的战斗中并未获得多大的成功，而事故和其他问题则时常出现。

涡轮喷气飞机和 Me 262 式提供了更好的前景，不过从其 1942 年 7 月的首度飞行到真正投入实际战斗，花费了两年多的时间，这主要是由于发动机缺陷及其他问题所造成的。虽然希特勒早已下了命令，要将其改装成快速飞行的轰炸机，而这显然于事无补。

虽然可能建造了 1400 架此类飞机，但这远远不足以组建一支空军中队，并且它们还存在着诸如燃油短缺以及其他问题的困扰。它们在飞行速度上虽然可以超越盟军的飞机，并且在轰炸机拦截方面具有很好的装甲配备，但是其中很多架依然被击落，就在它们刚刚着陆或从基地起飞的时候，因为那时候它们的飞行速度还很慢，极容易受到攻击。

☆ 盟军的类型 ☆

在盟军方面，美国的贝尔 P-59 "空中彗星" 战斗机在 1942 年 10 月便已开始了第一次飞行，但却反复出问题，并且从未参加过任何实际的军事任务。另外两种美国的设计款式，即洛克希德 P-80 和瑞安 FR-1（这款类型同时具有活塞发动机和喷气式发动机装备），都在日本投降前被作出了部署安排，但并没有参加过实际战斗。

⊙到 1945 年，盟军的空中优势已经迫使很多德国工厂都转入地下生产。图中这些亨克尔 162 式战斗机是在一个岩盐矿坑中被建造出来的。

英国的格洛斯特 "彗星" 式是在 1943 年时投入飞行的，并在 1944 年 7 月参加到实际的战斗中去。起初，F1 款式主要用来实现本土防御的功能，并参加针对 V-1 火箭的作战任务，但在 1945 年，做了稍微改进的 F3 式却被部署到大陆的很多基地。与其他早期的喷气式飞机一样，这种战机也遇到了很多齿轮咬合方面的问题，而后来的生产批次则展现出解决了这些问题的略微改进。

战争中后期的反坦克炮 1942~1945 年

更快的炮弹出膛初速和更新式的武器弹药，都确保了反坦克炮依然具有令人生畏的破坏力，即便是庞大的重型坦克也不例外。

在战争的后半段，反坦克炮的威力继续处于增长之中，不过改进主要集中在更加新式的武器弹药类型，而不是口径上的巨大增加。各国军队也发现，更大口径的牵引式反坦克炮在实际行动中显得比较笨重，而且也不太容易被隐藏，因此，在反坦克作战中越来越偏向于自行火炮的武器类型。

☆ 新式武器弹药 ☆

在武器弹药方面，简单的实心弹穿甲设计也开始暴露出容易被冲击力损坏的缺点，而且也越来越容易从坦克的坡面上擦过。这便导致了被冒穿甲弹（Armor Piercing Capped，简称"APC"，和穿甲弹类似）的引入，从而获得更好的冲击效果，此外还有由这些发展而来的空心被冒穿甲弹（APCBC），从而恢复理想的外形。

具有密集性穿透核心的复合炮弹，都被装到较轻的车辆行李架之中（重芯穿甲弹，简称"APCR"；或者在美国系列之中的超速装甲弹，简称"HVAP"），此外还有这些类型的改进版，其较轻的行李架在炮弹离开枪管之后会发生严重倾斜（脱壳穿甲弹，简称"APDS"）。这些都完美结合了较轻的重量和更快的加速度。在战争期间，不同的炮弹具有不同射程，并在不同时期被开发出来。比如说，APDS 是英国特有的，其是在 1944 年春天被引入到 57 毫米规格的大炮中的。

诸如 57 毫米之类的早期武器，一直到战争结束时

"犀牛"式战车

"犀牛"式，是一种威力较猛的战车，其装配的是 88 毫米口径的火炮。而其构架是改进的四号装甲车底盘。"犀牛"式的第一次投入使用是在 1943 年的库尔斯克。

重量：24 吨
长度：7.17 米
高度：2.65 米
宽度：2.8 米
装甲：最厚达 30 毫米
时速：42 千米
武装：1 门 88 毫米 PaK43
式火炮；配备 25 发炮弹

⊙1944 年初，第二新西兰师团的一架 76 毫米反坦克炮在意大利的蒙特卡西诺投入战斗。

还在使用着，这在某种程度上要归功于其武器弹药的改进，也在于它们本身在针对更短射程目标的打击上具有更加有效的作战能力。但是，在英国部队之中，57 毫米的规格从 1942 年开始又被 76 毫米的规格所补足。基本上完全一样的美国 57 毫米的规格，也得到了 76 毫米 M5 式和 90 毫米双功能款式的弥补，而其原本是按照对空炮弹的规格来制造的。

☆ 自行火炮 ☆

所有这些武器的特点，都在于其自行发射的安装设备上。实际上，牵引式与自行式火炮都服役于美国的坦克驱逐舰部队之中。这些武器之中最著名的，当属 M10 和 M36 式，此外还有一种更加轻型、速度更快的设计款式，那就是 M18 "地狱猫" 式，这种火炮同样安装在后来的美国谢尔曼坦克上。在英国方面，其 76.2 毫米规格的火炮被安装在一架 M10 款式即 "阿喀琉斯" 上，而另一款从瓦伦丁坦克衍化而来的战车则是 "阿彻" 式。

⊙美国步兵走过两架被击溃的 "追猎者" 坦克。"追猎者" 号是在旧式 PzKpfw38（t）底盘基础上建造而成的。

苏联的反坦克武器，包括 ZiS-3 式 76.2 毫米野战炮，其有着相当不错的装甲弹攻击性能。这种款式的火炮被制造了数万架，而其非常令人生畏的 100 毫米 BS-3 型是在 1944 年时投入使用的。多数的苏联自行火炮都具有相当不俗的反坦克能力，并在 SU 系列的突击炮中具有比较重型的装甲配备。

除了其突击炮之外，德国也有着不同的坦克 "追猎者" 类型，当然还有牵引式的武器装备。75 毫米 PaK 40 牵引式火炮是在 1941 年晚期引入的，并一直服役到战争结束。此外还有另一种经过改进的 "88" 式，即 71 口径的 88 毫米 PaK 43 型。

"追猎者" 战车包括很多种设计款式，比如 "黄鼠狼" 步兵坦克。这些都是在一种特殊的底盘上建造的，其要么装备着德国 PaK 40 式火炮，或者直接安上苏联的 76.2 毫米的武器。它们都是在 1942~1943 年间投入使用的。后来的 "追猎者" 就是数量最多的坦克类型，大约生产了 2500 辆，并都搭载着 75 毫米的火炮。"犀牛" 式则显得更加坚不可摧，因为其装载着更长炮管设计的 PaK 43 型，但是只生产了 500 多辆。

M36 GMC

M36 型自行火炮车，是在 1944 年开始服役的。别的还有几个不同款式也生产过，并配备过不同的发动机和车身外壳。其都装有 90 毫米防空炮的反坦克炮款式，可以击溃猎豹坦克或虎式坦克。

重量：28.1 吨
长度：6.15 米
高度：2.72 米
宽度：3.04 米
装甲：最厚达 50 毫米
时速：48 千米
武装：1 门 90 毫米 M3 式火炮；配备 47 发炮弹

在西部战线和意大利的胜利

盟军指挥官在向德国境内推进的时候，早就做好了打一场硬仗的准备。然而，在他们越过莱茵河之后，德国人的抵抗却在数周之内瓦解了。柏林这座城市，作为战争的犒赏，还是留给了苏联军队。

1944年秋天的战败以及在来年突出部战役的艰苦战斗之后，盟军指挥官们并不期望能够在对德国的战斗中轻易获胜。他们还特别想到过，针对德国的跨莱茵河行动将会是一场硬仗，但事实证实他们的预料是错误的。

⊙1945年4月，在意大利的最后战斗期间，英国第八军的战士们出现在费拉拉的附近地区。

英国和加拿大军队在2月初就在战线的北端首度发起了攻势，并穿过雷赫瓦尔德森林进行了一场险象环生的战斗，进而推近到莱茵河地区。美国的第九军在他们的南侧也准备于不久之后加入到进攻队伍之中，但却因为泛滥的洪水而遭到拖延，而这场洪水其实是德国人故意捣的鬼。到3月初，第九军已经开始行动，并与美国的第一军和第三军汇合，从而推进到南部的纵深处。

在数天之内，盟军部队已经抵达了科隆以北莱茵河地区的各个地方，到3月7日，美国第一军已经抵达了南部的雷马根地区。

美国人赶在德国人将其摧毁之前占领了莱茵河上的铁路桥梁，并立即开始让部队穿过。最后一支盟军部队，即美国的第七军和法国的第一军，在3月中旬几乎掌控了德国人在河流以西占领的剩余领土。

⊙美国部队出现在雷马根的桥上，这是盟军在跨越莱茵河之后占领的第一个据点。

自23日晚开始，蒙哥马利的英国部队便已开始在韦瑟尔附近地区实施他们早就做好计划的跨越莱茵河突击战，并且他们所遇到的麻烦要比原先预料的要少很多。这原本被视为盟军的主要进攻行动，但是在雷马根地区的穿行在22日的时候得到了另一支部队的支援，那就是在美因茨地区以南的第三军。

巴顿决定要窃取蒙哥马利的战斗荣誉。在几天之前，艾森豪威尔早已作出决定，要修改盟军的作战计划，即要加强在鲁尔以南地区的这些进攻努力。

⊙美国第三军的坦克部队，在一座浮桥的帮助下跨越了科布伦茨的莱茵河。

☆ 包围鲁尔地区 ☆

希特勒依然在下达他通常会下达的命令，即不得撤退，而只能做疯狂的抵抗。但是，现实却是，越来越多的德国部队现在巴不得向盟军部队投降，因为这样就可以免遭苏联人的毒手。3月末，新的盟军攻势开始包围整个鲁尔地区，而在那里的超过30万的部队，都在4月中旬时缴械投降了。

到了这个阶段，苏联军队已经到达奥得河地区，那里离柏林只有65千米的距离，并且其似乎非常容易就可以占领了。因此，在3月中旬时，艾森豪威尔作出决定，他的部队不再尝试向柏林地区进发，而是集中兵力向更南地区前进，去面对一个令人害怕的所谓"国家堡垒"，那是疯狂的纳粹为了在德国南部做出最后顽抗而建造起来的防御工事。

其实，英美联军现在已经沿着战斗前线全速推进着，而苏联军队则并没有为他们奔向柏林的最后一役做好准备。4月中旬，美国部队抵达了柏林以西的易北河地区，并驻守在那里，而其与苏联人的第一次接触的是25日的托尔高西南部地区。

☆ 在意大利的最后战役 ☆

1944年，在罗马被占领之后，盟军部队从意大利撤出，开始去占领法国的南部地区。剩余的盟军部队继续发起缓慢的推进，并一直持续到1945年初。1945年4月，他们重新发起了新一轮的攻势，获得了更多的战绩。德国在意大利的部队是在5月2日投降的，而在5月4日，推进中的盟军部队在勃兰纳山口与穿越过巴伐利亚径直而下的美国第七军汇合。

到5月初，后来变成"西德"的那些地区，都开始处于英美联军的控制下，而正式的投降也是在这里进行的。德国人在北部的兵力于4日向蒙哥马利宣布有条件投降，接下来的便是德国人的全面投降，并于7日当天在艾森豪威尔的总部签订了投降协议书。

⊙1945年初，一辆盟军的M3半轨式战车在前进，其正通过一座德国小镇的废墟。

步兵反坦克武器

至 1945 年，装备最好的部队的步兵都拥有便携式武器，其足以摧毁最重型的坦克，只要他们能够豁出去、大胆靠近那些金属的庞然大物即可。

威力巨大的步枪，曾经被用做反坦克武器，这几乎从第一次世界大战坦克首次投入使用以来便有先例。这些武器的各种款式，在第二次世界大战爆发时依然服役于军中，但在不久之后便成为了废铁一堆，因为坦克装甲得到了大幅改进。

1942~1943 年间，英国、美国和德国都开始引入空心装药原理的武器，并将焦点集中在爆炸威力之上。这些最终诞生了足以摧毁一辆坦克或者可以将碉堡或其他防御工事炸开的步兵武器。

⊙一名年轻的德国士兵在一所房子的废墟里面守候着，他手中的反坦克榴弹发射器随时处于待命之中。

☆ 反坦克步枪 ☆

在战争初期，在军中服役的反坦克步枪包括了英国的博伊斯设计类型，其口径为 14 毫米，还有苏联的两款设计，即 PTRD 1941 和 PTRS 1941 型，这两者都是 14.55 毫米的口径规格。这些都有着类似的性能表现，能够在 400 米的远处穿透大约 25 毫米厚的装甲。更小口径的类型还包括波兰的 Maroszek Wz 35（意大利人使用过大量的此类武器），德国的 Panzerbüchse 38 式和 39 式，这些全部都是 7.92 毫米的口径。

☆ 火箭发射器 ☆

美国陆军在刚刚投入战争的时候，并没有什么反坦克步枪，但在不久之后便获得了更好的宝贝武器，那就是 60 毫米口径的 M1 火箭发射器（也被称为"火箭筒"）。这种武器可以摧毁多数同时代的轴心国坦克，并在射程上达到 400 米的距离，不过在这一远距离的射击精确度完全没有了把握。

德国 88 毫米口径的"坦克杀手"反坦克火箭筒（或者"战车噩梦"火箭筒），其实是巴祖卡火箭筒的复制品。英国的"步兵反坦克抛射器"（简称 PIAT）看上去显得比较笨重、粗糙，但其却能够发射效果不错的 1.4 千克的炸弹。

德国也使用更具创新力的反坦克榴弹发射器（或"坦克铁拳"），这种轻型、简便的单发武器带有发射管的设计，使用之后可以直接丢弃掉。射程最远的反坦克榴弹发射器新款，只能达到 100 米的射程，但是其威力和使用时的轻便性却使其成为任何坦克不可忽视的极大威胁，特别是在野外或高楼林立的地区。

在第二次世界大战期间，其他军队都没有研发出诸如此类的武器。

地 雷

地雷，及其"近亲属"诡雷，有时候也被称为"沉默的士兵"，因为其会耐心埋在地下等待着敌人上钩。在战争中的每一个战场，它们无疑都是一种潜在的威胁，足以在战斗中大开杀戒，也可以在战斗部队移往别处之后继续留存着。

在第二次世界大战期间，投入使用的地雷主要有两种类型，其一是反人员地雷，其二是反坦克地雷。前者通常更小一些，较轻的动力就能将其触爆，而后者则更大一些，所需的启动力也更大。布雷区可以选在任何开阔的地带，并包括其中之一或经常出现的两种结合的类型。单个或小规模数量的地雷，可以用来做定点防御，或者作为在任何地点都实际存在的诡雷群。

⊙1942年，在东部战线上的苏联工程兵正在布雷，以防止德国人的继续推进。

任何部队对敌军的地雷都恨之入骨，这是有充分理由的。反人员地雷经常致使士兵伤残，而不是直接毙命，因为受伤的士兵经常需要协助，这样便可以让好几名战士退出火力前线。

地雷的设计经常也会带来心理恐惧。德国和美国都大量使用地雷，并且是双引爆设计的款式：其第一引爆设计是在其被抛到空中时遭到外力冲撞，第二引爆设计则是由投掷者主动将其引爆。比如说，德国的S型地雷可以将350粒榴霰弹球炸开，距离大约是地面以上1.5米，并产生摧毁性的效果。

反坦克地雷的外形，可以是条状的，也可以是铁饼外形的。在1940年的西部沙漠地区，意大利部队第一次使用这种武器。常见的设计类型包括苏联的TM/39型，其含有3千克的弹药；或者是稍微轻型的英国马克V型。

德国和苏联都是地雷最忠实的使用者。除了最经常遇到的饼形反坦克设计类型之外，德国也拥有不同的反坦克与反人员类型的设计，其中有玻璃、塑料和木头原料的，所有这些设计都是为了使其不容易被探测到。各个国家的很多地雷都被安装了防起雷装置，从而使其移除的任务变得更加困难和危险。

⊙在意大利境内，一名加拿大的工程兵正准备将敌军的一颗反坦克地雷清除掉。

攻克柏林

在战争的最后几周，希特勒给欧洲所带来的创伤，在柏林地区遭到了更加变本加厉的恐怖报复，因为苏联军队占领了这座城市，虽然希特勒设置了很多碉堡，但是苏联人还是横扫了德国的多数地区。

从一开始，第二次世界大战就是一场全面展开的战争，其中出现了最大程度的暴力和凶残厮杀，而其最后的大战役却见证了这一趋势的持续。1945 年 3 月末，艾森豪威尔早已告诉苏联人，他的部队将在柏林前沿处突然止步，并无意直接占领这座城市。斯大林却并不相信，仍然敦促苏联红军做好全面准备，尽量抢先赶到那里。

☆ 奥得河突击战 ☆

苏军的进攻是在 4 月 16 日发起的，当时有 250 万人和令人震惊的 16000 架炮兵武器被部署到这次作战计划之中。德国人或许拥有 100 万的兵力，但是他们中的很多要么年事已高，要么就是太年轻。他们也没有与敌人规模相匹敌的装备，而且即便他们确实拥有坦克部队，此时也已几乎无法给其配备燃油。不过朱可夫第一白俄罗斯前线部队发起的最初进攻，即针对库斯特林以西施劳弗高地的进军，起初并没有获得胜利，这在某种程度上是因为德国维斯瓦河陆军集团军现在处于一名身经百战的防御专家的指挥之下，那就是哥特哈德·海因里希。

但到 4 月 20 日，德国人的抵抗不可避免地开始遭到瓦解。朱可夫朝着柏林及其北边地区的冲锋，也得到了科涅夫第二白俄罗斯前线部队的增援，其地点就在往南一些的奈塞河地区。

为了确保最快速度的推进，斯大林授权手下两名将军去占领柏林，并看谁先到达那里。朱可夫的部队在 21 日已经抵达了这座城市的边缘地带，而这两支先头部队也胜利会师，并在 25 日对波茨坦的西部地区形成了一个包围圈。就在同一天，科涅夫的部队与美国部队在易北河的托尔高地进行了接触。

在接下来的几天里，苏军一路奋战，从街头打到巷尾，从这栋房子打到那栋房子。4 月 30 日，他们蜂拥而入到德国国会大厦中，那里离希特勒的司令部碉堡只有 400 米之遥。在 29 日当天，希特勒授命海军上将邓尼茨担任其接班人，接着他自杀身亡。这场战斗有了稍微的延长，但 5 月 2 日，苏联前沿部队与南部的兵力汇合，德国最后一个驻地要塞也宣布投降。

⊙在德国国会大厦的上空，升起了一面苏联红军的旗帜。

与此同时，德国第九军的剩余兵力，即在数周之前奥得河上的部分防御兵力，开始向西发起奋力反功，从而摆脱苏联人，最后向美国人缴械投降。他们清楚地知道，如果被苏联人擒获，等待他们的将会是悲惨的命运。自苏军进入了德国境内以来，其推进带来了一场疯狂的杀戮、强奸和肆无忌惮的劫掠，不论是在敌军首都还是周边地区都是如此。

⊙苏联的"约瑟夫·斯大林"坦克出现在被占领的德国国会大厦的前面。

☆ 德国的投降 ☆

在希特勒死后，战争的结束已成定局。德国在意大利的部队也于5月2日缴械投降，而德国北部和德国南部的投降时间分别是5月4日和5月5日。5月7日，邓尼茨的代表在艾森豪威尔位于兰斯地区的总部签署了全面投降的协议。斯大林不无怀疑地坚持认为，在8日应该在柏林地区再签署一次类似的协议。但是，西部盟军在8日便开始庆祝欧洲胜利日，而苏联方面则是在9日。

即便如此，那时候的杀戮并没有结束。德国最后部队的一些，一直在捷克斯洛伐克地区坚守到4月末。5月5日，布拉格人民策动起义反抗德国统治，德军发起了疯狂的反扑。在接下来的一周里，苏军从东面和北面形成了包围圈，而最后的德军则于13日宣布投降。在欧洲的战争终于宣告结束。

⊙苏军攻陷德国国会大厦。胜利后的苏军尽情地欢呼着。

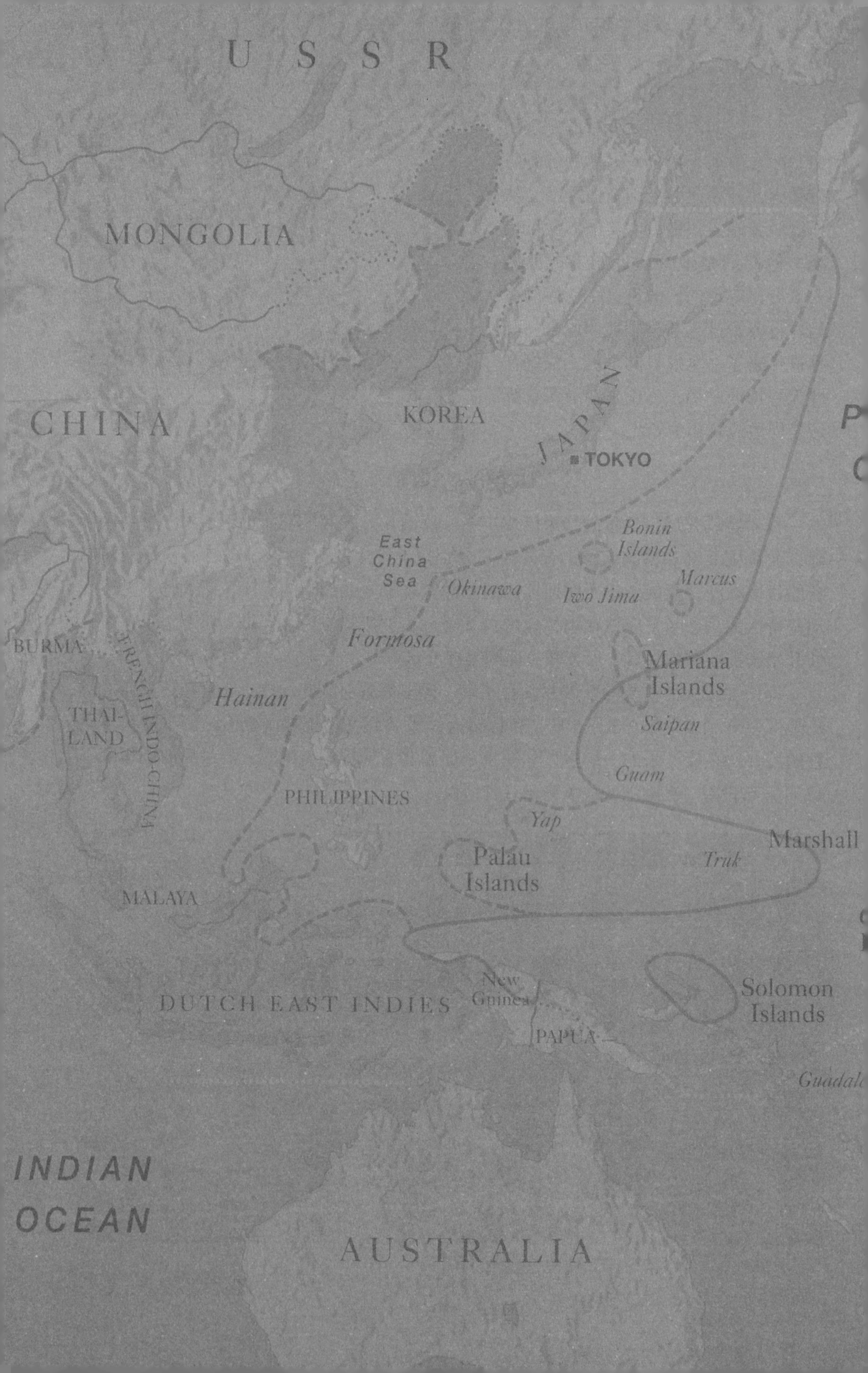

U S S R

MONGOLIA

CHINA

KOREA

JAPAN

■ TOKYO

East
China
Sea

Okinawa

Bonin
Islands

Iwo Jima

Marcus

Formosa

Mariana
Islands

Hainan

Saipan

BURMA

FRENCH INDO-CHINA

THAI-
LAND

Guam

PHILIPPINES

Yap

Marshall

Palau
Islands

Truk

MALAYA

DUTCH EAST INDIES

New
Guinea

Solomon
Islands

PAPUA

Guadalc

INDIAN

OCEAN

AUSTRALIA

P
C

日本帝国的覆灭

　　至 1943 年，美国军队实力的极力扩张终于开始产生效果。虽然在战争生产方面有了很大的提高，但是日本依然无法与美国相匹敌。从位于新几内亚和所罗门群岛相对较小的新起点开始，盟军的反击不久之后便在速度和实力上均得到发展。美国的海军和海军陆战队开始了他们横跨中太平洋的越岛作战，而麦克阿瑟的盟军太平洋西南指挥部则开始涌向菲律宾地区。至 1944 年年中，一场残酷的潜艇战役，开始使日本陷入无法对本土进行防御的境地，日本本土开始遭到沉重的炸弹攻击。在亚洲大陆，日本可以继续压制微弱的中国兵力，但是从缅甸出发入侵印度的计划则被英印第十四军粉碎了。

　　1944 年下半年至 1945 年年初，随着对菲律宾、硫磺岛以及冲绳岛的占领，对日本形成的包围圈又开始缩紧了。日本"神风敢死队"自杀式的垂死进攻，并没有减缓美国人的推进。盟军进攻日本本土的计划，在 1945 年 8 月开始逐步形成。所有的局势都随着原子弹在广岛和长崎的爆炸而发生了巨变，还有就是苏联对亚洲大陆的进攻。在几天之后，日本宣布投降。

新几内亚和所罗门群岛

日军在战争后期开始为他们在战争初期轻率鲁莽的四处征战付出代价。各驻地要塞逐渐被孤立，随着盟军向菲律宾的反击部队的推进，这些地方要么被连窝端掉，要么就被活活困死。

在中途岛战役取得胜利之后，美国的战略家们都知道，他们可以转入对太平洋地区的战斗，但是在如何发起反击战的具体问题上存在极大的争议。麦克阿瑟当时在澳大利亚担任的是盟军西南太平洋司令部的总司令，他强烈主张穿过所罗门群岛并沿着新几内亚北部海岸线，从而最终履行他折返回菲律宾的誓言。

海军上将切斯特·尼米兹负责指挥太平洋地区战事，而其基地则在夏威夷。他想经由中太平洋的群岛发起进攻。与麦克阿瑟的主张一样，这只是一个战略，旨在帮助自己获得指挥权。但在事实上，后一方案在伤亡率和物资上也显得更加直接和经济。但是，美国的资源开始变得十分富

⊙美军 P-39 战机在新几内亚岛上空执行作战任务

足，因而这两项计划可以同时展开。其实，对总统及其智囊团而言，这在政治上都存在很大的难度，最终决策的决定者一般都只会选择唯一的方案。

⊙1943 年 9 月，美国陆军部队的战士在小心翼翼地穿行过新乔治亚群岛中的维拉拉维拉岛。

☆ 空中优势 ☆

所有盟军的进攻都是在空中兵力的基础上发起的，而在这一领域中的优势是到 1942 年年末才逐渐变得明朗起来的。这一点在 1943 年 3 月初打响的俾斯麦海战役中得到了很好的证实。一支日本的护航队从腊包尔地区起航，前去增援他们在新几内亚莱城附近的阵地，却在途中遭到伏击。十几艘军舰被击沉，另有 4000 名士兵被淹死。

盟军这次袭击之所以取得成功，完全

仰仗密码破解，这在战斗的剩余全程中都起着极其决定性的作用。盟军反复攻击防守脆弱的地点，并迅速建立起空军基地，从而确保对附近任何强大日军兵力的主宰权。

较大的日军阵地被空中突袭所压制，接着在实际战斗中又被忽略，而盟军的部队则进一步推进到其他地方。这一战术甚至

⊙1943年2月，美国第五空军部队的B-25轰炸机正在突袭新几内亚境内的一个日军机场。

被应用到腊包尔和卡维恩的主要日军堡垒要塞那里。

☆ 新几内亚 ☆

在进攻发起的最初阶段，日本人被牵着鼻子往前走，接着，他们终于失去了平衡，因为盟军其他部队突然跳到马卡姆山谷和休恩半岛地区。在第二阶段，即1944年4月至5月期间，在艾塔佩和霍兰迪亚的登陆行动，使日本在威瓦克附近的几万兵力陷入孤立无援的境地。最后在新几内亚西部及其附近岛屿地区的登陆，则建立起很多基地，从而对马里亚纳群岛和菲律宾群岛的军事行动予以增援，而这一行动马上就要发起。

☆ 所罗门群岛 ☆

再一次，同样的战术在所罗门的战斗计划中得到了运用。这在布干维尔岛的登陆事件中可以得到最清楚的见证，这一行动是在1943年11月1日发起的。这座岛屿驻守着大约6万名日军。美国的海军陆战队并没有发起直接的攻击，而是登陆在距离奥古斯塔皇后湾东岸120千米的地方。那个时候，日本人已经穿越丛林来到盟军的滩头阵地，其强大的实力还足以击退这些攻势。

⊙1943年9月，在进攻莱城的战斗即将打响之前，澳大利亚军队在一艘登陆船中待命着。

虽然在布干维尔岛的战斗一直持续到整个战争结束，但局势越来越有利于盟军部队，其中主要就是澳大利亚的兵力，而处于忍饥挨饿之中的日军，与该地区的其他部队一样，已经无力回天了。

水上飞机与海上支援机

在风暴肆虐洋面上的远距离巡逻，或许会遭遇到一艘敌军潜水艇的突然袭击，而这就是海上飞机的主要任务。与其他很多军事任务一样，远距离巡逻可能会遇到很多麻烦。

海上巡逻飞机，包括大型的远距离水上飞机、小型的飞行艇（经常从船上而不是航空母舰上起飞）以及战争后期的特别雷达设备，都被研制出来，其中以陆地为基地的类型则用来执行远距离的反潜艇作战任务。先进的海上作战力量（英国、美国和日本）都广泛使用了此类飞机。

☆ 飞行艇 ☆

就这种类型而言，在军中服役的还有很多不同的设计款式。法国、美国和德国都拥有超过 10 种以上的此类战机，在此只着重对其中少数作出介绍。数量最大的美国飞行艇，当属 Vought OS2U "翠鸟" 水上飞机（总共建造了 1500 架）。其最远飞行距离可达 1300 千米，并可以从很多美国海军的战舰和巡洋舰上直接弹射起飞。

两种比较著名的日军飞行艇，就是双翼飞机三菱 F1M "皮特" 型了，其有着惊人的良好性能表现，而能力更强的爱知 E13A "杰克" 型则拥有 2100 千米的飞行距离。

德国在此级别中的最佳飞机就是亨克尔 115 型，但是阿拉度 196 型也起到过重大的作用。

英国最常见的小型飞行艇是 "海象" 水上飞机，这是一种过时的推动式双翼

飞机，但也曾经有过广泛而战绩斐然的服役期。

但是，很多海上飞机都要比飞行艇显得更加现代化。英国和美国开始转向远程的民用飞艇，比如帝国航空和泛美航空的此类产品投入军中服役，此外还有为特定目的而建造的。英国的类型就是肖特 "桑德兰" 水上飞机，其巡逻任务的执行时间最高可达 16 小时，而其携带的武器包括深水炸弹、普通炸弹、地雷以及很多防御用的机关枪。

阿拉度 196 型

德国的阿拉度 196 型在设计时主要被当成一种弹射起飞的侦察飞机，但也从陆地基地出发过。在战争爆发的几周前，其总共建造数量已经超过了 500 架。在其他战绩方面，阿拉度 196 型曾经参加过 1940 年对英国潜水艇 "海豹" 号的擒获过程。

时速：311 千米
航程：1080 千米
引擎：830 马力的布莱莫 323 型引擎
乘员：2 名
武装：100 千克炸弹；2 门 20 毫米加农炮；2 挺机枪

⊙1944 年，Vought OS2U "翠鸟" 水上飞机在美国重型巡洋舰 "昆西" 号的甲板上弹射起飞。

☆ 其他设计 ☆

美国拥有两款非常成功的双引擎飞艇，即马丁 PBM "水手"型和联合 PBY "卡特琳娜"远程轰炸机（其中的卡特琳娜还曾在很多盟军国家中服役过）。"水手"要比"卡特琳娜"更轻一些，性能更佳，其有着更远的飞行距离（5600 千米），还有更强的轰炸能力。但是，"卡特琳娜"在生产数量上稍微多一些，并有着更高的知名度。美国的四引擎类型（如联合 PB2Y "科罗拉多"型）就没有其他更小型同类产品那样成功了。

相比之下，日本主要的四引擎设计类型，应该是投入第二次世界大战中使用效果最好的水上飞机。川西 H8K "梅维斯"型的扩展款式，飞行距离可以达到 7000 千米的标准，并且有着重型的武器装备，因此其很难被击落。

更大型一些的，要算德国 Blohm & Voss 公司的六引擎 222 "维京"型，其连续飞行时间可以达到惊人的 28 小时，但其主要还是用来实现运输任务。

☆ 地面支援 ☆

不同的国家都会使用更小的实用类型来执行海上巡逻任务，其中包括战争初期英国的阿弗罗·安森飞机。虽然其飞行速度很慢，但是非常安全可靠，在海上飞行时出现的引擎故障，机组人员几乎从未遇见过。

有效的远程巡逻和反潜艇作战任务，都是英美两国在空对地雷达研发取得进展之后开始取得战绩的。很多不同款式的大型轰炸机都用来执行这一任务，其中比较著名的就是联合 B-24 "解放者"型。还有就是 PB4Y-2 武装民船，这种新类型是在"解放者"型基础上开发的，特别用来实现海上打击和侦查任务。其要比 B-24 更大一些，并只有单个而非成双的尾翼。在 1944~1945 年间，曾有几百架这款飞机投入过战斗。

德国的福克沃尔夫 200 Kondor 机型，是改装过的客机类型。少数此类飞机在大西洋战争的初期阶段起到过极大的作用。但是，德国空军在总体上还是忽略了海上的控制，这给德国方面带来了很大的损失。

⊙1944 年初，一架美国的 PBY-5 "卡特琳娜"飞艇正在太平洋地区的阿留申群岛附近执行巡逻任务。

肖特"桑德兰"战机

肖特"桑德兰"战机是在 1938 年开始服役于英国皇家空军的，而其在 1946 年停产之前总共建造了 749 架。一共生产了好几种款式类型，在防御武器上有所提升，在雷达和其他设备方面也都有所改进。除了击沉德国 U 艇之外，几艘"桑德兰"战机还曾与八架德国飞机短兵相接地交战过。

时速：336 千米
航程：2850 千米
引擎：4 台 1065 马力的布里斯托尔"飞马"XⅧ引擎（马克 2 型）
乘员：8~11 名
武装：900 千克炸弹，8 挺 7.7 毫米机枪

中太平洋战事

自 1943 年晚期开始，美国海军及其陆战队开始在中太平洋地区发起了一场新型的战争，其特点便是所谓的"跳岛"，其不但依赖于战斗部队的努力，而且也依赖于后勤支援的新方法。

1943 年，美国海军开始将 15 支舰队投入战斗，但日本方面却只有一艘服役于军中。在潜水艇领域，美国的数量也超过了日本，并形成了 4∶1 的优势，而在驱逐舰上则是 10∶1 的比例，在其他军需品上也有着类似的较大优势。

这并不是日本方面没有好好节约资源所造成的。已经急剧减少的优秀航母机组人员骨干，在当年的早期战斗中已战死一成多，多数是部署在所罗门群岛和新几内亚地区的那些人。训练和改进设备（当然是更好的飞机和雷达设备）也开始抵消掉日本之前在某些领域中的质量优势，比如在空战和海上夜间战斗等方面。

但即便有着潜在的战斗优势，美国部队依然存在着必须解决的远距离运输问题：美国的太平洋舰队基地，位于西海岸 3200 千米之外的珍珠港，所罗门群岛离加利福尼亚州约 14500 千米，而澳大利亚则更加遥远。为了维持部队、舰船以及飞机的食品供应、燃料补给以及武装储备，如此遥远的距离都需要付出巨大的后勤努力。

⊙1943 年 11 月，美国军舰"莱克星顿"号在塔拉瓦岛战斗期间进行海上燃料补给。

解决的方案便是一种新型的海军组织，即辅助船队的形式，其包括了油轮和其他类型的补给船，这样一来，战斗船只就可以在远离任何基地的海上战斗期间直接进行海上补给。接着，一大堆新基地被临时性地快速建造起来，并且在之前很多平静的太平洋环礁湖之中建造起基地和浮动船坞，比如位于卡罗琳群岛的乌利西环礁地区（其

⊙美国海军陆战队队员的尸体，遍布在塔拉瓦岛沙滩的一片废墟中。

自 1944 年 9 月开始变成一个重要的军事基地）。

☆ 吉尔伯特群岛 ☆

需要做的第一步，便是从 1943 年 11 月 20 日开始实现在吉尔伯特群岛中的塔拉瓦岛和马金环礁地区的军事登陆。主要集中在布塔里塔里环礁的马金环礁登陆，曾经有过激烈的战斗，但是美国陆军依然在 23 日将所有抵抗组织全部予以歼灭。不过作为塔拉瓦环礁之中主要目标的比托岛，却是另一个大麻烦。

只有 3 千米长、不足 800 米宽的比托岛，全岛海拔都不超过 3 米。截至 1943 年 11 月，4800 多名日本驻军在这里建造起坚不可摧的碉堡和机枪阵地网络，这些都在初期的轰炸突袭中幸存了下来。登陆部队主要来自于美国海军陆战队第二师，其缺乏这些环礁湖之中和之上的水深准确数据。由于这些原因，起初 5000 人的突击部队中，有 1500 人在第一天的战斗中伤亡，但是其他幸存者都坚持了下来。截至 23 日，唯一活下来的日本人就是一小撮伤员了，另外还有少数被擒获的韩国劳工。美国海军陆战队的总伤亡数字则是 1000 人死亡、2000 人受伤。

☆ 马绍尔群岛 ☆

盟军下一阶段的目标，便是要获得马绍尔群岛的控制权。这些地方并没有多少坚强堡垒，不过在其中一些群岛上，还是部署着具有相当实力的空军部队。自 1943 年晚期，这些日军部队都遭到了盟军航母的攻击，此外也来自于吉尔伯特群岛以陆地为基地的飞机。

1944 年 1 月 31 日，美国部队开始在夸贾林环礁、罗伊那慕尔群岛和马朱罗岛上登陆了。其中最激烈的战斗就发生在夸贾林环礁上，但到 2 月 4 日，那支 8700 多人的驻军部队已经战斗到最后一个人了，而给进攻方所造成的死亡人数只有 370 名。接着，埃尼威托克岛也被占领。与此同时，日本最大的海外基地，即在卡罗琳群岛中的特鲁克群岛，也遭到了美国航母部队的沉重打击。盟军的进军，继续向日本人毫不间断地发起。

⊙1944 年 2 月，美国海军陆战队准备从埃尼威托克岛的登陆沙滩发起进攻。

"海蜂"

这里说的"海蜂"，其实是美国海军的战斗工程兵，他们在必要的时候会在陆地上进行战斗。他们最早是从 1941 年晚期开始组建的，而他们的流行名字来自于其英文 "Construction Battalion" 中缩写字母 "CB" 的发音，"修建营"才是他们正式的名称。起初，所有这些士兵都只是志愿参战的平民工匠或工程师，不过后来也有士兵加入其中。他们在所有战场中服役，但是主要还是在太平洋战场。一般来说，他们会在先头突击部队登陆之后尾随而至，并立即在临时跑道和其他基地设施上展开作业。没有他们的努力，"跳岛"战术的实施几乎是不可能的。

⊙"海蜂"人员在吉尔伯特群岛的一座岛屿上开始搭建通讯设施。

登陆艇和水陆两用战车

水陆两用战车和很多种大型的登陆艇，对英美联军的战斗部队而言都是核心的武器装备。没有它们，在太平洋地区的整场反击战以及在西欧地区的胜利，都是不可能实现的。

水陆两栖战斗早在1938年便曾演练过（由陆军准将蒙哥马利指挥），但英国部队主要采用划艇来登上岸边。

到那个时候，日本人也有着专门为此目的建造的8000吨级的登陆艇服役于军中，那就是"神州丸"号，其可以在船尾部分部署"大发"号登陆艇。日本后来也引入了少部分额外登陆船和登陆艇，并成功将其应用于早期的战斗中。此外，还有一些丰田SUKI水路两栖卡车也在军中服役。

☆ 美国的海军陆战队作战思想 ☆

在登陆部队中的其他先锋，便是美国的海军陆战队。在两次世界大战期间，海军陆战队早已研发出很多水陆战争的作战思想，而其在第二次世界大战中正好被付诸实践。1938年，他们开始对所谓的希金斯舰艇进行测试（这些舰艇在一定程度上是从"大发"号那里复制的，后者主要参加了在中国战区的战斗）。木头制的希金斯舰艇，将被建造成更加结实的金属材质的车辆人员登陆艇（简称LCVP），其在第二次世界大战过程中被数以千计的人使用过。1941年，海军陆战队下达命令，第一支重要的履带式登陆车（简称LVT）和系列水陆两用飞机投入战斗。后来的LVT能够携带3吨货物，并备有75毫米榴弹炮。

LCT 马克 V

坦克登陆艇的几款设计，都是从1940年开始在英国和美国境内建造的。下图中的登陆艇，是1943年期间参加新乔治亚州集团军在伦多瓦岛行动的一艘。

长度：35米

宽度：10米

排水量：120吨

载重：127吨货物或5辆M4谢尔曼坦克

时速：7节

武装：2门20毫米AA主力炮

乘员：13名

⊙在诺曼底登陆当天，LCVP上的美国陆军部队正朝着奥马哈沙滩方向进军。通常来说，一艘LCVP可以运载36名战士和另外3名工作人员。

⊙在太平洋战争的后来阶段，很多日本登陆艇，就像在塞班岛上的这艘一样，都在试图给遭到攻击的岛屿驻地提供增援的过程中被摧毁。

产量更多的，当属 DUKW 水陆两用式卡车。最后的美国水陆两用式，是更加小型的斯图贝克 M29"黄鼠狼"运输车。所有这些水陆两用式，也都被英国人使用过。

☆ 英国的类型 ☆

到 1940 年，英国已经拥有了不少的突击登陆艇和机械化登陆艇（简称 LCM）在军中服役。这些登陆艇中的每一个，都可以运载一支步兵排或一辆坦克。不久之后，又增加了一些其他类型。此外还有很多种步兵登陆艇（简称 LSI），其中有些是从渡船或者小型的邮轮改装而成的。此外还有专门建造的船坞登陆舰（简称 LSD）。

美国方面差不多的同类产品，是武装人员运输船（简称 APA）和武装货船（简称 AKA）。这些不同的"军舰"在设计时并不旨在实现登陆沙滩的功能，而只是运载更加小型的"船艇"，这些"船艇"可以运载部队战士和突击登陆时所需的物资。

于 1940 年开始在英国设计的（后来在美国开始了相应的大规模生产），是坦克登陆艇的不同款式。其中最大的大约有 56 米长，可以运载九辆谢尔曼坦克，从船头部分的坡面进行登陆。

这些登陆艇属于最小的类型，并专门为所谓的"岸对岸"作战计划而建造。它们可以在较好的地形中被装载起来，接着在自身的动力系统下航行到登陆地区。这样的船只包括坦克登陆艇（简称 LST）和大型步兵登陆艇（简称 LCI/L），其中每一种都建造过上千艘。一艘坦克登陆艇可以运载 20 辆坦克，而一艘大型步兵登陆艇则可以运载 180~210 名步兵。

☆ 其他用途 ☆

不同规模的很多登陆船只，都被赋予特定的用途。其中一些变成了指挥船或医疗船，而其他的则负责提供掩护防空的火力。其中最令人瞩目的，当属装备有火箭弹的款式，其最多可以发射出具摧毁效果的 1000 枚火箭弹，并使其抵达登陆地区。到 1945 年，登陆艇及其战术的变化性与复杂性，以及可以达到的火力支援量等，都意味着可以对几乎所有敌人发起一次成功的突击登陆行动。

DUKW 登陆艇

DUKW 水陆两用式，在地面上是一种 6×6 的类型，其是在 2.5 吨通用卡车的基础上建造起来的。在各个战场中，都有上千艘这一款式的登陆艇被投入使用，并负责卸载运输船，及将它们的货物运送到内陆部队。下图中所示的是英国为诺曼底登陆准备的登陆艇。

长度：9.45 米
宽度：2.49 米
重量：6.7 吨 +2.3 吨
引擎：91.5 马力的 GMC 发动机
时速：在陆地是 80 千米，在水面是 10 千米

马里亚纳群岛战事

盟军对马里亚纳群岛的占领和日本在菲律宾海上战役的惨败，都使日本的统治范围遭到极大割裂。随着战争的进行，南部地区被切断，并几乎靠近到日本本土。

虽然到 1944 年年中，日本帝国的外部疆域在美国人的推进面前显得越来越不堪一击，但日本的领导人们依然幻想通过一场决定性的海上战役来扭转局面。他们的这个计划，代号为"A-Go"，试图以此发起一系列航空母舰和地面飞机的突袭，从而击溃美国的主力部队。

不幸的是，美国舰队不但拥有两倍于日本的航母飞机（950 : 470），且美国已经基本上在密码破译和情报获取方面获得了优势，而且"A-Go"作战计划已经被发送到美国人手中，因为在菲律宾的游击队在一架日本军官的坠毁飞机上找到了这个秘密计划。

⊙日本海军上将小泽治三郎在菲律宾海战役中负责指挥日本海军部队，此外还有在莱特湾的航母诱惑部队。

☆ 塞班岛、提尼安岛以及关岛 ☆

6 月 15 日，两支美国海军陆战队师级部队在塞班岛登陆，并开始了陆上战斗。塞班岛是这个地区最强大的日军驻地要塞，其驻军大约有 2.7 万人，但到 7 月 9 日，最后的抵抗被粉碎。在附近地区提尼安岛的登陆，是在 7 月 24 日开始发起的，这里有 6200 多名驻军，不过到 8 月 1 日已经被彻底歼灭了。关岛也被占领，那里的 1.9 万名日本驻军在激烈的战斗后全部阵亡；那里的登陆行动是在 7 月 21 日开始的。组织有序的日军抵抗战斗，在 8 月 10 日停了下来。

日本的驻地要塞其实全都战斗到最后一人。而美国的兵力，主要是美国海军陆战队，也付出了 5000 人的生命代价。

⊙美国部队在塞班岛上的战斗。此次登陆计划是由海军陆战队第二师与第四师以及第二十七步兵师来执行的。

☆ 菲律宾海战役 ☆

当美国对这些群岛的最初攻击发起的时候，身为日本联合舰队指挥官的海军上将丰田副武下令实施"A-Go"作战计划。几乎从一开始，日本方面就诸事不顺。随着舰队的靠近，其早已被美国的潜艇侦察到了。与此同时，美国的空中突袭摧毁了日军在马里亚纳群岛的飞机部队，此外还有在硫磺岛和其他岛屿的兵力，而这些原本都是要被派往马里亚纳群岛的。最关键的是，在马里亚纳群岛的当地指挥官在舰队战略指挥官小泽治三郎面前对坏消息避而不谈，以至于小泽治三郎误以为在他接近美国部队的时候，对方的实力已大大受损。

日本方面唯一剩下的优势，便是其战斗机和侦察机，这使其能够搜寻到美国的航母，并可以发起先发制人的攻击，当时是 6 月 19 日清晨。总而言之，小泽发起了 4 次攻击，在当天的袭击过程中就包括了大约 370 架飞机，但大约有 2/3 的战机被击落，其他的都在关岛上空被击毁。相反，只有一艘美国军舰被一颗炸弹击中，美国飞机的损失数量也只有 29 架。

日本的飞机及其临时抱佛脚培训起来的机组人员，再也无法与美军的飞行员及其防空炮手相匹敌，后者都将当天的战斗戏称为"马里亚纳射火鸡大赛"。更糟糕的是，日本最大的两艘航空母舰，即"大凤"号和"翔鹤"号，都被鱼雷击中，并被美国的潜艇击沉。

尽管如此，小泽依然试图继续战斗下去。6 月 20 日，美国侦察机一直无法确定日军的位置，一直到下午的时候，即当大约 130 架轰炸机和 85 架战斗机被派去实施突袭任务的时候，指挥官们才知道，他们的飞行员必须在天黑之前飞回航母基地。另一艘日军航母也被击沉，另外 3 艘遭到破坏。但美国方面也有超过 70 架飞机在返回航母的时候被击毁，不过多数机组人员都被打捞回来。

相比之下，日本飞机的 400 多名机组人员几乎没有几位在战役中幸存。因此，这次最大的航母战役也标志着日军航母兵力的毁灭性打击。他们依然拥有一定数量的军舰，但是几乎找不到可以驾驶这些舰船的专业人员了。

海军上将切斯特·尼米兹

在珍珠港袭击事件发生几天之后，尼米兹（1885~1966）便开始指挥美国的太平洋舰队，并一直持续到战争结束。他的指挥与任何其他指挥官都有着不同之处，曾经给日本方面带来了一系列毁灭性的打击，并在自 1941 年 12 月的低潮一直到 1944 年后的绝对支配期间，实现了美国海军的转型。他的领导才能在 1942 年的困难时期得到了最好的见证，当时他有效利用了情报信息，从而为在中途岛战役取得伟大胜利奠定了基础。

⊙这是美国舰队海军上将切斯特·尼米兹在 1945 年时的纪念照片。

⊙1944 年 7 月 20 日，日本航母"瑞鹤"号和几艘驱逐舰试图避开美国的空中打击。"瑞鹤"号虽然被击中了，但并没有沉没。

海上战斗机

与其他地面武器一样，在航空母舰上进行操作的战斗机在设计上必须实现快速、操作简便以及装备精良等条件，因为要在海上的艰苦条件下参加战斗，还要具备适合远程飞行的结实结构。

由于只有英国、美国和日本三国有条件使用航空母舰，所以也只有这三个国家拥有这一级别的战斗飞机，不过有的时候飞机也会从地面基地发起战斗。

☆ 英国的设计 ☆

英国在战争初期的海上战斗机，都显得十分笨拙。1939 年，英国的皇家海军航空兵依然在使用着双翼式的"海斗士"型号，也拥有炮塔装备的布莱克本"大鹏"式水上战斗机，其（虽然是一架单翼飞机）飞行速度要比"海斗士"稍慢一些。从 1940 年开始，这些都被费尔雷"萤火虫"所取代。这款飞机在地中海战场针对意大利飞机

⊙与其他双座战斗机一样，费尔雷"萤火虫"战斗机并没有在与现代化单座设计战斗机的交战中获得多大的战绩，虽然其有着重型的武器装备。

的战斗中取得了相当骄人的战绩，但却依然无法与其他国家的设计相媲美。后来的费尔雷"萤火虫"式也变成了相对较大的两座战斗机，并且具备了更加现代化的性能，最高速度可达 508 千米 / 小时，并可以运载相当有效的炸弹负荷量。

英国皇家海军在海上使用过的本土制造的最好纯战斗机，都属于"喷火"系列的不同改进版，其在军中服役的知名型号便是"海喷火"舰载战斗机。"海喷火"的不同款式都被投入战斗，并且与其先前的设计款式一样，速度都非常快，操作简便而且装备精良，但就是在射程上略有欠缺。在战争的后来时期，在英国部队中服役的多数海上战斗机都是下面要提及的美国类型。

☆ 日本的类型 ☆

最出名的日本海军战斗机，出产于三菱公司。其中的 A5M"克劳德"在 20 世纪 30 年代晚期服役于中国战区，并在一定程度上出现在太平洋战争的早期阶段。最高速度达 435 千米 / 小时的这款战机，有着令人惊讶的飞行速度，并具有固定的起落架设计和较高的机动性。

接下来的三菱战斗机，即 A6M 类型 0 "Zeke"（或称"零式"），才是真正值得一提的款式。该款是从 1940 年开始服役的，在那个时代具有无与伦比的战斗机动性，并装备着 2 门 20 毫米加农炮和 2 挺机枪，此外还有令人惊叹的 950 千米的行动有效

航程。至少到 1942 年末，其超过了所有盟军的竞争对手。战争后期更具实力的 A6M5 款式则是生产最多的"零式"战机。但到那个时候，盟军因为拥有充足的训练有素的飞行员，也有着重型的装备和极高的性能，从而可以利用"零式"战机的弱点——一个是在建造时不够重型化，另一个是飞行员缺乏装甲保护。

其他著名的日本海军战机，是三菱 J2M 雷电"杰克"式与川西 N1K 紫电"乔治"的不同款式。这些多数都效力于以地面作为基地的作战任务，后来还参加到日本本土抵御美国 B-29 轰炸机突袭的战斗。

☆ 美国的类型 ☆

美国海军也是带着战前设计的款式参加到第二次世界大战中去的，不过这种布鲁斯特 F2A "水牛"战机很快就被淘汰了。这也是美国海军的第一种单翼飞机，曾效力于中途岛战役，并在 1941~1942 年间在马来半岛与英国皇家空军并肩作战，但显然都无法与日本的"零式"战机相媲美。

在那时能够超越"水牛"战机的，当属格鲁门 F4F "野猫"式（在英国军中也被称为"圣马丁鸟"战斗机）。"野猫"式的升级款式，在军中一直服役到 1945 年。后来，其得到过更大型、更具威力的格鲁门设计的改进，设计出 F6F "悍妇"战机，其被一些讲解员描述为战争中最好的舰载战斗机。

三菱 A6M2 "零式"战机

1941~1942 年间，"零式"战斗机似乎是不可战胜的，因为其要比盟军的飞机有着更好的性能表现。但是，其在建造时比较轻型，起初也没有驾驶员座舱装甲或自动密封的燃料箱。其一些后来型号都被投入使用，并一直持续到 1945 年。

乘员：1 名
时速：533 千米
航程：在副油箱条件下能达到 3100 千米
引擎：940 马力的中岛 NK1C "Sakae" 星型发动机
武装：2 门 20 毫米加农炮；2 挺 7.7 毫米机枪

⊙1944 年，一支格鲁门"悍妇"战斗机群正要从美国的"莱克星顿"航母上出发。

其有着较高的机动性，并显得极其结实强悍，这一优势不但体现在战斗中，也体现在重型航母登陆的日常事务之中。其最高速度可达 620 千米 / 小时，有着相当不错的性能表现。

足以与"悍妇"战机相抗衡的，是美国海军在战争后期的主要战机，比如钱斯·沃特 F4U "海盗"式（自 1942 年 10 月开始服役）。其要比"悍妇"式飞得更快些，战争后期的新款速度可达 700 千米 / 小时，还可以被成功当做战斗轰炸机来使用。

潜水艇和轰炸机

在日本投降前数月，其对美国潜水艇的突袭已束手无策，而日本本土的每一座主要城市，则在 1944~1945 年间的美军轰炸过程中被夷为平地。

日本大肆扩张疆域并攫取其本国所稀缺之自然资源的计划，在战争之前就已经酝酿了好几年。但是，这个计划显然并没有充分考虑到怎样将被占领国的产品安全运抵本土。如果这不是日本战败的直接原因，那么这个疏漏显然是美国能够如此之快赢得这场战争胜利的主要原因之一。

⊙自 1945 年 1 月开始，寇缔斯·李梅将军负责指挥美国在马里亚纳群岛的轰炸机部队。

在珍珠港事件之后，美国太平洋舰队中能够立即发起进攻的唯一部分，便是其潜水艇部队，但是与 1939~1940 年的德国一样，其鱼雷都非常低劣，经常出现不能引爆或者偏离发射轨道的问题。一直到 1943 年年中，这些问题还没有被完全解决。自那时起，一直到战争结束之前，美国的潜水艇都给日本军舰造成了极大的伤亡。虽然日本依赖于进口来保持其经济的运转，并需要运送部队、物资以及武器给其前哨阵地，但是日本海军却忽视了反潜艇的作战战略。比如说，日本没有几艘船装有水下传感器，甚至到 1942 年还一直没有，此外也没有什么组建护航舰队的计划。

美国的密码破译和情报服务经常可以引导潜水艇抵达准确的目标地点，一旦到了那儿，它们便可以从雷达设备中获益，找到攻击目标，同时对空中突袭做出提前警报。

⊙除了攻击敌军部队之外，美国的潜水艇还经常拯救落水的飞行员，上图中在美国军舰 "Tang" 号上的这些飞行员就属此例，时间是 1944 年。

☆ 损兵折将 ☆

至战争结束，日本差不多有 500 万吨装载在无数艘战舰之上的运输物资，直接被潜水艇所击沉，并有 200 万吨遭到水雷的轰炸，其中包括空中和潜艇发起的两种。截至 1945 年夏天，美国潜艇甚至能在日本海领域中自由进出，并切断了日本与其在亚洲大陆的大型部队的联系。实际上，日本现在已经完全被封锁起来了。

☆ 空中打击之后的废墟 ☆

与潜艇攻击不同的是，对日本本土的轰炸计划是在远距离飞行的波音 B-29 超级"空中堡垒"战斗机出产之后才得以实施的。这个作战计划是在 1944 年 6 月 15 日开始的，当时的 50 架 B-29 战机都位于印度的基地，并飞经中国的机场，最后袭击了在九州的攻击目标，而当时的九州是日本主要岛屿中最靠南的地方。后继的 50 多次类似突袭，也是在利用中国境内基地的条件下发起的，并且赶在 1945 年初日本陆军占领这些地方之前。但是，总体上说，只有一小部分攻击目标在日本本土。

⊙1943 年，从美国军舰"卫矛"号的潜望镜中可以看到，一艘日本商船正在逐渐沉没之中。

至 1944 年 11 月，在马里亚纳群岛之中的新基地已经可以启动，从那里出发，其实可以对整个日本国进行打击。起初，美国的战略是发起高空的日间突袭，并尝试对飞机制造厂和类似目标进行精确的轰炸，但这些突袭都遇到了誓死捍卫的日军的空中防御，并没有取得令人满意的效果。

到 1945 年初，一种新技术的试验早已开展，那就是在夜间对城市的燃烧弹轰炸。这一战术具有几个潜在的优势：如果直接攻击平民是可以被接受的话，那么主要由木头和纸张建造起来的日本城市建筑物，便会变得不堪一击；日本并没有多少夜间战斗能力，所以损失会相对较低；轰炸机可以运载较重的负载量，而由于飞行高度较低，可以减少一些机械方面的问题。

在很多次试验性演习之后，新的作战策略终于在 1945 年 3 月 9 日至 10 日的夜间予以第一次执行。当时大约有 280 架 B-29 轰炸机袭击了东京。燃烧弹带来了巨大的风暴性大火，并可能导致了 12 万日本平民的死亡，这也成就了战争中最具摧毁性的空中突袭战（那时候原子弹轰炸还没有到来）。在后来的数周时间中，一座座城市先后遭到了类似的悲惨命运，而且在 4 月末的突袭还得到了护航战斗机的增援，这些战机都是从刚刚占领不久的硫磺岛机场那里起飞的。

截至 7 月末，轰炸机已经将较大城镇这类攻击目标给突袭了个遍，而日本的经济也完全崩溃，至少有 80 万人在其中阵亡，另有 1000 万人无家可归。或许其中最重要的，是日本天皇和一些领导人开始清楚地认识到，这场战争必须结束了！

⊙1945 年，海军上将查尔斯·洛克伍德（左）是美国太平洋舰队潜艇部队非常杰出的指挥官，画面中的他正在"白鱼"号上视察。

潜水艇

第二次世界大战的潜水艇在作战能力上比较有限，但是没有人会怀疑，它们是赢得战争的潜在有力武器。德国的 1000 艘 U 艇在大西洋战役中战败，而美国海军的潜艇却给日军造成了致命的打击。

德国的 U 艇部队在战争期间依赖于两种主要的设计款式：较小（750 吨水面排量）的七号潜艇和较大（1000吨）的九号潜艇。这些设计类型，显然是从"一战"时期的 U 艇演化而来的，并同时具有适合

⊙图中所示的，是 1945 年 5 月出现在旧金山湾的"小鲨鱼"级别的美国军舰"鱼钩"号，其在休整之后重新返回战斗阵地。

于深水俯冲的精良设计和结实结构。

☆ U 艇的发展 ☆

十四号补给 U 艇也在德国被建造起来。这些都在扩展作战有效航程方面起到了重要的作用，特别是其中的七号潜艇，但是所有的十四号潜艇都被当做优先目标追猎过，并依靠密码破解信息来实现。到战争中期，德国 U 艇已被盟军的反潜艇部队所超越，因此在与之相抗衡的新技术上的研究工作也被重视起来。最早被引进的是一个通气管装置（是战争前荷兰发明的），这一设计可以帮助潜艇在下潜时难以进行探测的时候操控其主要的发动机。这在一定程度上起到了效果，但在使用时却出现了很多不同的缺点。更有前瞻性的是如何使潜艇的船体予以简化并更有效率，并进一步开发其打击能力。少数二十号和二十三号德国 U 艇类型便使用这种技术，并在战争结束前不久投入军中服役。它们较高的水下速度使其很难被还击。如果德国不浪费时间在半途而废的瓦尔特系统的开发上，那么就可以建造更多的此类潜艇。

⊙1944 年，意大利三音级别的舰船"马力昂"号，正行驶在百慕大群岛附近地区。

☆ 欧洲的潜艇 ☆

在战争期间，英国拥有三种主要级别的潜艇：U型、S 型和 T 型（按体积大小的升序排列）。550 吨标准的 U 级船艇，在设计上专门用来满足训练任务，

但是在实践中却于颇受限制的地中海水域中得到有效的使用。所有的英国船舰都具有实现快速潜水和运载船首鱼雷发射管等重型武器装备的功能，在 T 型级别中有 8 枚鱼雷，而在其他国家的船舰中一般都是 6 枚或 4 枚。

专门为太平洋战场建造的潜水艇（包括英国的 T 型级别），似乎要比欧洲水域的那些设计类型都显得更大一些。1939 年，在军中服役的最大型潜水艇是法国的"苏尔古夫"号，标准是 3250 吨，并配备有 203 毫米口径的双子炮塔和一架水上飞机。

☆ 日本的潜水艇 ☆

日本在战争期间的 I-400 级别（建造过 3 艘）体型更加庞大，标准是 5200 吨，并可以运载 3 架飞机，主要旨在对巴拿马运河的封锁线发起攻击。其他国家在"第二次世界大战"之前都试验过庞大的潜水艇，但日本的才是真正投入实战的仅有案例。

日本的标准潜艇并没有什么值得一提的地方：潜水速度较慢，并且不能潜入到较深的地方。它们的优势在于可以使用一种 533 毫米口径的著名"长矛"鱼雷弹，在那时可算是战争中最好的潜艇鱼雷武器。日本在战略上也强调对敌军战舰的攻击，但忽略了对物资供应船只的打击力度。虽然日本潜艇在其他胜仗中击沉过航母"黄蜂"号和"约克镇"号，但是它们的贡献依然十分有限。最大规模的级别是 2200 吨的 I-15 类型。

☆ 美国海军类型 ☆

美国舰队的潜艇，全都具有较高的质量。类似的"小鲨鱼"级、"白鱼"级和"丁鲷"级别，则有过更多的服役期。它们大约都有 1500 吨的标准，并具有较好的设计，在雷达和声呐设备方面都是如此，其他附属设施如空调等则促使其在太平洋的巡逻任务对工作人员而言显得更加舒适安逸。可惜的是，在珍珠港事件发生一年多之后，其鱼雷变得十分低劣落后。当这一缺点被纠正之后，美国潜艇实际上已经将日本商船彻底消灭掉了，并将派来追击他们的很多海军轮船也击沉了。

⊙ 这是在 1945 年投降的一艘德国 U 艇。请注意多数德国 U 艇运载的重型对空武器，这是那个时侯的典型配置。

缅甸战事

　　1942 年在缅甸地区的撤军，是英国历史上最漫长的一次军事行动，但是到 1944 年年中，英印的第十四军则给日本带来了最糟糕的地面败仗，而那就是科希马和因帕尔战役的战果。

1942 年，日本的目标是对缅甸发起进军，切断给中国提供物资供应的核心道路，并适时继续向前推进到印度地区。英国的意图是对印度做出防御，并及时收复缅甸以及后来的马来半岛。美国领导人则对缅甸境内的胜利并无太多兴趣，只是将其作为重新开辟通往中国的一条物资供应线路，并在那里对日本发起强有力的进攻。结果，虽然日本对印度的进攻在 1944 年被击退，但是缅甸的阵地早已跌出了盟军的优先名单，从而促使英国和美国的计划都无法完全顺利实现。

⊙1943 年，奥德·温盖特领导着钦迪特特种部队，但他却在 1944 年第二次钦迪特特别行动中不幸身亡。

　　缅甸境内每年一遇的 5~11 月初的雨季，使大规模的军事作战计划化为泡影。到 1942 年年末，盟军部队已经在早些年间的溃败之后迅速重整旗鼓，并试图对沿海的若开地区发起中等程度的进攻。在数个月的战斗之后，日本重新占领了多数在之前被很快攻陷的地区，这一结果进一步确认了，他们依然在战略上占据上风，并在丛林战役中具有心理优势。

☆ 钦迪特 ☆

　　在那个时期，唯一可以发起的进攻便是完全新式的"远距离渗透"战斗模式，其是一支名叫钦迪特的特种部队展开的，而其领导者是具有超凡魅力的陆军准将奥德·温盖特。从空中得到物资供应的他们，在日军后方战线进行了颇具效果的战斗，并在数周时间里切断了其武器弹药供应，并向其基地发起了突袭。后来，他得到命令重新返回印度。温盖特被丘吉尔奉为英雄，他和他的手下得到了媒体的赞誉，因为他们用行动证实，日本人在丛林中并不是不可战胜的。

　　实际的前进线路，是

⊙一架英国 25pdr（88 毫米）的枪械，布置在缅甸的丛林阵地之中。

在 1943~1944 年初的另一系列若开战役中得到开辟的。英国的推进行动被视为盟军发起总攻的一部分，而日本人则将其进攻安排为向印度进军的初步计划，因帕尔地区就位于其东北方向的内陆腹地。结果，英军的一部分一度全部投降，这一局势如果在过去

⊙这些是在因帕尔战役中的日本兵和印度的国民军战士。

足以导致直接的溃败，但现在经过更好培训的部队坚守住了他们的阵地（主要得益于空中的物资补给），并轻松战胜了日军。这一成功在很大程度上要归功于比尔·斯利姆将军，其自 1943 年 10 月以来便负责英国在缅甸的驻军，即第十四军。

☆ 因帕尔和科希马 ☆

在很多场艰苦卓绝的战斗之后，在主要的内陆前线开始出现一种类似的模式。在代号名为"U-Go"的行动中，日本人计划推进到印度地区，而实施这些突袭任务的是牟田口廉也的第十五军。斯利姆和其他英国指挥官早就预料到会遭到日军突袭，但因日军行动太神速，结果，少数英军在科希马地区缴械投降，而另一较大的战斗部队则在 4 月 4 日和 5 日在因帕尔地区被擒。再一次地，这个计划的目标就是坚守住，并等待空中的增援，然后救援部队便可以一路从北面杀过来。

对科希马的围攻，是在一次于该镇内外展开的短兵相接的恶战之后开始突围的。

⊙在因帕尔附近地区，英军给印度第十九师提供战斗增援，主要是76.2 毫米的迫击炮。

一直到 6 月，进攻部队才与因帕尔的驻军部队相会合，而又在一个月后，日本才开始最终撤退。当斯利姆的部下开始收到数千吨物资供应和战斗中巨大的空中部队增援时，日本人则开始在后勤上捉襟见肘，很多人都面临忍饥挨饿的困境。他们的伤亡率大概是 6 万人，其中一半人战死沙场，而英国和印度方面则只有 1.7 万人的死伤。

印度的国民军

这支部队主要是从在 1942 年的马来半岛被擒获的印度陆军战俘中征召的，其组建的目的是支持印度独立的伟大事业，帮助日本人同英国人交战。这支部队变换过很多位领导人，但从 1943 年年中开始，一直都由苏巴斯钱德拉·博斯领导，并开始拥有 2 万人的战斗兵力。它从来没有得到过日本人的完全信任，主要被安排在小规模的分队中投入战斗。从 1944 年初到第二次世界大战结束，印度国民军在缅甸的很多次战役中参加过战斗。

莱特湾战役

莱特湾战役是由三次独立的战斗组成的，是历史上最大的海上战役。虽然美国部队占有巨大的优势，但在此次战役中也付出了沉重的代价。

1944 年年中，随着美军的不断涌入，指挥官们开始对如何攻击日本的问题产生了争议。麦克阿瑟将军觉得，应该重新占领菲律宾，但是美国海军的领导人则主张将台湾作为下一个主要目标。在莱特岛的登陆计划终于在 10 月 20 日作出，其内容便是在年末的时候对吕宋岛及附近岛屿发起进攻。

☆ 日本人的计划 ☆

日本依然拥有很多配备大炮的军舰，其中包括"大和"号和"武藏"号，后者是日本最大型的战舰。日本的海军上将们也希望发起一场最终的鏖战，并希望这些军舰能够将战争的局势予以逆转。日本人的海上空军武器不再威不可挡：其虽然拥有航空母舰，却没有多少训练有素的飞行员和飞机。海军上将丰田副武的"Sho-Go"计划（胜利计划）召唤航空母舰将主要的美军兵力都吸引到北面地区，并让多数重型军舰从西面穿过海峡，去攻击美国不堪一击的登陆舰队。

美国对莱特岛的登陆行动，是从 10 月 20 日开始的。日军的 A 战队，自 22 日开始从婆罗洲出发起航。美国的潜艇击沉了两艘日本巡洋舰，并在第二天报告了 A 战队的行动情报。10 月 24 日，美国"普林斯顿"号航母被地面的日本战斗机击沉。

A 战队在锡布延海区域遭到美国航母战机的袭击，"武藏"号被炸弹和鱼雷击沉。由于遭遇突袭，日本海军上将栗田健男下令予以暂时躲避。

☆ 哈尔西犯下的错 ☆

美国的两支主力海军部队，就是海军上将威廉·哈尔西的第三舰队，其中包括航母支队第 38 号特遣部队，和海军上将托马斯·金凯德率领的第七舰队，负责运输和物资供应。哈尔西误以为 A 战队早已彻底撤退了，而金凯德的海岸轰炸战舰可以应付日本的南部兵力（这点蒙对了）。因此，他觉得完全可以自由支配北面的主力部队，去对付日本人的航母。

因此，在 25 日当天一大早，第七舰队的旧式战舰在苏里高海峡的一次夜间枪战和鱼雷战中大获全胜，两

⊙美国海军上将托马斯·金凯德（左）和莱特岛第六军指挥官瓦尔特·克鲁格将军在一起。

⊙10月24日，美国的"普林斯顿"号航母在起火后下沉。

到1944年，很多日本的驻地要塞都发起了最后孤注一掷的自杀式进攻，但是自1944年10月开始实施的自杀式"神风突击队"袭击，开始成为有意实施的第一选择战略。第一次袭击，是在10月21日实施的，地点在莱特岛附近，澳大利亚皇家海军巡洋舰"澳大利亚"号遭到了严重的损坏。第一批"神风突击队"使用的是标准的战斗机，但是装备有重型炸弹的飞机在后来都被布置在不同功能的舰船之上，其中包括有人驾驶的飞行炸弹、炸弹摩托艇、有人操作的鱼雷以及小型潜水艇。在菲律宾战役期间，"神风突击队"大约发起过500多次的空袭，而在1945年期间，大约有2000人投入到针对冲绳岛的战斗中去了。

艘日本战舰被击沉。至此，在早期多次无果而终的突袭战之后，日本人在北面的航母就剩下几十艘战斗机了，而它们要面对的是第38号特遣部队的10艘实力雄厚的航母。三艘日本航母和其他几艘战舰也在25日的恩加诺海角战役中被击沉。

本来有更多部队可以被派往前去的，但是美国的部分袭击都不得不因为来自于莱特岛附近舰队的紧急信息而被迫取消。

不过，强大的美军防御能力和日军越来越显露出来的燃油不足，使栗田健男不得不在一次非决定性的战役之后掉头回转，而那次战役便是萨马岛之战。在他们撤退期间，不同的日本部队都遭受到进一步的惨重损失。把所有这些都计算在内，原本可能变成一场美军灾难的事情，因此转变成日军舰队的一次浩劫。

⊙"神风突击队"飞行员在出发仪式上正接受他们的头巾纪念物。

⊙在莱特湾海战中，美国"冈比亚湾号"护航航母在追击日舰时遭到日军舰载机的轰炸，不幸沉没。该护航航母排水量7800吨，载机28架。

海上轰炸机和鱼雷机

　　海军部队发起的任何一次威猛的空中打击，通常会包括俯冲轰炸机和鱼雷飞机的混合编队。但这两种飞机在战斗机和防空火力面前显得极度不堪一击，伤亡率非常之高。

说起海上飞机的其他类型，其拥有者还是英国、日本和美国这三者。1939 年，大多数服役之中的英国飞机早已过期淘汰，后来的新设计则有了一些改进。对日本人来说，在起初颇具战绩的那些飞机

⊙1944 年，一架道格拉斯公司的"无畏者"式轰炸机在新几内亚上空飞过。这款战机差不多生产了 6000 架。

类型，特别是在得到一支占优势的海军战斗机部队支援的条件下，并没有被完全取代，其所要面对的是更加强大、更加精密复杂的美国部队。

☆ 英国皇家海军 ☆

　　英国在 1939 年的主要鱼雷轰炸机，是看上去比较古老的菲尔利"剑鱼"式双翼飞机，其飞行速度较慢，并且在满负载条件下的最远航程只有 880 千米。值得一提的是，配有雷达设备并运载着深水炸弹和火箭弹的"剑鱼"式，在 1945 年的反潜艇作战任务中依然处于使用之中。战争初期的俯冲轰炸机，即单翼飞机布莱克本"贼鸥"型，也是相当落后：一方面是飞行速度较慢，另一方面在炸弹运载量上只有 226 千克。自 1943 年开始，菲尔利的一种新设计款式，即"梭鱼"型进入军中服役。其经常被当做一架轰炸机来使用，不过其在设计上原本是鱼雷机。

菲尔利"剑鱼"式马克 1 号

　　虽然此款战机是在 1934 年首度投入飞行的，但其在 1945 年时依然广泛应用于军中。其在很多次战役中都起到了决定性的作用，包括塔兰托战役和"俾斯麦"号的击沉。其总共的建造数量是 2392 艘。

时速：222 千米
航程：880 千米
乘员：3 名
引擎：690 马力布里斯托尔飞马Ⅲ型星型发动机
武装：1 枚 457 毫米鱼雷或 680 千克炸弹；2 挺 7.7 毫米机枪

☆ 美国的设计 ☆

　　美国海军在战争初期的战机，都来自于道格拉斯公司。SBD "无畏"式，属于俯冲轰炸机类型。其机组人员声称，他们的战斗口号便是"飞得慢但是要你命"。在诸如中途岛之战的战役之中，这款战机

其实获得了相当了得的战绩。在 1945 年之前，其被很多部队使用过。在战争初期，这一款式的同类产品还有 TBD "破坏者"式，但是其并没有很好的口碑，因为速度较慢，火力一般，并且很显然非常不堪一击。

自 1943 年晚期开始，在战斗前线的"无畏者"式开始被寇蒂斯 SB2C "地狱俯冲者"式所取代。这

寇蒂斯 SB2C "地狱俯冲者"

在 1940 年首度投入飞行的寇蒂斯"地狱俯冲者"，是在 1943 年 11 月腊包尔的突袭战中第一次参加军事行动的。总算起来，有 7140 架此型号飞机被建造完工。在整个 1945 年期间，这款战机效力于好几个盟军国家。

时速：473 千米
航程：1900 千米
乘员：2 名
引擎：1900 马力怀特 R-2600 飓风星型发动机
武装：900 千克炸弹，其中一半位于炸弹舱的内部；2 门 20 毫米加农炮；2 挺 7.62 毫米机枪

款战机拥有更好的性能表现，但是也存在安全可靠性的问题，因此机组人员并不是非常青睐这一款式。"破坏者"式的替代款式倒是显得更成功一些。

"复仇者"式的设计者和最初生产者都是格鲁曼公司，这款飞机原本是作为 TBF 的系列产品，比较结实，并且性能更佳。虽然是在 1940 年刚刚设计出来，却在 1942 年便投入战斗了，其在战争的剩余时间里都获得过比较成功的战绩。在设计时原本是要运载鱼雷的地方，经常被负载炸弹或者空对地的火箭弹。

☆ 日本的回应 ☆

日本对珍珠港的袭击，是由飞机来实施的，而这些飞机被盟军称为"瓦尔"和"凯特"战机。爱知 D3A "瓦尔"俯冲轰炸机，只能携带相对中等的炸弹运载量，大约是 360 千克，但在飞行速度上却相当惊人，飞行时速是 397 千米 / 小时。这款飞机有着固定的起落架，并且据说在俯冲轰炸的时候具有较好的精准度。

其后来被横须贺 D4Y "朱蒂"式所取代，其还生产了很多"子类型"产品，但是

⊙在战争爆发前，中岛 B5N "凯特"式鱼雷轰炸机正在飞越日本人的舰队基地。

没有一款是令人满意的。更进一步的爱知型设计款式，即 B7A "格雷斯"号，在性能上更胜一筹，但只是在 1944 年投入使用过。

中岛 B5N 的"凯特"式在战争的最初几个月里也具有较好的表现。更新型的款式，即中岛 B6N "吉尔"式，是在 1944 年 6 月面世的。其原本应该是一架效果不错的飞机，具有较理想的飞行距离和军械运载能力，但是对日本海军而言不幸的是，其不再拥有任何训练有素的飞行员和那些供战机随时起飞的航母平台了。

重返菲律宾

当麦克阿瑟将军于 1942 年离开菲律宾的时候，曾经发下誓言：我会回来的！1944 年 10 月，他在登陆莱特岛之后实现了这一誓言，但是日军依然继续坚守着吕宋岛。

盟军在菲律宾群岛西南方向莱特岛的登陆计划，是在仓促之下实施的，当时的航空母舰突袭似乎表明，这座岛屿或许并没有很坚不可摧的防御工事。而这被证实是一个错误的估计，最后，太平洋战场业已建立的交战模式再度被重复着，而美国部队也逐渐消耗掉其防御力量。

⊙麦克阿瑟将军（戴太阳眼镜那位）在返回到菲律宾之后重新踏上了莱特岛的岸边。

☆ 夺取莱特岛之战 ☆

在 1944 年 10 月 20 日的行动第一天，瓦尔特·克鲁格将军的第六军在莱特岛的东部海岸线上，指挥登陆了多达 13 万人的部队兵力。麦克阿瑟将军也亲临现场，并历史性地从一艘登陆艇上登陆上岸（接着还重复了这一动作，以便于媒体摄影记者们的摄影留念）。日本在莱特岛的最初兵力大约是 2 万人多一些，但是新近被任命为日军在菲律宾战场最高指挥官的山下奉文，派遣了 5 万人的增援部队来到这座岛屿，不过这些人都遭到了惨重的伤亡，并在运输过程中损失了多数武器装备。

虽然日本海军在试图介入莱特湾战役的过程中遭致致命性的打击，但是在陆地上的战斗依然十分激烈。最后，日军对美国的地面和空中火力已不能做出任何回应，而有组织的抵抗也在 12 月末的时候宣告结束。双方的伤亡率也是完全的不对等，日军方面的阵亡人数是 6 万人，而美国方面则只有 3600 人。

到那时为止，在罗伯特·艾克尔伯格将军指挥下的美国第八军，也卷入了这场战斗，并在当月 15 日对轻装防御的民都洛岛发起了登陆作战计划。与以往一样，他们很快建造起临时机场，从而给未来的战斗计划提供补给。

⊙日军的物资供应从未达到理想效果。大规模的美国坦克登陆艇则将大量物资运送到莱特岛之上。

☆ 解放吕宋岛 ☆

1944 年年末，山下奉文在吕宋岛上还残留下 25 万多人的部队，但是他们

⊙1945年2月，一名美国伤员被转移送往在马尼拉一片废墟之中的治疗地点。

⊙日美吕宋岛之战

不可避免地还是要疏散到这座岛屿的不同地方，并且丧失了较好的武器装备。因此，山下作出决定，不管美国人选择什么样的方式登陆沙滩，他们都不再投入任何较大兵力的角逐战，而是逐渐退守到到处都是山的内陆地区，并竭尽所能地在那里长期驻守着。

1945年1月9日，麦克阿瑟派遣第六军登陆到仁牙因湾的岸上。"神风突击队"以及惯常的空中突袭都给在途中的登陆舰队带来了一定的打击，但在不久之后，并没有多少幸存下来的日本飞机能够继续飞行到台湾岛或其他地方。

☆ 奔赴马尼拉 ☆

随着日本侵略者在1942年的继续行动，美国部队在不久之后开始挥军南下，并朝着菲律宾首都马尼拉地区推进。在这里，出现了中岛总体计划的一个例外事件，即日本部队选择驻守在那里，并作出誓死顽抗。争夺马尼拉的战斗持续了一个月，从2月初开始，一直到3月3日才结束。虽然麦克阿瑟禁止空中突袭，但是炮兵连的轰炸和地面部队的猛烈战火，还是让日本军队爆炸连连、着火焚烧不断。这座城市被夷为平地，大约有1000名美国人和1.6万名日本人在战役中丧生，此外还有10万名当地平民阵亡。

⊙1944年末，一辆美国M10坦克在行动之中，并执行着步兵增援的作战任务。

在吕宋岛以及在菲律宾其他地区的作战计划，在战争的剩余时间中继续进行着，而日本方面组织有序的部队兵力被约束在更小、更遥远的区域之内。菲律宾人的游击队，曾经对日本占领地区发起过积极的反抗战斗，其在美国人的这些战斗计划中起到了极为重要的作用。但到8月份日军投降的时候，山下奉文的手下依然指挥着5万人的兵力。

缅甸战场的胜利

第十四军的系列辉煌胜利，从 1944 年末一直持续到战争结束的最后一刻。在敏铁拉和曼德勒战役的胜利，确保了缅甸最终于 1945 年 5 月基本上被彻底解放。

虽然日本人试图入侵印度的各种想法在 1944 年上半年的因帕尔战役后遭到粉碎，但是盟军开辟一条通往中国的道路并收复缅甸的目标依然等待实现。英国、印度等国组成的第十四军依然向中缅甸地区大规模进发，此外还有沿着海岸线前进的次要进军线路。与此同时，一支中国、美国和英国的联合部队也推进到北部和内陆腹地，并给中国开辟出一条地面的物资供应路线。

⊙ 1945 年 3 月，英国的步兵看着印度陆军的谢尔曼坦克进入到敏铁拉地区。

☆ 利多公路 ☆

包括约瑟夫·史迪威将军（在 1944 年 10 月之前一直是中国战区的美军高级将领）在内的美国领导人都以为，中国国民党能够在击败日本的战斗中起到主要作用，只要他们能够获得盟军提供的充分的武器装备配备即可。虽然在中印之间"飞越驼峰"行动的空中运输在物资供应方面费了九牛二虎之力，但现实中成批的物资运输其实只能通过陆地来实现。

所选的线路是从利多开始的，这个地方位于印度铁路系统的东北角，然后向南延伸一直进入到日军控制的领土，并与旧的缅甸道路相连，而这条道路在珍珠港事件之

约瑟夫·史迪威

约瑟夫·史迪威 (1883~1946)，美国佛罗里达州巴拉特卡市人。1904 年西点军校毕业，参加过第一次世界大战，担任过美国驻华大使馆武官。1926~1929 年出任美军驻天津的第 15 步兵团营长、代理参谋长，晋升中校。当时马歇尔任该团副团长、代理团长，两人在此结识。史迪威曾多次来华，会讲中文。

第二次世界大战珍珠港事件之后，美国参战，史迪威于 1942 年晋升中将，并被派到中国，先后担任中国战区参谋长、中缅印战区美军总司令、东南亚盟军司令部副司令、中国驻印军司令、分配美国援华物资负责人等职务，不久又晋升为四星上将。在华任职期间，他充分认识到无论从政治、经济，还是军事方面来看，都很难依靠国民党去战胜日本侵略者。同时，他认为中国共产党代表中国的新兴力量，对共产党给予同情。在他的推动下，1944 年 7 月，第一批美军观察组终于抵达延安。由于史迪威将军在政治上同情中国共产党，支持中国的民主和进步事业，因而受到蒋介石的冷遇。同年 10 月 18 日，史迪威将军被罗斯福总统召回美国。1946 年 10 月 12 日病逝。

1945 年 1 月中印公路通车。为纪念约瑟夫·史迪威将军的卓越贡献，和在他领导下的盟军以及中国军队对缅甸战役发挥的巨大作用，这条公路被命名为"史迪威公路"。

⊙1944 年末，英军在战役一打响的时候便开始跨越亲墩江。

前一直都在给中国提供物资补给。建设工程是从 1942 年晚期开始的，后继的行动便是要将日军扫地出门。而这条道路在 1945 年 1 月终于修通了。

在这一战区的主要战役从 1943 年末开始一直持续到 1944 年 8 月，其中在密支那镇地区附近的战斗尤为激烈。参与战斗的盟军部队，包括中国驻印部队、一支被称为"义解麦支队"的美国编队以及第二亲墩江远征军——其要比第一亲墩江远征军规模更大一些。

☆ 斯利姆的杰作 ☆

英国领导人早已开始心生疑窦，即中国国民党军队究竟会对盟军的战斗有何贡献，他们宁愿推进到中缅甸地区，并在后来开始尝试更南地区的海上作战计划。

虽然日本在缅甸境内已经大规模地重建了他们的部队，但是他们现在早已被盟军所超越了。第十四军的战士将自己描述为"被遗忘的军队"，因为他们的阵地远离家乡，并且在盟军有限名单的末尾。但是，他们无疑在军事训练、战术以及配备方面都相当了得，这也使他们在与日本人作战时丝毫不吃亏。他们还有着强大的空中支援，最重要的是，他们还有一位足智多谋、值得信任的指挥官斯利姆将军。

当战斗于 1944 年末开始打响的时候，一次颇具欺骗性的战斗计划使日本人确信，曼德勒已经成为盟军的目标。相反，斯利姆将军的主要计划是占领南部敏铁拉的核心交通枢纽，其是在 3 月初被接管的。在敏铁拉地区的部队，在日军的反击过程中遭到了数周时间的包围孤立，但到 3 月末，这些日军都被击溃。

日本人现在处于全面撤退的败局，不过依然能够偶尔发起还击。随着雨季的逐渐临近，对仰光地区的海上攻击开始打响。在第十四军从北面发起进攻后不久，便占领了这座城市。

死守海岸地区的日本部队，现在已经被切断了联系，他们试图逃窜到东部地区。这一战场在日本人最终投降前的最后战斗中，有数千日军被击毙。

威廉·斯利姆将军

在战争的多半期间，威廉·斯利姆（1891~1970）一直都是英国在缅甸地区的主要将领。1940~1941 年间，斯利姆开始掌管在东非战场的初级指挥权，之后他又在 1942 年 4 月来到缅甸，当时的大撤退行动早已开始了。他接管了于 1943 年 10 月新组建的第十四军，并一直持续到战争结束。对这名顶级指挥官而言不

⊙斯利姆将军表现出一副毅然决然的神态。

太寻常的是，他竟然是一位非常温和低调的人。他广受欢迎，并得到部下的尊敬，他们亲切地称呼他为"比尔叔叔"。

运输机和滑翔机

在第二次世界大战中，发起一次全新规模的空中补给战是完全可能的，不论在缅甸、中国，还是在其他地方。大规模的空中作战计划已然开始，其中会使用运输机和滑翔机将数支部队快速运送到战斗现场。

在第二次世界大战中，空运第一次起到了举足轻重的作用。也是在这场空中战争中，运输机和滑翔机运载的部队第一次被部署到各大战役中去了。

○1943年，一架"霍莎"型滑翔机在演习中被拖到空中（实施牵引的是惠特利轰炸机）。

在战争初期，最出名的运输飞机当属德国的容克52式。容克52式可追溯到20世纪30年代初，其有着非比寻常的三引擎配置。此外，容克52式还拥有不俗的飞行性能，并能运载18人阵容的全副武装战斗部队。在德国境内的战争初期阶段，曾经降落过很多伞兵部队，并牵引过不少的滑翔机，但在作为运输机将物资运输到斯大林格勒被包围的第六军的任务中，表现得不甚成功。

德国也拥有大型的六引擎梅塞施米特式323型运输机，其原本是从一种滑翔机改装而来。其可以运载无与伦比的21吨货物，但是飞行速度很慢，而且很容易遭到战斗机的攻击。

英国主要依赖于美国的设计款式，特别是在运输飞机上，但也确实部署过一些改装过的重型轰炸机，并投入使用过。惠特利、斯特灵以及哈利法克斯等，都牵引过滑翔机，并实施过空降伞兵的任务；兰卡斯特的阿佛罗约克改装版，可以运载10吨重的物资。阿姆斯特朗·惠特沃斯·艾伯马尔式，原本是被设计成一架轰炸机的，但却在很多任务中被当做滑翔机牵引者来使用。

与其他任何国家相比，美国使用过更多的运输飞机，此外还有很多被派往别的盟军国家。其中最古老的款式设计，是在20世纪30年代中期的道格拉斯DC-3型客机的基础上建造完成的，并在服役期间拥有C-47"空中列车"的称号（在英军中的称号是"达科他"式）。在所有战场之中，此种飞机一共有1万

○1941~1942年间，一架容克52式在俄罗斯的一个机场上空飞行。在那个冬天，容克52式给很多陷入包围的德国军队运输过物资补给，但在1942~1943年间却没有完成这一壮举。

余架被建造完成，并服务于所有运输任务之中（在这些战机被当做伞兵运输工具时，其正式的官方名字是C-53"空骑兵"）。

在对付日本的战斗中，主要使用第二种双引擎的设计款式，名叫寇蒂斯C-46"突击队员"式。虽然其飞行速度更快，并且可以运载比C-47更多的货物量，但是总共只生产了3300架。其多数都服役于著名的"飞越驼峰"艰苦战斗，并将物资通过空中线路运送到中国境内。最后，美国还拥有四引擎的C-54"空中霸王"式，其是在战前道格拉斯DC-4客机的基础上改进的。其可以运载50名机组人员，或者重量相当的货物，其主要服务于美国的基地。

⊙美国伞兵登上一架C-53"空骑兵"战机。其正常的负荷量是15~18名战士，包括其武器装备在内。

☆ 滑翔机 ☆

乍一看，滑翔机在军中服役可能显得比较危险，因此并不适合作战。但是，这些滑翔机还是颇具价值的，能够被投入到许多战斗中去。它们可以将数量庞大的部队运送到战场，并将每一架飞机的负载量以集中的形式完成（伞兵部队可以被分散到较远和较宽阔的地方）；它们在飞行的时候几乎是悄无声息的，并可以实现在某个目标物旁边非常精确地着陆，甚或是在其顶上（德国人在1940年的艾本·艾迈尔要塞实施过，而英国的很多部队都在诺曼底登陆时顺利实践过）；滑翔机运载的部队并不需要经过精心挑选，也不需要任何专业的跳伞训练。使用数量庞大的滑翔机的国家，包括英国、德国和美国。

德国的主要滑翔机类型，是DFS230式。其可以运载10人的负荷量，其中包括飞行员本人。（各个国家的滑翔机飞行员通常都会在登陆之后冲出来参加战斗。）更大的类型包括哥达242和梅塞施米特式321巨人运输机，其是梅塞施米特式323的先驱设计款式。巨人运输机需要三架梅塞施米特110式或者经过特别调整的亨克尔111式来将其牵引至空中，因此其并不算一款完全成功的作品。

英国的滑翔机包括空速公司生产的霍莎式滑翔机，其可以运输30名士兵，或一挺反坦克炮，或者是相当重量的货物。而更加重型的通用飞机"哈米尔卡"，可以将一辆轻型的坦克升至空中。美国的主要滑翔机（超过12000架被建造完成）就是CG-4A式"韦科"式，其可以运载15名士兵或者相当重量的货物。

C-54"空中霸王"战机

C-54型是从战前的道格拉斯DC-4客机演变而来的，后者的首次飞行时间是1938年。第一架C-54型是在1942年第一次投入使用的，总共建造了1170架。其也服役于美国海军，当时的型号是R5D，并出现在很多的盟军国家之中。很多C-54式都被当做VIP运输机来使用，美国总统罗斯福就曾搭载过此运输机。

引擎： 4台1450马力的普拉特惠特尼R-2000飓风星型发动机

时速： 310千米

航程： 6400千米

乘员： 4名

载量： 50名乘客或重量相当的货物

硫磺岛和冲绳岛之战

这两座岛屿的登陆战斗，是攻入日本本土主要地区之前的最后的主要战斗计划。虽然两岛在面积和地形上有差异性，但其都在美军获得控制权之前见证过惨烈的战斗。

1945 年，美国的战略制定者早已清楚地知道，要赢得战争，完全依赖于占领日军据以发起进攻的那些基地，因为这些地方是日军获得物资补给的地方。硫磺岛在东京的战斗机飞行范围之内提供临时机场；冲绳岛拥有的基地和港口，可以给执行作战计划的庞大部队提供所需的物资供应。

事件重点

时间：1945 年 4 月 1 日～6 月 21 日

地点：琉球群岛中的硫磺岛和冲绳岛

结果：美国部队占领了最后一个基地，双方在战斗中都遭到了非常惨重的伤亡损失。

☆ 硫磺岛 ☆

硫磺岛在太平洋的地图中，不过是一个小点而已，其由两座岛屿组成，呈梨形，有 8 千米长、3 千米宽。1945 年，其拥有三条飞机跑道，但多数地方还是贫瘠的火山岩石，并有一座 150 米高的死火山，其名叫"摺钵山"，地点位于其南部末端。1945 年，这里或许是战争历史上重兵防守最严密的堡垒要塞地区，粟林忠道当时率领 2.1 万名战士在这里驻守着，并准备顽抗到最后一刻。

粟林忠道的防御经受住了最初阶段的猛烈空袭和海上轰炸，他原本计划让突袭者在开火并暴露其阵地位置之前登陆的。登陆战是在 2 月 19 日打响的，在第一天就有大约 3 万名美国第五水陆两栖集团军的陆战队战士登陆海岸。不久之后，陆战队遭到了四面伏击，并且是来自于复杂的战壕阵地、隧道和其他坚固阵地，这些防御工事几乎遍及整座岛屿。战斗的最后结果是毋庸置疑的，但是这场战役依然充满了凶险和血腥。

一直到 3 月 26 日，登陆战士才将顽抗者彻底消灭，但也给海军陆战队带来了差不多 6000 人阵亡和 1.7 万人受伤的重大损失。不过到那时，P-51"野马"式战斗机已经在这里参加战斗，而其各个机场也可以为从马里亚纳群岛飞来的 B-29 式战机提供降落地面。

⊙"密苏里号"战列舰轰击硫磺岛。

⊙经过一番殊死搏斗，美军终于占领硫磺岛，结束了这场惨烈而悲壮的恶仗。

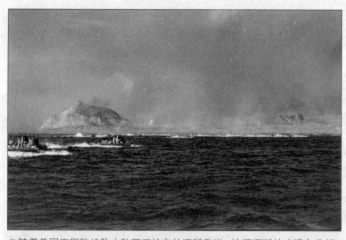

⊙随着美国海军陆战队水陆两用战车的逐渐靠岸，浓烟逐渐从硫磺岛升起。

☆ 冲绳岛 ☆

冲绳岛离日本本土的最近距离只有560千米，因此，这里会遭遇到顽强的抵抗。

日本第三十二军在把守着这座岛屿，并在牛岛满的指挥之下作战，兵力有12万人之多。他并无意在沙滩上展开鏖战，因为他比较畏惧美国人的火力。

相反，他将兵力集中在面积相对较小但有着重兵把守的南部岛屿地区，那里的复杂地形足以帮助他们从各个方面进行防御。

总算起来，大约有50多万美军和超过1200艘战舰（包括一支重要的英国分遣队）参加了对冲绳岛的战斗。

海军兵力遭到了"神风突击队"狂风暴雨式的袭击，400多艘轮船被击沉或损毁，但并没有严重打乱盟军的原本计划。巨型战舰"大和"号被用来当做一艘自杀式舰船，其从日本出发的时候只携带了足以抵达冲绳岛的燃油。其最后在4月7日由于空中打击而沉没，那时其还来不及靠岸。

美军的登陆早就从4月1日开始了，并在当月月中之前比较轻松地占领了这座岛屿的北部地区的大半。那个时候，更加艰苦的战斗在南部所谓的"首里防线"揭开了序幕。在长达两个多月的残酷短兵相接之后，日本人的抗击终于熄了火。

美国部队在地面和海上一共牺牲了1.25万人，并有3.5万人受伤，这是一个令人震惊的数字，因为还要考虑到更加重大的任务，即在未来还要对日本本土发起进攻。

日本方面付出的代价当然更是惨重。几乎所有驻军都被杀光，也包括无数的平民，更多的平民索性都选择了自杀。其中最为恐怖的是，在这些人之中，还有数百名孩子活活被他们的父母杀死，因为他们不希望自己的孩子遭到残酷的伤害，他们曾经听说过美国人会做出这样的事情。

⊙美军将国旗插在硫磺岛上，这成了太平洋战争中正义与胜利的最生动注解。

驱逐舰

　　驱逐舰是多功能的战舰，是水面战舰和潜水艇既快速又致命的追猎者，它所配备的是鱼雷和深水炸弹。有数百艘驱逐舰被投入使用，并不断参加到每一个战场的战斗之中。

驱逐舰原本是用来保护战斗舰队免遭鱼雷攻击的，也亲自实施这样的攻击。这些战舰在第二次世界大战中基本上保持着它们的主要功能，不过到那个时侯，鱼雷攻击已可以从潜艇发起，水面舰船也包括在内。

　　第二次世界大战的驱逐舰基本上都是 1500~2000 吨的排水量标准，并搭载着 4~6 挺 127 毫米左右口径的主力火炮以及 8~10 支鱼雷发射管，而在最快速度上可以达到 35 节。另外还搭载有深水炸弹，以及很多的轻型对空火炮。这两种武器类型基本上都是随着战争的发展而逐渐增加进去的，此外还有新式的雷达和声呐设备，当然都是得到技术改进的那些类型。英国、美国和日本三者在战争开始时大约都投入了 100 多艘驱逐舰，并在战争的过程中建造了更多。这三个国家在战斗中都损失了 100 多艘驱逐舰。

☆ 欧洲的设计 ☆

　　在欧洲海军中，英国在两次世界大战的过渡期间建造了相对小型的驱逐舰。其型号有 A~I 的不同级别（在 20 世纪 30 年代，每个级别在每年都会建造出 9 艘左右），这些 1400 吨标准的舰船搭载着 4 门 119 毫米的火炮和 8~10 支鱼雷发射管。但是，119 毫米口径的火炮并不能实现对空防御功能，因此这些舰艇在配备上十分低劣，都无法经受得住空中突袭。英国也有更大的型号级别，其配备着 8 门 119 毫米的火炮和另一个简化了的鱼雷武器。法国和意大利都建造了某种极为大型的驱逐

⊙这是"阳炎"级"雪风"号在 1940 年 1 月时拍摄的照片。"雪风"号是这一级别 19 艘战舰中从战争中幸存下来的唯一一艘。

澳大利亚皇家海军舰艇"忠告者"号

　　于 1941 年在英国建造并投入使用的"忠告者"号，是在"俾斯麦"号追击过程中服役的，但却在 1942 年 6 月在对"马耳他"号护航的过程中被击沉。"忠告者"号是 24 艘类似的 J、K 和 N 级为英国和盟军海军建造的舰船中的一艘，虽然其是一艘澳大利亚的海军战舰，却从未去过澳大利亚地区。

排水量：标准为 1770 吨，在全负荷条件下达 2300 吨

乘员：180 人

时速：36 节

航程：在时速 15 节的条件下可达 10200 千米

长度：111.4 米

宽度：10.9 米

武装：6 门 119 毫米火炮；5 支 533 毫米鱼雷发射管；1 门 102 毫米对空火炮；无数轻型对空武器

舰，包括"空想"级和"航海家"级两款，这些都是既大型又快速的战船，但是也付出了另一些代价，即适航性和安全可靠性不佳。

"二战"中的军舰，是分级为"驱逐者"的更大型轮船和更小的"鱼雷舰船"。"摧毁者"或"驱逐者"类型的正常吨位是 2400 吨，并配有 5 门 127 毫米的火炮。英国在战争期间的驱逐舰，字母级别最高可达"W"，总体上都要比它们的先驱型号稍微大一些，并有着更好的对空作战能力。其中一些配有 102 毫米的对空火炮作为主力武器。

⊙这是 1942 年 7 月的美国驱逐舰"弗莱彻"号。

⊙这是德国驱逐舰 Z14 或"弗里德里希·伊恩"号在 1942 年的照片，其是1934A级别12艘战舰中的一艘。

☆ 太平洋海军的类型 ☆

日本和美国都偏爱比英国战前级别更大一些的舰船，并具有配备合适双功能水面/防空火炮装备的优势。日本也配备着 610 毫米的"长矛"鱼雷，其要比盟军部队中任何武器都要先进一些。此外，日本人还将他们的舰船装配了鱼雷再装弹设备，可以在实战中使用，并允许实施多重打击。

日本的"吹雪"级（截至 1932 年已建造过 24 艘）战舰在建成的时候（1800 吨，6 门 127 毫米火炮，9 支鱼雷发射管），是世界上最具威力的驱逐舰，但它们后来被证实是不堪一击的，因此在服役的初期得到过大幅度的重建。另一个比较出名的级别，便是 2000 吨标准的"阳炎"号类型，有着与"吹雪"号类似的武器装备。

美国海军将最好的 DP 主力火炮装配在多数美国的驱逐舰之中，从"法拉格特"级别（1934 型，1400 吨，5 门 127 毫米火炮，8 支鱼雷发射管）以下的类型都有，其试着与大型的日本设计款式相匹敌，但是这些驱逐舰都存在着稳定性和适航性的问题。

但是，在战争期间建造起来的美国海军型号，才是当时最好的驱逐舰。"弗莱彻"级别（2100 吨，127 厘米火炮，10 支鱼雷发射管，35 节）具有非凡的火力平衡性、稳定性和速度，并可以配备额外的防空火炮和其他设备，这些从战争经验来看都是必须的。后来的艾伦·M·萨姆纳和基林级驱逐舰在体型上稍大一些，但是在总体上基本相似，其中比较特别的，是"弗莱彻"5 个独立的 127 毫米口径武器被三挺双炮塔武器取代了。

⊙美国军舰"威尔逊"号是美国海军 10 艘"宾汉"级驱逐舰中的一艘，这是其在 1941 年 1 月拍摄的照片。

大规模杀伤性武器

虽然数千人在第一次世界大战中因为毒气效应而致死，但是在 1945 年被发明的原子弹与各种生化武器才是更加恐怖的新式武器。

20世纪 30 年代后期，科学家们开始越来越熟悉这样的概念，即连锁反应可以在特定元素中形成，并释放出庞大无比的能量，而其完全可以用来制造某种类型的炸弹。

日本和苏联的科学家们也认识到了这一可能性，但这两个国家都无法在那个时候继续将这个思想予以深化，而美国的研究在当时也并没有太大的进展。

是英国人取得了最先的进展。鲁道夫·佩尔斯和奥托·弗里希，都是躲避纳粹迫害的难民，而就是他们实现了突破：他们精确计算出，稀有金属铀 235 同位素是制造一种超级炸弹的必须元素。（具讽刺意味的是，这两位之所以从事这一领域的研究，是因为他们尚未得到完全的信

⊙莱斯利·格罗夫斯将军（右）和 J·R·奥本海默分别是"曼哈顿计划"的军事首领和主要科学家。

任，因此不能参加英国本土科学家"更加至关重要"的电子和雷达设备研究项目。）英国和美国的其他科学家们，也研究出"炸弹制造"的第二种选择方法。这一方法就涉及到一种新元素的创造，那就是钚，其可以从常见的铀 238 同位素中提炼。

☆ 第一颗原子弹 ☆

英国人的研究进展与美国人进行了共享，后者在 1941 年晚期开始了更具实质性的研究。这不久之后便发展成"曼哈顿计划"，很多英国科学家都在此计划中得到了转移。到 1945 年初，铀 235 和钚都被提炼出充分的数量，而两款炸弹的设计类型最终被确定下来。

1945 年 7 月 16 日，一种钚设备在新墨西哥的阿拉莫戈多试验地区爆炸。其效果据说足以释放出相当于 15000 吨 TNT（三硝基甲苯）的爆炸威力；这一爆炸也可以在 275 千米之外的地方看到和听到效果。投放在长崎的那颗原子弹叫做"胖子"，其是第二颗钚武器。投放在广岛的"小男孩"原子弹，则是在铀 235 同位素的基础上完成的。

虽然在开始这项研究的时候，其中最大的动机是预防德国人发展起类似的武器，但是美国的领导人不久便认识到原子弹史

⊙这是两颗在 1945 年针对日本使用的原子弹。其中的"小男孩"（右）投放在广岛地区，而"胖子"号（左）则是轰炸长崎的武器。

无前例的爆炸威力——其足以逆转国际局势。在其使用之前让日本尝尝原子弹厉害的想法从未被认真考虑过。后来由于战局需要，因此毫无疑问的结果便是，应该尽快在战斗中使用原子弹。

重水

在制造钚的过程中，使用到的另一种必需元素就是"重水"（这一复合物的特性就在于氢的同位素"重氢"）。对其而言，德国人控制下的最好资源，便是在挪威尤坎的水力电气工厂。英国和挪威的特殊部队在1943年时曾经破坏过这座工厂，并在1944年阻止其产品运送到德国境内。到那时为止，盟军一直不知道的是，德国的原子弹研究早已经被放弃，因为制造一颗原子弹的铀235数量被计算错了。

☆ 瓦斯和毒气 ☆

第二次世界大战也见证了化学与生物武器的发展。幸运的是，这些武器用得还是比较少，主要是害怕会遭到同等的报复性攻击，最后落得个徒劳无功的下场。但是，对盟军领导人来说，德国"V"武器只有传统的爆炸弹头，这是值得宽慰的一件好事。

所有国家都小心谨慎地使用毒气，在第一次世界大战的时候也是如此。毒气面罩被分发给部队士兵和平民，一般来说，诸如芥子气和光气之类的"一战"毒气弹储量，完全是为报复性战斗而准备的。意大利在其征服埃塞俄比亚的过程中使用过芥子气，但是这样的武器在第二次世界大战中并没有被使用过。德国人独立研制出神经毒气——塔崩和沙林，但并没有在实战中使用过。这一研究在1945年的时候还落入了苏联人的手中。

几个国家都试验过生物战剂，并生产过使用这些生物战剂的武器，不过希特勒禁止其在德国境内的此类研究。在战争结束的时候，英国和美国都拥有炭疽和肉毒杆菌毒素的武器，但只有日本使用过此类武器。日本研究者（即所谓的"731部队"，其领导者是石井四郎）在进行这一领域的试验过程中，杀害过数百万中国战俘。他们曾经成功实现了诸如霍乱、伤寒症以及瘟疫等疾病在中国部队中的蔓延，其中最著名的当属在1942年的江西省。

石井四郎及其研究小组是在1945年被美国人擒获的，但却获得了控诉豁免权，条件便是他们全盘交出研究的信息内容。

⊙"小心防御化学武器！"这是一幅"二战"时期苏联人贴出的海报。

⊙如1943年这次英国演习所展示的那样，各国政府都对化学武器的进攻非常重视。

日本投降

到 1945 年 8 月，日本早已经遭到重创，但是接下来还有一系列的重磅打击：原子弹在广岛和长崎投放，苏联人开始宣战并继而发起针对中国东北的地面攻击。

自从 1943 年 1 月的卡萨布兰卡会议召开以来，英美两国的官方政策便是寻求日本的无条件投降。在那个时候，将通过更长时期的鏖战去包围日本的计划已经显露无遗，美国和英国都急于说服苏联人加入到远东的战争。在领土割让和其他让步条件的促使下，斯大林在 1943 年末的德黑兰会议上作出了及时的承诺，并在欧洲战争取得胜利的不久之后向日本宣战。

⊙ 与众不同的原子弹蘑菇云在长崎上空冉冉升起。

当盟军领导人在 1945 年 7 月的波茨坦再度集会的时候，很多事情都已经发生了变化：希特勒已经在柏林附近的废墟中身亡；日本也在接近战败的边缘。在会议开始前一天，世界上第一颗核弹在新墨西哥地区开始了第一次测试。有关其威力的新闻，也迅速传到了当时还在波茨坦的新任美国总统哈里·杜鲁门和英国领导人的耳中。

日本政府早已开始谋求关于有条件投降的试探性建议，这主要通过其在莫斯科的大使发出，但从这些建议中清晰可见的是，他们希望得到这样的保证，即裕仁天皇的地位不能遭到任何的动摇。盟军无法接受这一条件，并认为这样做可能会被视为一种示弱的信号，从而会遭致更长时期的抵抗。

因此，后来发布的《波茨坦公告》，其中并未提及日本天皇的问题，而只是要求日本无条件投降，并威胁说，如果这一要求不能得到满足的话，那么日本将面临着"彻底性的摧毁"。与此同时，斯大林被正式告知（虽然他已经透过间谍事先获知），美国已经拥有一种超具威力的新式武器，并准备对日本使用。斯大林还更加确定地认识到，苏联在不久之后也要进攻日本。

身兼海军上将的日本首相铃木贯太郎对《波茨坦公告》作出公开回应，说他暂时不会对其作出评论。因此，杜鲁门下令使用原子弹。

⊙ 这是广岛的市中心。在原子弹袭击之后，只有极少数建筑依然矗立在那里。

☆ 原子弹攻击 ☆

第一颗原子弹是在 1945 年 8 月 6 日早上投掷在广岛的，当时其由一架从提尼安岛飞来的 B-29 轰炸机携带着。这颗原子弹杀害了 8 万多人，几乎是在瞬间实现的；据估计，另外还有 5 万人死于其短期或长期的辐射效应。长崎遭受了类似的命运，只是在伤亡数字上略少一些而已，时间是 8 月 9 日。

毫无疑问，杜鲁门作出使用原子弹的决定，在很大程度上是希望通过让日本投降的方式，让更多人能够逃过战争的劫难。但是，历史的记录也清楚地证实，这一动机之中还有另一层意思，那就是胁迫苏联人，同时也为战后世界秩序奠定了里程碑。

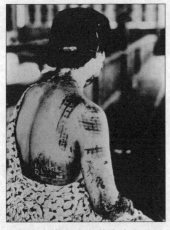

⊙与这名来自广岛的幸存妇女一样，很多幸存者都在原子弹攻击中遭到了令人恐怖的烧伤。

苏联人于 8 日发布了他们承诺过的宣战公告，而他们的部队也冲破了国境线，于第二天进入到日本人控制的中国东北地区。日本方面原本精锐的关东军，现在在武器配备的每一个方面都被苏联人超过，无论数量还是质量，因此便落得个土崩瓦解的下场。中国东北地区和北朝鲜在数天之内便被攻占。

☆ 投降 ☆

裕仁天皇现在终于介入进来，并告诫他政府之中的顽固军国主义分子，这场战争必须结束了。一直到最后，日本政府的核心成员都无法正视失败的事实，而当初让日本卷入这场战争的也是这些人。这一点可以从裕仁天皇向其民众的广播中找到缩影，他只是温和地声称："战争局面已经发展到完全不利于日本的态势。"

就在同一天，即 8 月 15 日，盟军开始了庆祝，并将其称之为"对日战争胜利日"（也叫"太平洋战争胜利日"）。日本的正式投降协议，是于 9 月 2 日在东京湾的美国战舰"密苏里"号上签署的。

⊙麦克阿瑟将军在投降仪式上，其后面是一排盟军代表人物。

攻入日本本土

盟军攻占日本本土的计划，应该是历史上最大的一次登陆战。其中包括了两个阶段：一个是于 1945 年 11 月针对九州岛实施的"奥林匹克计划"，而在攻占那里的基地的基础上，进一步实施"小王冠行动"，这是对东京附近坎托平原的决定性进攻，按计划安排在 1946 年 3 月。伤亡率的估计存在着极大的差异性，但是典型的数字是 40 万名盟军战士的阵亡（包括英国部队，不光只是美国人），而日本方面的数字则是这个数字的十倍。

战争的影响

　　1945 年，并没有人声称第二次世界大战将成为"结束所有战争的一场战争"，但是其确实验证了一点，即未来任何战争的爆发都各有其不同的原因。扩张的军国主义是德国和日本自20世纪初以来的特色，此外还伴随着嗜杀成性的种族主义。

　　在 1945 年之后的一段时间之内，美国的原子弹垄断（这一局面只持续到 1949 年）似乎可以防止任何针对美国及其盟友发起的进攻。但是，苏联和西方盟国之间的相互猜忌（其中有一些得到了证实，另一些却毫无佐证），带来了冷战期间逐渐紧张的关系和相互竞争。虽然冷战自身并没有持续到下一个世纪，但是其影响在新千年中依然十分严重。

　　在现代冲突中采取的更具争议性的很多手法，都可以直接从第二次世界大战中找到历史的渊源。第二次世界大战中的抵抗运动和类似的组织，使用的战略都是十分熟悉的那些。虽然他们使用的是精确打击的武器，但是 21 世纪的空中部队依然会时不时地轰炸平民，这与他们的先辈在当时毫不犹豫地干这些事的情形是一样的。

战争的伤亡与破坏

第二次世界大战是人类历史上最残酷的一场战争，其中的死亡人数是之前所有战争总和的好几倍。死亡还降临在远离前线的平民身上，其彻彻底底的恐怖性是之前从未预想过的。

⊙这是捷克利迪泽村的儿童纪念碑，那里是在 1942 年时被纳粹摧毁的。

第二次世界大战付出的生命代价是非常巨大的，但是我们却无法对其作出准确的计算。即便是在 21 世纪初期，即当多数记录已经向历史研究开放、与战争相关的痛苦已经逐渐消退，依然没有人能够计算出其准确的数字，以后也不会有人能够做到。基本上算合理的最低数字是大约 4000 万人的死亡，但其他估计数字则可以达到 5500 万的天文数字。而相较这个庞大的数字，受伤人数则是其三倍之多——这些伤者将在剩余的生命中饱受病痛和伤残之苦。除了这些之外，还有其他更多人，因为这场战争的经历或失去挚爱亲人而留下了精神上的创伤。这场苦难几乎是无法估量的。

☆ 惨痛的代价 ☆

毫无疑问，苏联的损失是所有国家之中最大的，而东部战线则是战斗规模最大、最无道德底线的战斗现场。苏联军队至少死亡 1000 万人，其中相当一部分是因为落入德国人之手变成战囚遭虐待而死的。苏联平民的死亡人数总体上可以达到 1000 万人之多。

在欧洲平民伤亡列表中占据主导地位的，是其中 600 万被纳粹谋杀掉的犹太人。纳粹人几乎实现了他们对欧洲的非犹太化，但也有来自纳粹控制地区的 30 万犹太人在这场战争中幸存了下来。

在这个列表中伤亡仅次于苏联的国家，就是中国了。中国的死伤人数几乎也是无

1933-1945

⊙纪念慕尼黑附近的达豪集中营的雕塑

⊙一名英国士兵在离家四年之后重返家园，并住进了他们新式的"活动房屋"。

法统计的，通常的估计数字是在 1000 万至 1500 万之间，其中有两三百万是在军中服役的战士。

主要的轴心国力量都遭到了重创，不过每个国家的军中死伤率依然要比平民的数字更多一些。大约有 450 万德国士兵阵亡，另外还有 200 万平民在战争中丧生。日本的死伤总

⊙这是英国战争公墓委员会在阿拉曼的墓地，这一画面是战争不久之后的典型掠影。

数大约是 200 万人。波兰和南斯拉夫也遭受到十分严重的重创：波兰失去了 400~450 万人的生命，其中有一半人是犹太人，而南斯拉夫则有 150 万人，多数都是在这个国家惨烈的反击战和国内战争中阵亡的。

作为盟军主要国家之一的英国，失去了大约 35 万人的生命，这要比第一次世界大战中的数字少很多，而大英帝国的附属国家则还有另外的 12 万人死于非命。与其人口总数相比，美国的损失是所有主要参战国家之中最低的，大约是 27.5 万人，其中除了少数部分外，几乎全都是战死的军队战士。

除了在战争中被杀害或受伤的数百万人，还有战争结束后产生的数百万难民。即便他们现在有了可以返回的家园，很多人也不希望重返故土了，因为战时的事件或者后继的政治影响意味着，他们将面临着危险或不受欢迎的局面。另外在战争结束的时候，欧洲地区还有 3000 多万的"流民"（指流离失所的人，不同于难民），而在中国也有几百万这样的人口。

☆ 战争造成的破坏 ☆

除了战争的人员伤亡代价之外，战争破坏的规模也是相当惊人的。即便是在英国——它只遭到了相对较轻的轰炸，并且没有发生过地面战役——也有数万个家庭遭受了战争的重创。在德国和日本，全部城市几乎都遭到过盟军摧毁性的轰炸。在苏联的西部地区，大约有三分之二的家庭、工厂和其他设施都在战斗中遭到破坏，或者是在撤退的烧光政策中被夷为平地——先是苏联人自己，后来则是德国人。

⊙1945 年 6 月，流民们拥挤在柏林的一辆火车之上。

世纪大审判

在第一次世界大战中，盟军只占领了德国的部分地区。与此不同的是，在 1945 年，德国和日本完全被盟军国家所占领和统治。国际审判庭也对这两个国家的战犯进行了审判和惩罚。

在1943 年 1 月召开的卡萨布兰卡会议上，罗斯福总统早已宣布（并得到了英国首相丘吉尔的同意），盟军将要求德国和日本做出无条件的投降。后来，英国、美国和苏联组建了欧洲顾问委员会，专门为德国和其他轴心国小国家起草投降条款（此外还有奥地利，盟军决定将其从德国领土中再度独立出来）。这些计划最终都在 1945 年召开的雅尔塔会议和波茨坦会议上得到了政府首脑们的同意。

盟国管制委员会也被组建起来，专门负责管理轴心国家的事务。从德国的立场来看，这意味着这个国家将要被分割成四个占领区，其分别隶属于美国、英国、苏联和法国，而柏林地区则也会遭到类似的划分。

⊙1945 年 7 月，这是当时常见的柏林街头景象。当地人带着他们的随身物品经过随处皆是的碎石瓦砾。

至于日本，倒是给出了好几个计划方案，包括将其分割为盟国分区的版本。相反，当时机成熟的时候，麦克阿瑟被任命为占领区的盟军最高指挥官。日本的所有主要岛屿都开始处于美国人的控制之下，而麦克阿瑟则扮演起一名统治寡头的角色。苏联人占领着千岛群岛（将继续保留为苏联领土）和库页岛的南半部地区，而日本主要岛屿的占领部队还包括了一支大英帝国的分遣队。

⊙在遭受过广岛原子弹袭击的爆炸地区，很多房子专门为那些平民建造起来。

☆ 惩治战犯 ☆

1943 年，盟军已经公开宣布了他们意图惩治纳粹战犯的想法。在 1945 年的波茨坦公告之中，这一进程得到了继续延伸，并开始将日本主要战犯包括进来。这也导致了两大主要的国际战犯审判程序，其分别在纽伦堡和东京地区，其中一些主要的头目均得到了法庭的审判。最后，22名德国人和25名日本人接受了审判（两大审判中的起诉书还列明了那些已经死掉的人，并判决这些战犯不得上诉或自杀）。另外还有其他很多的审判，都是在盟国各个国家单独主导下进行的，因为这些被指控为罪犯的人曾经只祸害过盟国的特定某一个国家。

⊙在战争多数期间担任日本首相的东条英机在东京审判之后被判处极刑。

在主要审判中出现的指控，包括了国际法领域的两大新概念，即破坏和平罪和反人道罪，此外还有违反之前国际上一致赞同之标准的既存战争罪的概念，其中涉及处理战争囚犯的事宜。在纽伦堡有三个人当庭被判无罪，但是在东京却没有一个人脱罪，不过一些被告在一些指控面前并没有被证实负有罪责。惩罚的措施包括19项死刑和很多个有期徒刑。

☆ 胜利者的正义审判？ ☆

这些审判的某些方面并不是十分令人满意的。当然也存在着另一个元素：比如说，斯大林在1939年的入侵波兰行动也应被判处有罪，此外还有像纳粹党徒那样对数以千计的波兰人的后继谋杀行为；真正公正无私的法庭，其实还应该将英美联军的战略轰炸行动评判为战争罪。

在日本方面，被告人是经过筛选的，而指控的证据也有了倾向性的报导，这样裕仁天皇及其家人便可以从中脱罪，因为这才符合盟军的占领政策。

虽然对审判程序的合法性与公正性存在诸多的争议，但它们最终确定的原则是，国家领导人应该被带到国际法庭上。在纽伦堡的证据毫无疑问地证实，纳粹确实谋杀过大约600万的犹太人，但另有一些人则一直否认这一事实。不管存在什么缺陷，但这些都是颇有价值的先例。

⊙这些是出现在纽伦堡审判庭被告席上的纳粹头目。

欧洲的分裂

在 1946 年一次非常著名的演说中，温斯顿·丘吉尔描述了欧洲是如何被一道铁幕分割开来的。各种猜忌致使战时的英国、美国和苏联之间无法结成联盟，以后则愈演愈烈。

虽然战争于 1945 年随着西方和苏联部队对欧洲两大半区的控制而宣告结束了，但是没有几个人会觉得这种局面将是一种长期的状态。包括苏联人在内的盟军主导力量，在 1945 年初的雅尔塔会议上发布了所谓的《欧洲解放宣言》。这一宣言声称，他们试图在这些国家建立

⊙因为缺乏燃料，许多德国人在煤矿废渣堆里竭力搜寻煤核。

起民主政府和自由选举制度，所有从德国控制下获得解放的国家都要实现这些目标。

☆ 西部欧洲 ☆

在西欧地区，实现这些誓言一点问题都没有。盟军力量一直都在支持战争期间政府处于流亡状态的所有这些国家。1944~1945 年间的德国大选中，当地的共产党人，曾经对德国占领地区发起过最主要的抵抗运动，其充分参与了这些选举活动，并赢得了举足轻重的投票数额。

更加清楚的是，在东欧地区的条件将会完全不同。即便雅尔塔会议已经召开，苏联人还是在努力确保共产党人在保加利亚执掌大权，而在 1945 年 3 月，他们还在罗马尼亚地区组建起一个共产党人的政府。

从第二次世界大战的早期阶段开始，英国（以及后来的美国）便曾在伦敦支持过一个波兰的流亡政府，但随着苏联红军于 1944 年的推进，苏联人开始组建起另一个共产党政权，并在当年年末将其确认为临时政府。

⊙捷克政治家扬·马萨里克，他在 1948 年之后死于当时纷乱的政治环境之中。

一些"伦敦波兰人"确实曾于 1945 年重新返回过波兰，但是他们却被当时的政府驱逐出来。1947 年初期，所有的反对声音都被镇压下去了。在 1947~1948 年间，在匈

牙利和捷克斯洛伐克境内，还有更多的共产党接管政权的事件发生。

☆ 反共产主义运动 ☆

对有关这些发展的关注，以及对如何处理德国的争议，不久便导致了英美方面的新变化。在 1946 年初，美国总统杜鲁门曾经提到过"对苏联采取强硬态度"的需要，而其他高级人物也敦促美国采取一

⊙1946 年，美国的一次原子弹爆炸实验在比基尼环礁上进行。几艘旧的战舰被布置在附近地区，并对爆炸的威力予以评估。

种"警觉并遏制苏联扩张主义倾向"的政策。温斯顿·丘吉尔的"铁幕"演说是在英国政府同意其政见的不久之后提出来的，在那个时候他已经不是英国首相了。

自第二次世界大战结束以来，英国一直在帮助希腊政府去发起一场针对共产党人领导的内战，但在 1947 年初，英国由于自身陷入极端的经济问题，因此无法继续承担起这样一个对外援助事业了。

斯大林一直保持着他的战时承诺，即不干涉希腊的事务，而希腊共产党所接受的外部援助都来自于南斯拉夫地区，这样一来性质便不一样了，因为其毕竟不是直接来自于莫斯科。但是，西方世界完全明白其中的奥秘。

相反，美国同意接管英国在希腊的角色任务，并且也开始帮助土耳其。这一政策是在 1947 年 3 月被总结出来的，当时的杜鲁门总统作出承诺，要"支持自由事业的人们"，并对颠覆企图做出反抗。这便是著名的"杜鲁门主义"的开始。

欧洲的经济在整体上依然遭受着战争年代的摧毁性打击，这在 1946~1947 年的冬天显得尤为严重。1946 年，英国和美国同意停止从德国那里获取战争赔款。到 1947 年初，他们开始考虑支持一个德国经济恢复计划，并将其作为恢复欧洲经济繁荣一致性计划中的一部分。这也将有利于美国人，因为这会给其带来新的市场。

西方世界和苏联的政策很快便出现了渐行渐远的对峙局面。

⊙1945 年 6 月，美国总统杜鲁门在联合国的第一次会议上致辞。

冷 战

　　至 1949 年，国际事务的焦点已不再是处理第二次世界大战之后的相关事宜。相反，美国、苏联和其他很多国家都开始卷入到一场更加危险的新式战争中去，那就是冷战，完全是核武器主宰的一个新时代。

大 1947 年中期，美国和苏联之间的关系已经处于低潮阶段。这两个国家从未完全信任过彼此，在战争结盟的时候便已如此，现在则变得更加糟糕。在当时，美国依然垄断着核武器，并且相当确定的是，美国及其盟友完全不受任何直接军事攻击的威胁。

⊙康拉德·阿登纳是西德的第一任首相，其在 1949 年 8 月获得选举胜利之后得到了一名支持者的热烈祝贺。

　　但是，欧洲的经济依然没有实现任何实质性的进展，也未从战争的灾难中恢复过来。在这种氛围之下，美国领导人开始担心，共产主义思潮或许会一路高歌猛进。这个问题的核心部分便在于，盟国的政策实际上阻止了德国的重新建设，因为在苏联领导下的盟国早已掠夺了德国的多数工厂和其他资源。

☆ 马歇尔计划 ☆

　　随着"马歇尔计划"的宣布，所有这些局势都发生了变化。根据其计划内容，美国人的援助是要提供给所有的欧洲国家，也包括苏联在内。杜鲁门总统及其顾问给这些援助附加了条件，即接受这些援助的国家同时也必须接受美国的监督，即要让其知道这些钱是怎么被花掉的。而经过他们的精心计算，苏联人应该是无法接受这一条件的，他们当然会作出拒绝的回答，这就确保了其在东欧的卫星国也会作出这样的回答。

　　马歇尔计划的援助是在 1948 年正式开始给付的，截至 1951 年，其提供给一大堆国家的援助数额超过 120 亿美元。从此，欧洲的经济开始逐渐有所起色，并超过了 20 世纪 30 年代的那些发展数字。国际贸易也开始繁荣起来，这不但有利于欧洲人，也有利于美国的经济发展。最后，由于还需要对这些援助如何分配的问题作出决定，因此欧洲国家便开始了经济合作的进程，而这一进程也促使了 1957 年欧洲经济共同体的成立，最后又发展成为今天的欧洲联盟。

☆ 新的德国局势 ☆

　　1948 年 3 月，美国、英国和法国同意将他们在德国的占领区变成一个统一的实体。6 月，他们为整个地区引入了一种全新的货币，从而取代了一直在那里继续沿用着的希特勒时代的帝国马克。

⊙在 1948 年 6 月的柏林封锁时期，运输机在滕伯尔霍夫机场卸载物资。

⊙在盟军外交官的注视之下，杜鲁门总统签署了《北大西洋公约》，并开始于1949年建立起北大西洋公约组织的联盟。

乔治·马歇尔

从1939年开始一直到第二次世界大战结束，乔治·马歇尔（1880~1959）均担任着美国陆军的总参谋长职务。他被认为是第二次世界大战中美军获得胜利的主要策划者。首先，在1939~1941年间，他极大扩张并增强了他的属下部队，为接下来的进一步扩张奠定了基础。在整个战争过程中，他竭尽全力保持着"德国优先"的原则，并且要通过一次直接跨越海峡的作战计划来击败德国。在第二次世界大战结束后，他继续担任国务卿的职务，并帮助设计和贯彻《外国援助法案》，而这一法案就是后来著名的"马歇尔计划"。

⊙这是乔治·马歇尔在战争末期身穿美国陆军制服的照片。

由于苏联在战后欧洲政策的主要目标是确保德国再也无法恢复其在这个大陆的主宰权，因此任何预示着德国经济复兴的措施都被视为一种威胁。苏联对盟国货币改革以及其他措施的回应，便是关闭所有通往柏林地区的公路和铁路。这一柏林封锁政策被视为冷战时期第一次最为公开的对峙。

苏联人原本希望，盟国会放弃对德国采取的原有计划，而没有料到盟国通过空运的形式来对这座城市给予物资补给。数百架美国和英国的飞机每天都会飞入这座城市之中，并运载着柏林人所需的所有物资。在如此补给下的这座城市，一直撑到1949年苏联人开始采取温和态度之时。

但实际上到了那个时侯，冷战才真正开始了。1949年，西德与东德开始以新的国家姿态崛起，西德的第一次大选是在8月举行的。4月，包括英国、美国和加拿大在内的12个国家，签署了《北大西洋公约》，并一致同意，如果其中任何一个国家遭到他国攻击，便视为是对所有国家的攻击。这一北大西洋公约组织的联盟，是在美国领导下的公开组织群体，其并不旨在回归到"二战"前一直盛行的孤立主义政策。从另一方面来看，还存在着另一个新的威胁：1949年8月，苏联人试爆了第一颗原子弹，并开始建立起他们自己的国家军事联盟，并在20世纪50年代签署了《华沙条约》。

北大西洋公约组织与华沙条约组织之间的冷战时期竞争及其伴随着的恐怖核平衡关系，将在接下来的40多年中主宰着国际事务的主流。曾经导致第二次世界大战爆发的主要问题，现在被抛回给历史去回答。

第二次世界大战大事记

第二次世界大战是一场全球性的战争，其间同时爆发了一系列互有联系的战斗或战役，并在陆地与空中同时展开，范围遍及欧洲、亚洲与非洲乃至四大洋的广阔区域。

1931~1938

国际事件 日本开始入侵中国东北（1931年9月）；希特勒开始成为德国总理（1933年1月）；意大利入侵埃塞俄比亚（1935年10月）；德国占领了莱茵河地区（1936年3月）；意大利吞并了埃塞俄比亚（1936年5月）；日本全面侵华（1937年7月）；"南京大屠杀"（1937年12月）；德国吞并了奥地利（1938年3月）；德国开始占领捷克斯洛伐克（1938年10月）

1939

国际事件 英国和法国与波兰结成同盟（3月）；《苏德互不侵犯条约》签订（8月23日）；英国、法国、澳大利亚、印度与新西兰向德国宣战（9月3日）；南非向德国宣战（9月6日）；加拿大向德国宣战（9月10日）；美国的"现金支付和非美国船只运输"法律开始实施（11月）

波兰战事 德国入侵波兰（9月1日）；苏联入侵波兰（9月17日）；华沙沦陷（9月27日）；波兰军队最后投降（10月3日）

苏芬战争 苏联入侵芬兰（11月30日）

1940

国际事件 意大利向法国和英国宣战（6月10日）；波罗的海沿岸国家被苏联侵占（7月）；意大利、德国和日本签订《三国公约》（9月）；英美两国签订《基地驱逐舰协定》（9月）

苏芬战争 以苏联一方的胜利而告终（3月12日）

挪威和丹麦 德国大举入侵（4月9日）；盟军抵抗结束（6月9日）

西部战线 德国入侵法国和荷兰、比利时、卢森堡（5月10日）；敦刻尔克大撤退（5月26日~6月4日）；法国投降（6月22日）

英国 温斯顿·丘吉尔成为首相（5月10日）；不列颠之战（8月~9月）；针对英国城市的闪电战（1940年9月~1941年5月）

美国 大规模征兵开始（9月）；总统罗斯福再度当选总统（11月）

巴尔干半岛 意大利从阿尔巴尼亚入侵希腊（10月）

北非 意大利入侵埃及（9月）；英国反击战开始（12月9日）

1941

国际事件 《租借法案》变成美国的一部法律（3月）；《苏日中立条约》签订（4

月）；罗马尼亚与意大利向苏联宣战（6月22日）；日本在美国的资产被冻结（7月）；美国和英国签订了《大西洋宪章》（8月12日）；英国向芬兰、匈牙利和罗马尼亚宣战；英国、美国和其他许多国家同时向日本宣战（12月8日）；德国和意大利向美国宣战（12月11日）

巴尔干半岛 德国占领南斯拉夫（4月6日~17日）；德国占领希腊大陆（4月6日~30日）；德国人入侵克利特岛（5月20日~6月1日）

北非 德国部队抵达北非（2月）；英国巡洋坦克开始进攻（11月18日）

东部战线 德国入侵苏联（6月22日）；"斯摩棱斯克口袋"被瓦解（8月5日）；基辅包围圈形成（9月19日）；德国对莫斯科的进攻开始（10月2日）；莫斯科反击战开始（12月5日）；希特勒接管了德国军队的司令官一职（12月19日）

太平洋战争 日本袭击珍珠港（12月7日）；日本进攻马来半岛与菲律宾（12月8日）

1942

国际事件 同盟国发布了《联合国宣言》（1月1日）

大屠杀 纳粹召开万塞会议决定了"最终解决方案"（1月20日）

太平洋战争 日本占领马尼拉（1月2日）；日本占领新加坡（2月15日）；美国军队在菲律宾投降（4月8日）；珊瑚海海战（5月7日至9日）；中途岛战役（6月4日至

6日）；美国登陆瓜达康纳尔岛（8月7日）

东部战线 哈尔科夫战役（5月15日~27日）；斯大林格勒保卫战开始（9月中旬）；在斯大林格勒附近展开的苏维埃反击战（11月19日）

北非 隆美尔进攻加萨拉防线（5月26日）；阿拉曼战役（10月23日~11月4日）；"火炬行动"展开（11月8日）

1943

国际事件 卡萨布兰卡会议，盟军宣布要将战争进行到德、意、日三国无条件投降为止（1月14日~24日）；意大利向盟军投降（9月8日）；意大利向德国宣战（10月13日）；德黑兰会议召开（11月~12月）

太平洋战争 盟军登陆新乔治亚群岛（6月20日）；美军登陆吉尔伯特群岛（11月20日）

东部战线 德军在斯大林格勒投降（2月2日）；库尔斯克战役打响（7月5日）；基辅被苏维埃控制（11月6日）

北非 凯塞林山口战役（2月14日~24日）；轴心国在突尼斯投降（5月13日）

意大利 入侵西西里岛（7月10日）；完全占领西西里岛（8月17日）；萨勒诺登陆（9月9日）

1944

国际事件 罗马尼亚与盟军达成停火协议，并向德国宣战（8月23日与8月25日）；保加利亚投降（9月8日）；芬兰同意休战（9月10日）

东部战线 列宁格勒保卫战结束（1月27日）；苏军占领明斯克（7月3日）；华沙起义（8月1日~10月2日）；游击队解放贝尔格莱德（10月20日）〖FL〗〗

地中海 盟军登陆安齐奥（1月22日）；罗马被解放（6月4日）；英国解放雅典（10月14日）

西部战线 盟军在诺曼底登陆（6月6日）；诺曼底突围战（8月1日）；在法国南部的登陆（8月15日）；盟军占领安特卫普（9月4日）；"市场花园行动"（9月17日~26日）；凸出部战役（12月16日）

太平洋 菲律宾海战（6月19日~20日）；登陆莱特岛（10月20日）；莱特岛海湾战役（10月24日~26日）

缅甸 英帕尔战役以及科西玛战役（3月~7月）

1945

国际事件 罗斯福去世，杜鲁门当上美国总统（4月12日）；希特勒自杀身亡（4月30日）；德国签订全面投降协议（5月7日）；欧洲胜利日（5月8日）；太平洋战争胜利日（5月8日）；波茨坦会议（7月17日~8月2日）；艾德礼当上英国首相（7月26日）；苏联向日本宣战（8月8日）；日本同意投降（8月14日）；日本签订投降条约（9月2日）

西部战线 盟军在雷马根跨过莱茵河（3月7日）；美国和苏联部队在易北河汇合（4月25日）；维也纳落入苏维埃红军的控制（4月13日）；柏林战斗终止（5月2日）；德国部队在捷克斯洛伐克地区投降（5月13日）

缅甸 英国占领曼德勒（3月20日）；英国占领仰光（5月3日）

太平洋 登陆吕宋岛（1月9日）；登陆硫磺岛（2月19日）；登陆冲绳岛（4月1日）；原子弹袭击广岛（8月6日）；苏联进攻中国东北，原子弹袭击长崎（8月9日）

一战与二战的比较

一、背景

第一次世界大战：世界上只有资本主义体系。

第二次世界大战：除了资本主义体系外，还有一个社会主义国家——苏联。德意日法西斯和英法美等帝国主义大国都与苏联有矛盾，而德意日法西斯和英法美又有着尖锐的矛盾。"一战"后，为了取得英法美对其侵略扩张的支持与纵容，希特勒打着"反苏、反共"的旗号。而后法西斯国家对埃塞俄比亚、波兰等的侵略，更使法西斯国家的经济军事力量大增。英法美等大国先是坐失良机，后又自食其果，"二战"时不得不与苏联结盟，对抗法西斯势力。

二、原因

1. 第一次世界大战的爆发，从根本上来说是由于资本主义政治经济发展不平衡，新老帝国主义为争夺世界霸权和重新瓜分殖民地而引起的。资本主义政治经济发展的不平衡性随着向帝国主义阶段过渡而加剧，几个主要的资本主义国家的工业生产在世界上的地位发生了变化：老牌资本主义国家英国、法国退居世界第三、四位，新兴的美国、德国跃居世界第一、二位。经济发展的不平衡改变了帝国主义国家之间的力量对比，造成了实力下降与所占殖民地丧失的状况。19世纪末20世纪初，世界已经基本上被瓜分完毕，于是在欧洲形成了新兴的德国同老牌资本主义国家英、法争夺霸权、重新分割世界的局面。

随着帝国主义国家之间的矛盾加剧，欧洲形成了三个基本矛盾，即法德矛盾、俄奥矛盾和英德矛盾。围绕着这三对基本矛盾，形成了三国同盟（德、意、奥）及三国协约（英、法、俄）两大军事集团，两大军事集团间的对峙局面、激烈争夺加速了欧洲的紧张局势，最终导致了第一次世界大战的爆发。

1914年6月28日，奥匈帝国王储在萨拉热窝被刺，成为第一次世界大战的导火索。

2. 第二次世界大战的爆发也是由于资本主义政治经济发展不平衡。经济危机加剧了帝国主义国家之间的矛盾，1929年至1933年，在资本主义世界经济危机的影响、打击下，德、意、日建立起法西斯专政，企图通过对外疯狂扩张的途径摆脱经济危机，欧

亚两个战争策源地最终形成。欧洲策源地：1932年，纳粹党一跃成为国会第一大党，1933年，希特勒出任德国总理，掌握了国家政权，对内实行恐怖统治，对外积极扩张，世界大战欧洲策源地形成。亚洲策源地：受军部法西斯控制的广田宏毅上台组阁，对内禁止工人罢工，限制人民言论、结社、新闻和出版自由，对外加紧扩军备战，制定了侵略扩张的基本国策，积极准备扩大侵略战争，世界大战亚洲策源地形成。

英、法的绥靖政策助长了法西斯的侵略气焰，苏联的中立自保政策、美国的中立政策也都纵容了法西斯的侵略，客观上加速了第二次世界大战的爆发。

三、性质

第一次世界大战是帝国主义两大军事集团为了争夺市场与原料产地，为了争夺海外殖民地利益而进行的一场帝国主义战争。

第二次世界大战是世界人民反法西斯的战争。在战争中，不同社会制度的国家密切合作，建立了反法西斯同盟，共同进行反法西斯的斗争，并取得最终胜利。

四、影响

第二次世界大战比第一次世界大战的战争规模大，给世界带来的人力、财力上的损失更大。

但二者都削弱了一些帝国主义国家的力量，战后都出现了民族解放运动，战后都出现了一些政治体系。

第一次世界大战：1914~1918年，历时4年多，30多个国家参战，作战面积达400万平方公里，武装力量达7000万，15亿人口被卷入战争，给人类造成巨大的物质和精神损害，严重削弱了帝国主义和殖民主义的力量，摧毁了俄罗斯、德意志、奥匈等帝国，封建

的奥斯曼帝国也告解体。英国、法国和意大利等帝国主义国家被削弱。战争后期，俄国无产阶级在帝国主义的链条上打开了薄弱的一环，取得社会主义革命的胜利。战后初期，资本主义国家的无产阶级革命运动和亚、非、拉美的民族解放运动出现了高涨的新局面。

第二次世界大战：遍及世界各地，共61个国家参与作战，作战面积高达2200万平方公里之多，武装力量达1.1亿，世界人口的80%，即共17亿人被卷入战争，耗损了大量的财富，是人类历史上迄今为止规模最大的一次战争，产生了巨大影响。这次战争摧毁了法西斯主义，教育了各国人民，争取和平和进步的思想日益深入人心。大战沉重打击了国际帝国主义，促进了民族解放运动的蓬勃发展。战争彻底打垮了德、意、日帝国主义，削弱了除美国以外的其他帝国主义国家，严重动摇了帝国主义在世界的殖民统治。殖民地、半殖民地人民的力量在战争中得到壮大，为争取民族解放运动创造了有利条件。战争还促进了国际社会力量的发展壮大。苏联的国际地位大大提升，成为世界上最强大的国家之一；世界上许多国家建立了人民民主政权，走上了社会主义道路，社会主义越出了一国范围。同时，第二次世界大战客观上推动了科学技术的迅速发展，推动了人类文明的进步。

WORLD WAR I
WORLD WAR II